西藏自治区社会科学院重大项目
《历辈班禅额尔德尼传》系列丛书之六

八世班禅额尔德尼·罗桑班丹旦白旺秋传

尊胜上师罗桑班丹确吉扎巴旦白旺秋传
——繁盛具信莲苑之阳光

洛桑丹增旺杰　　　著
陈庆英　陈立华　　译注

西藏藏文古籍出版社

《历辈班禅额尔德尼传》系列丛书编委会

图书在版编目(CIP)数据

八世班禅额尔德尼·罗桑班丹旦白旺秋传/洛桑丹增旺杰著；陈庆英等译. --拉萨：西藏藏文古籍出版社，2022.4

ISBN 978-7-5700-0358-7

Ⅰ.①八… Ⅱ.①洛… ②陈… Ⅲ.①班禅八世(1855-1882)-传记 Ⅳ.①B949.92

中国版本图书馆CIP数据核字(2022)第283931号

《历辈班禅额尔德尼传》系列丛书之六

八世班禅额尔德尼·罗桑班丹旦白旺秋传

作　　者	洛桑丹增旺杰
译　　者	陈庆英　陈立华
责任编辑	边巴顿珠
译　　校	方晓玲
封面设计	嘎东普琼
排　　版	阿旺曲吉
出　　版	西藏藏文古籍出版社
印　　刷	安徽省桐城市神州书刊印务有限公司
发　　行	西藏新华书店
开　　本	787×960　1/16
印　　张	29.6
字　　数	345千字
版　　次	2022年4月第1版
印　　次	2022年4月第1次印刷
印　　数	1-3,500
书　　号	ISBN 978-7-5700-0358-7
本套定价	45.00元

目　录

总序 …………………………………………………………………… (1)
引言 …………………………………………………………………… (1)
礼赞部分
一、礼敬赞颂 ……………………………………………………… (1)
二、著作誓约 ……………………………………………………… (3)
三、对读者的劝请 ………………………………………………… (4)
第一章　几位前世的事迹 ………………………………………… (6)
第二章　在吉祥圆满的地点、时间和家族中诞生 ……………… (26)
第三章　童年游戏娱乐及受出家戒在扎什伦布寺坚赞吞波殿坐床 ………………………………………………………… (37)
第四章　受沙弥戒以后到受比丘戒之前闻思佛法的情形 ………………………………………………………………… (131)
第五章　受圆满比丘戒成为佛法之主在前后藏各地利益教法和众生 ……………………………………………………… (260)
第六章　所载事迹辑要 …………………………………………… (317)
第七章　完成教化事业后示现最后业绩 ………………………… (329)
第八章　追荐法事和兴建灵塔 …………………………………… (335)
第九章　略说乘愿转世新月升起的情形 ………………………… (344)
书后跋语 ………………………………………………………… (349)
八世班禅额尔德尼·罗桑班丹确吉扎巴旦白旺秋年谱 …… (356)
人名、地名汉藏词汇对照 ……………………………………… (401)
后记 ……………………………………………………………… (451)

总 序

2013 年 3 月，西藏自治区社会科学院启动《历辈班禅大师传记》编辑出版项目。其中，由西藏自治区社会科学院与扎什伦布寺合作编撰的藏文版《历辈班禅大师传记》，于 2014 年 7 月正式出版发行。该丛书汇集了扎什伦布寺收藏的第四世至第九世班禅额尔德尼传记的木刻本和从全国各地搜集到的第一世、二世、三世班禅额尔德尼的传记，共 12 册 380 余万字。此次出版的汉文版《历辈班禅额尔德尼传》是该丛书的藏译汉版本，包括《一世、二世、三世班禅额尔德尼传》《四世班禅额尔德尼 · 罗桑确吉坚赞传》《五世班禅额尔德尼 · 罗桑益西传》《六世班禅额尔德尼 · 罗桑班丹益西传》《七世班禅额尔德尼 · 罗桑班丹旦白尼玛传》《八世班禅额尔德尼 · 罗桑班丹旦白旺秋传》《九世班禅额尔德尼 · 确吉尼玛传》等七册。

"班禅额尔德尼"是藏传佛教教格鲁派最负盛名和影响力的活佛转世系统之一。"班"是梵语"班智达"的简称，意为"学者"；"禅"是藏语"钦波"的简称，意为"大"；"额尔德尼"是满语，意为"珍宝"。1645 年，蒙古固始汗封罗桑确吉坚赞为"班禅博克多"，"博克多"是蒙语，意为"睿智英武"。格鲁派确认罗桑确吉坚赞为四世班禅，追认宗喀巴门徒克珠杰为一世班禅，索南确朗为二世班禅，罗桑顿珠为三世班禅。1713 年，清朝康熙皇帝封赐五世班禅为"班禅额尔德尼"，并将此封号加封以前历辈班禅，"班禅额尔德尼"遂成这一活佛系统的封号。自 1792 年清朝乾隆皇帝设立金瓶掣签制度后，于八世班禅额尔德尼开始，历辈班禅转世灵童均须经中央政府批准金瓶掣签认定，或须报请中央政府批准免于金瓶掣签认定①。

通过该丛书可以看到，历辈班禅额尔德尼一脉相承，继承和发扬藏传佛教历史悠久的爱国主义传统，高举祖国统一、民族团结、爱国利民的旗帜，在维护中央政府权威、协助治理西藏地方、抗击外敌侵略、维护国家主权和领土完整统一等方面，发挥了重要的历史作用。如四世班禅额尔德尼·罗桑确吉坚赞积极与入关前的清朝皇太极政权联系，主动要求归于新的中央政权管辖之下，极力劝说五世达赖进京朝觐。五世班禅额尔德尼·罗桑益西全力配合中央政府平定准噶尔部叛乱和噶伦争权造成的内乱。六世班禅额尔德尼·罗桑班丹益西坚决站在中央政府一边，听闻珠尔默特那木扎勒杀害驻藏大臣，阴谋叛乱，立即派人前往拉萨慰问幸存的驻藏大臣家属及其随从，送去物资。后来，他又在英国侵略不丹时，拒绝英国人控制的东印度公司对他的拉拢和利诱，还不远万里专赴北京，朝觐大皇帝，庆贺乾隆皇帝70大寿。七世班禅额尔德尼·罗桑班丹旦白尼玛协助中央政府治理西藏，帮助医治因廓尔喀人入侵带来的战争创伤，同时动员群众支援前线，驱逐森巴侵略军，维护国家领土和主权的完整。清朝进入衰落时期后，历辈班禅仍一如既往，坚定地站在维护祖国统一的立场上，坚决维护中央政府对西藏的主权，恭顺历代皇帝，尊重历任驻藏大臣，赞翊中央。八世班禅额尔德尼·罗桑班丹旦白旺秋时期，正值晚清政局不稳、国家动荡之际，但他始终坚持拥戴中央政权、维护国家主权的立场，全力抵制英国入侵我国西藏，还在当时西藏大众向驻藏大臣呈递立誓不准外国人入藏的公禀上列名并出具图章。九

① 十世班禅由国民政府代总统李宗仁于1949年6月3日颁发免于金瓶掣签的命令继任为第九世班禅额尔德尼。

世班禅额尔德尼·确吉尼玛早年积极开展抗英斗争,在辛亥革命后坚持反对英帝国主义侵略及西藏上层反动势力分裂祖国的活动。1923 年,他流寓祖国内地后,始终坚持祖国统一、维护民族团结,积极从事抗日斗争,被民国政府任命为“护国宣化广慧禅师”“西陲宣化使”。他在南京新亚细亚学会所作的《西藏是中国的领土》的讲演,充分体现了他坚持西藏是中国不可分割的一部分的爱国主义立场。他临终遗言说:“我如此全力做事,是为了拥护中央,发展佛教,各民族团结和睦,国家稳定。”他指示“所属的火枪除了留给卫兵和勒参巴护身需要外,其余全部献给中央,有利于帮助消除国家的危难”,并叮嘱“最后一定要为我们藏族僧俗官民和其他诸民族共同一道心思国家建设、汉藏和睦而努力。”由此可见,历辈班禅额尔德尼始终坚持维护祖国统一、增进民族团结的爱国利民立场。

此次出版的《历辈班禅额尔德尼传》系列丛书,大部分内容是首次汉译面世,具有极高史料价值,不仅是研究历辈班禅额尔德尼的第一手重要中文史料,也是研究扎什伦布寺历史及日喀则社会、经济、宗教、文化等方面历史状况的重要史料;对于了解藏传佛教的教规教义及其历史发展,以及近 600 年来中国西藏的社会状况和历史发展、西藏地方与中央政府的关系、各民族间的交往交流交融史等,也具有重要参考价值;同时,还有利于研究和总结藏传佛教爱国爱教的优良传统,充分挖掘和发扬藏传佛教教规教义中有利于社会进步、人民幸福的积极因素,进一步推动藏传佛教中国化,引导藏传佛教与社会主义社会相适应。特别是对历辈班禅额尔德尼维护祖国统一、促进民族团结、反对民族分裂光辉事迹的挖掘、宣传,有利于引导广大僧俗群众爱国爱教、遵规守法,大力弘扬藏传佛教和谐向善的理念,做增进民族团结的典范;高举爱国主义伟大旗帜，做维护祖国统一的典范，坚定不移地与十四世达赖集团的分裂破坏活动作斗争。

本丛书的翻译工作得到社会有关各界的大力支持，一些译者还亲赴扎什伦布寺学习考察，并得到了寺管会的热情接待和指教，特别是得到了十一世班禅额尔德尼·确吉杰布的接见和鼓励。丛书编委会要求翻译人员严格按照西藏藏文古籍出版社2014年出版的藏文版《历辈班禅大师传记》(12册)丛书内容进行翻译，并增加注释和引言、后记、汉藏人名地名对照；要求责任编辑通篇核对原文，译校人员做好编较、统一专用词语等工作。但应指出的是，由于传记作者所处的社会历史背景使然，他们在写作时难免会受到当时西藏社会思想的影响，如一些关于佛教高僧的神奇故事和传说的描述等；在写作体例和内容侧重上，有的流于枯燥烦琐和冗长，多有对求法、讲经、谒见、馈赠等宗教活动方面的记述。另外，译文中涉及到的不少专有术语，特别是一些历史地名、人名、职官、寺院名称、宗教仪轨、佛学典故和确切时间等，还需进一步研究，以使翻译更加准确。为此，尚祈读者鉴察。

编 者

2021年4月25日

引 言

八世班禅额尔德尼·罗桑班丹旦白旺秋(1855－1882年)是历辈班禅中享寿最短的一位,也是在现今各种有关历辈班禅的论著中被学界关注和介绍得最少的一位,因而造成的普遍印象是,班禅额尔德尼活佛转世系统在经历了四世、五世、六世、七世班禅的两百余年辉煌之后,在八世班禅时期遭遇近三十年的低谷,到九世班禅、十世班禅才再度重要起来。在论述历辈班禅额尔德尼的生平事迹方面影响最大的牙含章先生的《班禅额尔德尼传》,对八世班禅也只是介绍了他出生、认定、坐床等几件大事,对他坐床以后的情况,只依据驻藏大臣的一份奏折,说八世班禅因为“惑习红教”,被驻藏大臣训导后具结改过,然后他去沐浴治病,不久去世,似乎八世班禅在后期是一个郁郁不乐的不起作用的宗教领袖。丹珠昂奔主编的《历辈达赖喇嘛班禅额尔德尼年谱》一书,共730页,讲述八世班禅的部分不到4页,不到全书的百分之一。而在八世班禅去世前后多次潜入到后藏活动并曾进入拉萨的印度人萨拉特·钱德拉·达斯(Sarat Chandra Das,1849－1917年)所著的《拉萨河西藏中部旅行记》一书中,则根据他当时听到的一些传闻对八世班禅作了一些介绍,但这些传闻是否准确,还有很多疑问。因为与钱德拉·达斯关系密切,帮助他到扎什伦布寺、拉萨活动,甚至因为接待钱德拉·达斯而被西藏地方政府惩罚至身亡的白朗宗重孜寺寺主森钦活佛,在该书中关于他在扎什伦布寺的职位叙述也存在明显的错误,因此钱德拉·达斯在该书中对八世班禅的记述,还需要我们核对各方面的资料去作认真的辨析。

实际上,通过阅读和翻译《八世班禅传》,我们可以清楚地看出,八世班禅的一生中,有几个重要的方面值得充分重视:

1. 八世班禅是继五世班禅以后又一位出生于南木林托卜加地方苯教竹仓家族的格鲁派领袖人物,尽管他曾经因其苯教家族出身以及从萨迦派高僧受比丘戒而引起过争议,但是他被认定为班禅转世以及他在扎什伦布寺的崇高地位,正反映出从五世班禅以后后藏地区苯教与藏传佛教的趋同发展趋势,格鲁派在一定程度上对苯教的容纳,以及后藏的格鲁派中心寺院扎什伦布寺与后藏地区其他教派的密切交往。

2. 八世班禅额尔德尼所处的时代,正值鸦片战争以后的太平天国运动、第二次鸦片战争到英帝国主义武装侵略西藏之间,他经历了咸丰、同治、光绪初年中国历史的剧烈变迁,也经历了西藏从七世班禅到十三世达赖喇嘛的这一重要变化阶段。在这个时期中,清王朝的统治急剧衰落,内忧外患接连不断。不过我们从《八世班禅传》的记载还是可以看出,即使清王朝处在风雨飘摇的危局中,清朝对西藏的治理仍然在1793年的《钦定西藏善后章程二十九条》所规定的轨道上运转:1856年举行了认定七世班禅的转世灵童的金瓶掣签,1858年举行了认定十一世达赖喇嘛的转世灵童的金瓶掣签;咸丰、同治皇帝去世时达赖喇嘛、班禅额尔德尼遵旨在西藏举行了念经超度的法事;同治、光绪皇帝即位时派使臣进藏向达赖喇嘛、班禅额尔德尼颁发诏书和赏赐品;这一时期朝廷派遣的历任驻藏大臣仍然照常行使职权,每年到后藏地区巡视边境的驻藏大臣照例要到扎什伦布寺来拜会班禅额尔德尼;朝廷派往西藏传达敕谕的使臣和达赖喇嘛、班禅额尔德尼派往朝廷朝贡献礼的使者仍然络绎于途。《八世班禅传》的这些记载清楚地说明了这一时期西藏和中央政府的政治关系。

3. 八世班禅额尔德尼在班禅活佛转世系统中是第一个通过金瓶掣签认定的。《八世班禅传》详细记录了当时举行金瓶掣签的过程。1856 年初,依据英萨诺门汗等人的寻访、授记和达赖喇嘛的答复,英萨诺门汗等扎什伦布寺执事确定竹仓巴之子及察古尔夏巴之子有可能是七世班禅的转世,因此将二子之父母、出生时日、生时异兆等缮写成文,派孜恰堪布和大索本堪布班丹喜饶一起前往拉萨,呈交驻藏大臣,请求向皇帝奏报,"如需入金瓶掣签认定,则是除上述两名有奇异征兆的幼儿以外,其他的幼儿没有明显的奇异征兆,故请以此两名幼儿的名签入于金瓶掣定。请大皇帝降旨准予掣签。"闰 6 月 27 日,驻藏大臣赫特贺、满庆等朝向京城以三跪九叩礼节拜发以上述呈文为基础而写成的奏折,藏历 8 月 6 日得到朝廷答复,说:"呼毕勒罕涅槃将及四载,今据赫特贺等奏称访得知觉异常灵妙二童,实属祥瑞,朕心快悦。著照所奏,即照定例将此二童之名入于金瓶内,唪经敬谨掣签,以定呼毕勒罕。俟掣定后由驿驰奏。"英萨诺门汗即写信请摄政和西藏地方政府为两位灵童等(来拉萨)委派联络官员,发给名册和路引文书等,并且安排借用转世灵童在拉萨的住所和英萨诺门汗本人在拉萨时的住所。摄政热振活佛和西藏地方政府即派贡塘巴强巴曲坚为竹仓家灵童的联络官,贝伦色为英萨诺门汗的联络官,孜本噶雪巴为在拉萨的总联络官,还任命一名堪穷为住宿地联络官。为迎请竹仓之子和英萨诺门汗到拉萨分别给予路引一份,运送所需器物的路引两份,动用公私驮畜总计二百。到达拉萨后,竹仓一家住在功德林的德吉林卡。藏历 9 月 14 日,在摄政、两位驻藏大臣、英萨诺门汗、西藏地方政府四位噶伦、总管堪布、地方政府大多数僧俗官员聚集时,两位候选的灵童从他们的住所被迎请到罗布林卡的格桑颇章,进行看视考察。从 18 日开始的七天中,在布达拉宫释颂南捷殿皇帝牌位前，经师甘丹赤巴和普布觉强巴活佛、夏孜曲杰、绛孜曲杰、三大寺在任的讲经师、扎什伦布寺的阿钦(密宗札仓的经师)、南杰札仓的两位金刚上师为首的南杰札仓的僧人，和在拉萨的八位扎什伦布寺的护法殿的僧人，为放入了名签的金瓶做诵经祈祷的法事。24 日，在拉萨的许多汉藏僧俗贵族官员集会上，赫特贺和满庆两位驻藏大臣在诵经的间歇时进行金瓶掣签，南杰旺堆坚赞的名签顺着赫特贺大臣的指尖从金瓶中抽出，当时在场的人们发出了雷鸣一般的“拉嘉洛(神胜利了)”的喊声。随即扎什伦布寺的名叫斯塔次仁的大卓尼尔，穿着白色礼服骑着白马，到灵童家里去报喜并敬献哈达。此后，英萨诺门汗和地方政府的公·夏扎瓦、摄政等人相继来到灵童那里，英萨诺门汗敬献了曼扎和经像塔三依止、八吉祥物品、八枚金币、汉地绫罗、洁白的内库哈达等，在色拉、哲蚌、甘丹三大寺和扎什伦布寺等许多寺院布施斋僧茶饭、献大供养，为灵童做了祈寿法事。26 日迎请灵童到罗布林卡，先献上茶饭，然后在寝殿中由摄政热振呼图克图给灵童穿上法衣，为灵童剃去胎发，同时给灵童起法名为罗桑班丹确吉扎巴旦白旺秋贝桑布。金瓶掣签的结果奏报朝廷后，咸丰帝敕谕：“11 月 23 日驻藏大臣等亲往布达拉山会同呼征阿齐图呼图克图，色呼本诺门汗率僧俗人等唪经，由金瓶内掣出番民丹择旺结之子拉木结旺堆嘉木参之名签，拟定为呼毕勒罕。……实为祥瑞之事，朕心实深喜悦。著赏给该呼毕勒罕大哈达一幅、珊瑚数珠一串、玉如意一柄。”

《八世班禅传》还详细记载了他在 1860 年藏历 10 月 2 日在扎什伦布寺坐床的情况。当天太阳在山顶升起之时，灵童和两千汉藏僧俗骑行者一起离开贡觉林寝宫，班禅额尔德尼乘坐大皇帝所赐的黄轿前行，按照旧规，班禅出行要有大皇帝恩准的四十名举旗开道的骑士，他们和抬轿的轿夫都戴有孔雀翎的帽子。经过杰松曼达的边上和扎西噶蔡园林前往扎什伦布寺的大门时，道路两边有民族不同，装束各异的人群载歌载舞，还有寺院的僧众，吹奏法螺笛子，敲锣打鼓，乐声喧天，举着伞盖、经幢、飞幡，排列成延绵不绝的僧队，在他们的后面是想要一睹灵童风采的民众，挤满了大地。进入扎什伦布寺以后，灵童乘轿从大佛堂贤劫威光殿的后面到普明殊胜宫，然后步行到坚赞团布寝宫，从右绕行一周后进入大门，到依噶群增寝殿，登上高大法座。此时，以阿巴札仓的堪布阿钦金刚持德庆洛桑楚臣为首的护法殿的僧人们，口念偈颂，手持吉祥八宝和国政七宝献给灵童，赞颂吉祥。接着由摄政热振阿齐图呼图克图向班禅献哈达，然后由英萨诺门汗、阿钦金刚持、索本堪布、森本堪布、拉章、贵族等献了哈达。在历辈班禅额尔德尼长期加持过的甘丹颇章寝殿，灵童五体投地礼拜三次，献敬神哈达。其后灵童经小门来到日光旋绕寝殿，面向东方，在坐垫上下跪，由满文仲译、藏文仲译、拉章仲译分别朗声宣读大皇帝钦命驻藏大臣恩庆、色呼本诺门汗照看班禅坐床事务的诏书，颁赐白银一万两、羊脂玉器、呢绒等大量物品，灵童恭敬领受，行三跪九叩礼后，灵童升上法座。在陈列油炸面点举行庆贺宴时，班禅向摄政金刚持和恩庆驻藏大臣问候，在场的汉藏官员、高僧大德等向班禅献哈达和礼品。班禅额尔德尼坐床典礼至此完成。

该传记这样详细地记载经过金瓶掣签认定班禅额尔德尼的转世，以及班禅额尔德尼坐床的仪式，无疑具有重要的史料价值。

八世班禅坐床后不久，即发生了 1860 年第二次鸦片战争，英法联军进入北京、咸丰皇帝逃往承德、法国传教士闯入西藏芒康强行传教。《八世班禅传》记载了当时西藏地方以达赖喇嘛和班禅为首的汉藏人等为大皇帝捐助军饷、班禅额尔德尼为清朝国运诵经祈祷的情况。接着 1862 年，拉萨发生了摄政热振活佛和甘丹寺、哲蚌寺僧众矛盾冲突事件，朝廷命令驻藏大臣庆文和满庆负责调查此事，决定没收热振活佛阿旺意希楚臣坚赞的摄政印信并将其撤职，起用卸任噶伦夏扎来平息这场争斗，热振呼图克图携印仓促从北路逃往安多地区，要去朝廷申诉，但途中去世。1864 年 9 月，噶伦夏扎在短期摄政后去世，拉萨又发生了色拉寺麦札仓的僧众抢夺革职待审的总堪布事件。1864 年，英国东印度公司在控制了锡金以后，武装侵略不丹，逼迫不丹割地。1869 年，不丹爆发内战，汤沙宗总管乌金旺曲在东印度公司支持下战胜对手，控制了不丹大权，对西藏形成威胁。1871 年，达尔汉总堪布班垫顿柱勾通甘丹寺喇嘛阿丹及扎萨克喇嘛札克巴协捻，折窝喇嘛策忍桑结等害死多名官员，聚众抗拒驻藏大臣，造成武装冲突。在全国和西藏地方的政局都动荡不安的情况下，作为后藏地区政教领袖的八世班禅，保持与清朝中央政府、前藏①拉萨政教领袖以及甘青川藏区和蒙古各地格鲁派事务的密切联系，有效地维护了后藏地区的安定，成为这一历史时期发挥作用最多的领袖人物之一。

4. 八世班禅额尔德尼所领导的后藏地区与不丹、锡金、尼泊尔、拉达克接界，历史上和这些地区有很多交往，是西藏地方对外联系的一个重要窗口，也因此最早受到英帝国主义者觊觎窥探；对英帝国主义者的窥探和渗透活动，八世班禅为首的扎什伦布寺的僧俗人士，做了坚决的抵制。1878 年，由于清廷与列强所订的《天津条约》等不平等条约规定外国人可以在中国各地游历经商和传教，一些外国传教士多次入藏考察和传教，西藏民众向驻藏大臣呈递立誓不准外国人入藏的公禀，公禀中说："屡接驻藏大臣译文内

① "前藏""后藏"是历史上的用法，西藏自治区成立后不再使用。历史上"前藏"大致指的是拉萨、山南一带，"后藏"大致指的是日喀则周围。在不同历史时期、不同语境中，"前藏""后藏"所指地域有所不同。——编者

称:立定条约准其入藏,奏明之件万无更改,各国到时,汉番一体照护,勿滋事端等因。并面奉屡次剀切晓谕。遂将藏中向无洋人来过,并习教不同,恐于佛地有碍,阖藏僧俗大众公立誓辞,断不准其入藏,情甘具结实在情形,大众苦衷,恳求驻藏大臣代为咨报矣。”“惟查洋人之性,实非善良之辈,侮灭佛教,欺哄愚人,实为冰炭,断难相处。兹据阖藏僧俗,共立誓辞,不准放入,出具切结,从此世世不顾生死,永远不准入境。如有来者,各路派兵阻挡,善言劝阻,相安无事。如或逞强,即以唐古忒之众拼命相敌,谅在上天神佛庇佑佛地,大皇帝恩护黄教,断不致被其欺压而遭不幸也。”在这份公禀上,八世班禅额尔德尼率同扎什伦布寺僧俗大众出具图章,与达赖喇嘛和摄政济咙活佛一起列名。

5. 通过阅读和翻译《八世班禅传》,我们还可以对特别发生在他身上的“惑习红教”的事件作出一些补充和澄清。八世班禅认定和坐床后,一直在扎什伦布寺的格鲁派高僧的教导下,学习格鲁派领袖人物应该学习的经典和修行法门,虽然由于他出身的家庭和后藏地方的地理因素,他和后藏地区的萨迦派、噶举派、苯教等人士有过一些交往,但是他的学法和修行都是格鲁派的,他是蒙藏格鲁派的大德和僧人以及信众一致崇信的格鲁派两大领袖之一。只是在 1875 年时,班禅虚岁 21 岁,到了受比丘戒的年龄,而此时刚好发生了同治皇帝在上年年底去世和十二世达赖喇嘛赤列嘉措在当年 3 月去世的情况,八世班禅可能一时没找到适合的格鲁派高僧做传戒的堪布,再者,宗喀巴大师和五世达赖喇嘛都曾经有过受喀且班钦戒统的比丘戒的先例,因此八世班禅请文殊怙主款氏教法的法主、持戒大师墨智茫嘎啦达玛瓦尔达贝桑布为堪布,在十名具信比丘之中,于扎什伦布寺依噶群增寝殿接受了圆满的比丘戒。当时扎什伦布寺的僧众对这次受戒是同意和支持的,英萨诺门汗等大德献了礼物,雪勒空举行了盛大宴会,献曼扎、三依止,班禅的祖业庄园也举行宴会献礼,大吉索、四大札仓的堪布、措钦大殿的大格贵、朗玛侍从、执事等也按地位高低献了庆贺的哈达。但是八世班禅以萨迦派的高僧为师受比丘戒,还是引起了格鲁派内的一些人的非议。而松溎刚好在1875年到拉萨就任驻藏大臣,在听到这些议论后认为问题严重,因此在1876年趁到后藏巡边的机会,当面向八世班禅提出"班禅额尔德尼惑习红教,致招物议"的问题,要求八世班禅"嗣后仍宜确遵黄戒,虔心嗱经,勿得任性妄为,旁习外道,以期仰副圣主保卫全藏、护持黄教之深恩也",令其"具结改悔" ,并将此事上报朝廷。在松溎的压力下,扎什伦布寺作为补救措施,在1877年让八世班禅额尔德尼在已经接受了喀且班钦戒统的比丘戒之上,又从拉萨迎请十二世达赖喇嘛的经师普布觉活佛到扎什伦布寺,另受了拉钦戒统的比丘戒,受戒后,扎什伦布寺和拉萨的甘丹颇章、四位噶伦、大小僧俗执事官员、色拉寺、哲蚌寺、甘丹寺三大寺的翁则、经师等依次向班禅献了礼品。由于这一补救措施,八世班禅从萨迦派高僧受比丘戒引起的风波很快平息下来。八世班禅在紧接着的寻访和认定十二世达赖喇嘛的转世灵童,请求皇帝批准免予金瓶掣签认定十三世达赖喇嘛的事务中发挥了重要的作用。1877年底,八世班禅因摄政和西藏地方政府的请求动身到拉萨,在蔡贡塘为十三世达赖喇嘛剃发,同时给他起法名为阿旺洛桑土登嘉措久者旺秋却勒南巴甲瓦贝桑布。八世班禅这次在拉萨地区停留三个多月,在大昭寺、布达拉宫、拉萨三大寺、热振寺等地受到僧俗大众的热烈欢迎和崇信。他还在拉萨接受了驻藏大臣转交的皇帝颁发给他的赏赐。

牙含章先生的《班禅额尔德尼传》一书中说:"清光绪元年(1875年),八世班禅年满21岁,到了受比丘戒的年龄。扎什伦布寺决定,由普觉活佛担任授戒堪布。4 月 15 日,授戒仪式在扎什伦布寺的益格穹曾殿上举行,西藏地方政府特派苏本堪布作为代表,驻藏大臣也派代表,同来札寺送了礼品,表示祝贺。八世班禅受了比丘戒以后,对宗喀巴创立的格鲁派的教义并不用心学习,他感兴趣的是‘红教’的教义,因此引起扎什伦布寺的喇嘛,特别是铁桑林札仓的全体喇嘛的反对。据藏文八世班禅传记载,经札寺札萨喇嘛一再解释,一场风波才告平息。对于这次事件,《清实录》中也有记载:‘光绪二年(1876 年)驻藏办事大臣松溎奏:班禅额尔德尼惑习红教,现令具结改悔。得旨,著随时察看,妥慎处理。’”这里把八世班禅的两次受比丘戒混淆到了一起,而且说八世班禅从普觉活佛受比丘戒后对宗喀巴创立的格鲁派的教义并不用心学习,他感兴趣的是“红教”的教义,就更是离开了史实的推想。这说明在研究藏传佛教的历史人物时准确利用藏文史料的重要性。

正因为八世班禅从萨迦派上师受比丘戒一事并未影响到他作为格鲁派两大领袖之一的地位,所以在他 1882 年去世后,扎什伦布寺和拉萨都按照格鲁派的传统举行了隆重的追荐超度活动,在扎什伦布寺为他兴建了灵塔。光绪皇帝也下诏说:“班禅额尔德尼为后藏呼图克图僧众之总师傅喇嘛;且深通经典,广衍黄教,保护僧众,多年精求经典,善诱黄教。正望扶助佛规,兹闻圆寂,朕心甚为悯恻,加恩着派驻藏办事大臣色楞额于班禅额尔德尼灵前赐奠,并赏布施等项,共折银 5000 两,再赏给团龙妆缎大缎 20 匹、贡缎 100 匹、大哈达 20 方、小哈达 300 方。除将赏银五千两由藏库动支,交扎什伦布札萨克喇嘛罗布藏顿柱先在班禅额尔德尼灵前作善事外,其缎匹、哈达等项,交该衙门仿照从前拣派司员送赴西藏,并将朕亲手所带蜜蜡珠一串、沉香数珠一串、经一部,先随报匣送交色楞额,奉到时即在班禅额尔德尼灵前悬挂,以示朕轸念之至意。”

以上这些因素，使八世班禅短暂的一生具有了丰富多彩的内容，同时也留下了不少需要探讨的问题。准确认识八世班禅的一生，对研究这个时期（有的学者将其称为从清中期到清末之间的清季时期）的西藏历史和格鲁派的历史，西藏地方政府和中央政府的关系史，甚至英国侵略西藏的历史都具有重要的价值。

藏文《八世班禅传》是了解八世班禅一生经历的最重要的资料。它的作者洛桑丹增旺杰，是在扎什伦布寺出家的格鲁派僧人，而且是有转世活佛身份的重要僧人，被称为洛巴活佛或者洛尔巴活佛。《八世班禅传》中说，他出生在江孜雄沃地方，俗名米滂图多，1861 年 4 月，由八世班禅主持，从十三个疑似儿童中认定他为上一世洛巴活佛丹坚群培的转世，当年 6 月，八世班禅又为他剪发剃度并起法名为洛桑丹增旺杰，而此时八世班禅也只有七岁，可见他应该与八世班禅年龄相仿。其后他和八世班禅有过许多亲身的接触，八世班禅在去世的前两年还任命他为扎什伦布寺阿巴札仓的堪布，接替辞职的森钦活佛，可见八世班禅对他的信任与重用。他在八世班禅去世后，参与了在扎什伦布寺为八世班禅兴建灵塔的工作，以及寻访八世班禅的转世灵童的事务。后来他还担任了九世班禅的永增（经师），而且被朝廷封为诺门汗，而《八世班禅传》正是他在担任九世班禅的经师时写作完成的。以上这些经历和在扎什伦布寺的地位，使他能够接触到当时的第一手记录和资料，结合亲历亲见，在传记中把传主八世班禅的形象生动地呈献到读者的面前。

对《八世班禅传》作者的认识，我们也经历了一个逐步加深的过程。我们在 2017 年 8 月赴扎什伦布寺学习考察时受到西藏自治区政协副主席、扎什伦布寺寺民管会主任萨隆平拉先生的热情接待和指教，他还让民管会的达瓦次仁啦带我们参观扎什伦布寺的主要殿堂,并告诉我们:扎什伦布寺在一世达赖喇嘛根敦珠巴的时期,有兑桑林、吉康、夏孜等 3 个札仓,其下共有 26 个米村。到四世班禅洛桑曲吉坚赞时期,新增加了阿巴札仓,并在兑桑林、吉康、夏孜等 3 个札仓增加了 33 个米村。其中在夏孜札仓增加了杰钦孜、吞巴、喜乃、洛巴、颇多巴、洛登巴、域噶尔、德阳巴、萨隆巴、桑洛等 10 个米村。《八世班禅传》的作者洛巴活佛洛桑丹增旺杰,即是夏孜札仓的洛巴米村的活佛,这一活佛系统的寺院本来是亚东的帕里镇的贡巴孔寺,成为扎什伦布寺的活佛后,平时在夏孜札仓的洛巴米村生活和学佛。而在寻访和认定八世班禅的过程中主持其事的扎什伦布寺大强佐英萨诺门汗南杰群培则是扎什伦布寺的英萨活佛,该活佛系统的府邸是在日喀则东面的恩贡寺,在四世班禅时期,扎什伦布寺的管理机构有拉章孜、雪、涅仓,还有吉索、曲臣康等,寺院领导人除班禅额尔德尼外,最高的即是英萨,其后形成了一个英萨活佛转世系统,在七世班禅去世时,英萨诺门汗南杰群培正担任大强佐之职,因此由他主持寻访和认定七世班禅的转世灵童就得到各方的认同。达瓦次仁啦的这些指教,使我们在翻译过程中存于心中的几个疑问豁然开释,因此我们在此对萨隆平拉主任和达瓦次仁啦表示深切的感谢!

译 者

尊胜上师罗桑班丹确吉扎巴旦白旺秋传繁盛具信莲苑之阳光

一、礼敬赞颂

具足诸佛的慈悲和功德，
被称为班禅大师的法王，
其名声在三界极为显耀，
祈请旦白旺秋赐给吉祥！

在那数量多如恒河沙粒的，
难以计量的佛陀广大刹土，
示现为佛和佛子的本尊神，
请转动法轮赐给无量智慧！

凝视你会永不餍足，被你的美妙身躯所吸引，
月亮女神不辞劳累，绕行四洲追寻你的声音，
你的指尖轻拨琴弦，琴声使大梵天自感羞愧，
妙音天女向你祈请，请给她的歌喉添上法音！

在这贤劫之中有数以千计的如珍奇花鬘的佛祖，
因猛力发心和志向最受赞扬的圣师是净饭王子①，

① 即佛祖释迦牟尼，因其父是迦毗罗卫国的净饭王，故以净饭王子来称呼他。

第二佛陀洛桑扎巴[1]的百炼成纯金的格鲁派教法，
向因发心和誓愿成为雪域怙主的师徒传承顶礼！

受妙音女神的加持而具有七宝，
成为雪山装扮的大地政教之主，
以无垢智慧执掌教律的尊胜师，
向你殊胜各方的怙主再次顶礼！

你热诚的心灵可以融化雪山，
使佛法的江河流遍佛界大地，
如诸佛一样以慈悲护持众生，
你的英名能去除苦难受大众赞扬。

虽然你远离遍入天嬉戏一般的虚幻场景，
但众生眼中你的法身仍如日光彩虹波涛，
你以各种身相随机教化法语如天鼓敲响，
所有作为纯为利乐众生，故向你虔诚致礼！

没有乘坐海船出海，
也不靠船夫来划桨，

---

① 即宗喀巴大师(ཙོང་ཁ་པ།,1357－1419年),藏传佛教格鲁派开派祖师,生于青海湟中县今塔尔寺所在的鲁沙尔镇,7岁时被家人送到化隆县夏琼寺出家学佛,16岁到卫藏各地拜访各家名师,深研佛理,先后师从贡噶贝、仁达瓦宣努洛追等各派高僧数10人,大约在25岁时,受比丘戒正式出家,并开始撰写佛教哲学论著,此后一段时期,深受乌玛巴(དབུ་མ་པ།)中观思想的影响。1393年基本结束显密教研习,开始从事宗教活动,并逐步掀起了一场以倡导严守戒律为核心的宗教革新运动。1409年宗喀巴成功地举办了在西藏政教历史上产生重要影响的拉萨祈愿大法会。这次法会以及随后甘丹寺的建立,标志着藏传佛教史上一个注重戒律约束、讲究修习次第的新教派——格鲁派的诞生。开创新教派之后直至1419年圆寂,宗喀巴的主要活动是著书立说、讲经说法,使新诞生的格鲁派的影响不断扩大。

却因为和你的因缘，
获得满足诸愿如意宝！

嗟呼！今世的依怙、慈悲之源，
亲密的良挚友，三界的上师，
漂流轮回世间的悲苦众生，
他们证得菩提前请你慈悲护佑！

二、著作誓约

广大的坛城是收放取舍的基础，
从你的功德中取材写成你的传记，
使其成为那光辉灿烂的太阳，
使广大具信莲园的花朵绽放！

你的思想和讲说如清静琵琶声，
使具贪欲圣灵也放下其他事情，
把你的妙音当做灌耳的甘露，
你对正法的讲说谁能不折服！

犹如让穷人来计算富人的家产，
让我像乌龟披毛一般装作圣贤，
来讲说你的十明学识和功德，
岂不是成为一个天大的笑话，
不过在当今有一些庸俗的人，
像飞蛾扑火般贬低你圣贤大德，
为净除他们这样的各种罪业，

也是受你的教导的鼓舞召唤，
为了记取你的言论事迹精华，
我生起勇气讲说怙主你的功德！

你像一位善于驾车引路的高手，
使用智慧和方便结合的大车，
指引在迷途中疲于奔命的众生，
经过坦途走向安乐解脱的目标。

你的三密功德如虚空广大海洋深邃，
不仅是吠陀之主，佛子菩萨也被超越，
无论怎样努力，讲说你无量光降世事迹，
也像用芒果核做瓢，永远舀不尽海水，
这一重任我这样的凡人怎么能够胜任，
然而为了用佛陀功德水洗净信佛童子，
还是应该海中舀水般讲清怙主你的生平事迹。

三、对读者的劝请

对那些被愚昧魔鬼控制而落入偏见、在错谬中安住、行为粗暴不良而且无论如何都难以改正的人来说，这部传记就如刺入耳中的芒刺。而对于那些不愿意将自己十分难得的暇满人身的巨舟在无意义的大河中沉没，不愿意在错谬中漂泊徘徊，因而依止殊胜善知识舵手，想要从有寂大海中渡过超越的公正智慧的追求佛法的志同道合的人，希望这部珍贵的传记所说的事迹会开拓你们的眼界。

如同佛陀在无数时代以前就已经圆满成佛，为了解脱无数的众生，在种姓、父母血统都圆满吉祥的具种蓝毗尼园，以童子顿珠的形象降生世间，班禅额尔德尼你在青年时代就出家为僧，恭敬依止执掌教法者的顶饰善知识，按次第学习修行佛法，精通本宗的学识修行而才识精湛、德行严谨、心地善良，以无可争辩的讲说辩论和符合佛意的著作来弘扬佛法，这是使得众人欢乐讲说的根本。

以上是写作本书的礼敬赞颂、著作誓约和对读者的劝请。愿这些如同妙音天女拨动琵琶琴弦而发出美妙的琵琶琴声使具善缘的人们的耳朵得到享受。

第一章　几位前世的事迹

在此应该讲说的是，我等众生的上师、佛法之主、遍知一切的佛陀薄伽梵（出有坏）的教法之主、把具有殊胜缘分的应化众生引导到成熟解脱的善道的引路人、对整个尘世间本无尘缘仍爱惜如一加以滋养、因其各种教证功德装满其心间的大自在者，难以直呼其名的遍见一切班禅教法之王杰尊罗桑班丹确吉扎巴旦白旺秋贝桑布，其声名的洁白飞幡向四方欢乐舞动，其来历如是。正如《大悲白莲花经》所说，佛陀薄伽梵说：善男子，往昔犹如恒河沙数的无数劫之前，此佛之刹土中是被称为“格巴钦波泽巴”（བསྐལ་པ་ཆེན་པོ་འཛོན་པ།）的大劫，此时有被称为“桑杰仁钦宁波”（宝藏佛　སངས་རྒྱས་རིན་ཆེན་སྙིང་པོ།）者出世，转动佛陀之法轮，安置数十万千万数的生灵于善趣和获得解脱。于别一时间，此佛陀由数十万千万数声闻阿罗汉环绕引导，经过各个城镇、村庄和国王宫殿，渐次来到转轮王轮辋王（རྒྱལ་པོ་རྩིབས་ཀྱི་མུ་ཁྱུད།）的花园“赡部乐园”附近安住，听到这一消息后，转轮王轮辋王由数十万臣民簇拥到桑杰仁钦宁波那里敬礼拜见，并在一侧就座，闻听佛陀的法语，心生欢喜。其后，转轮王轮辋王对薄伽梵桑杰仁钦宁波做了三个月的供养，并且祈愿。轮辋王有一千个儿子，长子名叫米木尊（མིག་མི་བཙུམ། 意为不闭眼，观世音菩萨的别称），他完全像他父王那样对薄伽梵桑杰仁钦宁波及其随从们做了供养。其后，婆罗门嘉措度（海尘 རྒྱ་མཚོའི་རྡུལ།）也对薄伽梵桑杰仁钦宁波及其随从们做了七年的供养。其后婆罗门嘉措度鼓动转轮王轮辋王于无上菩提发心，转轮王轮辋王发菩提心后，如来仁钦宁波预言轮辋王在经过两个恒河沙数的劫以后，将在西方世界的德瓦坚（极乐世界、兜率天宫བདེ་བ་ཅན།）成为无上正等觉佛陀无量光佛。符合这一预言的说法是，（吾等上师的先辈）在超出吾等语言和思维所能表述的数量的众多劫之前，在称为“格巴钦波增巴”的大劫中，降生为转轮王轮辋王之时，在如来仁钦宁波身前于无上菩提发心（即发无上菩提心），并从如来仁钦宁波那里得到授记（预言），又在众多劫中发展殊胜乘的发心。当他降生为比丘却吉迥乃（法源）时，在如来几典旺秋杰波（世自在王）的眼前发了五百大愿，并且完成全部的圆满、成熟、修行等法行，在被引导到圣地兜率天宫时，以无量智慧身证得无上正等觉佛陀。

（吾等上师的先辈）在十方各个广大刹土示现各种不可思议的随类教化所需的化身的事迹，正如《金光明经》所说，“佛陀入有坏难思量，然而恒是如来身，为了利乐众有情，示现各种众生像。”又如《究竟一乘宝性论》所说，“应化众生清净盛水器中，如来瞬间示现出无数太阳的身影。”班丹达瓦夏（吉祥月足）也说道：“对此，虽然众人难以理解，但是他以适合教化众生的形象出现在有情众生的世界做无数的利益众生的事业。”如是，吾等应知，这是上师的先辈以不需勤策的形象，来直接示现本身，又完成利益众生的事业。按照这些广大的论说，正如在显明一切的道路上（天空），当独一的太阳坛城升起时，大地上的数百个水容器（大海、湖泊）都会出现太阳的身形那样，由于（众生）不具有理解勤策的形象的觉悟，因此上师的先辈们以圆满报身的幻化的化身，在任何时候以不动摇的、完全清净的、应化众生的意愿相适合的、各种各样的幻化戏乐，来完成教化众生的事业。这正如尊胜弥勒怙主所说：“调伏的化机以及调伏的方便（方法）是，针对调伏化机的调伏之事，于其时其地前往，犹如遍入天一样常自然成就。”（上师的先辈）真实通晓化机及其种姓、意愿等，以教化的方便、示现的身形二者以及幻现巨舟和桥梁等等方法,以及用自己的身体做平和的或者猛烈的调伏的方法,以调伏的行动来向众生示现获得极高实善的结果以完成事业,为此前往任何有应化众生的地方,查知进行教化的时机,以精进的持守戒律的形象使事业自然成就,依止佛陀的大慈悲,不间断地进行破除有情众生固有的二障,集聚二部资粮,使众生依次进入十地,最后获得菩提正果的事业。

尊胜弥勒怙主[①]说:"对第六金刚持上师等,依次按大海、太阳、虚空藏、云彩和风那样来认知。"又说:"依他因缘,由于生起出离心和平等看视自己和有情,以及事业未全部完成之故,(上师)在此轮回世间不间断地做事业。"按照这两种殊胜事业的方式,上师在世间所做的伟大的利益众生的事业是如何进行的,不仅是梵天、大自在天和声闻乘、独觉乘等人不能讲说,就是获得悉地的佛子等亦不能一一讲说,那么像我这样的受各种世间捆缚的人,不用说,更不能讲说。

因此,我只能将上师在以赡部檀树命名的赡部洲的中心地区以北的叫做"博扎"(吐蕃རྟ་ག།)的地方的事迹,按观现世的凡夫俗子的眼光所见的善为讲说,编写为上师如何做教化事业的一部共通的传记。此一语事业,能使那些对上师没有信仰的人们生起信仰,使虔诚者更加增盛,我由此可以方便地集聚福德和智慧二部资粮。这正如《本生经》中所说的那样:"其名字被称为'桑波'的人等,指示在成为善逝的道路上有哪些人,使心无信仰的人们具有信仰,以具有教法的语言使人们产生欢喜。"

按照通常的说法,(上师)的先辈有大阿罗汉饶觉(རབ་འབྱོར། 意为善

① 亦译慈氏,公元前六世纪人,与释迦牟尼同时,生于印度波罗奈国劫波利村,波婆利大婆罗门家。在大乘佛教中称他现为等觉菩萨,也有称为妙觉菩萨,是八大菩萨之一,大乘经典中又常称为阿逸多菩萨。他被唯识学派奉为鼻祖,其庞大思想体系,以《瑜伽师地论》为代表,而由无著、世亲菩萨阐释弘扬,深受中国佛教大师道安和玄奘的推崇。

现,由梵语音译为须菩提)等十四世传承,对他们的事迹在本书中不必细说,从先前的历辈班禅额尔德尼的传记即可以知道。在此,我只是把渐次的和顿时显现的、被认为是班禅的秘传,作大略的介绍。

《克珠杰传——贤者意乐》中说,“使贤劫第四佛陀释迦牟尼的教法在印度和西藏宏传因而具有大恩德的上师白玛桑博瓦(莲花生大师)、觉卧阿底峡以及对西藏有大恩德的法王达波拉杰等等不可思议的化身,不可能全部讲说。”另外,在《班禅罗桑班丹益西传——月亮宝鬘》(即六世班禅罗桑班丹益西传)的下册中说,“除此之外,还化身为对我等有特殊恩德的有,佛陀释迦牟尼在此世间做十二应化功业之时,向佛陀请问和应答的弟子中最为殊胜的圣者须菩提,以及圣者迦叶的沙弥白玛阿丹(པད་མ་ངད་ལྡན། 莲花香气),请求佛陀讲说《三摩地王经》的请法者达沃宣努(ཟླ་འོད་གཞོན་ནུ། 月光童子),执掌寿命之学的殊胜者措切宣努(འཚོ་བྱེད་གཞོན་ནུ། 医师童子)等。”“据称多吉智浦巴(金刚铃尊者རྡོ་རྗེ་དྲིལ་བུ་པ།)、巴瓦跋陀罗(བྷ་ཝ་བྷ་ད།)等也是心续同一的化身。”“化现为圣者龙树的最胜弟子大日贝库友(正理布谷鸟),厘定空性见的见地,使大乘之道大为发扬。”人和神的殊胜导师阿旺洛桑土丹嘉措(译者注:即十三世达赖喇嘛土登嘉措(1876－1933年),藏历第十五饶迥火鼠年(1876年)生于西藏塔布(今朗县)朗顿村。次年,经八世班禅旦白旺秋等公禀,驻藏大臣转奏光绪皇帝批准,免予金瓶掣签,被确定为十三世达赖喇嘛。光绪四年(1878年)正月由八世班禅剃度,取法名“吉尊阿旺洛桑土登嘉措晋美旺秋曲勒南巴加瓦贝桑布”(简称“土登嘉措”)。光绪五年(1879年)6月举行坐床大典。光绪十四年(1888年)正月与驻藏大臣和摄政等在布达拉宫举行确定九世班禅曲吉尼玛的金瓶掣签,为九世班禅剃度并取法名。3月,英国人第一次武装侵略西藏,他号召西藏僧俗民众进行抗击。光绪二十年(1895年)8月亲政。二十九年(1903年),英军侵入后藏康巴宗,他号召全藏军民抗英。次年,英军在荣赫鹏的率领下发动第二次武装侵略西藏的战争,他领导全藏军民英勇抵抗,终因驻藏大臣有泰等人昏庸懦弱不予支持和力量悬殊而失败。6月,英军兵临拉萨,他任命甘丹赤巴罗桑坚赞代理摄政,自己率少数侍从出逃,经青海等地到达外蒙古库伦。是年9月,清廷因不明真相,革去其名号,翌年恢复。光绪三十三年(1907年)到五台山朝佛,次年8月应礼部邀请,人京晋见慈禧太后和光绪皇帝,面陈藏情,恭听圣训。清朝封其为“诚顺赞化西天大善自在佛”,并颁给金册一份。宣统元年(1909年)10月回到拉萨。次年2月因川军人藏,藏局混乱,出走印度。清廷再次宣布革去其达赖喇嘛名号。宣统三年(1911年)辛亥革命后,驻藏川军离开西藏。民国元年(1912年)12月返回拉萨,重掌西藏地方政教大权。民国三年(19四年)开始推行“新政”措施。民国十年(1921年)增设军粮局,要求扎什伦布寺承担四分之一军粮,并拘捕九世班禅属下重要官员。民国十二年(1923年)11月,九世班禅被迫逃往内地。十三世达赖喇嘛同时与中央保持联系,于民国十九年(1930年)分别在北京、南京、西康等地设立办事处。民国二十年(1931年)发布文告整顿教规。民国二十二年(1933年)12月7日圆寂,享年58岁。12月,国民政府追封其为“护国弘化普慈圆觉大师”。)也说:“尤其是在此刹土有阿罗汉须菩提、无垢和吉祥燃灯智(阿底峡)、传承耳传密法的宝库温萨巴、确吉坚赞、旦白旺秋等,以有序传承或者突然出现之身不间断地出世,他们每个人的殊胜功德和生平事迹,即使某个人长了一百条舌头也不能讲完。”

在这些共同的和不共的难以计数的赐予教导的上师中,我在这里想要讲说的是,依据某些不同的本生传记来直接讲说一些上师的事迹,他们就是圣者迦叶的沙弥白玛阿丹、请求佛陀讲说《三摩地王经》的请法者达沃宣努、执掌寿命之学的殊胜者措切宣努、证悟离边中观教义的圣者龙树的最胜弟子大日贝库友、瑜伽自在大成就者铃尊者、邬金空行地方的上师智玛麦巴(无垢)、古如上师八相之一的镇压藏地妖魔的大阿阇梨白玛桑博瓦(莲花生大师)、噶当派教法的源头觉卧杰吉祥阿底峡、将大金刚持德洛巴和那若巴近传的见修行完整无误地牢记心间使修行传承的教法如日月一样显明的吉祥达波拉杰、巴瓦跋陀罗等。我这样讲说,并不是以阿谀奉承的言语,在自己架设的水渠中引入诗词形式的流水,而是讲说(上师传承的)实际的情形。我这样说的原因将在后文中陆续说明。

首先,尊胜上师(班禅额尔德尼)曾经受生为圣者迦叶的沙弥白玛阿丹(或者名叫白玛昂楚,或者名叫比丘白玛阿丹),这从上述的班禅班丹益西(六世班禅)的话语中就可以理解。不仅如此,(班禅以前曾经）受生为达沃宣努、措切宣努、铃尊者、巴瓦跋陀罗等也可以从班丹益西（六世班禅）的话语中理解，在此无需多说。

说班禅额尔德尼曾经受生为圣者迦叶的沙弥白玛阿丹的另一个理由是，在通常所说的班禅额尔德尼的历辈转生中的第八位，即克珠杰[①]传记中即有这位上师受生为圣者迦叶的沙弥白玛昂楚的记载，还有后来宗喀巴大师在克珠杰的梦境中现身并讲说迦叶一章的记载。考察这些记载，还可以顺势证明班禅额尔德尼是宗喀巴大师的化身，其理由是宗喀巴大师本人也曾经受生为沙弥白玛昂楚。在喀那译师所著的《宗喀巴大师传》中说："在释迦牟尼眼前成为白玛昂楚"，在《宗喀巴大师传——繁盛具缘莲园的阳光》（即《宗喀巴大师全传》）中也说："此上师受生为圣者迦叶的沙弥白玛昂楚"。因此，宗喀巴大师和班禅只不过是不同的化现，而其化身的根本是同一的。若是思考沙弥白玛昂楚，白玛阿丹、比丘白玛阿丹是同一个人吗？是同一个人。理由是上述《宗喀巴大师全传》、喀那译师的《宗喀巴大师传》引用的宗喀巴大师受生为沙弥白玛昂楚的记载，与前面所说的比丘白玛阿丹二者，只是出家（受沙弥戒）和成为比丘（受比丘戒）的不同时间的名字的差别，他们应该是同一个人。不仅如此，在上师官却吉美旺波[②]所著的《噶当教法史——珍宝串珠》一书中说，在佛祖眼前奉献白水晶宝串的童子在

---

① 克珠杰格列贝桑（1385－1438 年），后藏拉堆多雄地方人，幼年即在萨迦寺出家，受沙弥戒，16 岁时因在与名师博东班钦辩论中获胜，名噪一时，后从杰尊仁达瓦大师修习显密诸要。1407 年拜宗喀巴为师，改宗格鲁派。随侍宗喀巴 12 年，颇受赏识，遂成为宗喀巴八大弟子之一，位居甲曹杰达玛仁钦之后，为第二大助手，主持创建后藏日沃当金寺。1418 年受江孜法王热丹衮桑帕之邀，共同创建江孜白居寺。宗喀巴圆寂后，克珠杰为弘扬宗喀巴创立的格鲁派教法，不遗余力，做了许多工作，经常徒步到前藏、后藏各地，向僧众宣讲宗喀巴的《菩提道次第广论》和《密宗道次第广论》，说服大批其他教派信徒改宗格鲁派。1431 年接替甲曹杰出任甘丹寺第三任甘丹赤巴，在继承法位的 8 年间，克珠杰亲转法轮，做了大量工作。募集大量铜铁、黄金，在甘丹寺保存宗喀巴肉身银塔的藏式大殿上建造汉式金顶（俗称金瓦寺）。克珠杰撰著《宗喀巴简传》，系统阐述黄教清净慈悲之旨，综述宗喀巴的巨大成就和黄教的教规及管理制度等，此外，还著有历法著作《时轮大疏无垢光明》《因明七论除暗庄严法》等。克珠杰在宗教美术方面也颇有造诣。他后来被认为是第一世班禅。

② 即拉卜楞寺二世嘉木样活佛。

该处出家受比丘戒，法名为比丘白玛阿丹。按照这些记载，可以推理证明白玛昂楚和白玛阿丹是同一个人。虽然没有明说白玛昂楚和白玛阿丹是同一个人，但是在前述班禅班丹益西（六世班禅）的话语中，有迦叶的沙弥白玛阿丹的称呼，按此，圣者迦叶的弟子沙弥白玛昂楚和白玛阿丹仅仅是名字的不同，这二者都是圣者迦叶的沙弥，因此我想这是一人异名而已，此事尚祈聪慧者进一步辨查。

说（班禅额尔德尼）受生为证悟离边中观大师龙树的殊胜弟子大日贝库友的理由，也在《克珠杰传记》中有提到，这位上师在受生为班智达大日贝库友时，受贝丹达瓦扎巴（月称）的护持并破除持边见者的论说，有一次达瓦扎巴说，在将来之时，尊胜文殊菩萨将以比丘的形象按照意愿在边地受生，你也会在那里受生，要完成他（指文殊菩萨的化身）的教导并使教法弘扬。

说（班禅）受生为邬坚（ཨོ་རྒྱན།）地方的无垢上师的理由，在上述的达赖喇嘛土丹嘉措的话语中即可以明白。更为详细的是关于这位上师的事迹的记载。由此还可以证明班禅额尔德尼是宗喀巴大师的化身，其理由是，宗喀巴大师是上师无垢的化身，在《噶当书》的关于无垢上师的授记（预言）中说："他的一个化身前去多麦地方（即安多地方）"，这显然是对宗喀巴大师的预言。此外还预言说上师白玛桑博瓦（莲花生大师）和觉卧杰（阿底峡）的一些化身按照这一预言前去那个地方调伏神魔，这说明宗喀巴大师是和白玛桑博瓦同一化身，又预言说一个化身在印度巡礼各个圣地，这是对觉卧杰的预言。这是因为他们仅仅是不同的化身，而化身的根本则是同一的。

说（班禅）受生为古如上师八相（གུ་རུ་མཚན་བརྒྱད།）之一的镇压藏地妖魔的大阿阇梨白玛桑博瓦[1]的理由，在《洛扎遗语》一书中有

---

① 即吐蕃王朝时入藏传播佛教，后来被藏传佛教宁玛派尊为祖师的莲花生大师。

记载："我是白玛迥乃的化身将在藏和绒交界处出现，在吐蕃和洛、门等地护持利益众生"，此外，四世班禅罗桑确吉坚赞①也自己亲口承认这一点，在他所著的《不共极密的秘密本生》中说："我受生为白玛桑博瓦后，将吐蕃地方的八部神魔通通收服，为利益众生埋藏百千万伏藏，在未来之时将有无数伏藏师出世，在各个地方宏传无数教法，这是我与上师莲花生大师相同的秘密语。"

说（班禅）受生为噶当派教法的源头觉卧杰吉祥阿底峡（译者注：阿底峡（982－1054年），古印度佛学大师，藏传佛教噶当派祖师。本名达瓦宁波（意为月藏），法名迪班噶罗室利扎那（Dipamkarara－Srimana，藏文译为吉祥燃灯智）。"阿底峡"为梵文，意为殊胜，是阿里小王加给他的尊称。藏文史料中一般又称他为"觉卧杰"（意为尊者）或"觉卧钦波"（意为大尊者）。生于萨霍尔国（ས་ཧོར། 亦译萨护罗国，在今孟加拉国达卡地区），其父为小国国王。幼年起在金刚座寺以佛智为师出家学佛，曾受密宗灌顶，对显密修行次第生起胜解，并在印度各地云游。29岁时在大众部的分支说出世部，受比丘戒。后潜心学习显宗经论，曾渡海去金岛（གསེར་གླིང་པ།，今印度尼西亚苏门答腊），跟从金岛大师学法12年。回印度后人超戒寺，成为上座，后任该寺掌堂师和住持。当时阿里地区首领益西沃、绛曲沃正致力复兴佛教，派遣仁钦桑布、列必喜饶等去印度学习译经，寻访高僧。他们回阿里后报告阿底峡的事迹，益西沃、绛曲沃遂决定迎请阿底峡，并为仁钦桑布修建托林寺。后绛曲沃派那措译师携带黄金去印度迎请阿底峡。当时有本尊授记（预言）说阿底峡去吐蕃将 缩短寿命20年，但他仍决意前往。1042年阿底峡随那措译师经尼泊尔到托林寺与绛曲沃等人会见，随即与仁钦桑布、那措译师等人在托林寺翻译经典。两年后当阿底峡准备返回印度时，仲敦巴从前藏来会见，并请他到前藏地区传法。阿底峡即随仲敦巴动身，途中在后藏停留一年。到前藏后他讲经传法，集合弟子，为新建的寺院、佛像举行开光仪式，对藏传佛教的复兴和在下路弘法的基础上继续发展起了重要作用。阿底峡在托林寺时著《密宗道次第解说》，解答绛曲沃等人对密宗教法的疑惑。又著《菩提道灯论》共七十颂，讲说从学法

① 后藏兰珠甲地方人，出身差巴（平民），13岁人温萨寺（恩贡寺）出家，由于其学习刻苦，加之天资聪慧、才华出众，被公推为该寺活佛。明万历二十四年（1596年）起赴扎什伦布寺、甘丹寺深造，赢得盛名。1598年返回温萨寺。3年后就任扎什伦布寺第十六任赤巴，大力整饬寺规僧纪，阐扬格鲁派教法，创建扎什伦布寺祈愿大法会。1610年四世达赖喇嘛云丹嘉措从内蒙古到拉萨，他应邀为四世达赖喇嘛授比丘戒。1616年底云丹嘉措圆寂，他就任前藏哲蚌、色拉两大寺主持，挑起了格鲁派寺院集团领袖重任。他主持完成寻访认定五世达赖喇嘛，并为五世达赖喇嘛授沙弥戒、比丘戒，后来又与五世达赖喇嘛共商邀请固始汗人藏，后又与五世达赖喇嘛一起遣使盛京（沈阳），谒见清太宗皇太极。1642年固始汗联合格鲁派推翻第悉藏巴，建立甘丹颇章政权。固始汗赠给他"班禅博克多"称号。四世班禅毕生著书立说4函105种，多为阐述佛教经义，为十数万人授戒讲经传法。清康熙元年（1662年）圆寂于扎什伦布寺，终年93岁。

到成佛的修习内容和阶段。首先将人分为下士(不求解脱,只求今世利乐的人天乘)、中士(追求个人解脱轮回之苦,无意普渡众生的小乘)、上士(自求解脱并愿普渡一切众生的大乘)三类。然后以这三类人的修学为纲,讲解三皈依(皈依佛、法、僧)和戒、定、慧三学,以及修习三学的阶位次第如五道十地等。在概述显宗内容后,又申述密宗优胜于显宗的理由,并分别等次划分密宗为四部。此书在藏传佛教还处于分散杂乱的时期提出一个对整个佛教的系统看法,为噶当派的形成准备了思想基础。1054 年他在聂塘圆寂后,仲敦巴成为众弟子之首。次年,仲敦巴集合众人在聂塘为他举行周年供,并建聂塘卓玛拉康。1057 年仲敦巴又率众到热振,并创建热振寺。后来以热振寺为根基发展成为藏传佛教的噶当派。由于阿底峡对藏传佛教的发展做出的重要贡献,后来噶当派、格鲁派等教派都对他十分尊崇。噶当派将他对仲敦巴等人讲经说法的内容汇编为《噶当书》(分《祖师问道录》和《弟子问道录》两部分),成为噶当派和格鲁派高僧的必读书。后期格鲁派的许多授记(预言)及对教理的解释,多以《噶当书》为依据。)的理由是,在《叶尔巴神山噶当教法史》说,仲敦巴请问觉卧杰在来生将会降生到哪个清静的地方?觉卧杰阿底峡回答说:"在西面竖立起经幢,殊胜菩提的僻静森林,后世在那里以菩萨装束居住,成为殊胜的禅定师,汇聚十平等性于一身,身语意三者极清静,如水晶童子升天空,在神人世间发出狮子吼声,然后再回人世间,因慈悲之故出化身。"这里包含了名字、声音等预言,表明他在后世将受生为班禅罗桑确吉坚赞①。

说(班禅)受生为将大金刚持德洛巴和那若巴近传的见修行完整无误地牢记心间、使修行传承的教法如日月一样显明的吉祥达波拉杰②的理由是,在上述的《不共极密的秘密本生》中说:"达波拉杰曾经说:'在我今生以后的后世,将成为戴黄帽宝冠穿鹅黄色

---

① 四世班禅罗桑确吉坚赞的名字中"坚赞"(རྒྱལ་མཚན།)即经幢,他开始在温萨寺(དབེན་ས་དགོན།)即僻静地之寺出家,以讲论佛法而著名。

② 达波拉杰索南仁钦(1079-1153 年),西藏著名的佛学家,继承玛尔巴、米拉热巴的噶举派传统,阐发宏扬成为塔波噶举体系的一代宗师。出生于藏南塔波地区涅地(今属隆子县)尼氏家庭,幼年学医,稍长以医理医道驰名,有塔波神医之称。1104 年出家受戒,从多师学法,约于 1110 年赴后藏甄地(聂拉木附近)投米拉日巴学法 13 个月,奉师命回前藏专修。1121 年于塔拉岗波地方建岗波寺,收徒布道,传授教法,著有《解脱道庄严论》,融合噶当派法于米拉热巴法,以"大印"为主、视徒众机缘分别传授"方便道"或"大印",开一代噶举教法新风,故称其传承为塔波噶举,其弟子又在各地建寺传法,形成很多支派,如噶玛噶举派、蔡巴噶举派、帕竹噶举派、达隆噶举派等,有四大八小之说。

袈裟的人，对数十万比丘广赐法布施，使无数应化众生成熟解脱，担任数亿比丘的堪布（མཁན་པོ།），安置他们到大手印道（ཕྱག་རྒྱ་ཆེན་པོའི་ལམ།）上。’按照这一预言，即是授记我们是尊胜米拉日巴的主要弟子，无比的达波拉杰。”这样，就可以确定班禅额尔德尼本身是宗喀巴大师的化身，而法王达波拉杰也在宗喀巴大师的世系中，因为《（宗喀巴大师）传记——教证美饰奇异宝串》书中即有如是说法。这样，本书所写的这些不是自己编造和虚构而成的，而是对先前的一些可信的大德上师的口述进行分析，归纳到一起而写成的。

另外，为了消除对上述内容的怀疑和误解，还要做如下说明。这些伟大的智者，都是在具有彻底抛弃自利的功德而且获得无上智慧的法身之后，为了利他而在应化众生的见相中显现身体和语言等各种形象，按照实际的意义来说，其法身在大乐的佛界都是同一的，并没有分别，所有的化身的化现的根本都是一尊佛陀，因此，说某某是这一位的化身，而不是其他任何一位的化身，是一种持边见的狭隘的见解。

对经典的教义不加辨析，或者虽然做了辨析但是不具大智慧的一些人，可能会认为，上述的本生传记中，出现了其他的本生传记记载中的萨迦、宁玛、噶当、噶举派的一些大德，甚至有的还是同一个时代的人，这样的记载是合理的吗？我们认为这些记载是合理的，其理由如下。一般来说，那些正等觉佛除了在应化众生的见相中显现不同的相续外，实际上在内因和集聚二资粮等方面，对共通的和不共的任何一乘的众生，都示现共同的平等性，应时显现的佛陀也都示现同一的相续，显示力量做利益众生的法行则是平等性的显现，这说明他们在实际上并没有差别。至于化身的根本在各个应化众生的见相中，出现许多不同的形象，是因为除了佛陀以外，住于极喜地的众菩萨，于后得位刹那间得见百佛，受到百佛的加持,故能在百劫中驻世,能知前生后世,能一瞬间于数百不同的禅定中现正入定和起定[①],能在世间做百种移动和百种显像,能以神变使上百有情刹那间成熟,刹那间前去上百个佛陀的刹土,刹那间开示百种法门,刹那间从自己身体显现百个身体,每一身体都有上百菩萨陪侍获得百种功德,刹那间每一身体又能示现百种不同的化身。

在这里我不必广说那些去除了一切错谬,具足各种功德的大自在者,而是要特别讲说无量光佛本身有序的和突然出世的无数广做利益众生的事业化身的情形。在上述《秘密本生》中(班禅)说,"若按吾等的话语来说,在不依其他计量而以无数劫之前,轮辋王为在修根本的时期集聚二资粮、净除二违障,在修道的时期成为菩萨德瓦坚怙主,在证果的时期以三身成佛,以法身成佛为大日如来,以报身成佛为无量寿佛,以化身成佛为无量光佛,在数百千万的世界分现数百千万个化身。""这些化身在印度、尼泊尔、吐蕃等地以化身做利益众生的事业。在我之前的受生的情形,以前没有讲过,难以计数,是秘密语,因此不能写出。"按照这一记述,法身大日如来本身任何时候都不移动,而是以符合广如虚空的有情众生的愿望和见相的各种形式,以菩萨、声闻、独觉、大梵天、大自在天、药叉、日月、四大神龙、父母姊妹奴仆等等,总之是以随机教化应时显现难以思量的化身来做广大的利益众生的事业。此外,同一个身体形象在许多大德的世系中出现,却并没有不合理之处的原因,在《宗喀巴大师传》中说:"这样,一些大德在另外一些大德的本生世系中出现,怎么会有矛盾呢,因为这些大德并不是只能实现独一的一个化身,例如,雪域西藏是圣观世音菩萨的化土,以前和现在

① 密宗行者下座时,观想本尊劝请起座而后出定。参见《藏汉大辞典》,第四50页。

的许多大德的化身的根本是来自圣观世音菩萨，一些大德的本生世系也是同一个来源，谁也不能按照自己看到的和听到的，说他们不是来自同一个来源（观世音菩萨）。按照这种情形，懂得分析考察的话，就可以从愚昧和偏见的狭隘束缚中解脱出来，对大德们生起清静的没有偏见的认识。”这些话语为本书前面所述的道理给了清楚的证明，在此不必要将这些道理全部列举，只需简要加以说明即可。像遍知一切班禅额尔德尼这样的大德，在博学或修持的功德等任何一个方面都是无可比拟的，把贵贱不同的芸芸众生放在一边不说，就是那些拥有权力的主宰，包括发布命令力量雄强的国王、小王等，也在他的莲足下低头敬礼。犹如手掌不能遮住太阳，班禅额尔德尼从无始以来，多次在无明错乱的尘世中漂荡，这一世受生后也是从听闻少、修行力度低开始的，其间的秘密事如不可思议的大海一般，有一些点滴事迹在《本生传记》中用文字记录下来，不必将全部都写成圣行。虽然如此，一些困在愚昧中的人、因喝了偏见和嫉妒的毒水而疯狂的人，认为遍知一切班禅额尔德尼虽然名声广大，但是其转生的次数比别的一些转世活佛的转生次数要少，别的一些活佛的转生次数达到 20、30 次之多，而遍知一切班禅额尔德尼按照通常的说法只转生了 15 次，还有一些人将《秘密本生传记》《秘传》当做无限扩大自己见闻的地方，对那些文字记录下的清静的、合理证明了的授记，他以前并没有亲眼看到过，由于他自己没有见到过没有听说过，对那些上师的本生传记就按照自己的意愿用迷信偏爱的方式来编写，写得好像是真有其事，很容易让人产生这些是否合理的疑问。为了对治这样的毛病，杜绝任何一点像俗世的谚语那样的妄谈，我对上述这些《本生传记》的记载做了仔细的思考和分析，以这种形式写下这些文字。

这样稍微去除一些疑惑之后，我们来简略地讲说历次受生的事迹。

遍知一切智慧太阳(班禅)受生为圣者迦叶的沙弥白玛阿丹后,从迦叶那里接受了大乘教法的广大恩德并进行体验修辞。

其后,受生为达沃宣努时,请求佛陀讲说《三摩地王经》。厘定空性的殊胜见地,开启禅定的百种法门。

受生为措切宣努时,毫无颠倒地执掌寿命之吠陀学识,救护受病痛折磨、一直生活在病魔的恐惧中的有情众生,广布拯救生命的大布施,获得寿命持明,据说现在还在驻世。

以上三次受生的情形,因为没有找到详细的资料,故不能多讲。

受生为圣者龙树的最胜弟子大日贝库友(正理布谷鸟)时的事迹是,他在幼年时出家,在上师比热嘎玛拉希拉(བི་ཀ་མ་ལ་ཤཱི་ལ།)那里学习经律论三藏经典,成为贤哲。又依止阿阇梨月称完整听受显密教诫,然后专心修持获得殊胜证悟,在拜见圣者龙树后,龙树给他详细讲解了见地方面的难题,他即拜龙树为师,他有阿瓦都底瓦等无数弟子。龙树大师对他说:“印度的成就者们都是依止尊胜文殊菩萨,你也应该这样。我将来在边地做利益众生的事业时,你也会成为我的首要弟子。”这非常清楚地授记了当龙树大师在我们这雪山环绕的地域受生为宗喀巴大师时,班智达(大日贝库友)就会受生为宗喀巴大师的首要弟子克珠杰格列贝桑布。

受生为大成就者铃尊者的事迹是,出生于印度东部的一个王族,不久以后,以那烂陀寺的堪布贾瓦拉热都桑布为师出家,法名为洛追宁波贝,遍学一切明处学识成为大班智达,他在辩论中辩倒了别人都不能辩倒的一名外道者,因此被称为阿阇梨扎勒南杰(即战胜论敌的大师)。他拜上师达日噶巴为师听受总摄轮的教诫,在孟加拉的森林中一个僻静处修行时,听到空中一个声音说:“你赶快到邬坚地方去,会受到一个牧猪女的护持!”于是他到邬坚地方去，遇到一个放猪的老太婆，肤色十分难看，衣衫破旧，一会大笑，一会痛哭。他向老太婆行礼后询问缘由。老太婆回答说是因为密咒虽然兴盛但是实际修持的人很少。他知道这是一位空行母（མཁའ་འགྲོ་མ།），于是向她顶礼并请求护持。于是空行母向他显现真身并在吉祥总摄轮坛城中给他灌顶，授给教诫，并说："你到南方去修行吧！"他按照空行母的授记到南印度一个叫沃底比夏的地方，选了森林中的僻静处修行和居住。后来被当地的一个国王看到了，国王见这位上师身体非常瘦削，受日晒风吹之苦，又没有任何生活资具，生起同情之心，对他说："我送你到能给你食物的城市中去！"当时上师正修行五次第中成就修心的第三次第成就业手印，用神识查看，看出是成就手印的机缘，于是，回答国王说："请不要拿那些物品来欺侮遍知的贤哲们，我们对比小草尖还要小的享乐也不贪恋，就像因常缺乏食品而两颊饿成黑锅色的大象，不受一株莲花那样细小的食物的诱惑束缚。"国王对这个回答很生气，说："我要让你在这城中破戒！"说完，国王到城中宣布说："谁能让森林中的那个僧人来城中破戒，我会给他大奖赏！"那时，有一个由具莲花种姓出身的妓女答应说："我去让他来城中破戒啊。"于是国王提供了所需的全部物品送她出城去。那个女子请求做上师的侍女，上师知道她是具缘的女子，就接受了，给她传授了她可以接受的灌顶和教诫，使她成为手印母。这样两人共修 12 年，修完了五个次第。此后他们做普贤法行，这时，沃底比夏居住的众人想要修学金刚乘，想要迎请一位将来能够利益众生的观世音菩萨的化身，而上师也为了遮止众人不敬信的心理，因此答应到城里去，他还化现了一个男孩和一个女孩。此时国王吩咐一个卖酒女说："今天你把那个比丘从森林里带来！"还让城里的男人们都到门口集合，在路上依次摆上酒瓶。迎请他进城时，化现的男孩在右面走，女孩在左面走，上师口里衔一个兽角做的饮酒器，手印母依次举起酒瓶将酒倒进去让上师饮酒，这样一路走进城里去。这时以国王为首的城里众人唱着上师以前编的修行歌，拍着手掌发出一片嘲笑声。上师为了显示自己以前的用意和现在的法力，将兽角插入地中，一直插到地下七层，一条地下河流向上涌出，这时上师本人立即显现为嘿如嘎(饮血金刚)，手印母显现为多吉帕姆(金刚亥母)，化现的男孩成为金刚，女孩成为铃杵，以胜乐俱生的形象上升到天空中，见状，国王等人全都向上师请求原谅。上师说："向观世音菩萨祈请吧！"众人祈请说："向洛迦夏惹(观世音菩萨)顶礼！"这时从河流中出现一尊观世音菩萨的自现像，河水绕了七圈以后又流到地下去了。这尊观世音菩萨像到现在还在救护有情众生。沃底比夏的人们也都信奉了金刚乘教法，出现了很多获得真实成就的人。多吉丹(金刚座)地方的男人和妇女也一起获得了成就。有诗赞颂他说："在孟加拉获得授记，被称为金刚铃尊者，我们向上师你顶礼！"这位大成就者为了利益后代的众多应化众生，编著了胜乐五尊的生起次第的三种成就法、圆满次第的五种成就法、俱生和合的两种成就法等，连同密续释义和教诫等，赐给了叫做茹巴夏(足善住)的人。

(班禅)受生为无垢上师，在邬坚地方与法王官却邦(དཀོན་མཆོག་འབངས། 意为三宝民)相会，互相授记说将来会在雪山之中利益众生，这时正是持莲尊者(即观世音菩萨)在兜率天受生为王子官却邦之时，这位具有毅力的王子，为了示现从邬坚地方迎请空行母桑瓦益西的情形，骑着一匹幻现的马，口中念诵祈愿的偈颂，普通的马要走 12 年的路程他在 12 天里就走过了，这样到了邬坚地方。然后他依仗自己的神通和幻化的一位空行母的授记，不久就来到空行母的金刚园。从那里又经过不畏艰难的长途跋涉，以大事业所需的忍耐力和精进力，向终点前行，依靠几位空行母的指点，最终到达了金刚持无垢的宫殿，并进入了宫殿。在那里见到了大金刚持、所有持明师的上师、如海生莲花一般的比丘无垢。比丘无垢在770次转生中都是持守清净戒律的比丘，他内是持明大师，外是菩萨身形，不染任何罪坠的习气，以大声闻师的形象出现，有上百个化身的比丘随侍在身边。会见时，王子十指合拢，合掌致敬，赞了"世间怙主无垢师"等五首偈颂，无垢上师说了等偈语。

在师徒二人做无数的利益众生的事业时，天空中发出一道无形的声音说："世间神界的救护主，佛陀师徒来担任，现今汇聚在邬坚，未来又在雪域聚，以前相会在金刚座，上千万的无数劫中，犹如旃檀和其香味，永不分离利众生！"当时无垢上师说："官却邦，在将来的时候，我们在雪山山颈相聚，这话你听到了吗？"王子回答说："我听到了。"无垢上师说："从这里向东，有一个叫做金刚座的地方，据称是三世诸佛现证正等觉（即成佛）的地方。现在我派遣一个有法力的化身到藏地去，首先调伏那些猛恶的非人，消除危害和凶顽。"这是授记说上师将化现为阿阇梨白玛桑博瓦（莲花生大师）。又说："从北方再往北方的吐蕃，你将受生为出身高贵受众人拥戴的人，你将把我的一个有加持力的化身从印度迎请到那里去！"这是授记说无垢上师化身为阿底峡之时，王子化身为仲敦巴，仲敦巴把阿底峡从印度迎请到西藏。这时化身的众比丘说："佛和弟子都去了西藏以后，邬坚地方谁来护持？空行母由谁来召集？魔怪由谁来降服呢？"无垢上师授记说："我现在派到雪域去降服非人的那个化身将会回来，护持邬坚地方，召集空行母们，转动大会供法轮，凶恶的魔怪也将由他来降服。"此外还对金刚持无垢师、法王官却邦、空行母桑瓦益西为首的持明师和空行母等心续一致，师徒二人共同在雪域做无数的利益众生的事业，建立热振寺和杰梅朵塘寺[1]等事迹以许多金刚道歌的形式做了授记。王子官却邦说："在无数劫中集聚资粮的业力，使我们在这里相聚。"无比的无垢上师说："你这攀登上须弥山的法王，建立雪域的须弥山白莲花[2]。"又说："嗟乎！若说比丘我的学识，一般的学问无任何障碍，在四大而生的大地上无障碍，去任何地方也不受死神障碍。由于以往受生时未断的缘，对无助的藏地产生悲悯，你在藏地如王者一般降临，做人主护佑藏地得安乐。按照在邬坚地方的约定，我也前往那里降服神鬼，一个化身前去汉地，一个化身前去尼泊尔的洼地，一个化身前去安多地方，一个化身去印度朝圣地，比丘我的正身和化身，人主你和他们相伴常吉祥，这是世间吉祥的授记。"我在这里记述的这些内容，都是来自《噶当书》第五章，是将其中一些主要内容摘要编写而成，若全部写出，不仅文字太长，而且会像谚语"想要挡狗，却抓住牛犊耳朵"所说那样主次不分，我在这里是要讲无垢上师的事迹，官却邦的本生事迹等不必在此详述。

上述的"师徒犹如旃檀和其香味，永不分离利众生！"的意思，是说无量光佛受生无垢上师，圣观世音菩萨受生官却邦，他们二者在以往的无数劫和以后的无数劫中都如旃檀和其香味不可分离那样，以师徒的形式互不分离，共同增盛众生的利乐。如同这一授记所说，现在的怙主师徒（指达赖喇嘛和班禅额尔德尼）一双日月，心意相合在一起，在北方藏地以相互轮流听受佛法甘露的形式在博学、修行和事业等方面共同获得无比的成就。

---

① 曲科杰寺，在山南地区加查县境内，在县驻地以北的崔久乡，寺庙所在地称"杰梅多塘"。寺院为二世达赖喇嘛根敦嘉措于1509年创建，属格鲁派寺庙。曲科杰寺在1713年遭到袭扰西藏的准噶尔军的破坏，不久经康济鼐、颇罗鼐等人主持修复。相传寺内供奉的吉祥天女（噶厦甘丹颇章的保护神）像极为威猛，每世达赖喇嘛亲政之前，都要到该寺朝拜这尊神像。曲科杰寺旁山上有西藏闻名的神湖"麻索玛拉措"，即拉姆拉措湖，意为"圣母灵魂湖"。历辈达赖喇嘛、班禅额尔德尼及其他大活佛转世，寻访者到这里观湖看影，神湖深处显现的景象往往成为认定灵童的根据之一，据称普通佛教徒也能从湖底影像中看到自己的今生来世。

② 指一世达赖喇嘛建立的扎什伦布寺，扎什伦布意为吉祥须弥山。

（班禅）在印度的沃底衍那受生为大阿阇梨白玛桑博瓦，践履雪域地方，建立桑耶不变自成祖拉康①，降服全部神鬼八部，将许多非佛法的教法终结，使得佛陀的宝贵教法极大地弘扬。他又从雪域到卓定（འགྲོ་ཤེང་།）地方，降服了许多凶恶的女魔，在那里利益众生 12 年。其后又去了森域（སྲིན་ཡུལ།）地方，据说现在还居住在那里。

（班禅）受生为觉卧杰吉祥阿底峡大师时，在 29 岁前学习内外共通的四部学处，从 29 岁开始，在一些获得真实成就的上师身边学习金刚乘教法，因此他对经咒教诫等全部精通。他以大众部大阿罗汉锡喇热西达为师受戒出家，取法名为吉祥燃灯智（贝玛麦则益西），到 31 岁之间学习法相学的上下对法，特别是他在欧轰达甫日寺②以大师达玛热西达为师学习《阿毗达磨毗婆沙论》，获得无上的证悟功德，在印度和西藏广做佛法事业。他著有无数的具足圆满三因的论著，尤其是这位大师在甚深道的见行道方面汇聚了从弥勒、文殊菩萨传到怙主龙树、无著、寂天的三支传承，形成师尊阿底峡的殊胜教诫，循此努力而得到的大德善果，使众生利乐的根本即佛陀的教法不染尘垢而长久兴盛。他广泛传播汇集大乘佛法三支传承的完整显示三士道的菩提道次第的教诫，在印度、克什米

① 位于西藏自治区山南札囊县雅鲁藏布江北岸扎玛山麓，为 8 世纪中叶墀松德赞时始建的吐蕃第一座佛法僧三宝齐全的典型佛教寺院，是吐蕃及后来西藏地区的重要佛教活动中心，属全国重点文物保护单位。藏文全称（བསམ་ཡས་མི་འགྱུར་ལྷུན་གྱིས་གྲུབ་པའི་གཙུག་ལག་ཁང་།）意即“吉祥永固天成桑耶大伽蓝”，通称桑耶寺。8 世纪中叶，吐蕃赞普墀松德赞（755－797 年在位）大兴佛法，迎请寂护和莲花生人藏，仿古印度欧丹达普黎寺（即飞行寺）格局，融汉藏建筑风格于一体兴建而成。工程历时 4 年，殿堂总计 108 间，寂护任首任住持，剃度巴赛囊等“七试人”出家，建立起僧伽组织。主要建筑为邬策大殿和大殿四周的四色佛塔（法轮塔、大菩提塔、长寿塔、灵骨塔）以及三王妃殿。主殿邬策大殿坐西向东，四周有围墙，每边长约 70 米，殿高 3 层，底层为藏式，中层为汉式，顶层为印度式风格，故又称“三样式”。主殿象征须弥山，周围 12 配殿象征四大洲和八小洲，左右各有一殿象征日月二轮。大殿正门侧廊有石狮一对，正门南侧有石碑一方，据传均为墀松德赞时期的文物，古藏文碑刻仍约略可辨。正门门廊悬唐式古钟一口，铭文犹存。

② 印度古代名刹，又译飞行寺。位于印度比哈尔省附近，详细地点不明。系印度波罗王朝开国君主瞿波罗王于八世纪中叶所建。直至 13 世纪，该寺与附近的那烂陀寺、超戒寺共为金刚乘的中心。另据西藏古籍所传，欧轰达（ཨ་ཏོན་ཏ།）意谓“高耸”，该寺即系一教徒以其依咒法所得的黄金，而建于丘陵上的高耸寺院。

尔、邬坚、尼泊尔、西藏等地有无数的弟子。这些弟子中有一些承和发扬上师阿底峡事业的大德们，无垢上师时期的授记中所说的仲敦巴法王却吉迥尼等人。在此只是简略介绍，欲知其详，可参阅其他书。

（班禅）受生为无比的达波拉杰的事迹如下所述。往昔菩萨梅朵达则（藏语意为花朵美月）在释迦牟尼的身边投生为达沃宣努（月光童子），在《大悲莲花经》中说，他曾经做过"阿难，我去世后，在未来时将在北方降生为比丘措切（比丘医生）"等等授记。达波拉杰出生的地方是年库地区的色隆地方，他在兄弟三人中排行第二，他直到 32 岁仍是在家人，以医药利益众生，传授了许多弟子。他曾向格西夏惹瓦请问教法。后来他的妻子和儿子都去世，他就到达波地方，同一时接受了出家戒和比丘戒，守持戒律，获得贤良博学的美称。他曾在 13 个昼夜中连续修禅定，依止格西吕如巴和甲·云达学习，正确领会三士道的修学次第。又去拜见上师米拉日巴，米拉日巴给了他一个盛满酒的颅碗，他把酒喝后，建立了缘起。他依止米拉日巴三年，听受了（米拉日巴的）全部的灌顶和教诫。然后他到聂、沃卡等地去修行，生起了无量的证悟，他以米拉日巴授记的达拉岗波为根本居住地，那里新涌出了泉水，他想在那里泥封修行（即将修行洞窟的门和外墙涂泥封闭，和外界完全隔离，在里面闭关修行）12 年，但是得到空行母的指示，他即出禅定来广利众生。他有康巴三人为榜样的无数的弟子。他曾经亲口承认他是在人世受生一次的菩萨，他的神通和事业遍布于各个地方。他在 75 岁时圆寂。

关于受生为巴瓦跋陀罗（རྣལ་རྣད།）。巴瓦跋陀罗的意思可以理解是"本性善"或者是"实体善"，"巴瓦"意为"本性或真理"或者"实体"，"跋陀罗"意为"桑布"即"良善、美好"。我未见到他的详细可信的传记，不过在永增金刚持洛桑丹增贝桑布所著的《班禅仁布切秘密本生传记》中说：“获得在一生中双修吉祥总摄轮的二次第的道和业之身，像具善黑色（释迦牟尼六代付法藏师，或指黑行者，印度八十成就者之一）所教导的那样成就四业的事业，因此‘性善’。”由此可以稍稍了解其事迹。

这样，我依据对几部班禅额尔德尼《秘密本生传记》的认识，对以前班禅的历次受生的事迹毫无编造地做了简略的叙述。以下，从通常所说的第十五辈转生班禅法王罗桑班丹确吉扎巴旦白旺秋贝桑布的身语意功德做一记述，如从大海中取一水滴一般。

有诗赞道：

群星闪烁的吉祥虚空中，
利他的悲心和身体、智慧，
以及法力等汇聚而成的巨星，
在无数劫中放射光辉。
具足了十力的佛陀，
证得至高无上的果位，
降临无边无际广大刹土，
以化身广做教化事业。
看到你大海般的三密神通，
如此广大无边不可思议，
就会对其他导师忽略不见，
忘记他们利乐众生的功德。

广大坛城之主、遍见一切的班禅法王罗桑班丹确吉扎巴旦白旺秋贝桑布传——繁盛具信莲苑之阳光之“开篇前言和几位前世的事迹”至此结束，此为第一章。

第二章　在吉祥圆满的地点、时间和家族中诞生

现在开始讲述(八世班禅旦白旺秋)传记的正文部分。首先是吾等的导师、具有遍见智慧的这位班禅在何处受生的情形。我们所在的三千大千娑婆世界,其宽广有无数由旬,如骏马形的坛城,其上有水土构成的坛城、四大洲、须弥山等等百千万或者说是十亿个组成部分。其中心的部分是由四大洲构成的世界,其中以瞻部树得名(即因此树的果实落入水中的声音而得名)的洲称为小世界(即四大洲之一的南瞻部洲)。此洲包含印度、吐蕃、李域(ལི་ཡུལ། 意为和田)、汉地、香巴拉、岗丹(གངས་ལྡན། 意为具雪)等六个大的地域。其中的悉补野吐蕃地域,又分为卫藏(དབུས་གཙང་།)教法之却喀、朵堆(མདོ་སྟོད། 朵甘思)马之却喀、朵麦(མདོ་སྨད། 安多)人之却喀等三个却喀或者称三个发源处。前者卫藏教法之却喀中,前藏地方有伍如和约如两个如(རུ།),后藏地方有叶如和如拉两个如,合称为卫藏四如。班禅出生之地在叶如北部的下部(东面),从印度金刚座向北方走一百由旬的路程,就到了如拉仲巴地方的吉祥萨迦寺(译者注:萨迦寺是藏传佛教萨迦派的主寺,位于西藏自治区日喀则市萨迦县。"萨迦"(ས་སྐྱ།),藏文意为灰白色的土地。这是因为萨迦城北山上有一片灰色的岩石,风化如灰白土墙。"萨",藏语是"土";"迦"是"灰白色",故取其名为寺名。萨迦寺分南北两寺。南寺位于仲曲河南岸的平坝上,北寺地处北岸灰白色山崖的下面。北寺是萨迦派的创始人款·衮却杰波于北宋熙宁六年(1073 年)创建的。主建筑有大殿乌则拉康和雄雅拉康、刚嘎拉康等。南寺为萨迦派第五代祖师八思巴所建。八思巴幼年随叔父萨迦班智达贡噶坚赞前往凉州与成吉思汗之孙阔端会晤,他的少年时代就在凉州度过。后与忽必烈在六盘山会见,得到忽必烈的宠爱,一直追随忽必烈左右。中统元年(1260 年)忽必烈做了蒙古大汗,封八思巴为国师,赐玉印。中统五年(1264 年)领总制院事,管理全国佛教事宜和藏区行政事务。至元六年(1269 年)创制八思巴字,忽必烈下诏颁行,晋封他为第一任帝师,代表中央政府管理西藏地方事务。萨迦寺也成为西藏地方政治、文化的中心。于是

八思巴征调工匠大兴土木,兴建南寺。南寺至今仍然完好。它是一座城堡形的建筑,四周筑有护城河及两重城墙。平面呈方形,南北210米,东西2四米,总占地面积约4.5万平方米。内城墙高8米,宽3米,为石头包砌夯土墙,四角上有3-4层高的角楼,城墙上有女墙垛口,四方城墙中段有碉楼。外城墙称羊马城,为回字形土筑墙。城外护城河宽8米,全为石砌。城北、西、南三面无门,只有东面有门、桥各3座,相互对应。总地看,萨迦寺是对古代内地城池的仿制。南寺的主体建筑是大经堂,为夯土墙体,内院式,南北长83.5米,东西宽68.8米,高21米,分4座殿堂。经堂内供有三世佛及萨迦班智达、八思巴的塑像。大殿后部及左右靠墙处,是高至大殿顶端的巨大古木制书架,藏有数以万计的古代藏文典籍。这些经典多是元、明时代的手抄本,很多是用金粉、银粉写成的大幅写经。还有20多部罕见的贝叶经,计有3636叶,有极高的学术价值和历史价值。这些典籍除了宗教内容以外,还涉及天文、历算、医学、历史、人物传记、哲学、音乐、文法、修辞学等各个方面。寺内还藏有2000余块印经板、众多法王遗物、元明两代皇帝赐给寺院的瓷器等珍贵文物,保留了大量的元代壁画和元代蒙古兵士的铠甲、兵器。),从萨迦寺向东走六十由旬,就到了由无热池(此处指西藏阿里地区的玛旁雍湖)的南面如瞻婆拉(财神)的坐骑的口中吐出吠琉璃沙一般右旋缓流悉达(ཏ་ཏི།)大河(此处指阿里的马泉河,自西向东流,成雅鲁藏布江)的岸边,此处是许多如来佛陀向常啼菩萨示现真容的地方,从这里向东走500由旬,就到了圣者观世音菩萨授记说的获得《智慧到彼岸般若婆罗蜜多心经》的地方,这里曾经受到上师白玛噶波等许多贤哲持明师的加持,土、石、山、崖等都像是神像自行堆积而成。这里是常啼菩萨①为了向观世音菩萨奉献供养,而向帝释天化现的婆罗门出售自己的血、肉、腿的地方,也是商主的女儿看到这一情形对(常啼菩萨)尊敬供奉的地方。这里有(松赞干布)兴建拉萨大昭寺和镇肢寺时在雅鲁藏布江东北岸边兴建的寺院,受到阿阇梨师徒的加持并埋藏无数的甚深伏藏,空行和空行母常在这里聚会,因此成为各个修行地之王。在舍浦和硕波地方的东

① 常啼菩萨即萨陀波伦菩萨。有人言因其小时喜啼,故名常啼;有人言此菩萨行大悲心柔软,见众生在恶世贫穷老病忧苦,为之悲泣,是故众人号为萨陀波仑;有人言是菩萨求佛道故,忧愁啼哭7天7夜,引天龙鬼神号,故曰常啼。《道行般若经》卷九《萨陀波伦菩萨品》载,此菩萨于梦中闻东方有般若波罗蜜大法,为求大法即向东行,途经魔所乐国时,为供养其师而卖身,后涉二万里路,终至犍陀越国,见昙无竭菩萨,并受其法。

面,有据称是法王松赞干布时期兴建的护法神多吉勒巴的居所贵恩拉康(གོས་རྡོན་ལྷ་ཁང་།)和博多瓦大师的亲传弟子无比的迥尼多吉所建的顶玛曲德(སྡིངས་མ་ཆོས་སྡེ།)。在西南面的地方,按"朵杰"总称为(འདོད་རྒྱལ།)的朗卓(ལང་འགྲོ།)地方,有种说法是凶猛的厉鬼的头领们用掷骰子的办法来决定谁来做这片地方的主人时,猛恶的梵天神李敬哈罗(ལི་བྱིན་ཧ་ར།)胜出,按"掷一次骰子得到(ཐོབ།)土地并且胜利(རྒྱལ།)"的说法,因此,该地逐渐被人们称为了托卜加(ཐོབ་རྒྱལ།)①。这个名声远扬的地方,土地自然美好,并且受到过很大的加持,具足美好地方的十种吉相,值得人们衷心赞扬。若细说这里具足的十种吉相,农田和宅基地是土的吉相,建房石材和水磨磨石是石的吉相,浇地水和饮用水是水的吉相,建房木材和烧柴是木的吉相,畜圈和草场是牧业的吉相。又有的人说,有拉德(ལྷ་སྡེ།)和米德(མི་སྡེ།)是地方的吉相,有天然树林和人工种树是地方的吉相,把江水(雅鲁藏布江水)引入水渠是地方的吉相,有山、树林和草坝是地方的吉相,有各种化身的工匠是地方的吉相,北牧南耕齐全是地方的吉相,适合种地建房是地方的吉相,出产谷物和木材是地方的吉相,家狗和野狗相会是地方的吉相,南北货物在此相聚是地方的吉相,河水、绳子、黄金在此汇聚是地方的吉相,溪涧带动水磨是地方的吉相,地美天美是地方的吉相。一般人说有十个吉相,在贤哲看来有十三个吉相,而托卜加地方除了把江水引入水渠这一条以外,其他的吉相全部都具有。《相地书》中清楚地记载:"沟脑有上百个水泉,是生长药材的地方,沟脑有九股泉水流出,此地人会九种技

① 托卜加,今为西藏自治区日喀则市南木林县土布加乡,地处南木林县南部,1962 年从原日喀则县划归南木林县,设立土布加区。1988 年成立单列乡,辖原土布加区的马格达、岗嘎、曲龙、土布加 4 个乡,2000 年土布加乡辖朗布、江麻坚、麻嘎达、白沙、岗嘎、查那、顶布、夏雪、门嘎、贡西、夏鲁、其龙、连珠、东复四个村民委员会,乡政府设在马格达村,距县城驻地 86 公里。辖区面积 495 平方公里,耕地面积 9715.4 亩,人口 799 户 5674 人。周边与奴玛、日喀则市、茶尔、达那、热当、索金等市、乡交界。

艺，村庄边有六个水泉，村子有很多有六功德的伟人。”该地具有这些奇特的功德之外，在该地和与外接界的地方，有令人赏心悦目的山峰林园、产生成就的清洁的沼泽和溪流、水塘等，还有能够消除饥饿干渴和贫穷之苦的树木环绕四周，大地坛城广阔静谧，分布着禅定者的茅屋、寺庙、村庄和城镇等，如同天上的群星闪耀。在该地广阔范围内，有具誓药叉护法的住地和保护庄稼林木生长成熟的多足龙神等保护佛教的龙类神灵。在该地的中心，有各个教派的禅定师，按照自己上师赐给的教诫正专心修持，使该地中心成为和自己教派的修行圣地相比拟的修行地。他们向飞鸟走兽示现教法使之见到真谛，在石头和山崖上留下足印和手印以及洞窟等，至今仍是使得贵贱人等获得指导的圣迹，若详细讲说，恐文字繁多，在此不赘。

在这具有多种吉相的地方，有据称是自现的或者曾经开口说话的佛陀和菩萨的神像，在此做一简要讲说。夏鲁寺的主尊观世音菩萨曾三次开口说话，其最后一次说，在彼处的主尊巴噶夏（པ་ཀ་ཤྲི）的旁边将会出现一尊圣观音的神像，果如这一授记，在（托卜加的）沙滩的绿色草地黑色石头上有一片如白色月亮环抱的特别鲜明的自现的观世音菩萨像。从（托卜加的）被称为“且玛拉泽”（ཆེ་མ་ལ་རྫས།）的清泉中自然地出现了噶热喇嘛拉康（དཀའ་རབ་བླ་མ་ལྷ་ཁང་།）的主尊神像，被人们称为“会说话的鲁丘卓玛”（ཀླུ་ཆུ་སྒྲོལ་མ་གསུང་བྱོན་མ།）的度母像。路人听到“且玛拉泽”的沙地里发出念诵玛尼的声音，就挖开发出声音的沙地，得到一尊四臂观音的琍玛铜像，将这尊铜像请到此地由几代人供奉，后来，此地出现一名在功德方面有了信仰精进的施主，这时，四臂观音像发声说：“若把我送到乃悉赤典寺的法座上，会增益众生利乐。”因此现在这一列神像被称为喀尔隆的观世音。在这个地区的岩洞、山岩等处的石壁上，有很多没有经过工匠加工的自然出现的奇特殊胜的佛陀、菩萨的身像以及密咒、法器等等。因此,有很多贤哲的大德,特别是大阿阇梨白玛噶拉(莲花生大师)践履该地,埋藏了很多深密伏藏,现在托卜加的黑色崖的附近一个叫做扎达卓(ཟག་མདའ་སྒྲོ།)的山崖,下部的崖面上还有朱砂画的伏藏之门的图形。此外,介·尊巴钦波、介·观那波、襄热巴等大德也曾经在那里利益众生。著名的“君臣二十五人”之一的恩兰嘉瓦却央曾经在托卜加修行,在那里多次亲眼见到了白玛旺钦等人的本尊,示现了自己头顶发出马嘶叫声音等获得成就的表象。大译师玛尔巴①对其亲传弟子梅敦村波(མེས་སྟོན་ཚོན་པོ།)说:“你在藏绒地方的交界处建一座寺庙对利益众生极为有益。”按照这一指示,他新建了寺院迎请上师玛尔巴来开光,为寺院起名为“乃悉赤典”(གནས་གཞི་ཁྲི་རྟེན།)。后来准噶尔军(应是和硕特蒙古)在西藏时,该寺向班禅罗桑确吉坚赞请求护佑,(班禅)将此寺起名为“甘丹热杰”寺。三位法主在达仓(སྟག་ཚང་།)地方会面后,在此坐夏,做了很多厘清教法的授记和教诫等,广做利益佛法和众生的事业。拉喇嘛绛曲沃对其亲传弟子阿里的纳尔敦楚臣绛曲(སྣར་སྟོན་ཚུལ་ཁྲིམས་བྱང་ཆུབ།)简要讲说了托卜加地方的吉相,鼓动他说,你在那里将会得到一座寺院,讲了寺院的规模情形,并赐给他一尊女护法神多吉热丹玛的像,吩咐纳尔敦要像影子不离身那样随身携带此神像。当纳尔敦从阿里来到南方地域时,这尊女神像不知消失到哪里去了,他向四面查看,心想托卜加正是上师预言的地方,因此向托卜加走去,他看到女神在一个密陀僧②颜色的山崖的崖面上结跏趺坐的影

① 玛尔巴(1012－1097年),藏传佛教噶举派的第一代创始人,原名塔玛旺秋,法名却吉洛追,出生于西藏山南洛扎秋切,玛尔巴自幼学习佛法,先从卓弥大师学习梵文,继而3次赴印度、4次赴尼泊尔学法,先后跟随那若巴、弥哲巴、智藏等大德学习《喜金刚》《密集》《大手印》《胜乐》等密法,又将许多梵文经典译成藏文,返回西藏后,定居于洛扎卓窝隆,弘扬佛法。从学的弟子甚多,最著名的有米拉日巴等四大心传弟子。

② 密陀僧,一种氧化铅矿石,其颜色为黄色或者红色。

像，心里想到，上师说这神像和我如影随身一般相伴一起，却弃我而去，心中气愤不已，以脚跺地而留下了脚印，结果那女神像越来越清晰，像感到羞愧一样逐渐隐没到山崖中。纳尔敦楚臣绛曲就在那里兴建了扎那图丹热杰林寺院，从那以后，该寺出了很多博学而且修行有成就的堪布。此外，叫做卫巴喜波（དབུས་པ་ཞིག་པོ།）的上师在获得成就后在托卜加的山谷里长时间修持，有一次他住的茅屋上掉下了一块天铁（陨石），圆圆的红色的火球掉到他的卧榻上，发出上千的犹如打雷一样的声音。他并不感到害怕和恐惧，此山谷和德钦日追（རི་ཁྲོད།）成了的贤哲琼波乃觉（ཁྱུང་པོ་རྣལ་འབྱོར།）①和他的传承弟子的修持地。后来，怙主班丹益西（六世班禅）新定守三誓愿②人王仪轨，赐予该日追，使该日追成为守三誓愿的修行地之一，该日追的三事仪轨③和守三誓愿仪轨都很清净。修持空行教法的大师玛久勒准（མ་གཅིག་ལབ་སྒྲོན།）④曾经在托卜加东西两条山谷修行，留有非常奇特的修行地。班钦纳吉仁钦（ནགས་ཀྱི་རིན་ཆེན།）也曾经到过群科岗（ཚོས་འཁོར་སྒང་།）。欧曲嘉色仁布切为了坐夏曾经在达仓宗喀（སྟག་ཚང་རྫོང་དཀར།）敷设法座。此外，当堪仁布切扎巴坚赞和宗喀巴大师等许多贤哲大德在此汇聚设座之时，仁布切扎巴坚赞等向昂仁以东、许聂（གཞུ་སྙེ།）以内的众多的学法巡回辩经的僧人和常驻的比丘等讲解了般若、喜金刚续第二品、释量论等，以清净无垢的

① 琼波乃觉（990－1140 年），自幼为苯教徒，后学宁玛派的大圆满法，未达究竟，遂三赴尼泊尔和印度求法，依止大善知识、大成就者 150 人，终于通达显密经论一切要门，领受诸多语旨教授，返藏后，1121 年在前藏彭波和后藏香地（今日喀则南木林县境内）先后倡建寺庙多处，弘法 30 余年，其弟子传承为噶举派的一支香巴噶举派。

② 密宗行者奉行的三种戒律，指不卧床、不饮酒、不食如法印的食物。

③ 三事指长净、安居、解制，每月 15 和 30 日做长净说戒仪式，夏 6 月 16 日至 7 月 29 日做夏安居，7 月 30 日做解制仪式。

④ 玛久勒准是十二世纪后藏接近尼泊尔的喜马拉雅山区的人，是帕当巴桑结的一个著名的女弟子，属于藏传佛教觉域派。她的名字的意思即是圣女教语明灯，显然是因为她善于讲说教法而得到的称号。由她传出的觉域派的一个女性信徒的支派称为“摩觉”，即“女性的觉域派”。

推理就许多疑难问题进行辩驳，确定正解，大宏佛法。

根培群科岗寺（དགེ་འཕེལ་ཆོས་འཁོར་སྒང།）的来历是，大译师嘉却贝桑为其奠基，因为遇到挫折没有建成，后来仲敦僧格坚赞逐步建成了佛殿和法主的寝殿，完成了建寺该寺僧众多且法行清净。该寺的法主以师徒为主，陆续由桑普瓦强森扎聂室利、曲杰乃宁巴、根钦绒敦巴、善巴钦波宣努嘉却、大译师达玛巴拉跋陀罗、俄尔钦官却伦珠等执掌教法。在扎噶曲顶（བྲག་དཀར་ཆོས་སྡིངས།），主巴贡勒巴等不分教派的一些大德也曾经广做利益教法和众生的事业。

特别是世出世间的顶饰、怙主罗桑确吉坚赞等历辈（班禅额尔德尼）大德，对托卜加地方的拉德和米德的佛法和其他各种事业善加护持，详细的情形见于他们各自的传记之中。按照这些记载，在托卜加地方出生的贤哲有，法王松赞干布的法伦（教法大臣）译师益西贝，君臣 25 人之一的官却迥尼，藏绒的梅敦村波索南坚赞，达仓译师加央喜饶仁钦坚赞、毗卢遮那的化身扎那堪钦南喀坚赞、大贤哲洛钦帕、果隆巴桑杰贝、班禅法王罗桑确吉坚赞贝桑布的化身仁布切罗桑益西（五世班禅）、达赖喇嘛遍知一切洛桑旦白旺秋坚白嘉措（八世达赖喇嘛）和君臣 25 人之一的具有即身神通的吕·扎涅那鸠摩罗的后裔中的法王格瓦旺波的脸相相同的无量光怙主的管事人扎萨克喇嘛大班智达洛桑南杰等。

班禅额尔德尼·旦白旺秋出生的地方，即是这有无数执掌教法的贤哲大德出生的具有情器世间的殊胜吉祥的地区，托卜加的竹仓（བྲུལ་ཚང།）（译者注：竹仓意为竹氏之家。西藏的苯教徒把竹氏奉为苯教第二大世系喇嘛，关于它的起源传说也跟远古的苯教神话传说密切相关。据说其祖先由天界下凡，一支先在竹夏（勃律）地方居住，后来迁移到阿里和后藏地区。在后藏托卜加地区的竹氏家族中竹夏杰尊在 12 世纪末创建了叶如温萨卡寺，成为一个苯教活动中心。直到 17 世纪末，叶汝温萨卡寺既是苯教寺庙，又是竹氏家族的主要府邸。17 世纪下半叶，五世达赖喇嘛主持认定竹氏家族出生的洛桑益西为五世班禅，格鲁派的影响强势进入，不久叶如温萨卡寺又被洪水冲毁，一位来自嘉绒的德高望重的苯教高僧喜饶坚赞在附近建了曼日寺，代替叶如温萨卡寺，从此竹氏家族的影响逐渐衰落。），其父亲是掌握寿命吠陀，具有值得赞扬的多种功德的丹增旺杰，母亲扎西拉姆是一个超出普通妇女的贤惠夫人。

怙主金刚持旦白尼玛（七世班禅）圆寂以后不久，托卜加赤钦（ཁྲི་ཆེན།）在黎明时分做了一个梦，梦中他到了仿佛是一座宫殿的漂亮的寝殿中，见到怙主本人（七世班禅）坐在一个法座上，他上前去请求上师摸顶赐福时，上师赐给他一卷可以装满胸襟的绸布，并说这是用来装饰大经堂的。他想到自己对此并不熟悉，想要请问如何装饰大经堂时，上师又赐给了两件雕刻有图案的珊瑚，他心中特别高兴，心想这是有上师加持的宝物，就小心收藏起来。在他要离开时再去向上师请求摸顶，上师又给了他一条外库哈达和一个有盖和底座的、瓶颈用黄金镶嵌八宝吉祥图案的银瓶，他高高兴兴地把银瓶装到胸前的衣襟中，唯恐丢失，用双手抱住快步赶回，急忙解开衣襟窥看，看到银瓶十分精美，但是里面发出"噗噗"的声音，他想看里面有什么，低头细看有一只兔子要钻出来，这时他的梦突然醒了，让他感到又高兴又遗憾。在木虎年又有一次，他在梦中听到铿锵的鼓乐声，接着又听到很多人跑去看热闹，赤钦自己也赶快跑去看个究竟，看到据说是甘丹热杰寺的僧队的众多僧人，敲打吹奏各种乐器，举着各种法器供品，延绵不断地从北面凯拉（གད་ལྷ།）地方向竹仓方向走来。队伍中有一柄奇特的三层伞盖，下面一层绣有金色的五佛，在伞盖的伞柄里有绳子拉动，伞盖可以像扇子一样张开合拢。梦里，怙主金刚持本人也出现，在竹仓的平措林寝殿楼上的天窗屋檐下的荫凉处坐在坐垫上。当赤钦走到屋檐下去偷听上师教诲，突然一个大鼻子的森噶（གཟིམས་འགག། 禁卫传达员）拿着一根软鞭子向赤钦走来，因刚偷听受辱，感到有点害怕。这时上师说:“你不必害怕,到这边来坐。”他正准备过去时,就梦醒了。

其后,赤穷(当是托卜加寺院的僧人)在梦中见到一个白色的顶盔贯甲的武士举着一面白色的旗幡前来,从一个很高的法座上取一个螺号交到赤穷(ཁྲི་ཆུང་།)手中,叫他吹螺号,赤穷回答说自己吹不响号,那武士说这是用象牙制成的号,与别的号不同,你一定要吹,于是赤穷仔细擦拭后吹号,号声很大而且清亮悦耳。

又有一次,母亲(指八世班禅的母亲)梦到赤穷仁布切举行母续百供法会,她去帮助献供品,在奉献药酒之时,在献上一个盛满甘露的颅碗后,她将甘露全部喝了下去,由于在梦中喝完了甘露,她在梦醒时嘴里仍然保留着香味,而且从那以后她感到身心十分愉快。

在这段时间的前后,还出现了各种征兆。在怙主旦白尼玛[①]圆寂的第二天,父母亲和仆人之众人还没有得知旦白尼玛圆寂的消息,他们和往常一样到房顶上去晒太阳休息,当时天空十分晴朗,没有一丝风,天气很好。快到中午时分,只见一道金色的光芒形成的彩虹从西面射过来,经过(八世班禅)出生的祖屋,端直射向东方。这一景象为父母亲和当时在场的贵人们共同看到,全都显露出惊异的表情。父母亲的心中虽然意识到这是不是怙主仁布切(七世班禅)圆寂了,刚想说,又犹豫该不该说,把已经到舌尖的话收回,改口说这是圣者佛陀上路了吧?实际上所有的觉悟者都可以说是佛陀,这话可以从两方面去理解,正如谚语所说,玩笑话也

① 即第七世班禅额尔德尼,后藏白朗宗人,出生当年被寻访认定为前世班禅转世灵童,3年后经清廷批准坐床。清乾隆五十三年(1788年)廓尔喀入侵后藏,驻藏大臣将其接到拉萨保护。五十六年(1791年)廓尔喀再次入侵,清军进藏反击,班禅进献哈达、牛羊、马骡、缎匹、氆氇及许多食物。嘉庆、道光年间(1796－1850年),先后3次为青少年时即夭折的九世、十世、十一世达赖喇嘛剃度,起法名、授戒等。道光十年(1830年)清宣宗颁册重申扎什伦布寺所辖宗、庄园、百姓永归班禅管辖。二十二年(1842年)因捐资助赏反“森巴”侵略战争,被清廷加授“宣化绥疆”封号。二十四年(1844年)弹劾作恶多端的摄政噶勒丹锡勒图萨玛第巴克什,担任8个月摄政后辞职。咸丰三年(1853年)圆寂于扎什伦布寺,享年72岁。

是有深意的。

又有一位校对经籍的讲经师仲然巴格勒坚赞到谢朗玛（བཞད་ཆང་མ།）地方去取水（ཆུ་བཞེས། 书面意思是接受水，应该是在温泉沐浴）的时候，在一天傍晚梦见自己到了一个和谢朗玛相似的地方，那里有一座大佛殿，佛殿中的佛陀像放射出极为辉煌的光芒，射向一切方向，驱除了世间的一切黑暗，佛像头顶的发髻也十分殊胜。看到这一情景他心中无比高兴，心想这预兆着佛陀教法将长存于世间，自己将实现追随佛法的愿望，在心中默默地祝祷，又听到身边的几个人说，这是佛陀的殊胜化身。当天晚上，讲经师和几个新来沐浴的人交谈，那些人告诉他说，有一个好消息，怙主的殊胜化身肯定在竹仓地方。听到这一消息后，他兴奋得浑身毛发竖立，心想这是刚才的梦境得到了证实，这不容置疑是殊胜的化身，如同佛陀亲自降世一般出现了。他把这个梦境告诉了被认为是具有真实辨析实物能力的欧曲（དངུལ་ཆུ།）的比丘丹扎啦，丹扎啦连说这是真的，这是真的。

另外，当这位上师（八世班禅）将要进入母腹坐胎时，喜爱佛法的众神一再地在出生的祖屋及附近的天空中扯起五色的彩虹，特别是在鲁顶（ཀླུ་སྡིངས།）南屋屋檐下有一株干枯的树，枝干虽然高大但是树叶都已经掉光，这株枯树的一枝树枝在木兔年长出一枝花园中才有的文殊花，从花蕊中又长出一朵花，花蕊如五股金刚的形状，非常奇特美丽。还有以前没有见到过的一对画眉鸟多次飞来，发出特别悦耳动听的叫声。诸如此类，还出现了很多不可思议的奇特征兆。

出现不可思议的奇特征兆的同时，一些天神和上师还以亲身出现或者梦中现身的形式对怙主的化身的降生做了授记。

尤其三界空行的首领桑顶多吉帕姆的秘密授记说：“虎纹斑斓

红色虎，贡曼杰莫的侄孙。”又一授记中说：“往此寺的东北方向，生在医者的种姓中，是贡曼杰莫（གུང་སྨན་རྒྱལ་མོ།）的侄孙。”这两个授记说的就是，在木虎年时在扎什伦布寺东北方向大约二百里的托卜加的竹仓地方，父亲丹增旺杰担任了医生，所以其家庭成了医生的种姓，贡曼杰莫是说依止女神森杰玛（ལྷ་མོ་སྲིད་རྒྱལ་མ།）一类的护法女神的班禅罗桑益西（五世班禅）的侄孙女，这就预言了化身（八世班禅）从入于母胎到出生的情形。与此相关的还有，热振大金刚持、拉木护法（ལ་མོ་ཆོས་སྐྱོང་།）、昌珠梵天护法等也做了授记，与这些授记所说的情况符合，大自在者（班禅）本人在第十四饶迥（རབ་བྱུང་། 藏历六十年）的木虎年在兜率天宫以清净的眼光对降生的种姓、地方等做了完美的五照见，其本性法身在任何刹那间都无摇动，而以圣意谛色身来做利益众生的伟大事业，故入于母胎之中。

有诗赞道：“天神先祖投入金蛋中出生，顿珠王子（释迦牟尼离家前称顿珠王子）投入摩耶夫人胎中，按此在兜率天的尊胜上师，投入具缘母亲的胎中。”

关于上师（八世班禅）的家族，在住劫的最初，在赡部洲有从光净天的天神化生而来的神子热朗和智美二人，据称是由他们繁衍出世间各个种族。此外，在圆劫时、三分时和二分时中期以前，人类都是化生的。到二分时的后半期，才开始有了入住母胎而胎生的人类，据说人类和天神、非天、药叉、魔、龙、土地神等成为兄弟姐妹。在人类之中，又有国王、大臣、小王、高贵婆罗门、平民、百姓、贱民等很多种姓。上师的家族属于不衰败的王者祝氏家族，在这样圆满吉祥的家族中，他作为前述的父母的儿子，在“准美”（སྒྲོན་མེ།）贤劫的劫初长时被称为“森布”的木兔年（1855年）[1]8月8日的

① 《藏汉大辞典》的大事年表称八世班禅旦白旺秋生于木虎年即1854年。

吉时良辰，即黎明五时的第五时分，在没有给母亲带来任何痛苦的情况下出生。新生的婴儿像洗净的洁白水晶包，皮肤像莲藕一样白，身体像莲苞一样圆润，脸盘干净洁白，前额宽阔饱满，鼻梁高挺，双眼广长，双耳下垂，嘴唇光润，美丽可爱，使人一见心生欢喜。

赞曰：因赡部树而得殊名，覆盖在深邃蓝天下，圆满吉祥的南赡部洲，从中心向北的各个地方，水晶宝串一般的大地，与吠琉璃色的沙地相伴，一条大江的北面岸边，猛恶大神们掷骰子打赌，决定谁来统治这个地方，梵天大神名叫李敬哈热（ལི་བྱིན་ཧ་ར།），有了“得到”并且“胜利”的美名，高声宣布此地名为托卜加。这块宝地具有十三种吉相，相互交缠吉祥永不减退。情器世间的吉祥无余具足，汇聚一起堆成吉祥大地。其中的竹仓如水晶宫殿，主人是光净天神的后裔，怙主上师你在此地降生，如摩耶夫人在蓝毗尼生下佛陀，情形一如正教佛法三圆满，布满光明结成的光网。无量光佛化身降世的婴儿，相好庄严具有三十二吉相，祝氏家族如高大的娑罗树，美丽佛子如树上绽放的新花，快乐的蜜蜂用它们的歌唱，给大地填满幸福，各方都容纳不下。

广大坛城之主、遍见一切的班禅法王罗桑班丹确吉扎巴旦白旺秋贝桑布传——繁盛具信莲苑之阳光之“在吉祥圆满的地点、时间和家族中诞生”部分至此结束，此为第二章。

第三章　童年游戏娱乐及受出家戒在扎什伦布寺坚赞吞波殿坐床

如是，伟大师尊佛祖本人如愿降生人世间做利益众生的事业，其情形犹如蜜蜂飞到花园中和黄鸭游到莲池中。虽然轮回到世间这如苦难烈火燃烧之地，佛陀的化身却将其看做长寿乐园一般努力精进，他们有的和应化众生一样经过身心器官生长的过程，成为贤哲，遵守清净律仪，有的化现为转轮王、大臣、鸟类、动物、舟船、桥梁、衣食、卧榻等，利益无数众生，这些化身在佛陀内部彼此是同一的，这超出了我们这些受观现世心[①]束缚的凡夫子所能认识的行境。

化身佛子出生后，家里以各种与其适合的物品加以抚养，使他如青春的花朵，日益增盛。

上师的母亲扎西拉姆出生于谢达尔顶（བཞད་དར་སྡིང།，今日喀则市谢通门县境内）[②]的辛仓[③]（གཤེན་ཚང་པ།）家族。当她六岁时，怙主旦白尼玛（七世班禅）到谢绛普（བཞད་ཁྲང་སྦུག）地方去洗温泉时，沿途会见了谢地区的僧俗大众，引导他们走上成熟解脱的道路。特别是上师从母亲扎西拉姆出生的地方到温泉去的时候，该地的人全都请求单独拜见，而上师特别询问道：“这个女孩子是谁?”并赐给她一个护身结，显得特别高兴。其后，在扎西拉姆出嫁到托卜加的竹仓地方几年以后，回到家乡辛仓去会见亲人时，怙主金刚持（七世班禅）又到谢绛普地方去洗温泉，在路上巧遇，扎西拉姆和上次一样拜见上师时，上师对玛哈提婆（མ་ཧཱ་དེ་ཝ།）问：“这个样子的姑娘是谁?”回答说：“这是辛仓家的女儿，嫁到竹仓家的媳妇。”上师非常高兴，拿起一条喀尔喀的绸子，一边诵经一边用手把绸子打成金

---

① 一般凡人所有的心识，即常人的理解能力。

② 当是今日喀则市谢通门县达木夏乡，1988 年达木夏乡、朗玛乡、穷达乡合并为新的达木夏乡，位于县境西部，距县府 120 公里。该多面积 828 平方公里，人口 0.41 万，辖林加、德来、嘎孔、聂孜、朗玛、琼达 6 个村委会，是以农为主的半农半牧乡，种植小麦、油菜、青稞，牧养牦牛、山羊、黄牛等。境内有嘎负温泉和建于 1270 年的林克森寺。

③ 即辛氏家族，也是西藏苯教徒信奉的五大喇嘛世系家族之一。该家族本来属于藏族古老姓氏穆氏，原在定结县哲仓地方，11 世纪初该家族的辛钦鲁噶从哲仓搬迁到达尔顶定居。辛钦鲁噶是苯教著名的掘藏师，发掘了大量的苯教经典而且向他人传授，使达尔顶成为苯教的一个中心，该家族也被称为辛氏家族。

刚结赐给扎西拉姆。几年以后上师(七世班禅)到托卜加过生日,给当地僧俗大众讲经说法,当地按照藏戏中的故事为班禅表演歌舞。在演出间歇时,当时八世班禅的姐姐次仁边宗还是一个小姑娘,班禅指着她问身边的几个人:“那个女孩是谁?”几个来拜见的人说:“那边的是竹仓家的女儿。”班禅说:“那么,是我的兄弟姐妹啊。” 次仁边宗对班禅的这个预言未来的话不理解,不敢到班禅的身边去,也不知道如何回答班禅的话,只是在那里微笑。从以后发生的事情来分析,当时班禅额尔德尼的话清楚地预言了怙主的殊胜化身将在竹仓家出生。

此外,殊胜化身降世前后的奇特征兆还有以下这些。当上师从母胎分娩而出时,就有一道彩虹从东面的打麦场直插到竹仓的房顶上,在那一天彩虹出现了三次。在庆贺三朝(婴儿出生后三天或者满月时亲友汇聚庆贺)那天,有两条像白色氆氇一样的彩虹并排出现,两边都有五色彩虹,从大山顶上插向东面山上。在那段时间,不同颜色的彩虹、彩云在许多天中都在当地出现。在木虎年①里,附近地方的许多幼童自动地聚集到竹仓的石板地面广场上,跳舞唱歌。这样奇特的征兆还有很多,在此只简述如上。

中间插入一诗,稍事休息。诗曰:

具足飞翔本领的大鹏鸟,
直冲云霄日月所行道路,
然后又飞回大地上嬉戏。
你这从兜率天降世的怙主,
以五照见观察族系地点等,
当你母腹怀胎及出生时,

① 木虎年,清咸丰四年(1854 年)

美丽长虹在天空中出现，
将你出生之地一再装饰。
当时在出生地鲁顶花园，
叫做文殊花的花苞中，
长出了两层五瓣花朵，
其花蕊犹如五股金刚杵。
在那久已干枯的大树上，
长出碧绿新鲜的枝叶，
未曾见过的白色画眉鸟，
前来放开歌喉婉转啼叫。
护佛众神跳起欢乐的舞蹈，
唱起歌曲并降下花雨，
如此吉兆一再地出现，
都是上师出生地的福德。

以下讲述在颇章钦波(ཕོ་བྲང་ཆེན་པོ།)坚赞吞波[①]如何认定上师的情形。当怙主金刚持旦白尼玛圆寂后，由大管事英萨诺门汗(དབྱིངས་ས་ནོ་མིན་དྲན།)南杰群培承担起后事责任，为了祈愿上师真实的转世尽快显明，在以各大寺院为主的卫藏各个寺院供奉斋僧茶饭，举行无数经忏法事，对经像塔等三依止奉献供养，这样做了广大的法事。这时，英萨诺门汗对孜恰堪布噶钦群则(དཀའ་ཆེན་ཆོས་མཛད།)说："关于考察众多班禅仁布切的转世灵童和奉献供养的事务，我已经派了其他一些人去办，但是没有确实可靠的消息，一定是没有什么办法。为了把事情办得可靠，需要去向怙主法王遍知遍见(指

① 一世达赖喇嘛根敦楚巴建扎什伦布寺时在寺内建的一座五层楼房，后来成为历辈班禅额尔德尼举行坐床典礼和在寺内的住所。1995年12月8日十一世班禅额尔德尼确吉杰布的坐床典礼也是在坚赞吞波的益格群增殿举行的。

达赖喇嘛)和拉木护法(译者注:拉木护法亦译拉穆护法,是以前西藏四大护法之一,其寺院为拉萨市达孜县县城东北约30公里拉萨河南岸的拉木寺。拉木寺内主供一位护法神称"仓巴冻推坚",即为"白螺顶髻大梵天神"。当地人称"拉木仓巴护法神"。"拉木仓巴"指梵天神,所以拉木仓巴就是梵天的代言神灵。梵天在印度教神殿里是著名大神,但在藏传佛教中仅仅是一般的世间护法神。拉木寺对梵天的崇拜最为著名,因其预言神力受到人们的极大尊敬,从而其降神师也成为噶厦的宣谕神巫之一,被认为是甘丹寺夏孜札仓的保护神。拉木寺属扎什伦布寺管辖,故拉木护法和班禅额尔德尼转世系统的关系一直非常密切。)等上师和护法神等请求授记和奉献供养,同时要小心保守秘密。"与此同时,还派他去向摄政金刚持请求指示。按照英萨诺门汗的吩咐,木虎年8月3日,孜恰堪布于扎什伦布寺出发,依次在河东的觉吉扎西林寺的经堂向主供怙主金刚持旦白尼玛的像、在温萨寺①向法主洛桑顿珠贝桑布的像奉献供养和敬神哈达。此后又连续到雅鲁藏布江岸的切玛拉康、襄地方的浦达、托卜加、噶热、兰、绒绛钦、聂塘寺②、大昭寺、拉萨色哲甘三大寺、拉木等卫藏地区(前后藏)南北各处,考察转世出生在何地,并请求大德上师(指达赖喇嘛)和护法神给予指示。当年9月18日孜恰堪布回到扎什伦布寺复命,向英萨诺门汗汇报了考察情形。此后又派卓尼尔金巴啦到达赖喇嘛那里,请求达赖喇嘛撰写祈请化身尽快降世的祈愿文,同时请达赖喇嘛进行考察,达赖喇嘛说(转世)不久

---

① 温萨寺亦译恩贡寺,位于日喀则市江当乡境内雅鲁藏布江南岸的一座小山上。该地原有一座萨迦派的小寺院,二世班禅索南曲朗(1439－1504年)即生于当地村庄中,他曾到甘丹寺学法,拜克珠杰弟弟帕索曲杰为师,以善于辩论著称,因他出生于克珠杰去世后一年,因此被认为是克珠杰的转世。他后来返回家乡,在萨迦派小寺院附近山上修行,因此得名为温萨巴。1548年由其转世三世班禅洛桑顿珠在当地创建格鲁派寺院温萨寺。寺院建立之初,规模不大,仅有大殿、佛堂和容纳13名僧侣的住房。后用剩余土石在大殿西侧修建了一座四层大殿。1566年罗桑顿珠圆寂后,其弟子扩建了供奉罗桑顿珠遗体的净殿,以及护法神殿,并迎请四世班禅至温萨寺。四世班禅任该寺赤巴的20年间,将寺庙建筑规模进一步扩大,在原寺庙内修建三层经堂,扩建了大殿、护法神殿、净殿以及藏经阁等,在大殿上加盖四世班禅的寝殿。大殿、护法神殿和神殿中主供佛为金刚大威德神像。后来四世班禅被迎请到扎什伦布寺,班禅转世系统的主寺由温萨寺转移到扎什伦布寺,不过温萨寺和其后的历辈班禅仍然关系非常密切。

② 聂塘寺在拉萨市之曲水县东北的中尼公路旁。聂塘乡距县驻地36公里,距拉萨市33公里。1054年阿底峡在聂塘圆寂。次年,其大弟子仲敦巴集合众人在聂塘为他举行周年供,并集资修建了灵塔寺以作纪念。由于正殿主供阿底峡带来的度母像,取名"卓玛拉康",意为度母佛堂;又因坐落在聂塘地方,故又称"聂塘寺"。

后就会清楚显现。

此外,在这个时期,得到的关于转世的授记还有如下所述。拉木护法对请问转世的答复中说:“除了黑色老虎的尾巴有紧急之事外,其余按照吾以前之言专心去办。”又说:“对着东方月光,妙音女神用指尖拨动扎年琴的琴弦,一个具缘善男子,不分日夜守望倾听。”这是说,在扎什伦布寺东面,聚三救护的月光于一身的班禅额尔德的化身从妙音女神化现的明妃那里出生。在众生的耳中听到一个令人高兴的名字,即是在进行金瓶掣签的时候,从指尖掣出的签上出现的南杰旺堆坚赞的名字,在使得汉藏僧俗大众欢喜的喜宴上清楚出现。还说:“在卫藏交界处出现。”“在东北方向应时出现,虎年时牵到母虎家,龙年身体成长,在蛇年若不遇凶险,羊年中奇特缘起出现。”这就是预言说在卫藏交界的托卜加地方找到真实的转世,其在扎什伦布寺的东北方向出生,在虎年入胎,在木兔年诞生,在龙年身体发育成长,在蛇年如果没有遇到厄难或者能抵抗住厄难使其不发生,到羊年以后就会有吉祥圆满的奇特的缘起发生。与此相同,昌珠寺①的梵天护法也预言说:“在母虎家中睡卧,玉龙发声响动,仇怨蛇的厄难不会喷发,若骏马的方向不弄错,在其嘶鸣的雪山的东北方向,化身会清楚显现。”又说:“圣药甘露获胜利。”又说:“出生地是凶猛的地方的方向。”这里说的名称和凶猛的地方即李敬哈罗胜出之地,如梵天护法本身自做诠释一般,预言了转世灵童的诞生地及土地神等。拉木护法也授记说:“从坚赞吞波(རྒྱལ་མཚན་མཐོན་པོ།)的中心,往东北两个方向仔细考察,事情交付给

① 昌珠寺位于山南雅砻河东岸的贡布日山南麓,距乃东县约2公里,属格鲁派寺院,相传始建于松赞干布时期,昌珠寺意为“鹞龙寺”,相传这里过去是一片湖泊,里面藏有毒龙,龙头像蛇,五冠,非常凶恶。松赞干布想在此竭水筑城,但因有恶龙,无法填湖,于是请两位法师引大鹏来斗败恶龙,龙败湖枯,于是埋以宝物,奠基建寺,便有了昌珠寺之称。据说文成公主曾在该寺驻足修行。寺中悬挂有一口铜钟。该寺在大司徒绛曲坚赞、五世达赖喇嘛、七世达赖喇嘛时期做过大规模扩建。昌珠寺的护法神是西藏的主要护法之一。

以前依止的护法。”又说：“由于前生做善业的结果，前生和来生的光芒，即神人事业的承担者梵天神！请你把和天神相同的圣物排列，为好的目的来询问，在这恶时众生业缘恶，我即使多说也无益处，然而想到誓言（还是要说），教法大树上的桃子，现已成熟，要抛弃愚昧的疑惑，如果不尽快努力去做，会有遇到时运障碍的危险。再多的话也难说清楚，掌握生命的梵天神，会成为四业的助伴。”昌珠寺梵天护法还说：“那片地区的江河的西南交界处，其东北方向的地方，按照以前的授记在今年出生。”这些护法的授记意思一致，而与之相符，在木兔年[①] 12 月 13 日怙主达赖喇嘛[②]对请求他辨查之事作出答复说：“此次专派索本洛桑喜饶送来图形名册，已收到。内开：怙主遍见金刚持（班禅）的殊胜化身作为教法和众生的依怙，为寻得真实无误化身，已请求各护法和上师努力广做与辨查授记有关的法事仪轨，秘密认真探究。从各方所得，征兆明确者有：托卜加地方私有庄园竹仓巴家（སྒེར་གཞིས་སྦྲུལ་ཚང་པ།），父亲为苯教（苯教家族）的木鸡年出生的丹增旺杰，母亲为铁蛇年出生的扎西拉姆，于木兔年 8 月 8 日出生的南杰旺堆坚赞；与此无别的察古尔夏巴（ཚག་གུར་ཞག་པ།）之子群培觉切（ཆོས་འཕེལ་འབྱོར་ཆགས།）。与上述二子同样灵异之幼童未现，然而在行为等方面较为突出的还有托卜加地方日浦巴（རི་སྤུག་པ།）之子。此三者中是否有遍见益西尼玛的真实化身，请考察。压函礼有哈达、一两重金币、一两章嘎银币五十个。按来函的请求，为明确具三恩上师的清楚无误的转世，上述名册中的三个具有良好征象的男孩中是否有上

① 木兔年，清咸丰五年（1855 年）

② 此即十一世达赖喇嘛克珠嘉措（1838 – 1855 年），出生于四川的康定地区泰宁寺附近的贡泽西地方，十世达赖喇嘛去世以后，西藏摄政派人前往各地寻访转世灵童，并在康区找到了四个幼童。1841 年道光皇帝下令，由金瓶掣签决定最终的结果。于是在布达拉宫举行了“金瓶掣签”仪式，结果是克珠嘉措被抽中。由第七世班禅为他剪发、更衣、取法名，之后迎入布达拉宫居住。1842 年在布达拉宫为他举行了坐床典礼，正式成为十一世达赖喇嘛，皇帝赏赐金银作为坐床费用。1855 年 3 月他年 18 岁，咸丰皇帝下令由达赖喇嘛亲政，但是不到一年，木兔年 12 月 24 日，即公历 1856 年 1 月 31 日，他就在布达拉宫突然去世。可见达赖喇嘛的这一指示是在他去世前十天做出的。

师的转世,如有,其寿命和所有事业方面是否如历代先辈的事迹一样等,在请求众具誓护法施展法力后,在进行祈愿的同时认真进行考察,然后可将上述三个灵异男孩(的名签)放入按照天子大皇帝的特别心意制成的纯金宝瓶中掣定。为分别其中真实转世和其他两个幼童,使无误的转世的名签从指尖掣出,所做法事为念诵甘珠尔经和丹珠尔经数遍。”这样指示了为转世祈祝等法事。又说:“(对此)需要不敷衍塞责而切实有效地进行,本处也要努力为化身真实显现做经忏佛事,我本人也要为祈祷班禅额尔德尼降世向具誓护法托付事业,持续做护佑真实化身无误显现的仪轨。压函物哈达和金币。12月13日吉时。”摄政热振金刚持在回复中说:“经向怙主三宝祈祷认真辨察,以竹仓的(幼童)为最佳。”夏鲁日浦金刚持洛塞丹迥贝桑布(བློ་གསལ་བསྟན་སྐྱོང་དཔལ་བཟང་པོ།)的回复中也说:“在三宝前诵咒后考察,竹仓之子、察古尔夏巴之子、日浦巴之子是化身的可能是相等的,不过竹仓之子对教法和众生最有利,同时身体的违碍也大,其次察古尔夏巴之子现时没有身体违碍的可能,但是对我等应化众生来说是中等,日浦巴之子除较有可能外,考察吉凶没有任何显现。要言之,至今没有比竹仓之子更好的考察对象。这是前后两次考察的结果。”阿钦仁布切(སྒྲགས་ཆེན་རིན་པོ་ཆེ།)的回复中说:“一般来说会有无数的怙主无量光佛的三密化身出现,不过适合我们随顺业缘的寿命和事业等,更合适的是竹仓之子南杰旺堆坚赞,我做了三次考察都是他。前藏地区的察古尔夏巴之子群培觉杰也可能是某位怙主的化身。”

斯御巴护法(བསེ་ཁྲབ་པ།)的授记中说:“讨论授记并不容易理解,你若用有害的方法去认识,我等护法提供帮助,使你们得到启发,满足你们的心愿,抛弃疑惑。为了在合理的情况下增益业缘事业,要努力寻求方法和做经忏法事。”再次向他请求时,他回答说:“我梵天的取捨表格中,你是欲王难明白,关键的做法是汉地的办法,按此去做很恰当,我会像以前一样提供帮助。”格仓喇嘛仁布切(སྐེ་ཚང་བྲག)的授记中说:“祖师白玛的杰出心传弟子,如蓝色玉龙在天空翱翔,悦耳的声音传遍了天界,对整个藏地用教法护佑。”又说:“第二佛陀的教法的执掌者,在萨瓦日萨瓦迪神(ཧྱ་སུ་ར་སུཀྲི)的瑜伽师,他就在这清凉地域中,无明愚昧的众生,身在清净地却积恶业,最后不少人坠落无间地狱。”做了这些带隐喻的授记。特别是他又清楚授记说:“知三世的大阿阇梨白玛迥乃(莲花生大师)说,须菩提的化身在藏绒(གཙང་རོང།)地界出现,使教法不衰极兴盛。”又说:“苯教的竹氏和辛氏后裔做伦布寺的堪布,月光童子在后藏如月亮显明。”这就清楚地授记,为庄严后藏的天空,月光童子清楚显现,即是说从光净天神繁衍的王族、苯教传承的竹仓和辛氏二者的吉祥圆满的族姓中产生扎什伦布寺的堪布。前述的多吉帕姆等可信的上师和护法等等的正确无误的授记,也都清楚地说明无量光佛化现的班禅的真实化身,与应化众生的见相相适合的,即是上述的三个可能的幼童中的竹仓的儿子。

正是:

对于三时各地的情形,
一切都了如自己指掌,
在遍知大智慧的镜子中,
有什么不会清楚显现?
雪域怙主措杰多吉(莲花生大师),
护世间的多吉帕姆与格仓,
还有大护法梵天神等,
护法和上师的授记犹如黎明的阳光。
因诸佛慈悲而降世的,

丹贝尼玛再次在世间相好庄严放射光明，
虽然暂时不是向所有人显明，
时间稍长具缘的众生，
藏地三区（བོད་ཀྱི་ཆོལ་ཁ་གསུམ།）的有心人，
会说现在我们和怙主很亲近，
赞叹欢呼并跳起舞蹈。

此外，前述的授记中有“圣药甘露胜利”一句，“胜利”即“南杰”，是暗含了上师化身的名字。化身的名字南杰旺堆坚赞的来历是，当上师化身投于母腹怀胎之时，托卜加地方的名叫坚赞德钦宁波的大修行者丹增仁布波切就清楚地授记说：“竹仓家的媳妇扎西拉姆怀了一个儿子，要给他起名为南杰旺堆坚赞，还在母胎中的这个儿子是怙主的化身。”曼日寺（སྨན་རི་དགོན།）的卸任堪布萨热雅（ས་ར།）热心地请求他为转世化身做长久驻世的祈愿时，他撰写了“哎玛荷！清净的本初普贤佛无量光！”等四个偈颂，清楚地预言了未来，使在场的众人感到惊异和欢乐。

正是：

对利乐之源的玛尼嘎（མ་ཎི་ཀ），
侦知其已住于母胎中，
奉上吉祥成就的美名，
祈祷的真言响彻金刚界。
啊荷！雪域众生善业的精髓，
困于逆势障碍暂忍耐，
正如从缚多河流出的大江，
在平台之处缓缓流。

虽然如上所述，众上师大德和护法前前后后已经以授记等形式一致认为竹仓之子是前世怙主真实无误的转世，但是为了慎重，英萨诺门汗和索本堪布洛桑喜饶、阿仁巴洛桑丹巴等人，还是一起去对众上师和护法授记所说的各个灵童进行秘密探访。他们带了班禅额尔德尼前世的随身用品及相似物品来考察（灵童是否认出前世用品）。他们在木兔年10月初3日从颇章出发。当他们走到格桑斯拔（སྐལ་བཟང་གཟི་འབར།）供殿时，该寺的老僧众正在佛像前集会诵经，这就成了一个自成的缘起。当时东山和西山晴朗的天空中，中央出现了彩虹，最后成为白色而消失，然后又有白色的彩虹像画棋盘一样在天空中交叉。总之，当时出现了很多吉相，特别是各种彩虹一再地出现，显示了怙主的转世是在光净天神的后裔中出生的竹仓家的儿子，也是喜爱佛法的众护法神高兴的象征。其后，在见到托卜加的竹仓的儿子及其父母时，父母亲穿戴整齐捧着切玛（ཕྱེ་མར། 意为吉祥斗）迎接，当时婴儿正在睡觉需要稍事等候，但是当他们看到婴儿清亮可爱的脸庞时，英萨诺门汗和他的随从都感到无比欣喜。睡觉中的婴儿有时睁开双眼，有时轮流睁开一只眼睛看着他们，他们献上有八宝吉祥图案的哈达，并请求摸顶，婴儿把英萨诺门汗等人的哈达抓在手中，好像是用眼睛在看。这时众人相互谈论婴儿能不能很快醒来，母亲心想婴儿这次睡觉和平时完全不同，睡得很熟，能不能让他好好醒过来呢？但是用了各种办法孩子仍然不醒，因此英萨诺门汗说："可以先让他自己睡着，"就准备离开。这时婴儿突然醒过来，变得完全清醒，表现出专注和高兴的神情，安静地呆在英萨诺门汗的怀中。英萨诺门汗心想，这样出生还没有满两个月的婴儿恐怕难以辨认先辈的用品吧？同时在一个装满麦粒的银盘上依次放上前世怙主用过的佛珠及与之相类似的手串、前世怙主用过的项链及与之相类似的项链，奉献到婴儿面前,仔细观察婴儿反应。当时婴儿因为太幼小,颈项还不能好好抬起,只能仰卧,但是仍从衣缝中伸出如纤细的白水晶枝般的右手,虽然不能用手指抓住,还是努力用指缝去夹住,这样三次认出了前世怙主的佛珠和项链,对于类似的佛珠和项链,虽然也很好看,他却全然不顾。在这期间,婴儿没有一点兴奋或者疲劳的表情,而是在舒心的状态下微闭嘴巴,多次作出要讲话的样子。特别是在英萨诺门汗问他是否知道这是谁的物件时,婴儿说不清楚词语但是显得很高兴的样子多次发声回应。总之,婴儿的这些难以思议的奇特表现让在场人的心中疑惑顿时消失,心想吾等怙主的真实无误的转世正是眼前这个婴儿,对其充满了信仰之心。英萨诺门汗及其随从生起不会消退的喜悦,感觉不到时光的流逝。其后,因为担心这个佛子如意宝受到不洁的沾染,于是给婴儿的父母等人做了洁净身体的煨桑烟祭,赐给了洗浴自身的洗浴药丸,仔细吩咐他们保持清洁环境。英萨诺门汗给父母等人各赐哈达一条、十两的银币一个。与此相同,还对疑为班禅转世的托卜加的日浦巴(རི་ཕྲུག་པ།)之子、泽东米芒洛巴(ཚེད་གདོང་མིག་མང་ལོ་པ།)的儿子进行了考察。虽然日浦巴之子也有一些奇特的征象,但是其最为突出的,也只是在如上所述的辨识前世怙主的佛珠和项链时,口中发出“曼、曼”的声音,当再次认真辨察时,第一次幼儿抓取了类似的物品,后一次抓取了前世的用品,再后一次又把前世的用品和类似的物品一起抓取,因此大家对幼儿是否是前世的转世不再犹豫,不过仍然对其父母做了同样的嘱咐。

这样,英萨诺门汗及其随从对幼儿等做了如同用烧、磨、断等方法检验黄金一样的考察,查知班禅额尔德尼的真实无误的转世只能是竹仓家的儿子,心中非常欢喜,于当月初7返回扎什伦布寺。

对此,有诗赞颂说:

获得离弃生死的金刚身，
又在世间示现降生状，
为了极乐世间的众生，
踏着降生舞步的圣者，
善现化身具先知的神通，
不仅证实护法的授记，
而且清楚显现教法的事业，
具有虔诚信仰的大德，
将前世的佛珠及相似品，
用来考察转世之灵童，
你以自己的指尖，
正确辨认出前世之物，
众人一见即生信仰，
相信寻到了真正的怙主。
额呵！这样的如意珍宝，
不能置于放逸的尘土中，
故此以煨桑沐浴来敬奉，
使其如池中莲花得成长。

英萨诺门汗这样亲自前往考察了竹仓、日浦巴、泽东等三家的幼儿。此外，在摄政热振金刚持和索本堪布济咙活佛的细心关照下，对前藏地区的察古尔夏巴和欧珠顶巴两家的幼儿也像上述的程序一样做了考察，结果竹仓家的儿子和察古尔夏巴的儿子先后都具有奇异征兆，因此，以此二幼儿奏报大皇帝，请准安排认定事务。于是在火龙年中，为使办理的思路清楚，按照英萨诺门汗的吩咐，孜恰堪布噶钦群则带着呈报文书的草稿到公·夏扎瓦在协噶尔（今定日县)的住所,请求给予各方面的指教。人中豪杰公·夏扎瓦就呈文的途径、语气、对象等有关汉、藏各方面的做法,给予了内行的特别指教。孜恰堪布又和大索本堪布班丹喜饶一起前往拉萨,按照要经过驻藏大臣向大皇帝奏报的程序,从火龙年的6月22日起,向两位钦差驻藏大臣呈送了文书,文书说:"扎什伦布寺色呼本(ཟེ་ལེ་སྤྱིལ)诺门汗南杰群培禀报,关于班禅额尔德尼之转世事务,谨遵天命文殊大皇帝之谕旨,心记班禅额尔德尼之教导,在举行法事仪轨之后,分派人员前往各地访查具有灵异之幼童,访得竹仓巴之子及察古尔夏巴之子,将二子之父母、出生时日、生时异兆等缮写成文,并此二子之详细情形,以二子之中是否有班禅额尔德尼之真实转世,呈请怙主达赖喇嘛辨察。于木兔年12月133日得到回复称,经过认真辨察,上述二子中极有可能有班禅额尔德尼之转世,可以向大皇帝奏报。后又查得,六世班禅额尔德尼罗桑班丹益西于朝觐乾隆大皇帝之际,在京城圆寂,其后七世化身罗桑班丹旦白尼玛确列朗杰贝桑布降生,疑是前世转世后,经驻藏大臣向皇帝奏报,于乾隆四十七年12月20奉到圣旨,内开:'北京,收到请示认定班禅额尔德尼无误转世真身事务的奏疏,朕开启阅览,乃虎年4月8日在后藏白朗吉雄地方出生,父名第巴班丹顿珠、母名其美杰莫之子,读至此处,朕即心知此子必是转世真身。皇上睿智明鉴,即命灵童坐床安禅,见于记载有此班禅额尔德尼寿数绵长等语。前世班禅寿数绵长,事业广大。其后前世班禅圆寂之时,小的等在身边服侍之人祈请寻获上师的真实化身时,上师教导说:'如有疑是我的转世的奇异的男孩出现,将其详细情形向大皇帝奏报时,祈请大皇帝施恩,如像天命乾隆皇帝降旨认定我(为真实转世)那样,由大皇帝以天聪睿智认定此疑是转世的幼童。无论如何降旨,按照皇帝旨意认定转世灵童,则所有事务均会完成。'关于上师的转世方面的事务,按照以前的善规和前世班禅的教导,大皇帝以圣聪睿智辨察降下圣旨，是符合臣民等心愿的主要大事。如需入金瓶掣签认定，则是除上述两名有奇异征兆的幼儿以外，其他的幼儿没有明显的奇异征兆，故请以此两名幼儿的名签入于金瓶掣定。请大皇帝降旨准予掣签，请二位驻藏大臣将此真实请求向大皇帝详细奏报，至为感激。特此于火龙年某月日呈上。”将此文书以及幼童的名册4份并压函礼品八宝吉祥哈达，给每位驻藏大臣赠送有无量寿佛像哈达一方，香20束，藏毛呢衣料一件，氆氇4卷。摄政金刚持也支持这份请求文书，通过噶厦盖印，行文给大皇帝的两位驻藏大臣，请求会商安排此事，并送压函礼品哈达、一两的金币、银50两以及绸缎呢绒等。

当年藏历闰6月，在闰6月27日，驻藏大臣赫(特贺)满(庆)大人(ཧེ་སྨན་ཧྲ་རིན།)等朝向京城以三跪九叩礼节(ཕྱག་འཚལ་དགུ་སྨུགས་དང་འབྲེལ་བའི་གནམ་དགུ་བདུད་ཀྱིར་བ་དང་ལྷན་ཅིག)拜发以上述呈文为基础而写成的奏折(译者注：该奏折的内容为：谨将扎什伦布色呼本诺门汗郎结曲批禀报访获幼子二名灵异情形，摘缮清单，恭呈御览。一、后藏属坠仓地方，番民丹增汪结、夷妇名札喜拉母二人，于咸丰五年8月初8日所生幼子一名拉木结汪堆嘉木参。前后所得灵异事迹，据该番民丹增旺杰供称：咸丰三年班禅圆寂之后，小的之兄伊喜夺结，有1日晚上半夜过后之时做了一梦，梦见得班禅佛爷仍旧原样在于床上坐着，我前去朝见佛爷，当蒙佛爷赏给我哈达一方、银瓶一个，上画金字八宝，似觉内贮有水，我心中喜之不尽，当将此瓶装入怀中，即赴偏僻地方观看，将瓶颠倒拿出，有炒熟青稞，其时已醒。又于咸丰四年，未知何月何日，有一半夜做了一梦，耳听得铙钹声音，众人前去观看，小的亦即往视，见得干殿饶结寺迤北有一山坡，坡上喇嘛均各手持执事，向这边前来，内中执有三层大黄伞一把，伞底之下又有一小伞，系贴金五佛冠之样，似觉微微摇动，还有击鼓之声，觉得班禅亦在其内，即向竹仓家下有一房圈名彭岭楼上阴处设有大垫一个，上坐班禅之样，即时醒了，心中实在喜欢。又有幼子之父丹增汪结做了一梦，梦得有一白人，身穿盔甲，头戴黄帽，就在自居房顶之上插了白旗一杆，家内设有大床一架，上放有海螺一个，交与我吹，我说吹不来，他说这个海螺系象牙做的，比不得别样。等语。我就把海螺口上打扫洁净，吹了一下，声音实在好听。又于咸丰三年3月25日一早，看见西边山上出有五色霞光，一直落于坠仓家下，有邻居番民白哲观见。又于四年秋间，有1日早晨，现出五色霞光，一边照着玛尼拉康庙宇，一边照着坠仓之家，随后五色霞光成为一股白光，有该处寺院喇嘛丹巴仓珠及尼玛夺结二人看见是实。次日向着众人言知，有些人言此光未知吉凶，即在免日寺内堪布处算卦，算得实系吉祥，不是凶兆。此幼子系于咸丰五年8月初8日天明时有，幼子之母无疾，降生生下时系白皮包身。是日一早又有一股白光竹坠仓院内，满屋发亮，当叫三柱康萨番民看视，次日又向铸造佛尊之人说了一遍。是日又出了三次霞光，照着竹仓家下，人人看见。后第3日，有番民扛江尼玛顿柱、策忍顿柱二人看见二股白光，连着两边均系五色，惟居中一股系白的，自初8日起至初10日止，连日出有五色霞光，该处番民以及干殿饶结寺内喇嘛群集眼见是实。又于咸丰四年内，该处孩子自攒附近孩子等，在于竹仓院内连日欢声鼓舞。又于五年，有孩子二人赴噶择柳林中采花，当时采得大菊花一朵，其根发出五枝，五枝上又加五枝，颠上发出此花，颜色鲜红，当时就问众人可曾见过此花否，众人言说不但未见此花，而自古未闻，实在奇异。又该处所栽柏杨树多半已焦，自从那年起从新开发，较前茂盛，人人观见。随后飞来白画眉二个，系五年11月14日飞在坠仓柳林内，有番民丹桑及邻居番民四朗顿柱等看见，向着小的说前去观看，真有此鸟。又于12月12日复飞前来，在于鲁顶林内住宿3日，人所共知。以上情节均系实在情形，并无虚捏。为此小的竹仓番民丹增旺杰及阖家人等出具亲供切结是实。并据坠仓附近僧俗人等公同结称，亦与前情无异。由该色呼本诺门汗核实具报前来。一、前藏属霞克巴地方东科尔名第巴策旺觉结、夷妇名策忍央金二人，于咸丰四年9月20日所生幼子一名倾批觉尔结。所得灵异事迹，据该夷妇策忍央金供称：小番妇自从前至如今，在于殴定寺内坐静，于咸丰四年8月内仍在原寺内坐静，于9月20日生有一子，自从怀孕起，至生幼子之日止，间或做梦，梦见人身牛头底下所穿虎皮围裙。产生此子之日，有使唤小妇拉木结策忍央宗夺结策旺纵巴等言，说天上出有五色霞光。实系真情，并无虚捏等弊。为此小番妇及阖家人等出具亲供切结是实。并据该处邻佑使役等结称，亦与前情无异。由该色呼本诺门汗查实具报前来。朱批：览。（一史馆藏宫中朱批奏折））。当带送奏折的官员行至松曲热瓦[1]（གསུང་ཆོས་ར་བ།）前面时，正逢尼泊尔人在排放迎请佛陀像的长号和鼓、碰铃等乐器，成为自然的吉祥缘起。同时还有上千的僧俗男女在此聚集，纷纷议论这件奏折的华美。这时在一个吉祥的向阳窗户下面来了一个叫做叫尖俄（སྤྱན་ངས།）的老大爷，他的头和脸上都涂着白色的糌粑粉，高高兴兴地说又来了一位祖师，那里还有一个叫做米玛卓玛的妇女，说转世化身很快就会到来，唱起吉祥缘起的歌曲，说请给我一个五分的银币，索本堪布就给了她，那个老大爷说，拉章坚赞吞波不会有什么变动，为此给了他一壶酒。索本堪布作为特别的缘起，赐给那个老大爷一条哈达。

① 大昭寺南面的讲经场所，有一讲经台，为考取拉让巴格西的最后考场。

一时间,由于这份奏折的威力,许多未经安排的缘起就这样自然地出现,不用说这是我们以前向佛界神氏做了很好的供奉而这些祈愿会自然成就的初步的征兆。在这一时期,向大小昭寺的两尊觉夏(ཇོ་ཤཱཀ)像、自现的本尊像等做了千供、五供、贡献哈达等,还由色拉寺的伍嘎札仓(དབུ་སྐར་གྲྭ་ཚང་།)的50名僧人做了祈寿仪轨的供养法事。此外,还向甘丹寺的大灵塔等灵塔献了千供,对拉木菩提楼(ལ་མོ་བྱང་ཆུབ་སྡིག)、策色(ཚེར་གསེབ)、尊莫蔡(བཙུན་མོ་ཚལ།)等寺庙做了供养。因此在8月6日得到了对奏折的答复,指示要举行金瓶掣签(གསེར་བུམ་དཀྲུག་འདོན།)①,因此在8月15日为感谢两位驻藏大臣向皇帝奏报之恩德,分别奉献了哈达、藏红花50两、上等藏呢绒衣料一件等。英萨诺门汗致书摄政说:"遵照上述旨意,需要立即安排竹仓家的候选灵童及其父母、师傅等前来拉萨的各种事务,以及小的色呼本诺门汗等对候选灵童服侍启程的事务安排,加以竹仓家的候选灵童南杰旺堆坚赞十分幼小,恐途中有好坏差池,故不能不缓慢前行,请地方政府在路途接待和在各个寺庙供茶布施所需物品的借用驮畜运输给以协助。卫藏之间距离遥远,途中所需时日或稍有增减,预定不迟于10月初二或初三启程。此事如蒙热振金刚持阿其图呼图克图指示,不胜感谢。"同时还写信请摄政和噶厦为两位灵童等(来拉萨)委派联络官员,发给名册和路引文书等,并且安排借用转世灵童认定后在拉萨的住所和英萨诺门汗本人在拉萨时的住所,并随信奉献哈达、呢绒和缎匹等礼品。地方政府即派贡塘强巴曲坚为竹仓家候选灵童的联络官,贝伦少年为英萨诺门汗的联络官,孜本嘎西瓦为在拉萨的总联络官,还任命一名堪穷

① 对上述奏折,咸丰六年(1856年)9月初1日咸丰皇帝谕内阁:赫特贺等奏,班禅额尔德尼呼毕勒罕现访得灵秀二童,等语。呼毕勒罕涅槃将及4载,今据赫特贺等奏称访得知觉异常灵妙二童,实属祥瑞,朕心快悦。著照所奏,即照定例将此二童之名入于金瓶内,唪经敬谨掣签,以定呼毕勒罕。俟掣定后由驿驰奏。

(མཁན་ཆུང།)为察古尔夏巴之子的联络官。为迎请竹仓之子和英萨诺门汗到拉萨分别给予路引一份,运送所需器物的路引两份,动用公私驮畜总计200,安排住宿处等,各方面都使英萨诺门汗的要求得到了满足。孜恰堪布噶钦群则作为竹仓之子的联络官,按照英萨诺门汗的安排于藏历7月18日(从扎什伦布寺)启程,同一天候选灵童及其父母和随从等(从竹仓)到达噶热鲁顶地方。19日,按照预先的约定,孜恰堪布拜见候选灵童金颜时,呈献了衣物等日常用品。其中有一顶僧帽,灵童见了非常喜欢,一再戴在自己头上,又取下反复观看,面露笑容。其后堪布向候选灵童父母等人献见面的哈达后,又献上茶饭,灵童将蕨麻米饭按在场的人的心愿给各人。以后又给噶热札仓的僧人摸顶赐福。20日在噶热札仓僧人的集会上,给僧众供三道茶饭,摸顶赐福,僧众坐成八排举行向梵天神李敬哈罗(ལི་བྱིན་ཧ་ར།)祈愿和奉献敬神哈达等法事,建起了很好的缘起。当人们向候选灵童献茶时,献茶者伸手的动作似乎是想要哈达,于是灵童给他赐了哈达并且为他摸顶。此后到前世班禅的寝室用茶,灵童一看到楼梯,就发出模仿马鸣叫的"咦呵呵"的声音,在场的一个管事说楼梯下面有前世班禅的马厩,对灵童此举感到奇特,更增加了信仰。其后在轿子里,候选灵童坐在母亲的怀里,依次前行。到色辛卡(གསེར་ཞིང་ཁ།)地方的住宿处时,地方政府派遣的联络官贡塘堪布主仆到达,灵童给他们摸了顶。21日,到大竹卡(རྟ་གྲུ་ཁ།)[①]用午饭后,至月底顺利到达达蔡园(རྟག་ཚལ།)住宿。在那里住到8月初三,在这期间,当联络官贡塘堪布在身边时,候选灵童向父母等人做了一些手势,他们拿佛珠等物品给他,他都不要。最后父亲有一个小墨盒,拿来给他,说这个也不是吗?灵童开口说

① 大竹卡为雅鲁藏布江上的重要渡口,是从日喀则到拉萨走北路必经的一个渡口。元代曾经在这里设置大驿站,现在建有公路大桥过江。

道:“喔,是”。这时贡塘堪布感动得眼中充满泪水,对灵童磕了好几个头,到孜恰堪布那里细说经过,惊奇地说:“年龄这样幼小,就会说话,他是班禅额尔德尼的真实转世啊!”从那以后,他每天都要向候选灵童顶礼,请求灵童给他摸顶,到达前藏地方之前,灵童用手指指着东方说:“阿妈,走,走!”这让人惊奇,事后想来,他说这话是表明他知道是要去前藏举行金瓶掣签。此后在初 4 日这天到达吉鲁(སྐྱིད་གྲུ)地方,有卓尼尔曼日瓦前来迎接。中午时分到了功德林的德吉林卡,候选灵童到叫做扎西热卡的建筑去会见英萨诺门汗时,显得非常兴奋而轻松。

那里有一个只剩水不多的水池,里面有很多小鱼,初六那天,灵童的姐姐看到水池,说:“那里有水。”灵童知道了,作出想去那里的样子,姐姐抱他去看,灵童对水里的鱼表现出非常同情的慈悲表情,(人们)马上把这些鱼放到拉萨河里去了。灵童这样的拯救生命的事迹,按其本生传记中所说:“由于习惯了善和不善的业,众人对此已习以为常,由于不能纠正这些习气,人们轮回转生如做梦”,由于候选灵童在以前的多次转生中已经习惯了高僧大德特别是佛子的殊胜德行的法力,所以他在像一株幼苗还非常幼小的时候,也能够做出令我们难以思量的如菩萨行的发心的动作,这是他毫无疑问的表现。当时,候选灵童的寝室里有前几世达赖喇嘛的画像唐卡,候选灵童每天把唐卡拿在怀里,对每一幅唐卡行碰头礼。供案上有一个大的金刚铃,因为铃很大,候选灵童无法摇动,但是做出要去摇动金刚铃的样子,候选灵童还用右手抓住一个小金刚杵,随着念诵“喔阿热巴咂迪迪迪”(ཨོཾ་ཨ་ར་པ་ཙ་ན་དྷཱིཿདྷཱིཿདྷཱིཿ)的声音,每当念到“迪”的声音时,他就用金刚杵的尖在供桌上压一下,压出了许多印迹。

初 8 日,驻藏大臣赫特贺和他的儿子、随从等来到候选灵童身边，虽然这是灵童第一次会见汉人，但是他没有一点拘束怕生的表情，带着微笑给他们摸了顶，使他们增加了喜悦之情。当天，我们扎什伦布寺的护法殿的僧人们前来拜会灵童，候选灵童对他们都做出要回赐哈达的手势，使他们都很惊异。当时，候选灵童还对前世班禅特别夸奖的却本堪布玉杰（གཡུ་རྒྱལ།）表现出一种嬉戏顽皮的样子，使得众人信仰不已。

14日，在摄政、两位驻藏大臣、英萨诺门汗、噶厦四位噶伦、总管堪布、地方政府大多数僧俗官员聚集时，把两位候选的灵童从他们的住所迎请到罗布林卡的格桑颇章①对他们进行看视考察。当天的天气特别好，以两位驻藏大臣为主的在此聚集的卫藏和汉地、尼泊尔等各方面人士，见到竹仓家候选灵童的英俊而有威严的面容，心中立即充满了喜悦之情，纷纷议论说尊胜怙主（班禅）的转世一定会是竹仓家的灵童，发出祈愿的念诵声，恭恭敬敬地双手合十对灵童礼拜致敬，还尽力争取能够得到灵童的摸顶赐福。候选灵童在众人的心底里播下了崇高良善的种子。

为此，有诗赞道：

豆蔻花虽然包着外壳，
芳香气味却散发到各方，
殊胜各方的灵童如意宝，

① 罗布林卡，在布达拉宫西南约4公里的地方，是达赖喇嘛夏天居住的园林。关于罗布林卡的来历，一种说法是，18世纪中叶，拉萨的一些喀且（克什米尔）商人得知罗布林卡所在地的地下埋有宝物，于是向地方政府请示要求购买那里的部分土地。噶厦得知他们的用意后，立即决定在此为第七世达赖喇嘛修建夏宫，并定名为罗布林卡。最先修建了用来观看藏戏表演的乌尧颇章，此后又修建了池塘楼阁，并以七世达赖喇嘛的名字“格桑嘉措”的前两个字命名为格桑颇章。格桑颇章二楼分为大厅、经堂、护法神殿、卧室、阅览室并供奉各种神佛像。格桑颇章被历代达赖喇嘛用为夏天办公和接见西藏僧俗官员的地方。此后在20世纪20年代第十三世达赖喇嘛执政时期，由土丹贡培主持修建了三层高的建筑。由于老百姓将土丹贡培叫做坚赛贡培啦，因此又把该建筑叫做坚赛颇章。1954年由中央人民政府出资动工兴建作为第十四世达赖喇嘛在罗布林卡的住所的达颠明久颇章，于1956年竣工，有大厅、卧室、向阳窗屋等40多个小间。达颠明久颇章黄色围墙外是一些西藏地方政府的行政单位、达赖喇嘛随从厅、大门南面负责达赖喇嘛安全的警卫处。

虽然限于竹氏却如风传扬。
无欺正直的辽阔大地上，
有无量水晶的雍仲（གཡུང་དྲུང་）旋转，
善布供云的事业者，
向汉藏之主显示真实形象。
由此在无限蔚蓝的天空中，
就像月亮放射出清凉的月光，
使得群星得到以外的惊喜，
满意地围绕在月亮的身边，
遍知一切的怙主竹仓之子，
让许多贵人在身旁簇拥，
使得后藏大地的广大怀抱，
一时成为了吐蕃的中心地。
值得赞颂的大德的事迹，
身体发出的无数威光，
使得贵贱众人的心灵，
追随着他而获得解脱的种子。

此后，在15日，父亲带着候选灵童在很秘密的情况下去朝礼了大昭寺，当他们向白拉姆女神（དཔལ་ལྷ་མོ།）①敬献酒供时，在父亲他们念诵偈颂的每一个间歇，灵童都用手抓取米粒放到供杯中，让众

① 大昭寺三楼的护法神殿的主供像是班丹拉姆，在二楼与三楼之间的小神殿中，还供有两尊女神像，一尊是白拉姆，美丽而且端庄，另一尊是白巴东则，比班丹拉姆的形象可怕，所以平时都用黑布蒙住她的脸，只有每年藏历10月15日“白拉日珠节”，才把它取下来供信徒香客顶礼膜拜。班丹拉姆、白巴东则、白拉姆本来是吉祥天女显示的不同法相。但是在拉萨民间的传说中，班丹拉姆成了妈妈，白巴东则成了大女儿，白拉姆成了小女儿，刻在八廓街东南角墙上的东苏拉姆（意为经杆拐角地方的女神），也变成了班丹拉姆的第二个女儿。拉萨妇女对白拉姆非常信赖和崇敬，认为拉萨女子之所以身段苗条、面貌姣好、性情温顺、风度翩翩，都是吉祥神女白拉姆保佑的结果。过去，拉萨专门有祭祀白拉姆的妇女，叫“白苏玛”。

人惊异不已。

从 18 日开始的 7 天中，在布达拉宫，由（达赖喇嘛的）经师甘丹赤巴和普布觉强巴活佛、夏孜曲杰、绛孜曲杰、三大寺在任的轨范师、扎什伦布寺的阿钦（སྔགས་ཆེན། 意为密宗札仓的经师）、（布达拉宫）南杰札仓（རྣམ་རྒྱལ་གྲྭ་ཚང་།）的两位金刚上师等人为首的南杰札仓的僧人和在拉萨的 8 位扎什伦布寺的护法殿的僧人为放入了名签的金瓶做诵经祈祷的法事。18 日这天英萨诺门汗骑马去甘丹寺①，在 20 日的甘丹寺的全寺僧众聚会时，新建了赞颂宗喀巴大师的法事，并奉献了大量的布施。

24 日，在拉萨的大多数汉藏僧俗贵族官员集会上，赫、满两位驻藏大臣在诵经的间歇进行金瓶掣签，当时人们议论说只有一枝会中签，接着南杰旺堆坚赞的名签顺着赫大臣的指尖从金瓶中抽出，当时在场的人们发出了雷鸣一般的“拉嘉洛（ལྷ་རྒྱལ་ལོ། 意为神胜利了）”的欢呼声②。其后，布达拉宫、各个寺院、上下密院、木如寺的僧众和各谿卡的拉德米德的众人都盛装打扮，奔走相告。人们竖起经幡，吹奏号角笛子等乐器，其响声遍于附近的天地之间。当

① 甘丹寺，位于拉萨市区东北面约 60 公里的卓沃日山上。1409 年宗喀巴大师 53 岁之际在拉萨举行了传昭大法会后，和 17 名弟子来到卓沃日山进行加持。随后，贾曹杰和堆增扎巴坚赞受命负责建寺工程，在当年就已经建起了 70 多间僧舍、小屋，并为 100 多座僧舍打下了地基。第二年宗喀巴大师来到甘丹寺举行了盛大的开光典礼。该寺之所以起名为“甘丹”即兜率天宫，意为大师将来必往生于兜率天宫。该寺措钦大殿可容纳 3000 多名僧人，后殿里的金宝座是宗喀巴大师的法座，还有宗喀巴金铜像、弥勒佛像、金粉书写的甘、丹珠尔经等。阳巴坚殿中供奉的是宗喀巴的灵塔。甘丹寺全寺分夏孜、绛孜两个札仓（经学院）。夏孜札仓是宗喀巴弟子德布仁布切主持修建的，经常用 88 根大柱建成，面积近 1000 平方米；绛孜札仓是由索朗白桑主持修建的，经堂用 84 根大柱建成，面积 930 平方米。两个札仓分别可容 1500 个僧人同时诵经。这两个札仓共有 26 个康村。

② 关于此次金瓶掣签的情形，清廷的上谕中说，“谕内阁认定已掣得拉木结旺堆嘉木参为班禅呼毕勒罕著即颁赏　咸丰六年（1856 年）12 月 19 日又谕：赫特贺等奏详查班禅额尔德尼呼毕勒罕所选幼子等签掣定拟奏闻一折。本年 11 月 23 日驻藏大臣等亲往布达拉山会同呼征阿齐图呼图克图、色呼本诺门汗，率僧俗人等唪经，由金瓶内掣出番民丹增旺杰之子拉木结旺堆嘉木参之名签，拟定为呼毕勒罕。是日天气清和，诸事祥瑞，阖藏僧俗人等皆大欢喜。呼征阿齐图呼图克图等按经理称为罗布藏班第垂济扎克班丹贝旺序。实为祥瑞之事，朕心实深嘉悦。著赏给该呼毕勒罕大哈达一幅、珊瑚数珠一串、玉如意一柄；呼征阿齐图呼图克图哈达一幅、嵌玉如意一柄；色呼本诺门汗哈达一幅、嵌玉如意一柄，交该大臣等转行晓谕该呼征阿齐图呼图克图等及阖藏喇嘛，著该呼毕勒罕妥为护持，以副朕广兴黄教之至意。

时，由扎什伦布寺的名叫斯塔次仁的大卓尼尔，穿着白色礼服骑着白马，到灵童那里去报喜并敬献哈达，从切玛盒里抓起青稞抛撒，并向灵童敬礼。此后，英萨诺门汗和地方政府的公·夏扎瓦和两家贵族扎萨（ཇ་སག）等人相继来到灵童那里，英萨诺门汗敬献了油炸果、曼扎（མཎྜལ）和经像塔三依止、八宝吉祥物相、八枚金币、汉地绫罗、洁白的哈达等，灵童高兴地接受了。地方政府也向灵童敬献了曼扎和三依止及哈达等。摄政也来致礼献哈达，行了碰头礼。在排座饮茶时，灵童对诺门汗和公·夏扎做出嬉戏的样子，似乎是想起了前世和他们在一起的情形，使人惊异。其后，功德林扎萨送来了油炸果、曼扎哈达等礼品。扎什伦布寺的索本堪布、森本堪布等人也敬献了哈达。在后 24 日（藏历闰 24 日），曲米颇本（ཆུ་མིག་སྤོགས་དཔོན）（驻曲米地方的管理军粮和薪俸的粮务官）专门前来拜见灵童，献了一匹汉地的紫色绸缎、一串嵌有珊瑚的念珠等，在当天给灵童的父母分别发了上中下等的衣料和首饰等物品。25 日，噶伦贝伦（བཀའ་བློན་དཔལ་ལྡན）和让迥巴（རང་བྱོན་པ）二人前来私下拜见灵童，分别献了哈达和金币等，灵童给他们摸顶赐福。在这个时期，前后在金科顶（དཀྱིལ་འཁོར་སྟེང་ས）等前后藏的三依止处献了千供和敬神哈达，在色拉、哲蚌、甘丹三大寺和扎什伦布寺等许多寺院布施斋僧茶饭、献大供养为灵童做了祈寿法事。26 日总联络官多仁台吉带领手捧香炉等依仗的队伍迎请灵童到罗布林卡，沿途有许多贵族迎送。灵童到达罗布林卡以后，先献上茶饭，然后在寝殿中由摄政热振金刚持呼图克图给灵童穿上法衣，作为成为教法之主的最初的缘起，给灵童剃去胎发，同时给灵童起法名为罗桑班丹确吉扎巴旦白旺秋贝桑布，灵童依此圣名在有寂世界广为传扬，成为神人大众的顶饰。此时，罗布林卡、布达拉宫、格鲁派三大寺、拉萨的城中心和附近，各种器乐奏鸣，旗幡飞扬。当天由拉章举办盛大宴会,并表演歌舞助兴,整整一天都充满了喜宴欢乐的气氛。在这些活动中,尽管灵童还很幼小,还是表现出前世怙主的音容笑貌,坐在高大的法座上根本没有一般幼儿的那种哭闹等不体面的行为。这正如正等觉佛来到众多无数声闻乘弟子中间那样,如大国王坐在一群小邦王子中间那样,又如兽中之王狮子在群兽中保持威严那样,灵童在众人聚集之中毫无害怕和拘束的表情,而是表现出喜悦,这令在场的人们都感到惊奇,生起信任和敬仰。27日,地方政府为灵童举行盛大宴会,并奉献了大量礼品,此后各个寺庙和僧俗贵族纷纷给灵童奉献了拜见的哈达。28日,灵童会见了色拉、哲蚌、甘丹等寺院的无数僧俗信众,为他们摸顶赐福,使得众人心生敬信。当天在罗布林卡,进行了拉木护法降神法事,灵童献哈达并表示感谢。在上述的剃发起法名的时候,灵童对拜师议程表示恭敬,特别是在抛撒敬神的青稞中有一瞻波伽花(补骨脂,药用木本植物),灵童将其拿起献上,在师傅来到时灵童挺胸抬头脸正对着摄政金刚持,对摄政喝剩的茶,灵童表现出认为有加持力的样子般看着,自然地表露出这些大德的举止。这个时期,前前后后的各种大事都井井有条,灵童的身体一点违碍也没有发生,如同舵手指挥船只到海里取宝一样,心里都已安排就绪,这是怙主的慈悲和恩德所提供的保证。正如诸佛的身语意(སྐུ་གསུང་ཐུགས།)的各个作为,都具有满足应化众生的愿望的法力一般,在当时,灵童还很年幼,还不能用语言来教导众人,不过仅仅是他的面容表情,就已经在无数的神人信众的心中种下能够使其脱离轮回的生长力旺盛的种子。在此有诗赞颂道:

最为尊贵的净饭王子的塑像,
是天界的工匠精心建造,

由世尊亲自做了开光加持，
即是大昭寺的主尊觉夏佛，
伴有如睡莲花瓣的神灯，
使人一见即有深厚福德，
如同获得了无遮的智慧，
恭敬信仰并虔诚地礼拜。
在奇特的白拉姆塑像前，
奉献敬神酒并且念诵经咒，
手持一肘长的细小白莲花枝，
向献供的碗中放入青稞麦粒。
天命文殊皇帝大地梵天神，
按照仙人金刚界真言赐给金瓶，
将真实的化身及其相似者，
写其名签入瓶来鉴别。
为此在布达拉无量殿（གཞལ་མེད་ཁང་།），
聚集为教法众生发心者，
众多大德一起猛力来祈祷，
祈请三宝护法一齐来关照，
为佛法选认众生的智者，
懂得世出世间取舍的人之主。
坐在众人之中的驻藏大臣，
摇动金瓶来掣出一根名签，
果如预先各种授记所指示，
灵童南杰旺堆坚赞之名签，
由大臣的指尖准确地抽出，
此时在场的神人齐声欢呼，

声振天地响彻四面八方。
比大自在天的神弓还要美妙的，
彩旗经幡飘扬吹号奏乐，
欢乐的歌舞再加各种戏耍，
同时在拉萨凑集令人羡慕。
担负清凉雪域政教重担的摄政，
益西阿旺丹贝坚赞贝桑布，
亲自为灵童剪去头上胎发，
按照古人的授记和当今情形，
慎重考虑之后为灵童起了法名，
即罗桑班丹确吉扎巴旦白旺秋，
此名有如美丽花鬘延伸环绕，
引领灵童成为三界众生导师。
虽然还如初三的月牙般幼小，
却具有了满月的各种功德，
礼敬善知识并且觉醒了宿慧，
各种手势和举止都使人惊喜，
灵童的福德智慧超越了如意宝，
见到的人都得到真实利益，
并种下以后的福德的种子。
每天的供云都洋溢着喜庆，
从无数圣地前来的大德，
以及难以计数的有情众，
如云层蔽空一般来聚集，
获得的善果真实无止无尽。

其后，在当月的 29 日，旭日东升后，由马队开道，怙主殊胜化身及其随从等人从罗布林卡的格桑颇章动身返回后藏。当时有西藏地方政府的贝桑（དཔལ་བསམ།）两位噶伦、扎萨（ཛ་སག།）、台吉（ཐའི་ཇི།）、堪布堪穷、代孜（མདའ་རྩིས། 代本、孜本）等僧俗贵族，以及汉地官员、尼泊尔头人、噶南司库、克什米尔人、骑马举旗者前来送行。行至吉蔡鲁顶（སྐྱིད་ཚལ་ཀླུ་སྡིངས།）[①]地方时，地方政府在此设灶送行，摄政金刚持热振活佛为灵童健康长寿祈祷祝愿。其后在伍雅（ངུ་གཡག།），两位怙主一起给排座用茶的地方政府的僧俗官员，汉地、尼泊尔、克什米尔的人员，以及朗玛勒参（ནང་མ་ལས་ཚན།）执事以上的人员摸顶赐福，赐给丝线流苏，接着到达堆龙的曲米岗地方住宿。灵童在此给四位噶伦、总管堪布、贵族、扎萨等送行人员摸顶，向摄政问候并行碰头礼，当时该地众人表演了牦牛舞（འབྲོང་རྩེད།），灵童给他们赐了礼品。30 日受到聂唐的热堆寺（སྙེ་ཐང་ར་སྟོད།）[②]排列僧队迎送，在江麦（ལྗང་སྨད།）地方，当地表演了牦牛舞和歌舞，即在江麦住宿。

藏历 10 月初 1 日，灵童一行直接前往绛曲林寺（བྱང་ཆུབ་གླིང་དགོན།）[③]，该寺屋顶吹号奏乐，排列僧众出寺迎接，曲水宗本（ཆུ་ཤུར་རྫོང་དཔོན།）也骑马来迎，当地还表演歌舞迎接，于是在曲水宗住宿。初二，乘牛皮船到雅鲁藏布江南岸渡口用餐，甲堪布（ལྕགས་མཁན།）和一名终生闭关者奉献了曼扎和三依止，灵童回赐了礼品。中午前往夏麦（ཤར་སྨད།），在那里住宿。这时地方政府派出的堪穷古尚和

① 吉蔡鲁顶为拉萨市西郊的一个地名，距布达拉宫约 5 公里，在哲蚌寺的山下。当地有一接官亭，在清代是西藏地方政府为设灶迎送到拉萨的重要官员和著名的高僧的地方。

② 热瓦堆寺即聂塘拉堆寺，亦名聂塘德瓦坚寺，原是桑普寺的分寺，在聂塘卓玛拉康西南约 3 公里的山中。

③ 绛曲林寺在曲水县曲水镇东北面 4 公里，寺院对面河岸的觉恩地方是拉萨河和雅鲁藏布江交汇处。此处原有一座噶举派的小寺。后来，为了修行第五世达赖喇嘛的十三法门转成了修供宁玛派密法的格鲁派寺院。该寺僧人要参加拉萨祈愿法会等，并派人担任抛朵马送鬼时装扮成替死鬼，从拉萨驱赶到桑耶寺。该寺 20 柱大殿中主供两层楼多高的弥勒佛像、莲花生大师及第五世达赖喇嘛塑像和银塔等。

扎什伦布寺派出的卓尼尔洛桑丹增前来问候赠礼。初三,行至其热(ཁྲི་རལ།)地方住宿。初4日,桑顶觉珠活佛(བསམ་སྡིང་སྒྲུབ་སྤྲུལ།)及其强佐前来迎接,当地的男女信众表演了歌舞。觉珠活佛和强佐在用餐时向灵童献了曼扎、三依止和马匹,灵童给他们摸了顶。灵童对他们奉献马匹很高兴,又发出了"咦呵呵"的声音和做出想要骑马的姿势,仔细观看。初五,有仁布宗来的迎接者,在雅德等寺院排列僧众迎送下到绒仁巴(རོང་རམ་པ།)地方住宿。初六,在曲参卡(ཆུ་ཚན་ཁ།)地方住宿。初七,到达鄂米多塘(ངར་སྨིག་རྡོ་ཐང་།)地方时,仁布宗本及其属下、德吉林寺所属强钦堪布等、嘉林巴(རྒྱ་གླིང་པ།)、联络官俗官察日瓦前来迎接,表演了男女歌舞以及江嘎尔(རྒྱ་མཁར་བ།)藏戏①。甘丹强巴林寺屋顶吹响长号,僧众列队出寺迎接,当灵童登上寺中的大法座时,寺院举行盛大宴会并呈献礼品,灵童给堪布、引经师等执事人员摸顶,会见了男女信众。此后,对怙主灵童及其森本(གཟིམ་དཔོན།)、索本(གསོལ་དཔོན།)、恰夏(ཕྱག་ཤར།)、大卓尼尔、献礼官、厨师、四位护法殿僧人、两位森噶(警卫传达)等随从人员在强钦寺住到藏历火蛇年新年有关的事务做了安排。12日,英萨诺门汗及大部分随从人员启身前往扎什伦布寺。13日,灵童一家和扎什伦布寺的阿钦及其随从到达强钦寺②,还有贵族联络官噶迥(སྐྱི་ཤོད་ཀ་བཅུད།)和一名普通贵族到达强钦寺,带来摄政金刚持的书

① 仁布县江卡尔藏戏是日喀则三种藏戏流派之一,是蓝面具藏戏著名的职业性戏班,因产生和流传于现今仁布县仁布乡江卡尔曲宗而得名。《诺桑法王》《朗萨雯蚌》和《甲萨白萨》被规定为该班参加拉萨雪顿节每年轮换上演的剧目,《朗萨雯蚌》就直接取材于离江卡尔山沟不远的江孜地方的一个真实事件。在拉萨演完回到日喀则,要在扎什伦布寺给班禅及其堪布会议厅僧俗官员演出,然后回仁布县给藏区驰名的强钦寺演出,其它时间给藏区广大地区的各阶层人士和群众作巡回演出。

② 强钦寺亦译强钦却德,座落在仁布县城强钦村宗山脚下,座北朝南,依山而建,右傍县政府,左临门曲河,占地90余亩。相传当时有九层高的慈氏神殿,有间阔36根柱子的经堂和规模较大的上下神殿以及净厨、围廊等,僧侣总数近500人。该寺原属萨迦派,五世达赖喇嘛时改宗格鲁派。据史料记载,寺内供奉着由萨迦贡嘎扎西建造的一尊高13米的铜底镀金弥勒佛像,此佛腹中镶嵌着金、银、玉、珍珠等宝物,系西藏三尊弥勒佛像中最精致、最闻名、最高大的,被称为今生来世积善积德之至高无尚的圣尊。

信，灵童接过后即放到头顶碰一下，表现得十分恭敬。

其后，25 日是宗喀巴大师的特殊忌日，当天又是怙主灵童的生日值遇的星宿水曜星当值，因此由阿钦作为特别的缘起给灵童念诵了兜率上师瑜伽相关的穆哲玛（无缘大悲颂，即宗喀巴大师赞颂），并敬献了哈达。这日刚好强钦寺僧众集会，吹响了法号，这应该理解为灵童表现出对第二佛陀宗喀巴大师的教法为主的整个佛法具有尊善贤习气的殊胜缘起。接着阿钦为灵童做了依止摧破金刚的洗浴、擦拭、守护的法事，为积福德奉献了内库哈达、曼扎、三依止以及足数的银币等。这时灵童在母亲的怀抱中十分安详，手拿一束吉祥草（རྩྭ་ཀུ་ཤ），像是在给父母做沐浴擦拭的动作，此外还抓住一个金刚铃杵，做出要摇法铃的样子，还做出手拿金刚杵的姿势，使人惊异。当天，此地的天气很好，燃灯节的灯火也十分旺盛。

27 日，灵童的舅舅代本让迥巴（མདའ་དཔོན་རང་བྱོན་པ）去西藏和尼泊尔边界进行巡查的途中，前来拜见，献了曼扎、三依止等，在用餐时灵童高兴地给他摸顶赐福。当天中午过后，灵童表现出有些不舒服的样子，父亲给他做送替身（གླུད་སྐྱད།）的法事，父亲抛撒青稞，有些青稞落到灵童的身上，灵童用手抓起放到自己的头上，还用手抓起一些青稞向各方抛撒，虽然口齿不清，但是也做出各种念诵真言的样子。虽然没有任何人鼓动，灵童自己往送替身的水里吐唾沫，还拿起一张经书做出念诵的样子，旁边有一木头供碗，灵童用手当金刚一样去敲打木碗。当时灵童还很幼小，还不会说话，但是他的这些行为，是平常的大孩子努力去学也难以学会的，他却像吃母亲的奶一样，不用别人示范，他自己就会做，这使众人都感到惊异，并生起信仰。28 日，灵童饮食行动如常。下午到寝室中，口中念出“喔阿吽”（ཨོཾ་ཨཱཿཧཱུྃ），并抛撒净水。这样的念诵等行为，表明灵童作为高僧大德的征象日益显明。29 日，灵童一到寝室的门口，就非常清楚地发出了“雅”(གཡའ།)的声音。这一天按照地方政府的计算法燃灯节,强钦寺吉索(管理寺院的机构)向灵童献了曼扎并举行宴会,竹仓赤钦也向灵童献了曼扎和三依止,灵童给众人摸了顶。当时灵童高兴地表现出认识竹仓赤钦的样子,清楚喊出“阿库(叔叔或伯父)”,使人惊奇。30 日,灵童的饮食举止又像以前一样高兴轻松而增益。

藏历 11 月初一,灵童饮食起居如前,在寝室门口晒太阳时,手拿一小根檀香木条当做笔,帷幕当做纸,做出书写的样子。这个时期如果扶上身或有人拉手,灵童可以迈步行走,有时不听穆泽玛(དམིགས་བརྩེ་མ།)直立的姿态坐着,有时向上撮着嘴唇发出“咦呵呵”的声音,虽然并没有手鼓和铃,但是他做出拿着手鼓和铃的样子,嘴里发出“咚、咚”的声音。每天黎明醒来后灵童就会拿平时戴的颈饰,摆正头上的本尊神像,没有一点贪睡的样子。此外,他完全没有一般小孩那样不定时睡觉、生气哭闹的不好习气,因此父母等人对他称赞不已。有一天,灵童长时间专注地看着寝室里的垂幕的缝隙,做出一个手势并反复发出“般、般”(པཾ་པཾ།)的声音,母亲和索本堪布、森本堪布都看到了。这是灵童在当时看到了吉祥总摄轮的形象。还有一次,索本堪布写了藏文正楷的“ཀ་ཁ་ག་ང་།”四个字母给灵童看,灵童立即用手指着字母“ཀ”发出声音:“嘎”。随着这一奇特现象的开始,灵童逐步发出了“བྱ།(鸡) རྟ།(马) སྟག(虎) གཟིག(豹) འབྲུག(龙)”等音。

初六,灵童起居饮食如常。当天强钦寺僧众聚会时,奉献了茶、粥等五样饭食,给每位僧人一个章嘎的布施,新建了诸愿自然成就的祈寿法事。当时还发愿要给强钦寺、拉莫古尔贡(ལྷ་མོ་ཀུར་དགོན།)等寺院奉献敬神哈达。当天,在索本堪布念诵怙主班丹益西(དཔལ་ལྡན་ཡེ་ཤེས། 即六世班禅)的传记“ཀ”函下卷时,灵童高兴地把书叶一张张地拿过来，并作出念诵的样子。12 日，阿钦大咒师为灵童献曼扎，念诵珠嘉传规的长寿灌顶经文 100 遍，在念诵的间隙灵童用手抛撒青稞，显得对长寿灌顶很熟悉的样子。有时候拿鼓和铃无误地敲打。特别是把寿瓶放到灵童的头上时，并没有事先的安排，强钦寺僧人集会的中午休息进食的法号却同时吹响。当天，绛钦颇章的上空出现了五色彩虹，彩虹为月牙形状，两个尖端都在北方，和通常所见的日晕不同，这一奇特景象为当地的大多数信众清楚地看到。作为报酬，给阿钦大咒师赠了银锭、曼扎、三依止、金色缎子一匹、鲜亮的内库哈达等。14 日下午，森本堪布把灵童请到阅读经书的寝室，那里有一张写着藏文“ཨ། 啊”字的纸，灵童念了一声“啊”，把那张纸拿在手里让索本堪布和孜恰堪布等人看。灵童在经书和佛像面前总是表现特别的高兴，毫无障碍地显现出一个高僧大德的本性。25 日，寺院方面说，按照甘丹强巴林寺（强钦寺）的例规这一天是举行小型放咒法事的日子，不过本年有大怙主（班禅灵童）在本寺居住护持，因此希望把常年的冬季跳神（འཆམ།）按照夏季大修供法会的跳神的规模来举行，请灵童观看。在灵童的护持下，驱魔和放咒的各个方面都得到了吉祥的征兆，并顺利进行。灵童在聚集的信众男女中出现，大众仰望而产生信仰，双手在胸前合十，嘴里念着赞颂和请求护佑的咒语，全都接近了贤哲的福德。当天，达赖喇嘛得知法王（ཆོས་རྒྱལ།）唐卡的顶言妙计，特派大卓尼尔洛桑坚赞给灵童献了哈达。17 日，扎什伦布寺派出的卓尼尔嘉绒洛桑丹增到强钦寺，带来了英萨诺门汗的问候和内库哈达等礼品。礼品中有一带头提环等附件都完整的袈裟，接受礼品时灵童仔细观看袈裟，显得非常高兴，给卓尼尔摸顶并赐茶。

当时，摄政热振活佛打卦考察，卦象显示灵童的身体在年底会有一场很大的违碍，果然在当天晚上灵童睡眠不好，而且从第二天起患了感冒。阿钦大咒师做了去除污秽的沐浴擦拭护佑，但是病情没有减轻，还有喉咙红肿，显得很危险。身边的人们写信请英萨诺门汗和拉曼巴东朗巴（ལྷ་སྨན་པ་གདུང་ནང་པ།）前来，英萨诺门汗因故不能前来，但是在扎什伦布寺安排了给灵童祈福的法事。强钦寺举行了全寺僧众或者每天晚上由八位、四位僧人在法座上和寝殿的下面举行除秽祈愿法事。护法殿的僧人举行三分食子供、驱魔、酬忏等法事，祈愿灵童健康长寿。特别是卓尼尔诺章巴（ནོར་བཟང་པ།）在从拉萨去扎什伦布寺之前，摄政热振金刚持让他向怙主灵童问候，带去写有“希望以戒律和显密教法使灵童的一切身体违碍全部消除，莲足百劫中永驻，以贤尊善三者弘扬政教，希望不久以后和灵童见面”的有护持力的信件。附带又吩咐说，年底灵童有大的身体违碍，对此要做护佑法事，并发给一份盖印公文。刚好在灵童病情加重的这天，诺章巴到达强钦寺，索本堪布把摄政的信件交给灵童时，灵童虽然病情很重，还是把哈达抓到胸前，用手一再抚摸，并且点头表示感谢。这样在非同一般的师徒情谊的缘起中，到 28 日时，灵童的身体康复，令人惊异的大德行为日新月异地升华。

在灵童患病期间父母为了治病，依次给他喂药，虽然药物苦口，灵童还是努力把药物吞下。就是在咳嗽的时候，也用手蘸着洗浴的水洒到自己的脖子上。有时候，灵童为了让身边的索本堪布、森本堪布和父母休息，虽然病体沉重，仍然看着他们露出微笑。总之，灵童的表现超越了一般年龄的小孩，显现出一个高僧大德的行为举止。在人们询问他好些了没有的时候，他都做出没有病的姿态，向他们点点头，显露调皮的样子，安慰大家不要悲伤。这些行为，真是使人不可思议啊！这真如通常所说的，菩萨即使身体有病痛，心也不会痛。灵童虽然在应化众生的见相中得了病，但不像其他的小孩生病那样，显得痛苦不堪，又哭又闹还不听话的样子。如前所说，灵童在病中还向身边的人微笑，虽然还不会说话，但还是用点头和做手势使他们放心休息，这一定是佛子大德的举止。

其后，12 月初二，贝热房管员（དཔལ་རབ་ཁང་གཉེར།）带来摄政热振金刚持护持灵童的信件，灵童马上主动接过来把信件放到自己头上并打开信件。当索本堪布念完信时，灵童多次把粉简贴到头顶，还用手给母亲和索本堪布做加持，显得十分高兴。他的这些行为是因为灵童知道摄政热振活佛是前世班禅的心传弟子之一，而在这一世时热振活佛是班禅的良师冠冕，能使灵童心中潜在的智慧生发出来。此外，在这期间灵童逐渐开始会说话，在寝室里，旁人问他宗喀巴大师和大法主在哪里时，灵童用手把本尊神像中的宗喀巴大师像和其他祖师像一一正确地指出来，并作出敬礼的姿态。特别是当身边的人对宗喀巴大师像念诵皈依经时，灵童马上双手合十颔首做礼敬的姿态。他一直保持圣者大德的行为举止，远离那些不检点的行为。

12 月 6 日，按地方政府的历算开始准备迎接正月初一新年，因此起床以后即安排切玛盒子、茶叶、麦穗、盐等物品。在灵童身边用茶饭时，桑钦（གསང་ཆེན། 即大密法师）向灵童献了曼扎、三依止和金币，祈愿灵童健康长寿。灵童给他摸顶并赐吉祥结。当天天气非常晴朗，先后向灵童念诵文殊菩萨七字心咒“嗡阿若巴扎呐迪”时，灵童也发出“迪、迪”的声音，在向他念诵宗喀巴大师赞颂时，他清楚地发出“看”、“祈请”的语音，还长时间地多次做出念诵的姿态。在送驱除四魔的食子时，在呵气替身物①的步骤中，灵童特做出吹气的样子，用嘴碰触替身的上下，最后还用唾沫去抹替身。在阿钦大咒师做擦拭沐浴和长寿灌顶时，灵童神情专注，用手如法执

---

① 一种用生熟面粉捏成人形，由病人呵气到其上，然后以此作为病人的替身，做禳灾法事，以求为病人治病。

持金刚铃并摇动，灵童还拿一根吉祥草做擦拭的样子。在有前世班禅用过的物品地方，灵童就像回忆起往事那样，用手指着那里。

11 日，林仓活佛（གླིང་ཚང་སྤྲུལ་པའི་སྐུ།）及其随从，以及一些僧俗男女一共有 100 多人来到寝殿拜见灵童，大家在排座用餐时，跟随林仓活佛的随从中，有一个疯疯癫癫的女人，请求灵童亲手赐青稞给她，灵童抓起青稞正要赐给她，不知道是因为灵童的病没有全好还是其他什么原因，灵童手中的青稞却难以掉下去。可是对其他的人，不用他们祈请，灵童却把满满一花碗青稞的一大半依次赐给了众人，在场的人都十分惊奇，对灵童信仰得毛发竖立，把剩下的青稞当做有加持力的圣物抢得一粒也不剩，各方充满对灵童的赞叹声。从客观公正的角度来思考，这时灵童出生后不过是一整年加 5 个多月，却具有了对一般的孩子来说难以思量的高僧大德的行为举止，好像已经成年了一样，没有一点不知晓、恐惧、羞愧的表情，对信众的愿望总是让他们得到满足。

13 日，午后日落前灵童又出现身体不适，立即由阿钦大咒师给他做大威德金刚和愤怒马头明王的教诫法事。14 日，灵童身体康复并一帆风顺。当天正好是上辈班禅的期供的日子，很好地做了火供。此时丹增桑珠公子给灵童献了一柄手鼓，灵童马上用右手拿着手鼓，好像很熟练地打鼓，同时左手拿着铃铛做出摇动的样子。19 日，卓顶格隆（གྲོ་སྟེངས་དགེ་སློང་།）坚赞热丹向强钦寺的僧众供斋僧茶饭和布施，向灵童奉献了曼扎、三依止和 15 两银子，灵童给他摸顶赐福。22 日，扎什伦布寺派来的新年贺礼使者卓尼尔诺章巴和到拉萨去的新年贺礼信使本仓钦波来到强钦寺，灵童给他们摸了顶。这时，灵童不用他人扶持已经能够自己走 5－6 步。26 日，地方政府的新年贺礼使者森噶巴克珠和拉鲁、拉木护法等家的新年贺礼使者也到了强钦寺，受到排座宴请。使者们给灵童献了一幅小的宗喀巴大师画像，灵童立即拿来放到自己的头上，恭敬地在心里长时间默想。28 日那天，灵童以前没有听见过，也没有人教过，他就说：“管草的（རྩྭ་གཉེར།）。”大卓尼尔凑到灵童跟前问：“这是谁？”灵童清清楚楚地说：“这是管草的。”让众人都感到惊异。29 日，老施主詹东鼐（བཀྲས་མཛོང།）专门来强钦寺为灵童举行盛大宴会，灵童高兴地给他回赠了礼品。30 日午饭按先前例规举行了宴会。

火蛇年（1857 年，三岁）正月初一那天，当报喜的号角第一次吹响时，不用别人唤醒，灵童就自己起身，毫无睡意。当号角第二遍吹响时，灵童一坐到座位上就认真地做出给人摸顶的姿态，因此灵童的父母、姐姐和索本堪布、强佐等人立即给他献了哈达，请求摸顶，灵童高兴地给他们摸了顶。其后在开始用餐时，孜恰堪布给灵童献了一粒长寿丸子，灵童说：“长寿丸子”，他开始学会说话了。在上午号角第三次吹响举行宴会时，大德和官员们接连向灵童献了新年礼物，在场的侍从们也向灵童献了哈达。正月初 4 日，灵童在父亲怀中时，立起身子做出想要行走的样子，身边众人问他：“想到哪里去？”灵童说：“嘉格（རྒྱལ་དཀར།）。”还把头仰起，显得有些不舒服。当时母亲正和索本堪布等人，商议很快要去贡觉林寺（ཀུན་སྐྱབ་གླིང།），而英萨诺门汗很快要来强钦寺迎接灵童，他们正扳着手指计算日期，这时灵童也做出扳着手指计算的样子，口里还发声数着从 1 到 10 的数字。当时母亲等人对灵童说：“现在你表现出病已经好了的样子最好。”灵童说：“嗯，好。”立即显露出身体康复了的姿态。

在这个时期，灵童已经能够自己走两个窗户之间的距离，说话的能力也增强了，能够念出“喔啊吽”和“阿若巴扎”等咒语，当别人念诵这些心咒时，他会表现出很高兴的样子。当灵童看见年老的尼僧和索本因为眼病上眼药而流泪时，他就做出询问怎么啦的样子，还悲悯地做出用手擦眼泪的姿态。这正如仲敦巴大师所说的:“用身语意三者的完成善业,不用思维已成为圣者习性。随时随地对众生生起慈悲,将空性和慈悲融合为一体,佛说是不会犯错的修行之道。”灵童在还是一个说话都半会不会的幼儿时,就自然生起慈悲之心,远离放任自己的行为,自动地对三宝恭恭敬敬,看见别人的苦痛就从心底里同情,想要努力消除别人的痛苦,看到别人幸福就心里高兴,并希望别人的幸福永远增益,这显现出他心中存在广大的同情心、慈悲心和菩提心。我在这里如实记载这些,是希望智者们相信这位大德在任何方面都是我们至高无上的救护主。

12 日,当索本堪布向灵童禀报英萨诺门汗前来强钦寺以及灵童给众人摸顶的有关事宜时,灵童高兴地说:“呀、呀!”注意倾听。他有时又主动地向四面和佛像做礼拜的动作,大德的善行在他的身上又显现出来。13 日,英萨诺门汗及其随从,驻藏大臣温大臣和两位法律官、军官(ཐུང་ཀུང།)等来到强钦寺会见灵童,举行排座宴会。这时灵童说:“马,马。”就在这刹那间受上世班禅额尔德尼看重的名叫玉杰(གཡུལ་རྒྱལ།)的骑乘官出现在灵童眼前,灵童悄悄喊他:“玉杰!”显得非常高兴。这个时期,喀恰(ཁལ་སྤྱག)尼玛顿珠因为调和廓尔喀和西藏有功,受封三品顶戴,骑乘官敦泽(དོན་ཚེང།)也受封三品顶戴,他们向灵童献了哈达和三依止,灵童给他们摸了顶。

14 日,向强钦寺的大弥勒像奉献千份五供,灵童在强钦寺巡礼。在向大弥勒像礼拜时,灵童一再双手合十,口中清楚念诵:“弥勒,弥勒!”还手握敬神青稞,做出在心中祈愿的样子抛撒青稞,完全是一个高僧大德的举止。在这些活动中,向大弥勒像献了存放已久的神器、色彩艳丽的敬神哈达,在经堂里献了能断金刚杵一对,经幢一个,柱面幡四幅等。整天亲近聚会的僧众给每个僧人布施银币两个,哈达一条。当天,强钦寺的吉索在寺院上下宴请灵童并赠送礼品,灵童将其大部分礼品回赠给寺院并在排座进餐时给强钦寺的翁则(དབུ་མཛད།)、经师等执事摸了顶,灵童在寝殿的阶梯上会见了其他的僧人,并给他们赠送了吉祥结。仁布宗的官员们按其等级给灵童献了丰厚的礼品,灵童给众人回赠了总共100两的银币,使他们心满意足,还一起接见了他们。此外除了在灵童朝礼大弥勒像时尽量阻止信众靠近灵童外,在其他时候灵童都高兴地会见前来礼拜的无数男女僧俗信众,满足他们见到灵童的心愿。

摄政金刚持选定强钦寺为灵童被认定后驻锡的第一座寺院,在该寺的弥勒殿大屋顶上建了镀金的9层高的经幢,还给大经堂吉祥天女像赐了长矛旗帜等。这次灵童在强钦寺驻锡期间,各种明显的或隐秘的善行都日益增盛。有一个叫"萨玛浦"(ས་དམར་སྒུགས།)的山区,一直都是靠雨水生活,从7月以后就没有下雨。从灵童驻锡强钦寺以来,那里的雨水却越来越多,即便是冬天,也免除了去迥绒(གཅོང་རོང་།)地方取水的困难,当地的百姓都一致称赞灵童的功德。

15日上午,灵童等人启身向大宫殿贡觉林①进发。从启程到当天在修律(ཞུ་ལུད།)地方住宿,灵童接受了热拉雍林(ར་ལག་གཡུང་གླིང་།)(译者注:热拉雍仲林寺,常简称为雍仲林寺,位于日喀则市南木林县奴马乡玉拉杰山麓,在大竹卡渡口过江北行4公里处,距日喀则市区90公里。是目前西藏境内规模较大,影响较深的一座苯教寺院。19世纪初,后藏著名苯教寺院曼日寺堪布喜饶贡杰门下有两位高徒即尼玛丹增和达瓦坚赞,后来尼玛丹增继任曼日寺堪布;达瓦坚赞另起炉灶,从1834年起,先后经十一世达赖喇嘛和八世班禅额尔德尼及摄政热振活佛等人的同意,主持修

① 贡觉林寝宫今为日喀则贡觉林卡,位于日喀则市年楚河畔,曾名德吉经堂、贡觉林宫、东风林卡,由七世班禅丹白尼玛于清道光五年(1825年)兴建,原名德吉经堂,后因清道光皇帝赐给用藏、汉、蒙、满四种文字写成的"贡觉林宫"金字匾额,遂改名为"贡觉林宫"。贡觉林宫曾为七世至十世班禅的夏宫,宫殿及林卡占地约五十三公顷,林卡内古木参天、郁郁葱葱,仅百年以上树木约三千多株,千年以上树木百余株,主要树种为藏青杨、左旋柳、沙棘等,并养有虎豹等多种野生动物,每年藏历8月份后藏人民在林卡内举行盛大的跳神活动。贡觉林宫1954年被洪水冲毁,后国务院拨专款另选址重修"新宫",原址成为公众休闲林卡。上世纪六、七十年代更名为"东风林卡",2002年恢复原名"贡觉林卡"。贡觉林宫曾为七世至十世班禅的夏宫。

建创建了雍仲林寺。因达瓦坚赞学成于曼日寺,故雍仲林寺修习经典的内容和方法均仿效曼日寺并作为曼日寺的支寺存在。后来雍仲林寺不仅继承了曼日寺的传统,并仿效佛教寺院建立了自己的经院哲学系统及从启蒙教育至取得格西学位的完整的苯教寺院教育体系,其发展超过了曼日寺,雍仲林寺也和母寺曼日寺一起成为后藏两座最大的苯教寺院。该寺 1959 年被列为国家重点保护寺庙。当时有 1 个大经堂,5 个殿堂,7 个康村,500 多名苯教徒。杜康大殿是该寺主要建筑,殿内立柱 64 根,是该寺进行宗教活动的主要场所。大殿左右两侧为甘珠拉康和丹珠拉康,正面为集会殿,集会殿前面有座神殿,有 29 根立柱。殿中供奉的主要神像有:密宗本尊大威德金刚、女神卓玛、苯教祖师辛饶、曼日寺创始人喜饶坚赞以及本寺寺创始人达瓦坚赞等,质地多为铜质鎏金。藏经殿内有苯教《甘珠尔》和《丹珠尔》金汁书写的经书。寺庙周围种满林木桃树,每到春夏之际,这里气候宜人,环境幽雅,游人不绝。)等寺院的僧俗信众的拜见。从这一天起,灵童的身体更加灵活,说话也越来越清楚,对身上佩戴的佛像也多次礼拜,表现出很多高僧大德的举止。16 日到了尼莫(ཉ་མོ།)地方,有我方(扎什伦布寺)所属的各个谿堆(གཞིས་སྡོད། 由寺院派驻寺属庄园的管理人员)和属于政府的贵族等人骑马来迎接。噶热(དགའ་རབ།)、扎恩(ཟག་རྫོན།)、帕索瓦(པ་སོ་བ།)、曼日(སྨན་རི།)等寺院手执法器旗幡的僧众列队出来迎接拜见灵童。此外,还有雅鲁藏布江南北的歌舞队和无数男女信众前来拜见。17 日灵童来到宅雄(བཀྲས་གདོངས།)地方搭建的帐幕时,拉章在这里为他举行宴会接风,灵童在宴会上给仓库大管事顿珠培杰和兑桑林札仓的堪布定结活佛(གཉིང་སྐྱེས་སྤྲུལ་པའི་སྐུ།)金刚持丹巴坚赞、夏孜札仓堪布、掌堂师绒措瓦(རོང་མཚོ་བ།)、供茶师嘉康巴(རྒྱ་ཁམ་པ།)、代本觉宅巴(འབྲོར་བཀྲས་པ།)等人赏座、赏茶饭,摸了顶。然后灵童前往会见大众的大帐篷时,受到拉章的内务贵族、执事人员、一般贵族、谿卡和宗的官员、如本、甲本和定本、各主要商家,以及闻讯或主动前来的僧俗近 500 骑的欢迎,还有温寺(དབེན་དགོན།)和纽曲廓林寺(ཉུག་ཆོས་འཁོར་གླིང་།)的僧人列队迎接,灵童给他们赐了吉祥结。此外灵童还会见了表演歌舞的人们。18 日,灵童在众多的盛装马队的伴送下前行,从乃仓(ནེ་ཚང་།)开始依次有人群迎接,到达设灶郊迎的曲夏(ཆུ་ཤར།)地方时,受到吉康札仓的堪布、驻日喀则的大老爷、新任卓尼尔准萨章切夏仲（མགྲོན་གསར་གྲངས་ཆེ་ཞབས་དྲུང་།）等人的迎接。此后，在寺院所属的贵贱人等，汉地的官员、克什米尔、尼泊尔、拉达克、康巴、牧民等不同民族的骑马来迎的1000多骑的伴送下，从这里前行。从这里开始，路上有汉藏军人、手持熏香的队伍、歌舞队、各方的僧人以及扎什伦布寺的僧众等，他们吹响号角笛子，敲打锣鼓，举起旗幡，恭迎灵童一行，还有僧队排列在道路的两边，总计在途中以及桑喀日山等地附近来欢迎和拜见的僧俗人数有将近10万人之多。在盛大的欢迎下，灵童的莲足移动到了如同天界的长寿乐园和尊胜宫殿搬迁到大地上的大寝宫，贡觉林的叫做衮塞（ཀུན་གསལ། 普明）寝殿。

对此可以说：由于慈悲之力，圣者师徒从极乐世界对其化土清凉地域（雪域）的众生特别关爱，如同用火炼锻打磋磨取得纯金一样，以授记和辨察等圣量的行蕴，引导人们去除错误和疑惑，找到真实的依怙。世间怙主的神变大智慧化身，在拉萨等地显现无数奇特的圣业，又如天神之王返回天界之城一般，与其随从在各地人主和官员的迎送下，返回后藏美丽的大地。他所经过的每一个地方，土地和地上所有都变得吉祥。村庄和集镇及寺庙的众生，见他的面容听他的声音就生喜乐。如泉水不顾阻拦奔流，如骏马不顾辛劳疾行，他不顾路途的颠簸在众生的礼敬中依次前进，在僧队和歌舞的迎接下，在众人仰望和欢呼声中，在随行显贵的服侍和迎请下，来到弥勒佛的行宫强钦寺。强钦寺有众多贤哲成就者修持，经常响起诵读弥勒等经论的声音，从殊胜的母胎中出生的灵童，让人一见就心生喜爱的美丽身体，相好庄严使人赏心悦目，逐日显露出高僧大德的征象，雪域生灵的福运如旭日生起。由大力天神引导的怙主，又从藏绒强钦寺福地，动身前往年楚河下游的贡觉林寝宫。这时像在与流逝的时光竞逐，灵童的身体和讲话能力也在快速增长,圣贤大德的福德无人能比。欢迎的僧人的鹅黄色的僧衣如天上降下黄丹的雨,具有学识功德的高僧排列长长的僧众,汉藏尼泊尔显贵官员的马队在前面开道,将各种奇异的供品送到寝宫中。在莲花生大师预言过的,贡觉林大宫殿这里,灵童如朝阳放射光芒,来拜见的信众如云彩往这里聚集。

当灵童来到贡觉林寝宫时,立即从法座上向背后的大法主(ཆོས་བདག་ཆེན་པོ།)献了哈达,扎什伦布寺的“雪 སྲིད།”(班禅额尔德尼圆寂后代摄班禅职权的摄政的办事机构)陈设了面点,向灵童献了曼扎和三依止。灵童到达尼沃伍雅(ཉི་འོད་དབུ་གཡབ།)寝殿时,由地方政府陈设多种面点,请灵童观赏噶尔舞蹈(གར།),拉章奉献了黄金曼扎和三依止、八宝吉祥徽、八宝吉祥物和国政七宝等,向灵童展示了地方政府和摄政热振金刚持个人先前送来的三依止等大量的礼品,此时由阿钦大咒师做了祈愿,然后多仁台吉献礼,接着其他贵族献了哈达。虽然这个过程费时较长,但是灵童依然举止有节,显得非常高兴,使得众人喜悦和敬仰。在这段时期的前后过程中,对怙主灵童以三密作为,没有一个人不感到悦服,没有一个人不生起信仰。据一些老人回忆,从来未没有见过像今年这样很多信众聚集的场景。

19 日,四大札仓的堪布和扎什伦布寺吉索陈列众多面食、表演噶尔歌舞,向灵童呈献礼品。噶伦夏扎也奉献了大量礼品。此外僧俗贵贱人等也奉献了难以计数的礼品。同时他们祈愿灵童如贤劫诸佛世代护持他们的祈愿声音如夏天的惊雷轰响,信仰的雨水倾泻到大地,在众人心中的田地里种下令得四身成就的种子,虽然这种事业因为传承和解脱的发展而稍有间隔,遍知一切的智慧会有一些覆盖。20 日,灵童起床后,给几个朝拜者和贝伦家公子、代本白蔡瓦(པད་ཚལ་བ།)、前来献祈寿物品的吉康(དཀྱིལ་ཁང་།)和夏孜堪布、协喜巴(ཤེལ་ཞིག་པ།)等人摸顶并赐吉祥结。然后前往伍雅寝殿,帕索米村的僧人们陈列各种面食献给灵童，奉献了曼扎、三依止、袈裟和用品等，此外，还有外地和本地的很多信众前来奉献三依止和礼品，灵童愉快地接受他们的礼拜。当灵童到达衮塞寝殿时，有歌舞表演，还有嘛呢瓦念诵嘛呢，藏戏队表演藏戏。灵童给他们赐了让他们满意的物品，最后还让万众僧俗等到灵童座位近前会见，使他们心生敬信。

21 日，在与潘德林（ཕན་བདེ་གླིང་།）舅父辛仓家的人们饮茶用餐时，辛仓家奉献了三依止和厚礼。卸任卓尼尔楚臣按尊胜母仪轨祝愿灵童健康长寿，奉献了三依止和袈裟、日用品、八宝吉祥徽、八宝吉祥物和 10 枚章嘎等物品，灵童给他摸顶，将礼物六分之一作为回礼。23 日，灵童登上伍雅寝殿的法座时，高兴地接受了以贤哲多吉丹巴洛桑顿珠为首的吉康勒谢卓贝噶蔡（དཀྱིལ་ཁང་ལེགས་བཤད་སྒྲོག་པའི་དགའ་ཚལ།）的僧众的拜见。当时，为了不使以前的善规衰败，而是成为佛法增盛的助益，按照从开启智慧之门的堆雄（བསྡུས་གཞུང་། 因明学的初步入门理论）的读本到佛法的内库戒律的清净经论的学经的各个增扎（འཛིན་གྲྭ། 年级）的次序，由说正理师（རིགས་སྨྲ་བ།）们以辩驳的方式向灵童奉献善说格言的供云（即在灵童面前演示辩经）。24 日，定结活佛金刚持洛桑丹贝坚赞为首的兑桑林札仓的 3/4 的僧人来拜见灵童，当时由定结活佛和夏孜堪布按学经的增扎的次序奉献善说格言的供云。25 日，由精通学识的噶钦（དཀའ་ཆེན། 扎什伦布寺的学位，相当于拉萨的格西学位）乃宁巴强巴楚臣为首的夏孜桑旦林（ཤར་རྩེ་བསམ་གཏན་གླིང་།）的全部僧人和兑桑林（ཐོས་བསམ་གླིང་།）札仓的 1/4 的僧人来拜见灵童。然后灵童到衮塞寝殿时，来送大皇帝慰问灵童的最新礼品的驻藏大臣满大臣前已抵达，而此时孜和雪的官员、内库的人员也到了寝殿屋檐下，灵童高兴地会见了大臣，大臣献了哈达，并在寝室的法座前呈交了皇帝的礼品。多仁台吉前来辞行时,灵童会见了他,让他将布达拉宫、雪勒空、地方政府等处的礼品转交并转达对摄政热振活佛的问候。26 日,联络官贡塘巴强巴确吉坚赞在灵童用茶饭时献了曼扎、三依止、八宝吉祥徽、八宝吉祥物和呢绒等。在尼沃寝殿,以贝丹扎巴为首的阿巴札仓的僧人拜见了灵童,按照先前例规举行了觉卧尼色瓦的酬忏法事,聚会和法事的时间较长,但是灵童一直到结束都在法座上稳重地坐着,特别是在法事上僧众对八宝吉祥物一一念诵吉祥偈颂时,灵童高兴地口中随着出声,手里拿着一个金铜法轮和一个银质金刚,高兴地做出敲打铃杵等动作。由“雪”给了给灵童酬报,由“孜”和“雪”给了居巴札仓(即阿巴札仓)的僧人们酬报。当时有一个叫拉卡瓦的讲经师,他 16 岁时考上了格西(དགེ་བཤེས),现在已经年龄很大了,他前来拜见灵童,在灵童身边长时间地祈愿,灵童非常高兴地注视着他,当他返回去时,灵童还隔着窗户长久地目送他离去,使人惊奇。

27 日,代本詹东巴(བཀྲས་མཐོང་པ)要去定日值守,前来辞行,灵童给他摸顶祝福。联络官贡塘堪布为首的一些人要离去,灵童在赐茶时给他们每人赐了包括长寿结、哈达、荷包、呢绒等 9 件物品的礼品各一份、银币 50 两。29 日,辛仓家的人和灵童出生地的人们前来辞行敬礼。英萨诺门汗要去敦科尔拉章,前来辞行,灵童高兴地赠给他物品。格贵绒措瓦(རོང་མཚོ་བ)前来报告春季第一学期的事务,并向灵童敬礼。

藏历 2 月 3 日,卓雪的协本日瓦桑丹(གྲོ་ཤོད་ཞེ་དཔོན་རི་བ་བསམ་གཏན,卓雪的审判官)向灵童献了两套衣物。6 日,在格桑嘉措的期供的噶尔舞蹈演练苏尔那乐曲时,灵童像是随意地叫出噶尔本(གར་དཔོན)的名字顿珠,这是他回忆起前世事迹的一个殊胜的例证。13 日,英萨诺门汗向灵童献三依止、夏季的服装等,灵童给他摸顶,阿钦大咒师献沐浴擦拭等。其后灵童到了尼沃寝殿。今年到各地巡视的驻藏大臣满大臣和受命与他一起来的一位执法官来到，向灵童颁赐皇帝给灵童的礼品内库哈达、10 条贴有 4 颗数珠的珊瑚念珠、一柄精美的羊脂玉如意，给灵童的主要承事者的礼品内库哈达和玉如意。扎什伦布寺按惯例，举旗吹号，排列僧队，远迎近接，灵童高兴地接受了赏赐，当时灵童面朝东方，行九叩首礼。然后灵童升座后举行喜宴，"雪"向灵童献了三依止、八宝吉祥物、八宝吉祥徽、汉地和藏地的大量物品。然后"孜""雪"、侍从等执事以上的人员向灵童献哈达祝贺。灵童向两位官员为首的汉官们赠送了礼品。这一天又是13 供祭的日子（བཅུ་གསུམ་མཆོད། 藏历2 月的拉萨传小召，是为纪念五世达赖喇嘛去世而举行的法会，2 月 13 日点酥油灯是供祭五世达赖喇嘛的活动之一。），当晚的灯火很旺盛，是吉祥的征兆。在当天的宴会上，有赛音诺颜部的上师吞巴噶钦丹巴群培的一些属下来拜见。14 日，驻藏大臣满大臣及其下属长随、管事等一些汉官、联络官多仁孜本等来拜见灵童，举行宴会，赠给灵童印度造的释迦牟尼青铜像（ལི་མའི་སྐུ།）、氆氇衣料、哈达等。满大臣看到灵童的身语意的各个方面都显现出高僧大德的征象，心里非常满意，发出由衷的赞叹，向灵童献了景泰蓝碗和瓶子各一对、呢绒、缎匹以及一些水晶小匣子等。16 日，满大臣前来辞行敬礼。协本南杰献曼扎、三依止、9 个银币和 8 个金币等大量物品，祈愿灵童健康长寿，灵童为他摸顶，赐吉祥结。27 日，灵童高兴地会见大批农牧民、康巴、拉达克的信徒。29 日，在寝室里，身边的人们突然向灵童问怙主达赖喇嘛的转世将在哪里出现时，灵童用手指指向东方，又双手合十坐着，这让大家都感到惊奇和信仰。

藏历 3 月 1 日，古甲堪布吉仲尼玛曲培要去洗温泉，灵童出生地的赤钦要回去，在他们辞行时，灵童给他们摸了顶。大约从这时起,并没有人教过他,可是灵童在要解手时,就会发出"苏"(སུ)的声音召唤父母,领到厕所做出到小箱子上去解手的姿态,不仅从来不在寝殿的其他房间里解手,而且当母亲和身边的人让他在其他地方解手时,他都做出不好意思的样子。灵童这样的行为,正如诗中所说:"诗体传记利乐之源中说,戒律信仰精进高尚的人,懂得规矩因此行为清洁,久远以来即伴有大智慧,即使年幼小也心意相合。"灵童这位尊胜上师,经过以前的历辈转生,信仰和清净的戒律等圣者的七宝久已熟知并成为习惯,由于这样的法力,灵童在这样幼小的时候就举止有节、行为清净,其正行的光辉把那些放荡恶行的阴暗驱除到远远的地方。7 日,为了建立达赖喇嘛的真实转世尽快找到的缘起,扎什伦布寺上下都竖立旗幡,吹号奏乐。9 日,"雪"向灵童献曼扎、三依止、8 个金币和衣物等,灵童高兴地接受,灵童会见了协噶尔宗和仁顶地方来的人和协本南杰等 100 多人。特别是有一位扎什伦布寺的有噶钦学位年已 93 岁的僧人向灵童献了一尊无量寿佛像,祈愿灵童健康长寿,灵童很高兴地会见了他,并给他摸顶。16 日按旧例举行修供时轮金刚,陈列面点。18 日,灵童坐在阶梯上时,做出玩耍的样子,结果从三层高的阶梯上掉到地面,灵童却一点也没有受伤,使得众人都很惊异。20 日,灵童非常高兴地在衮塞寝殿的森噶会见了仁达瓦大师的后代亲属、证悟了义的大自在者益西群培贝桑布,给他摸顶并赐给金刚结。在返回衮塞寝殿时,灵童一再地说:"贡嘎、贡嘎",并用手指向贡嘎林寝殿的方向,身边的人领他去贡嘎林时,在还没有到的时候,灵童又一再地说"小鸟,小鸟!"众人想灵童说这个是什么意思呢?实际上一到那里,灵童就到画有很多小鸟的壁画的角楼长时间仔细观看,嘴里还在说:"小鸟,小鸟!"这也是灵童回忆起往事的殊胜的事例。直到这时,灵童出生也只有两个整年加一个月,但是他的身体的发育和说话的能力如相互比赛一般迅速增长。当身边的人屏气低声念诵密宗事部三怙主、白色文殊、妙音女神、释迦牟尼的心咒和宗喀巴大师赞颂时，灵童就会脱口而出清楚地念诵，使周围的人都十分惊奇和敬信。灵童的这样事迹难以计数，也难以说尽，超出了我们所能想象的范围。其他的普通的人，不要说年幼的时候不能做到，即使长成，不仅不能跟随别人就能念出，即使师傅劳心费力地教他，也像老人迈步走路一样，高一脚低一脚步履艰难。23日，西宁商人（ཟི་ལིང་ཚོང་།）域拉瓦（ཡུལ་ལྷ་བ།）及其仆从前来向灵童敬礼。

4 月 8 日，在螺髻梵天神（དཔལ་ལྡན་ཚངས་པ་དུང་ཐོད་ཅན།）的敬神法会上，大护法师用一尊色泽明亮一触即能平息烦恼的神像引导的曼扎、三依止等请灵童给以加持，灵童磕头并亲手将护法上师的耳饰等按原先的位置摆好。当人们为了灵童的寿数、事业无碍而向护法神请求三事的授记时，护法神给了回答。在护法神敬神以前，举行了护法师的顶礼、然后是敬神、最后是酬谢护法师的步骤礼仪，虽然灵童坐的时间较长，但是灵童一直端正地坐着，他不像一般的小孩那样见到降大护法师的衣饰等威严可怖就恐惧害怕，他像和这些以前就很熟悉的样子，一点也不害怕，还清楚显现出高兴的姿态，使得在场的人都感到惊奇和信仰。10 日，举行修供时轮金刚的仪轨，僧人们按旧例讲说曼扎，奉献三依止等，祈愿灵童长寿，灵童给他们摸顶并赐给吉祥结。12 日，吉祥大梵天敬神师应召前来，先向灵童献一尊色泽明亮一触即能平息烦恼的神像，灵童高兴地磕头并献哈达，然后陈列食品等供品，祈愿怙主灵童健康长寿、事业兴盛，祈请念诵经卷。当进行到大梵天酬补仪轨时，灵童说“努力酬忏（བསྐང་བཤགས།）大梵天！”这时秘法殿的僧人们刚好做完了酬报仪轨，大护法的鼻孔中流出鼻涕一样的白色东西，又突然站起，在没有铺设垫子的地面上跪拜三次，然后拿了一尊内库的神像站到灵童的身前,连续流畅地赞颂道:“圣!与佛子相伴寿命神,赐给圣凡各种成就!神人怙主无量光佛,依次降生的旦白尼玛的殊胜清净转世化身,我向你礼拜并祈愿。为了众生和教法各方面,你要在这里转动神圣法轮,愿你莲足在百劫中坚固,所有事业无碍地增盛!有三宝和护法们的法力,受命守护教法大梵天,以前对你的金刚誓言未改变,你的一切愿望会实现!”抓起一把花朵用力地洒过来,落到灵童的脸上。要是一般的小孩就会痛得在垫子上坐不住,但是灵童根本不是那样,而是高高兴兴地坐着,有青稞放到他嘴里时,他还做出咀嚼的样子。接着,大护法把前面所说的神像、曼扎、三依止、金铜制造的法轮、各种金刚一起献给灵童,对教法和众生的怙主的灵童做了百劫中足莲永驻、广转法轮的建立缘起的灌顶。为此大拉章对灵童奉献了大量的物品。坚垅巴法主(གཅེན་ལུང་པ་ཆོས་རྗེ།)顿珠坚赞拜见了灵童,奉献物品祈愿灵童健康长寿。22 日,带来大皇帝赐给英萨诺门汗“日桑塔尔钦诺门汗”(རིག་སངས་མཐར་མཁྱེན་ནོ་མིན་ཧན།)印章的堪乃管事(མཁན་གནས་མཆོད་གཉེར་པ།)来到,受到马队设灶郊迎。当他来到寝殿向灵童致礼时,灵童从坐垫上起立(欢迎),随后在就坐用餐时,随从们按照地位高低依次给灵童献了哈达。稍后由“雪”(英萨诺门汗作为扎什伦布寺的摄政的办事机构)向灵童献了曼扎、三依止、八宝吉祥徽和八宝吉祥物等物品,并向灵童献了印章荐新的文书(即第一次使用印章的盖印文书),送印的堪乃管事及其随从献了三依止和特别制作的“唐霞”(ཐང་ཞྭ། 僧官夏季所戴圆盘高顶外面上漆的帽子),灵童给他们摸了顶。为此扎什伦布寺的“孜”(རྩེ། 班禅的办事机构)向“雪 ཞོལ།”赠礼宴请,宴会上仲科尔(དྲུང་འཁོར།)以上的人员按地位高低献了哈达,最后给日喀则大老爷等人赠送了礼品。24 日,给大梵天敬神师酬谢的礼品,接受法主敬礼辞行。三音诺颜部的上师的人员献曼扎、三依止和银章嘎

50两、绸缎50匹等大量物品，为灵童祈寿，灵童会见了献礼者等僧俗100多人。当天，收到摄政活佛寄来的佛像和信件，灵童非常高兴。次日，丘桑活佛的强佐为了给圆寂的丘桑活佛做超荐法事来到扎什伦布寺，向灵童献了三依止和50两银子，日喀则商务官献茶叶大米和曼扎、三依止等，灵童接见了他们。次日，土尔扈特部①汗王的官员、呼图克图主仆等大批人员、地方政府联络官孜仲加央图丹等人前来致礼，联络官献了茶、大米和银章嘎5两，灵童给他们摸了顶。拉达克的年贡使向灵童献一匹丁比加（ཏི་པི་ལྒག་）马②，灵童给贡使赐茶和吉祥结。次日，土尔扈特部呼图克图向灵童献茶叶大米、曼扎、三依止和黄金40两、汉地银11大升等大量物品，灵童给他摸了顶。次日，日喀则官员和上师等前来请求灵童帮助祈雨，灵童会见了他们并赐吉祥结。此后，灵童身边的人一再请求灵童护佑降雨，灵童清楚地说："将会下雨。"而且口中念诵到"嗡、吽、萨"（ཨོཾ་ཧཱུྃ་ཧྲཱིཿ）等咒语，用手结成招引金刚吽字的手印并弹指发声。这个时期日喀则遇到大旱，云彩很少聚集，即使有云彩聚集也被狂风吹散。当天中午时分，天空出现了被称为日晕的圆形彩虹，其后一时间就有厚厚的乌云翻滚，响起雷声，下起了毛毛细雨。次日中午以后又下了小雨，随即雨停。灵童身边的人再次请求灵童护佑

---

① 土尔扈特部为厄鲁特蒙古四部之一。元朝大臣翁罕的后裔。原游牧于塔尔巴哈台附近的雅尔地区，17世纪30年代，其部首领和鄂尔勒克因与准噶尔部首领巴图尔浑台吉不合，遂率其所部及部分杜尔伯特部、和硕特部牧民西迁至额济勒河（伏尔加河）下游，自成独立游牧部落，但仍不断与厄鲁特各部联系，并多次遣使向清朝政府进表贡，还派人到西藏与格鲁派领袖达赖喇嘛和班禅额尔德尼联系，接受达赖喇嘛赠与的名号。乾隆三十六年，土尔扈特部首领渥巴锡（阿玉奇汗之曾孙）为摆脱沙俄压迫，维护民族独立，率领部众发动了武装起义，并冲破沙俄重重截击，历经千辛万苦，胜利返回祖国。乾隆帝在热河木兰围场的伊绵峪和避暑山庄多次接见、宴请渥巴锡等首领，对其部众也给以牛羊粮食、衣裘庐帐。并亲撰《土尔扈特部归顺记》《优恤土尔扈特部众记》碑文两篇，立碑于承德普陀宗乘之庙内。同时封渥巴锡为卓哩克图汗，策伯克多尔济被封为亲王，舍楞、巴木巴尔被封为郡王，其余大小首领也分别给予封爵。分土尔扈特为新、旧两部，旧土尔扈特由渥巴锡统领，分东西南北4路，共10旗；新土尔扈特由另一首领舍楞统领，分两旗。在新疆对为土尔扈特部划分牧地，作了妥善安排。部分留在俄罗斯的土尔扈特人后来被称为卡尔梅克人，今俄罗斯还有卡尔梅克自治共和国。

② 为克什米尔地方所产的一种良马的名称。

降雨,灵童用手指着天空,口中说:“降雨!”此时雷声再起,降下一场及时雨,使群山河谷全部都像抹过酥油一样油润。众人像受干渴之苦快要丧命而又得到饮水那样,僧俗贵贱的众人心都像宝瓶注满了喜悦的甘露那样,兴奋不已,生起怙主灵童是真实佛陀的心识,自发地对灵童由衷地赞叹。接着按照人们的心愿,雨接连降下。

5月6日和7日,为做超荐丘桑呼图克图(ཆུ་བཟང་ཧུ་ཐོག་ཐུ།)法事而来的人和土尔扈特部呼图克图(ཐོར་གོད་ཧུ་ཐོག་ཐུ།)来向灵童辞行,赐给他们回赠礼品,灵童会见了很多僧俗人士。次日,灵童高兴地会见了前来辞行的拉达克的年贡使者和赛诺颜(སད་ནོ་ཡོན།)部的上师的人员。15日,扎什伦布寺的“雪”给灵童献量身制作的袈裟,灵童很高兴接受。此后3三天为本年度祈愿大法会展佛的缎绣大佛像新缝制遮盖的布幔的时间,灵童加以护持,随后表演噶尔歌舞庆祝,“雪”向灵童献了三依止等物品,仲科尔以上的人士向灵童献了哈达。22日,在没有旁人劝请的情况下,灵童手结曼陀罗手印,口中说:“下雨!”这个时期仍然很干旱,从这天晚上起接连下了一天一夜的大雨,以致灵童的寝宫也要防堵洪水灾害,灵童这些行为不容置疑地显示了作为高僧大德的征象。

藏历6月5日,灵童的姐姐贝丹丹增曲珍要回去过生日,在敬礼辞行时,送给她吉祥结、哈达、银子15两、衣服、敬献给竹仓家的生命神的敬神哈达等,并给予了教导。14日,代本多吉嘉波和孜仲玛尔巴前来敬礼,代本向灵童献了茶叶大米等,灵童给他和一些管事人员摸了顶。当天上午,“雪”的人员前来献了身语意三依止、1钱黄金、8个银币、腰包等,灵童高兴接受。

藏历7月13日,灵童的姨妈要去巡视庄园,前来辞行,灵童赐给她吉祥结、哈达、银章嘎(དངུལ་ཊམ།)15两、茶包衣物等。这时接连两三天晚上都很干旱，庄稼发生霜冻灾害，日喀则的官员请求灵童护佑到年底有个好收成，灵童会见了10位老人。次日起，不要说霜冻灾害，从早上起就云层很厚，到下午就下起雨来了，使得众人都很喜悦，对灵童十分敬信。当天灵童还对尼色瓦觉卧（ཇོ་བོ་ཉེ་སེར་ལ།）佛像说：“降雨！”果然几天中广大地区接连降雨，被霜打了的庄稼也恢复了生长。灵童这些作为对贵贱众生都是恩德巨大。22日，“雪”向灵童献了曼扎、三依止和8枚金币。英萨诺门汗请求准许短时间去泡温泉，灵童给他摸顶祝福。25日，新任和卸任的大经堂的格贵、阿巴札仓的掌堂师向灵童献了新作的剩余的熏香，灵童给他们摸了顶，还会见了100多名僧俗人士。月底30日，去附近各地游访，在上路的时候，灵童坐得端端正正地说：“走，走！”使得众人都惊喜不已。“雪”向灵童献了三依止、金币8枚和银币。

藏历8月2日，灵童的姨母回来了，向灵童敬礼。从5日到7日，在贡觉林寝宫举行向护国药叉（གྲི་ཊ་སྣ་ལ།）①施食并观看跳羌姆法舞，灵童在衮塞寝殿的阶梯上仔细观看，并会见了将近一万的僧俗信众，引导大众努力在正道上向前。21日，四大札仓的堪布、格贵、供茶师，各个康村的执事等一起向灵童献了茶叶大米、曼扎、三依止、金银等，为灵童祈愿。灵童给翁则（དབུ་མཛད།）以上的人员摸了顶，给其他的执事人员和康村的干波等赐了吉祥结。

9月6日，阿钦仁布切请求去洗温泉，获得允准，前来辞行。这时灵童得了感冒，有些不适，故放生100多只羊，并做了祈福法事，不久以后身体痊愈。

10月7日，灵童会见了智慧和文殊菩萨无别、精通诸种学识、以讲辩著显明佛陀教法的大贤哲欧曲瓦央金珠贝多吉贝桑布（དངུལ་ཆུ་བ་

① 护国药叉是六臂明王的随从中守护东方世界的一位神将。

དབྱངས་ཅན་གྲུབ་པའི་རྡོ་རྗེ་དཔལ་བཟང་པོ།）为首的几位弃世修行者，赠给他们吉祥结。24 日，玛哈德瓦啦（མ་ཧཱ་དེ་ཝ།）及其随从浦绒啦（ཕུག་རོན་ལགས།）去洗温泉，前来拜见灵童。25 日，宗喀巴大师的期供日，“雪”的人员前来给灵童献了冬装，在灵童前去尼沃寝宫时，侍从们向灵童献了哈达。西宁的商人们向灵童献了茶叶和大米，请求前来辞行，灵童接见了他们。灵童观看了当天的燃灯节灯火，灯火旺盛。

藏历 11 月 17 日，管驮队的强佐从拉萨回来，灵童给他摸了顶。在尼沃寝宫用餐时，绒塔活佛（རོང་མཐའ་སྤྲུལ་སྐུ།）等许多人向灵童献了礼，灵童高兴地会见他们，并且清楚地吩咐说：“把帽子放到颈项后面。”

12 月 4 日，译师仁钦（ལོ་ཙཱ་བ་རིན་ཆེན།）奉命返回汉地，辞行时向灵童献了一个很好的望远镜，灵童给他摸顶，赐给吉祥结，还赐给了上世的擦擦佛像（ཙྱག་ཚྭོ།）袈裟、花押印、藏币等，使他很满意。16 日，刮起了带沙尘的大风，灵童到法主的唐卡像边上，说：“请你让风别再刮了！”大风因此很快就停息下来。26 日，天气很不好，灵童身边的人议论说：“是不是要下雪了？”灵童说：“恐怕是要下雪了。”他们问：“要下怎样的雪？”灵童说：“要下从来没有见过的大雪。”身边的人都很惊奇。次日果然下了约有 4 指深的雪，身边的人想起灵童前一天的话，惊叹真是准确的预言，都不由生起深深的信仰。28 日晚上，灵童身边的人在寝殿汇聚时，灵童说：“喔，这样，现在具誓法王跳走了。”人们问他这话是什么意思，灵童没有清楚回答。实际上当时为了本年的福运，密宗札仓征兆举行大施食法事，灵童的心和札仓很好地配合在一起，这样使具有法力和护持的大施食正依止金刚大威德和具誓法王在进行。这肯定是尊胜上师（班禅灵童）的发心具有无上的法力，和具有大法力的明咒法器和咒语、禅定等相互结合，出现了调动具誓本尊及其随从平息各种违碍和危险见相。30 日，按照先例举行了年终陈列各种面食举行送岁的活动。

从藏历火蛇年(1857年)这一年开始,除了有当时的特别大事以外,灵童每年的生活情况(འཇིག་རྟེན་ཡོ་ལང་གི་དགྱེས་སྟོན། 世间热闹宴会,灵童以化身游戏人间的生活)依次来说是这样的。为了一般人容易看懂,按灵童的主要作为即闻思修和三密的奇特功德依次记载如下。这位上师在年龄很小开始会说话的时候,就有以前长期修道的良好习性在心中全面滋长,因此性情温和、驯良,学识广大,心胸广阔,具有慈悲心,没有一点普通小孩的那些顽劣的行为。由于以往许多辈都是贤哲不断的传承而形成的习气,灵童有的时候表现为上师的形象,说法讲经,并摇击铃鼓,有的时候修习禅定,有的时候读写文字,在佛经教语中度过时光,有时候又回忆起前世的经历,不连贯地说出许多奇异的话语。总之,他的行为正如《传纪——信仰入门》中所说:"信仰精进思维和谨慎,殊胜律仪和难测的智慧,还有长久以来良好习气,从幼年时起就喜爱不捨。身体的幼苗刚刚出土后,当时就有功德花朵的各种香气,在幼苗的躯干上具足,这样的奇迹谁又能想到!"对转世灵童的赞颂,正如《春天布谷鸟之歌》(五世达赖喇嘛所著的《西藏王臣记》)中所说:"如蛇结自解百次降生的清净身(意为转世灵童的出生是以其自己法力从母胎中出生,与一般人的投胎诞生的过程不同),如马腊亚山的檀香树苗,虽然幼小但是利乐的香气,是永远不会用尽的宝藏。"此外,又如《传记——教证美饰奇异宝串》中所说:"一出生就远离幼童的举止,佛子菩萨的行为自然具足,转世灵童的这种特质,是历辈转生中所形成。"在一般的众生的见相中,灵童不仅要在身形、语言、心思等不论哪一个方面,都和普通的小孩子不同,而且要具有很多成人都难以想象的佛子的伟大的行为,虽然灵童还不能真正实行,但是会在各方面显现出这样的趋向。在灵童新表现出的高僧大德的行为中有以下的行为。有时前世班禅额尔德尼喜爱的印度鸽子飞过去时，他会用手指着反复说："ཕུང་ཀུཕུང་ཀུ།（卫藏方言中对鸽子的称呼）"，还在一些时候看到孔雀、大象、丁比加马等前世班禅所喜爱的动物时，他就会站到地上，说："阿尔甲，阿尔甲，玛哈古如阿尔甲哈！"（ཨར་ཛ་ཨར་ཛ། མཧཱ་གུ་རུ་ཨར་ཛ་ཧས།）嘴里念念有词，又在倾听，双手随意下垂，说："哈，赫"（ཧ་ཧོགས།），总之，这些他以前听都没有听过的不同语言的词语，他会突然地说出来。玉杰、察绒塔热姊妹骑的马匹的名字他也能不迟疑地喊出来。特别是有一次灵童到尼沃寝宫里坐下时，看到雕花的柱子上挂着达赖喇嘛坚白嘉措[①]的画像，他就说："坚白，坚白！"并双手合十致意。此外，他看见驮队官尼玛顿珠的驮队时，看到前世班禅喜爱的起名为布日（སྤུ་རིལ།）、措桑（ཚོགས་སངས།）的马时，就叫出它们的名字。当有人向他献佛陀、宗喀巴大师、班禅罗桑确吉坚赞的画像时，他都用头顶礼。有一次，他看到大成就者止布巴（གྲུབ་ཆེན་དྲིལ་བུ་པ།）（铃尊者）的壁画时，就对身边的人说："这个尊者就是我。"当他看到尼色瓦觉卧像时非常高兴。这些是他目前和久远的心愿完成等超出思议的事迹。他做的主要事情是在平时要向不同的方向做礼拜，多的时候做200来次，少的时候也是尽力去做，而且让身边的人也多做礼拜。他击手鼓

---

① 即八世达赖喇嘛。1758年生于托卜加拉日岗地方，父名索朗达结，母名平措旺姆。七世达赖喇嘛圆寂后，乾隆帝派章嘉若必多吉入藏，和六世班禅主持寻访认定转世灵童事务，经六世班禅考察，认为托卜加索朗达结的儿子就是七世达赖喇嘛的转世灵童，经驻藏大臣奏请乾隆帝批准，继任为八世达赖喇嘛。西藏地方政府和三大寺派僧俗官员前往拉日岗村先将灵童从家中接到扎什伦布寺供养。1761年正月11日在扎什伦布寺的坚赞团布寝宫的依噶群增殿，六世班禅为灵童剃度出家，赐法名吉总罗桑丹白旺秀坚白嘉措贝桑布，简称坚白嘉措。3月5日摄政第穆、驻藏大臣集福、噶伦贡班智达、噶伦扎萨大喇嘛等200多人前来扎什伦布寺迎接八世达赖喇嘛去拉萨。3月18日从扎什伦布寺启程前往拉萨进入聂塘的热瓦堆寺安住。1762年7月9日在布达拉宫举行八世达赖喇嘛坐床典礼。7月17日六世班禅额尔德尼为八世达赖喇嘛授近事戒。1765年6月4日六世班禅额尔德尼在大昭寺释迦牟尼佛像前为八世达赖喇嘛授了沙弥戒。1777年八世达赖喇嘛、摄政等又请六世班禅额尔德尼为八世达赖喇嘛授了比丘戒。1781年八世达赖喇嘛开始亲政。在廓尔喀战争期间，八世达赖喇嘛支持清军，提供粮草等，又拥护钦定藏内善后章程二十九条，受乾隆帝嘉奖。1784年9月7日在扎什伦布寺为七世班禅剃度。1801年4月15日，八世达赖喇嘛在大昭寺释迦牟尼佛像前为七世班禅授了比丘戒。1804年八世达赖喇嘛在布达拉宫圆寂。享年47岁。

摇手铃，并做出给佛像献沐浴、开光的姿态，口中念诵：“喔，哈那哈那阿玛，阿罕，巴达雅，瓦齐尔巴尼，嗡萨巴达塔噶达比谢噶达萨玛雅室利，衣阿吽，卡卡喀黑，喔祈愿吉祥！喔，向尊胜母顶礼！”（ཨོཾ་ཧྲ་ན་ཧྲ་ན་ཨ་མ། ཨཀྵཾ། པུཎྜི། བཛྲ་པཱ་ཎི། ཨོཾ་སརྦ་ཏ་ཐཱ་ག་ཏ་ཨ་བྷི་ཥེ་ཀ་ཏ་ས་མ་ཡ་ཤྲཱི་ཡེ་ཨཱཿཧཱུྃ། ཁ་ཁ་ཁྲ་ཧི། ཨོཾ་བདེ་ལེགས་སུ་གྱུར་ཅིག ཨོཾ་རྗེ་བཙུན་མ་འཕགས་མར་ཕྱག་འཚལ་ལོ།།）他还念诵《兜率上师瑜伽（以宗喀巴为主尊的上师瑜伽）》《上师供空乐无别》中的一些字句，对于《宗喀巴大师赞颂——穆泽马》《六字真言》随口念出，在看到习字板、木板、白纸时，他就会写出噶、喀（ཀ་ཁ）等字母做出诵读的样子。有时候他睁开眼睛看着天空，做出献曼扎、礼拜的动作，可以猜测他这时看到了清净的见相。《噶当书》中说：“努力做自己的功德，还会综合别人的功德。”灵童正是这样努力去做。当身边的人请他消除疑难时，他不做清楚的指示，但是有一次他在黎明时醒来，高兴地笑着说：“哦，哦，第一是金刚大威德，第二是姊妹护法，第三是尼色瓦依次来到，额，巴达嘎，巴达嘎！”（ཨའི་རྦ་ད་ཀ་རྦ་ད་ཀ།）说了这些非常奇特的话。又有一次，灵童在贡嘎林寝宫细心地观看历辈祖师的唐卡时，特别是看到阿底峡大师和外道辩论的部分时，他马上发出拖长的声音：“迪……”（དྷིཿ），并做出辩论的手势，最后说：“喔，好了！”并做出回遮的手势，脱口念到：“阿底……”（ཨ་ཏི།）。平时他看到阿底峡式的僧帽时，也会说：“阿底……”。这样奇特的事情很多。又有一次，灵童到尼沃寝宫时，他伸出双手，口中念出“千万圆满吉祥成就身”这句经文，并做出高兴地辩经和弹指、回遮的姿势。还有一次他在念诵 30 遍宗喀巴大师赞颂的时间里，双手合十贴在眉间默念，全身都毫不摇动，面带微笑地肃立。其后，灵童拿了森噶（གཟིམ་འགག）（警卫传达）的念珠，做出要和索本堪布辩论的样子，索本堪布的念珠丢了，在身上的袍子里翻找时，灵童说：“到闭关室去取。”在索本堪布去闭关室寻找后，灵童又让姐姐也去那里寻找，他们二人仔细寻找后，果然如灵童指示的那样，在闭关室的坐垫的夹缝中找到了索本堪布的念珠。这是灵童具有预知的功能的一个真实的事例。

这样，灵童对法相学的辩经非常喜欢，一再用双手做出辩经的样子，有时候他夸张地说出一些辩经的用语，如："所举因不成！"（རྟགས་མ་གྲུབ）、"认可！"（འདོད་ཞུས）、"不周遍！"（ཁྱབ་པ་མེད）、"三轮！"（འཁོར་གསུམ）等。有时候他还模仿辩经的人发出"迪！迪！"的声音和弹指的动作。先前扎什伦布寺就有一处被称为"德巴贝"（སྡེ་པ་དཔལ）的壁画，灵童见了就说"贝"，在看到璜和其兄会谈的场面时，灵童就问："哥哥索南到哪里去了？"在平时用餐时，灵童都要先取一点供神，并说："供养上师三宝，供养拉木护法！"在用茶之前，灵童说："喔阿吽，向神人导师佛陀某某某献供！"有吃剩的食品，他会把喜爱的小鸟、印度松鸡、山羊觉觉、汉地的狗真真等叫过来喂它们。他还一再对身边的人指示说要爱护生命、不要杀苍蝇等。有一次灵童从寝宫到马厩去查看，马厩里有牲口因为母子分离而发出痛苦的嘶鸣，灵童说："可怜，把它妈妈叫来！"让它们母子到一起。有一次他看到母孔雀吃一只小鸟，他就说："可怜啊，孔雀正在吃一只小鸟！"显出不知道怎么办才好的样子。有一次卖肉的商人送给他一只羊羔做宠物，他说："把羊羔的妈妈也领来！"这不仅使羊羔母子不分离，而且救了母羊一命。平时当灵童表现得不高兴想哭的时候，聪明的身边的人就会对他说自己身体肿胀和病痛，灵童马上就会止住啼哭，用手掌盖住那人假装肿胀疼痛的地方，两眼查看他的脸色，口中说；"可怜啊！"明显地表现出灵童的无量的慈悲心。对于父母、索本堪布、森本堪布和强佐等，灵童都很尊敬，有时候他把长寿瓶、手鼓、铃等放到他们的头上，做出禳解病魔的姿态，这是他多次给父母建立亲爱和一同长寿的缘起，并对未来做出授记。当他见到佛像、经书和僧人时，总是表现得非常高兴。

另外，灵童在当时还不足3岁，但是他口中会自己念出《兜率上师瑜伽》《宗喀巴大师赞》《上师名号赞》《敬神献浴的颂词宝饰吉祥瓶》以及献《曼扎三十三偈颂》和《七偈颂》等赞颂的词语，他还经常口念："皈依上师、皈依佛、皈依佛法、皈依僧！"和"祈愿神人导师、恩德上师某某某健康长寿！"有时候他把双手撑在膝盖上，俯下身子双脚交叉迈步，口里还说："啊，若若！（ཨ་རོ་རོ།）"这是他想起上一世班禅患腿疾行动不便时的情形。当看到上世的衣物用品时，他就会说："这是我的。"总之，灵童从出生到会说话之前，无常、业果、三要道等对他来说就像瓶中的灯火和地下的矿藏一样存在，从他会说一些话的时候起，他就以写读文字、念诵词语等趋向佛法的戏乐度过时光，而没有一点普通的幼儿那样的无故哭闹和不听话的行为，这从上面记述的事迹就可以理解。正因为如此，这位尊胜的上师具有三世诸佛的妙观察智慧，而且以鹅黄色袈裟为美饰这一点得到了佛、菩萨、本尊、合格的贤哲们众口同声授记，不仅如此，前面记述的他在各方面都无可比拟的殊胜事迹，不是夸大其词，也不是人云亦云，而是真实存在的，这是具有公正的智慧之宝的人们都可以理解的。然而在现今这个诸恶泛滥的浊世，一些人的眼睛被无明遮障，对圣者非圣者的区别不能查知，被偏执和嫉妒的毒水蒙蔽心智而疯狂，从无始以来即有大的恶业业力习气，集聚福德微薄，被不善之业和魔操纵，他们对灵童这样的真佛圣者的善行，不仅不生好的见相，对灵童符合我等意愿而显示的功德等，连一个芝麻粒大小认作是功德的信仰心也没有，甚至对灵童是印度和西藏的众多贤哲、世间贵贱人等毫无争议的无量光佛的化身的事实也不承认，像把太阳当做萤火虫那样生起邪见，像发狂的疯子一样编造许多谎言而且相互传播，积下无数的恶业，长期漂流在经受烧灼锯磨的苦痛的无边恶趣之中。这样的人以前有过，以后还会出现。对于这样的心怀邪愿的人，正如文殊化身萨迦班智达说："恶人无论怎样改变，也不会具有良好本性，无论怎样努力清洗，也不能把木炭洗白。"对于他们，除了将之看成可怜的对象外，说更多的话，会如谚语所说"白山羊不能混到绵羊群里"那样，起不了什么作用。在这方面，还有这样的话："犹如羊群和愚人们，一个走了其他就在后面跟随。""愚人喜欢随声附和，老狗狂乱吠叫，众狗随之奔跑"等。《宗喀巴大师的大传》中也说："喜欢偏执的一些人，因一些黑暗起心动念，散布各种流言蜚语，跟着疯子胡言乱语，不辨善恶的愚蠢人，也跟随在他们后面，向着可怕的恶趣之门，成群结队往里钻，难忍这些人的言行，故以增上意乐讲述真实传记。"一些心智愚昧的人的信口胡说，也有一些人不加辨别地引据。为了以后的长远打算，同时对那些流言蜚语随时加以驳斥，故写下以上这些破立的文字，对各方面情况加以说明。

有诗赞颂道：

具有遍入三界殊胜身而在此界戏化为普通人身，
如同初一新月光华虽弱却在上弦月中日益增盛，
用令人惊异的行为使旁人不得不对他刮目相看，
如大雁不用学习就会游泳他自然做种种救护行为！

在辽阔无边的诸佛大海中，
一盏神灯为船只指明道路，
无论神灯的光芒怎样奇异，
世人只知道群星才会闪亮。
农夫和他的耕畜辛苦努力，
播下青稞种子还浇灌施肥，

期望丰收却遇到旱魔逞凶，
天不下雨人畜俱受干渴苦，
此时具有大慈悲心的灵童，
以法力差遣役使白帐天神，
招来乌云在空中翻滚布阵，
雨水滋润山川满足众生愿。
此外他每日的奇特的圣行，
更是让人们难以一一说清，
身边的人不由得生起敬信，
使十方众生种下善业幼苗。
由七神通引导的殊胜发心，
福德布满世间的整个坛城，
怙主遍观世界的智慧眼睛，
从清凉地域的上空俯瞰时，
大地之上佛法和各地众生，
利乐福德的花苞纷纷开放！
长久以来怀邪愿的少数人，
犹如得了严重青光眼一般，
把洁白的雪山看成是蓝色，
对灵童功德竟然胡言乱语，
不明事理其实他们很可怜！
现今的具善缘六脚蜜蜂，
在解脱的路上酿造蜂蜜，
同在幸福莲花的花园中，
享受着歌舞的美好欢乐！

行文至此中间,用以上几首诗歌来稍事休息。

这一年(藏历火蛇年,1857 年)中,诺布甘丹巴洛桑群培(ནོར་བུ་དགའ་ལྡན་པ་བློ་བཟང་ཆོས་འཕེལ།)、萨德钦巴群则尼玛优年(ས་བདེ་ཆེན་པ་ཆོས་མཛད་ཉི་མ་དབྱིག་གཉེན།)、达摩瓦洛桑雍仲(སྟག་མོ་བ་བློ་བཟང་གཡུང་དྲུང་།)学完了《堆扎》的全部课程,嘉钦孜巴洛桑桑丹(རྒྱལ་ཆེན་རྩེ་པ་བློ་བཟང་བསམ་བརྟན།)学完了《释量论》及其根本注,密宗札仓的解经师(འགྲེལ་དཔོན།)罗浦巴噶钦洛桑金巴(བློ་ཕུག་པ་བློ་བཟང་སྦྱིན་པ།)注释了班禅罗桑确吉坚赞所著的《密集的生起和圆满次第》,温萨寺的森浦活佛(གཟིམས་ཕུག་སྤྲུལ་སྐུ།)撰写了《道次第捷径》和《文殊名号讲说》等,曲科伦布瓦丹增群培(ཆོས་འཁོར་ལྷུན་པོ་བ་བསྟན་འཛིན་ཆོས་འཕེལ།)修完《弥勒五论》的考试。为了使以前的善规不衰落而且成为教法兴盛的助缘,灵童分别给以上参考人员赐了哈达、衣物、茶叶等,作为他们通过考试的奖赏。

被称为时光使者的阳土马年(1858 年,4 岁)的正月初一,按照以前的旧规举行了新年喜宴。15 日,英萨诺门汗南杰群培,举行尊胜天女千供祈愿灵童健康长寿时,向灵童献了曼扎、三依止、高两肘尺半的银质的有金铜背光的尊胜天女像、金丝缎袈裟以及八宝吉祥物、八宝吉祥徽、法螺、法轮、金银绸缎等大量物品,灵童高兴地为他摸顶并赐吉祥结,接着灵童还给"雪"的执事和协本南杰等僧俗信众摸了顶。从这一天起,英萨诺门汗卸任扎什伦布寺摄政的职务。在这一时期,有一次灵童身边的人问他,在三个可能是达赖喇嘛的转世的幼童中,哪一个会是达赖喇嘛转世灵童,灵童微笑着说:"沃,噶么噶(高兴高兴)!"(འོལ་དགའ་མོ་དགའ།)等话语,实际上,灵童的这些深奥庄严的话,就金刚句(རྡོ་རྗེའི་ཚིག)的指定预言了沃卡(འོལ་ཁ།)是达赖喇嘛转世灵童出生地。藏历 2 月 6 日的供祭五世达赖喇嘛的灯火也很旺盛。藏历 2 月 7 日起的 3 天中,在为达赖喇嘛转世灵童认定剃发起名举行庆典时,整个藏地区竖立旗幡,吹响号角，举行各种庆祝活动。这时后补接替英萨诺门汗职务的代理者却木堪布曼日瓦洛桑南杰（སྨན་རི་བ་བློ་བཟང་རྣམ་རྒྱལ།），向灵童献颜色明亮的哈达和怙主无量寿佛像，祈愿灵童健康长寿，灵童非常高兴，还给丹拉（འདམ་ལྷ།）和德卓策参巴（བདེ་སྒྲོལ་ཚེ་མཚམས་པ།）等人摸了顶。13 日，曼日瓦给灵童献了夏装袈裟，并和执事人等向灵童献了哈达。灵童还会见了不丹第悉（འབྲུག་སྡེ་སྲིད།）派来的献礼人员和拉达克、康区、牧区的许多信众。这一天，天空中响起了当年的第一声春雷，酥油灯的灯火也很旺盛，出现了吉祥的征兆和很好的缘起。

藏历 3 月 18 日，举行建立时轮的庆典，在稍事休息时，灵童对父亲和索本堪布说："今天会下雨吧！"他们二人问："会怎样下雨？怙主知道吗？"灵童回答说："会下雨还会打雷呢。"当时天空还很晴朗，但是过了一会，就有很多雨云汇聚，伴随着雷声降下了一场雨，这使他们二人都生起灵童是真实佛陀的意想。在这期间，这片地方出现了一些痢疾传染的情况，灵童也出现了可能被感染的征象，因此由密宗札仓的八位大格西给灵童一再做献浴的法事。从 20 日到 23 日做依止叶衣佛母法事，由 8 位咒师做烧施，并在早晚做献浴法事，由于这些法事的法力，灵童身上一点病症也没有发生。22 日举行时轮法会的中间庆典时，扎什伦布寺和"雪"又有少量疹子传染，因此决定从藏历 4 月 2 日起建立隔离来往的区域。

藏历 5 月 14 日，前来任摄政的却本堪布曼日瓦洛桑南杰及其随从数人抵达，曼日瓦向灵童献了内库哈达、无量寿佛像，还有被称为"八仙"的汉地画的仙人的唐卡，灵童为其摸顶，并在排座用茶时高兴地和他交谈。次日，在举行中期祈愿法会时，举行了庆典，庆祝却本堪布曼日瓦洛桑南杰被文殊大皇帝敕封扎萨克喇嘛的职位，以及登上担负举起怙主遍见一切班禅的政教事业的白伞盖的职责的强佐的宝座。当灵童在尼沃寝宫的宝座上就坐后，英萨曼日瓦穿着整套僧衣，头戴新的尖顶僧帽，向怙主灵童呈献大皇帝通过敕书问候灵童安好的压函礼品内库哈达，然后曼日瓦自己手持白银制作的佛国世界的模型，祈愿怙主灵童莲足永驻、事业兴盛，祈愿自己的身语意三门所有做为符合尊胜怙主的心愿服侍怙主灵童，身语意依止怙主如得胜鼓和鼓槌，随后献了金币、银章嘎、呢绒、氆氇衣物，干果和粮食、花木等每样5种，绸缎9种、皮口袋等众多物品，随后举行了排座喜宴。其后，英萨曼日瓦向怙主灵童献了内库哈达，灵童给他回赠了织有红色八宝吉祥徽的金色内库缎子结成的吉祥结、白色怙主如意宝的画像、上师的手串、呢子僧裙、长坎肩等。英萨曼日瓦返回扎什伦布寺后即开始安排灵童坐床的准备事项，建立完满的缘起。23日，本地的高僧和政府官员一起前来，说现在正是需要雨水按时降下，以供应庄稼和牲畜成长，请求灵童保佑庄稼不受霜冻和冰雹危害，秋天获得丰收。灵童答应了他们的请求，果然从当天开始，直到26日如人们所愿降下了雨水。26日，灵童到衮塞寝宫的法主白帐天神的唐卡前以头碰触唐卡，说："啊，我要对你行磕头礼。"在唐卡前面坐了较长时间，并小声地念诵许多咒语，实际上是向神灵感谢并祈愿再及时下雨。当天天空中本来没有云朵，直到黄昏时也没有要下雨的样子，但是当灵童进入寝室后，突然就雷雨交加，下了一场大雨。藏历6月当中灵童顺利成长。

藏历7月5日是班禅罗桑益西（译者注：即五世班禅额尔德尼·罗桑益西（1663－1737年），藏历第十一绕迥之水免年（1663年，清康熙二年）7月13日生于后藏托卜加地方竹仓家族，父名夏茸索南旺扎，母名才旦布赤，家族世代是信奉"苯教"的。四世班禅去世后，扎什伦布寺派出了三批人寻访"转世灵童"。当不满3岁的罗桑益西能准确无误地辨认出前一世"班禅"用过的法器时，扎什伦布寺将这些情况报告给了五世达赖喇嘛，五世达赖喇嘛即认定他为四世班禅转世灵童。火羊年（1667年）依五世达赖喇嘛的安排，在扎什伦布寺坐床。1670年时在布达拉宫三界胜殿内，从五世达赖喇嘛受沙弥戒；当年康熙帝特派钦差到拉萨，给五世达赖喇嘛和五世班禅各颁敕书，并赐礼品，祝贺五世班禅受戒。1684年因五世达赖喇嘛已圆寂（当时匿丧，对外宣称入定）他从扎什伦布寺密宗札仓堪布金刚持衮却坚赞受比丘戒。水鸡年(1693 年),康熙帝派人携“敕书”赴藏邀请五世班禅来京,因多种原因未能成行。火牛年(1697 年)9 月,他应第巴桑结嘉措的请求,在羊卓雍湖边的浪卡子宗地方,为六世达赖喇嘛授“沙弥戒”,并到拉萨传法授戒,为五世达赖喇嘛的灵塔作开光仪式。木鸡年(1705 年),第巴桑结嘉措被拉藏汗所杀,废六世达赖喇嘛仓央嘉措,另立伊喜嘉措为达赖喇嘛。因青海蒙古王公不服,清廷派人入藏询问,他答复说伊喜嘉措为达赖喇嘛,使伊喜嘉措得到册封。康熙五十二年(1713 年)赐给他“班禅额尔德尼”封号,并赐金册金印。从此历世班禅须报中央政府册封成为定制。康熙五十六年(1717 年),准噶尔部策妄阿拉布坦派兵袭扰西藏,杀拉藏汗,五世班禅调停未果。后清廷出兵平乱,迎七世达赖格桑嘉措坐床,他为格桑嘉措授戒并赐法名。雍正初年,拉萨发生噶伦之间内讧的阿尔布巴事变,他又积极奔走调停,后又犒劳入藏清军,支持颇罗鼐掌权。雍正帝命七世达赖喇嘛移居康区惠远庙,拟由他掌管全藏黄教事务,并将日喀则以西至阿里划为班禅辖区,他以团结和睦为重,仅接受了拉孜、昂仁、彭措林三个宗。乾隆二年(1737 年),他在扎什伦布寺圆寂,享年 75 岁。)的忌日,当天供祭的灯火旺盛,出现了吉祥的征兆。8 日,灵童身边的尼玛群培和驮队官尼玛顿珠二人受命前往拉萨,去做祈愿王臣中的那些因为小事发生争斗的事早日平息的法事。他们向灵童辞行,灵童让他们给达赖喇嘛、摄政热振活佛、两位驻藏大臣带去问候和内库哈达各一条。当时,因为寝宫的盘康巴(པན་ཁང་པ།)索本堪布贝丹喜饶服侍前后两世班禅额尔德尼成绩卓著,作为奖赏,扎什伦布寺授予他大堪布的名号,给予双倍薪酬,每年给予银章嘎 500 两,铜钱 5 串。9 日,索本大堪布在庆典上向灵童献了哈达、曼扎、三依止等礼品,灵童给他摸顶祝福。12 日,日喀则的新任颇本(སོགས་དཔོན།)(粮官)到达,25 日,扎什伦布寺大经堂的新旧格贵、阿巴札仓的新旧掌堂师按旧历献香,灵童一起接见了他们。30 日,灵童出巡周围地方,会见了许多僧俗信众,给一些人摸顶祝福。

从藏历 8 月到次年之间,灵童也是在增益善业中度过。在这一年中除了一些特别的事务外,他戏乐世间的事迹择其主要的来说已如上所述。此外,他和蛇年当中一样,很多次念诵皈依、献供的偈颂,咒语,上师名号等,有时还高兴地脱口而出说出辩经时常用的“迪!”(དྷཱིཿསྐད།)、“三轮回答”(འཁོར་གསུམ་གྱི་ལན།)等用语。对经像塔等三依止,他都表现出恭敬的态度,并做礼拜、以头碰触、绕行等,从来没有表现出疲倦,而是努力去做。在静心禅修和讲论经文时,他都心思专一,说话有条理,用敬语,并说到实处,在三密的大小行为举止都显现出一个高僧大德的特征。特别是在当年正月 8 日的下午,当索本堪布和森本堪布在灵童的身边时,灵童清楚地说:“见到了佛陀本尊(རྒྱལ་བ་ཡི་དམ།)。”他们二人问:“怎么见到的?”虽然当时灵童没有清楚说明,但是事实上当时灵童一定是见到了一些佛陀和菩萨,这也表明灵童作为特别的清净男子从根本上获得了五决定。此外,有一次灵童看到在搭起的戏台上演出汉人的戏,问索本堪布:“这是什么?”索本堪布回答说:“是汉人的唱戏。”灵童说:“是印度来的吗?有什么?”(在藏语中汉人和印度的第一个音节相同,故灵童会发出此问)索本堪布说:“怙主你是知道的。”灵童说:“那么,唱戏的不会来我这里,要是拜佛的会来的。”索本堪布又问:“怙主你在印度转生过多少次?”灵童说:“很多,很多。”又有一次,名叫达尔吉的管事人员手中有一尊前世班禅额尔德尼的像,灵童在仔细查看后用手指着自己的鼻子说:“这是我的像。”这是灵童承认自己是前世班禅的真实无误的转世,也是他回忆起前世事迹的奇特事例。又有一次,索本堪布的一条水晶念珠丢了,想不起来放到哪里了,就问灵童,灵童毫不迟疑地说:“在尼沃寝宫,去找!”到那里去寻找时,正如谚语“金口所说无改移”那样,果然在那里找到了。这些事迹可以在人们心中种下认识上师本身是明察三时的真实佛陀的信仰的种子。

又有一个时期,在拉萨发生王臣之间为小事不和,对此灵童虽然不知道细节如何,但是当索本堪布问他“现在拉萨有些什么事情”时,他回答说:“现在拉萨有些乱事。”索本堪布问:“是谁和谁?”灵童回答说:“是摄政金刚持和夏扎争斗。”索本堪布说:“要是那样,请你护佑时局安宁。”灵童多次说:“喔,会安宁,不安宁,……”正反两方面的话。从后来发生的事情看,灵童说的都是金刚语。这样的奇特的事迹还有许多,此处只讲上述这些①。

---

① 拉萨上层的这一次内部斗争涉及面广,延续时间长,对清代后期噶厦地方政局影响很大。矛盾的一方的代表人物夏扎汪曲结布是噶厦地方政府的俗官噶伦,他生于西藏白朗县,原名比喜汪曲结布。少年出家入扎什伦布寺学经,道光七年(1827 年)升任孜仲(僧官),后还俗,转入军界,曾被噶厦派往平定波密之乱,后又受噶厦之命率兵抗击森巴(道格拉统治者古拉伯辛格)入侵者,立下战功,被提升为代本。1843 年经驻藏大臣孟保奏请,道光皇帝批准,擢升为噶伦。1844 年随驻藏帮办大臣赴江孜、日喀则和定日等地巡视,不久被派往康区三暗(也作"三岩")等地考察政教事务。1846 年被清朝皇帝授予二等台吉爵位,赏孔雀花翎。1847 年又前往藏东乍丫地区调解两活佛的纷争。因调解有功,清朝皇帝赐其后代再承袭一次台吉衔。1852 年至 1853 年又以巡边特使的身份前去达旺地区巡视,圆满完成使命,清朝皇帝又赐其台吉世职再承袭一代。此后,他于 1854 年主持了桑耶寺维修工程,完工后又主持刊印了寺志,功绩卓著,被清朝皇帝封为辅国公,加宝石顶戴,同时皇帝赐给桑耶寺"宗乘不二"的匾额。1855 年他率兵前往边境抵御廓尔喀入侵,1856 年参与签订和约。矛盾的另一方的代表人物是第三世热振活佛阿旺意希楚臣坚赞(1816－1863 年),1845 年接替七世班禅担任摄政,清廷封其为阿齐图诺门汗,1855 年他辞去摄政职务,由十一世达赖喇嘛亲政,同年年底达赖喇嘛圆寂,他被任命为代理摄政,1858 年被任命为摄政。从这一年开始摄政和夏扎的矛盾开始爆发。

据说当时摄政热振活佛随便为请求封文、减税凭照、批示、证明文书的人加盖官印。恩赏过滥,无视噶厦等机构的职权,妨碍了地方政府的公务。1858 年,噶伦夏扎汪曲结布对此不满,他先与噶伦扎西康萨私下商议,然后公开提出摄政的做法使政府公务难以正常进行。他得到其他噶伦的赞同,于是决定直接向摄政陈述利害关系。他们首先提出:按照惯例,达赖喇嘛的印章是由基巧堪布保管,加盖印章时需要五位仲译钦莫会齐才能使用,今后摄政公章也应这样使用,这对摄政的声望也有利。热振活佛答道:这样做也很好,由谁来管印,可由噶厦提出办法,我来任命。不过热振活佛是想任命一名僧人掌管摄政官印,没有想到噶伦要插手。噶伦们认为除了夏扎汪曲结杰布之外无人适合掌管摄政官印,于是就拟定方案并盖章呈报给摄政,摄政顿起疑心,于当夜召请基巧堪布到官邸商量问计。基巧堪布认为,这是一个想夺取摄政权力的阴谋,应当追查谁是首先提出这一计划的人。摄政接受了这一意见,于是没有批准噶厦的报告,却免去了夏扎汪曲结布的噶伦职务,并令他回自己在尼木的庄园去闲居。

当夏扎汪曲结布在尼木闲居时,廓尔喀王室的大臣写来一封向他表示问候的信函,夏扎汪曲结布回了一封亲笔信。然而,夏扎汪曲结布的夫人却将此信悄悄拿出,经过强佐旺堆杰布报告给了摄政热振活佛。摄政闻讯,即以夏扎汪曲结布违制与外藩通信之罪名,命噶厦派人查办,欲借机斩除。不过,执行命令的代本吞巴没敢杀死这位连清朝皇帝都知道的官员,只是将他囚禁起来。此后,与夏扎汪曲结布有特别供施关系的甘丹寺僧人设法与他取得了联系,并开始策划新的举措。富有政治经验的夏扎汪曲结布认为光靠甘丹寺僧人反对热振活佛是不行的,应和哲蚌寺联手,并在政府官员中寻求支持。同治元年(藏历第十四饶迥水狗年,1862 年)初,地方政府对参加哲蚌寺法会的僧人从发放粮物改为发钱,每人所得布施的数量也有所减少。甘丹寺僧人遂利用这一机会支持哲蚌寺反对热振活佛。两寺挑选年轻力壮的僧人救出夏扎汪曲结布,隆重迎入拉萨。当夏扎汪曲结布来到布达拉宫下的外石碑处,便下轿朝布达拉宫跪拜祈祷,并让人带去敬献给达赖喇嘛的哈达,在百姓中造成他是奉达赖喇嘛之命返回拉萨的印象。当晚,夏扎汪曲结布发出通知,要拉萨所有僧俗官员和甘丹、哲蚌寺有联系的康巴商人次日到大昭寺集会。由于通知没有说是夏扎汪曲结布召集的,因此许多不明真相的公职人员前来参加会议。会上,夏扎汪曲结布详细讲述了他被安上罪名的经过,以及热振活佛等人如何违反法规欺压百姓,希望大家齐心合力反对摄政,并作了详细安排。他临时成立了一个叫做"甘哲仲基"的组织,召集甘丹寺和哲蚌寺的僧人攻打摄政热振活佛的住所锡德林拉章,这就是著名的"哲蚌寺布施事件"。对于这一事件,《十二世达赖喇嘛传》记载:水狗年(1862 年)2 月 8 日,扎什伦布寺密宗大师前来拜见,"此时,摄政热振呼图克图和甘丹、哲蚌寺的代表之间因鬼魔作祟,发生不和,进而酿成大乱。为此,扎什伦布寺代表司膳官、卓尼和密宗大师等人从中大力斡旋,但未能取得圆满结果"。在夏扎的鼓动下,哲蚌寺僧众至摄政府吵闹,驻藏大臣满庆派粮务委员李玉圃、游击唐怀武等人率清兵前去"弹压",但李玉圃因偏袒哲蚌寺,使事态扩大,哲蚌寺僧人又联络甘丹寺喇嘛,打开布达拉宫的武器库,取出火炮向热振摄政官邸轰击。当时,藏军也参加了对热振活佛喜德拉章的围攻,摄政官邸四周都有代本把守。夏扎汪曲结布指示将大炮安在喀阿东地方,向锡德林拉章开炮。锡德林拉章也开枪还击,于是,这就成了热振活佛向布达拉宫开枪的罪名。事件发生后,热振活佛一面向驻藏大臣禀报,一面也聚众开枪还击,坚持了一天,终因寡不敌众,热振于夜间携带了摄政的印信潜逃。热振活佛逃离拉萨后,取道青海前往北京,向清朝政府控诉。清朝政府一方面派福济为查办大臣,前往西藏查办此事,因当时康区瞻对地方发生部落纠纷,道路梗塞,未能前往;另一方面调粮务委员李玉圃赴京对质,但驻藏大臣袒护李玉圃,"卒不遣去,后来这位担任西藏摄政前后长达 17 年的热振活佛死在北京,此案不了了之"。热振活佛出走内地后,1862 年底清朝任命夏扎担任摄政,赐给诺门汗名号。1864 年夏扎在罗布林卡去世。

章梅切瓦顿珠坚赞（གྲངས་མེད་ཆེ་བ་དོན་གྲུབ་རྒྱལ་མཚན།）、啦卡瓦洛桑勒巴（ལ་ཁ་བ་བློ་བཟང་ལེགས་པ།）、伦波则巴洛桑顿珠（ལྷུན་པོ་རྩེ་པ་བློ་བཟང་དོན་གྲུབ།）学完了《堆扎》的课程，森钦活佛（སེང་ཆེན་སྤྲུལ་སྐུ།）洛桑贝丹群培、嘉钦孜巴洛桑南杰二人学完应成中观第四品，嘉钦孜巴噶钦洛桑桑丹学完《般若》第八章和《戒律论》上、下部，温萨寺贝丹曲扎、洛桑群培、丹曲坚赞、洛桑金巴、丹曲演培等人学完《胜乐本续》，他们通过了考试，灵童给他们分别赠送了奖品。

被称为事成的火羊年（应该是土羊年 1859 年，5 岁）的新年正月初 1，按照旧规举行了施食和新年宴会。由于从土马年的 8 月到本年的 2 月 8 日的记事原本没有找到，在此也只好空缺。

藏历 2 月 8 日上午，阿钦仁布切给灵童献了珠杰传规的长寿灌顶（གྲུབ་ལུགས་ཚེ་དབང་།），当天阿巴札仓的全体僧人向灵童献了与长寿仪轨相关的八宝吉祥物，灵童身边来了很多僧人，他显得很高兴。藏历 3 月 7 日灵童很想去前世的寝室，于是前往。由于是第一次去那里，为了建立好的缘起，于是准备了麦穗切玛盒等，身边的人说还是等上午再去吧，灵童对索本堪布说："啰嗦老者，为什么不让我去寝室！"其说话的语气声音和前世班禅一样。此外，灵童在入定的时候大声念诵"阿热巴扎"，这也和前世念"吉仲阿热巴扎"的情形相同。灵童到了卧榻下面就，一边查看一边做出睡觉的样子，像是回忆起以前的事情。灵童这样回忆前世事迹的情况，难以尽述。藏历 3 月 15 日按惯例举行修供时轮的宴会，当天，大执事英萨曼日瓦因为修复拉堆绛昂仁大寺的受损严重的佛像和殿堂的工程完工，祈愿将此工程的全部善业廻向到怙主灵童身体健康事业兴盛，以及广大国土特别是本地的农牧区僧俗大众现在和久远得享利乐吉祥，灵童吩咐身边的人念诵皈依经、发愿、献敬神哈达等，当他们按照吩咐去做时，灵童非常高兴。

藏历 4 月 6 日，冲布喇嘛阿力（ཁྲོན་སྨུག་བླ་མ་ཨ་ལི།）依止尊胜母祈愿灵童长寿，献曼扎、三依止，向扎什伦布寺“孜”献汉地的马蹄银 19 个，向“雪”献马蹄银 17 个，还有绸缎等大量物品，并对僧众做大布施，灵童到尼沃寝宫，给喇嘛主仆等献礼者摸了顶，满足他们的愿望。这时期阿钦比隆巴（སྔགས་ཆེན་འབི་ལུང་པ།）因水肿而身体很不好，大拉章为了给他祈祷身体健康，特派兑桑林的噶钦南杰随巴到灵童那里请求赐以祝福和哈达。当执事人员请灵童给以指示时，灵童说：“去祈愿健康的人是不是只差一个人？”索本堪布说：“是的，因此请你给一个有力的指示。”灵童说：“我没有办法这样做。”这清楚表明灵童已心知阿钦不久于人世。当索本堪布坚持请求灵童说一些有力的护持的话语时，灵童说：“那么，身体康健、康健，”除此以外什么都没有说。果然，正如灵童前面所说的那样，阿钦比隆巴在藏历 4 月 13 日的下午往生他界（去世）。这件事也说明怙主灵童是具有无碍查知未来的神通的大德。这一时期，灵童也出现了身体泛红略感不适的状况，英萨曼日瓦亲自前来为灵童做祈愿健康长寿的法事，很快灵童就恢复了健康。藏历 5 月 12 日，摄政热振活佛专派地方政府的一名孜仲前来，带来一封摄政祝愿灵童身体健康事业兴盛的信件，并赠送金银、茶叶、绸缎、干果等，灵童高兴地接受，并向孜仲问候摄政活佛身体是否健康，给孜仲主仆数人摸顶并赐吉祥结。15 日是弥勒佛祈愿法会的日子，按照惯例陈列面点，观看噶尔歌舞，灵童高兴地会见了 4 位卸任的堪布。当时，阿钦比隆巴去世后代理他的法座的第一候选人德瓦坚活佛和第二候选人定结活佛二人，在洛桑浦的女神像前遴选，结果选中了德瓦坚活佛，而先前英萨曼日瓦向灵童请问时，灵童也说是德瓦坚活佛会被选中，果然是德瓦坚活佛成为了新的密宗札仓的经师。16 日，德瓦坚活佛向灵童献了哈达和内库金色绸缎等，请求护持，灵童给他摸顶并赐茶问候。22 日,日喀则的商人们前来请求灵童护持降雨,灵童答应了,到闭关室里双手做辩论经典时的手势,念诵咒语“格塔! 迪!”(ཀི་ཐལ། དྷིཿསྐད།)随后又念祈雨的咒语,建立一些好的缘起,最后说:“喔,喔,下雨!”强佐也为了求雨而召集护法殿的僧众供奉大法主白帐天神,灵童又到大经堂的天窗檐下细心观看护持。因此天空中的云朵突然变幻,刮起了大风,灵童突然起立,说:“把风压住!”然后站在神殿的台阶上双目怒视,这时大风立即停息,下起了急雨,其后伴随着雷声雨水缓缓降下,当地的僧俗大众都对怙主灵童加深了信仰和崇敬。其后给大法主白帐天神献了敬神哈达。

藏历 6 月 4 日,是释迦牟尼转动四谛法轮的节日。正如贤哲司徒班钦(མཁས་མཆོག་སི་ཏུ་པཎ་ཆེན།)所说:“为了求得解脱圣道者,想要进入胜谛大海时,词章文字是必备之船,还要依靠智慧的舵手。”对于灵童这样的进入佛门的大德,闻思修等所有功德的根基是声明学的文法,文字的根本是三十个字母,从最初的认识各个字母再到拼读念诵等。为了依次让灵童掌握这些,在当天日出后不久,拉章的所有人员都盛装打扮,迎请灵童到衮塞寝宫的宝座上,在宝座前画吉祥图案装饰,并摆放麦穗切玛、粮食、茶叶、面点等,以及鲜亮的内库哈达和文殊菩萨像、金粉书写的无量寿经和经匣等。接着由兑桑罗布林札仓的法座贤哲南杰随巴代表公私双方向灵童献了内库金色哈达、金铜制造的法轮、文殊菩萨像、金墨盒等。在灵童专注听取的情况下教授噶喀(ཀ་ཁ)开始的字母。首先他祈愿灵童闻思全部经典,到达尊善贤三者的顶峰,像文殊法王宗喀巴大师那样以讲辩著(འཆད་རྩོད་རྩོམ།)的功业使佛法如太阳一样显明,美名传遍从东方的大海到西方出产肉蔻之地,教化各地贵贱的人众。接着教灵童认读从噶(ཀ)开始到阿(ཨ)的 30 个字母。作为给师傅的酬报,赐给了阿西哈达、一匹绸缎和粮食等。当灵童登上尼沃寝殿的座位，在食用面点时，由大执事向灵童献了内库哈达、曼扎、三依止等，灵童接受了英萨曼日瓦吩咐大卓尼尔德准备的羊脂玉的如意一柄、大玉石砚台一个、八宝吉祥物、八宝吉祥徽、国政七宝、法轮、白法螺、金币、银章嘎、呢绒两匹、粮食、金丝缎等各9份。灵童还接受了“孜”和“雪”的四位主要执事为首的朗玛勒参（ནང་མ་ལས་ཚན།）的显贵所献的哈达，并给他们摸顶，回赐吉祥结。当天又是帕索甘丹热杰林和诺布曲科林的夏季集会的日子，由于这些好的缘起，当天在扎什伦布寺的各个殿堂奉献千供和悬挂五色经幡，为集会的僧众供一遍斋僧茶，给密宗札仓和各个护法殿又灵童的拉章增加贡献一道斋僧茶。在大法主山峰为首的各个高处安置供物饰品等。

从藏历6月4日开始到7日，灵童开始学习念诵藏文字母并努力记在心中，能够毫无障碍地准确念诵从第一个字母“嘎”到最后的字母“啊”，此后到25日时，无论写出什么字母给他看，灵童都能够很熟练地念出来。在这一时期，有时是别人请求，有时是灵童自己主动加恩，多次给以求雨的护持，天空中聚集了浓厚的云朵，但是除了一些雨滴以外，没有连续的降雨，所以出现了严重的旱情。在僧俗大众都不知所措之时，上师灵童出于大慈悲，于心不忍，在藏历7月7日用过中午茶饭之后，走到尼沃寝宫的屋顶，说：“这里没有青蛙蝌蚪吗？”叫人下去寻找，结果找到大小三只青蛙，没有找到蝌蚪。灵童认真地看了看青蛙，然后说：“奇怪，众生的业竟然是这样的！”在身边的人们问：“是怎样的呢？”灵童没有给以明确的回答，但是实际上他一定是在给雨主龙王讲说因果的教法，吩咐他降下雨水。这样说的原因是，稍微过了一会，突然乌云翻滚，从正午时分开始，到整个晚上下了一场透雨，由此可见是灵童进行了护佑。

在这个时期，灵童念读文字的各个次第，都好像以前就已经通达那样非常顺利，在说话和诵咒等方面，就如上师夏鲁瓦布顿大师（རྗེ་ཞ་ལུ་བུ་སྟོན།）①、大译师曲炯桑布（ལོ་ཆེན་ཆོས་སྐྱོང་བཟང་པོ།）、上师贝丹旺波德（སློབ་དཔོན་དཔལ་ལྡན་དབང་པོའི་སྡེ།）、纳塘译师（སྣར་ཐང་ལོ་ཙྪ་བ།）等高僧大德，念诵时符合经文的义理，声音清晰。在学习藏文文字时，当今世间普通的学童往往会在拼读时念错一些音，他和那些学童不同，能准确地进行拼读，拼读的方法符合阿努上师（སློབ་དཔོན་ཨ་ནུ།）（指藏文创制者吞米桑布扎）的思想。他学习拼读的情形，正如妙音笑金刚根敦嘉措（二世达赖喇嘛）所说："从幼年时开始，就因天神和上师的广大加持，阅读经典和书写文字等方面，没有学过的内容也已经熟记在心。"灵童由于先前多次转生熏习的智慧，加上今世从一出生就受到上师和本尊神的加持，这两方面结合起来的神力，使灵童在学习所有学识的根基即阅读和书写方面，不需要别人怎么教他，就能依靠自身的领悟掌握所教内容，而

① 布敦仁钦珠（1290－1364 年），元朝后期藏传佛教高僧、著名学者。至元二十七年（1290 年）出生在后藏萨迦北面的官乃地方，父名扎敦坚赞贝桑，是一个修习旧密咒的瑜伽师，母名索南本。他从 6 岁起跟母亲学习读写，又从温·嘉瓦僧格学习算学及文字学等。18 岁时在绰浦寺以羊孜瓦仁钦僧格等人为师受沙弥戒出家。21 岁时到前后藏各大寺院巡回辩经，名声大著。23 岁时（1312 年）在绰浦寺以扎巴宣努等人为师受比丘戒，随后仍在绰浦寺以塔尔巴译师尼玛坚赞为师，学习梵文声明学的经典《旃陀罗波字经》和《声明集分论》，此外还学习诗词、声韵、藻词等，成为名重当时的精通语言文字学和梵藏翻译的大学者。还跟从塔尔巴译师和温波多吉坚赞系统地学习了佛教密宗的时轮教法，对时轮教义和时轮历在西藏的发展起了重要作用。至治二年（1322 年）写成《佛教史大宝藏论》（亦译为《布敦佛教史》、《善逝教法史》），系统讲述佛教在印度、尼泊尔等地弘传的历史以及藏族地区传播佛教的经过，书后附纳塘寺写本《甘珠尔》《丹珠尔》的总目录，成为后来的藏族佛教史家了解藏传佛教历史的必读书，是具有较高参考价值的名著。作为纳塘本《丹珠尔》的编纂人之一，所编《丹珠尔》目录对后世影响很大，后来《丹珠尔》的几种刻本，基本上都是依据他所编定的次序刻印的。他还涂泥封门，专心致志体验和证悟六支加行、时轮金刚等密法，学习各种仪轨，成为能传授各种密法的大师。延枯七年（1320）应后藏夏鲁地方领主古尚扎巴坚赞之请，前往夏鲁寺担任住持。到夏鲁寺后，坚持每天白天讲六座法，系统讲授《量抉择论》《般若》《大乘阿毗达磨杂集论》《人菩萨行论》等经典，晚上为学经僧人传授修行法。还在夏鲁寺创建了显宗讲经院和密宗院，又在夏鲁日浦地方兴建一座大佛殿，建立僧伽，常为弟子讲经。当时从藏族地区各地以及汉地、蒙古、维吾尔和不丹、尼泊尔、印度等地区和国家都有人来跟他学佛，最多时听法弟子达数千人。至正十三年（1353 年）有蒙古王子前来夏鲁寺请求他传法，至正四年（1344 年）和十七年（1357 年）元顺帝的使者两次给他颁发诏书和赏赐，并邀请他到朝廷传法，他以需要静修为由，没有奉诏，让使者带回给皇帝的复信及礼品。布敦大师在连续担任夏鲁寺住持 36 年之后，于至正十六年（1356 年）辞去了夏鲁寺住持职务，到夏鲁日浦常住。二十四年（1364 年）在夏鲁日浦圆寂。

且在诵读时也能够毫无错误地读出，和大德们诵读经文一样，声音洪亮，吐词清楚，这应该说是十分奇特的事情。另外，现今，年龄幼小的人很少读书，不要说年幼的人，就是成年人中依止过贤哲的人，在念诵经文和咒语时也不符合藏地的规则常常出现错误，他们还大谈那些不正确的咒语也能拥有多么巨大的法力和加持力，使得自己和他人都纠缠到邪路上去了。诸如此类情形，他们造成的偏离佛陀的密意的戏论还有很多，因为与本书关系不大，就不在此列举了。

现在还是回到正题上来讲。7 月 20 日，新任定日法官（དིང་རི་ཁྲིམས་དཔོན།）；25 日，新旧格贵前来向灵童献新任和离任的供香，灵童会见了他们。30 日，按惯例举行了当地的宴会。藏历 8 月 2 日，灵童按惯例出席观看贡德林的嘎沙查巴拉施食（གུ་ཧྱ་པྲ་ལའི་གཏོར་བཟློག）跳神法会。5 日，大咒师德瓦坚活佛前来拜见，在排座饮茶时灵童向他问候。这一时期，拉孜地方出现了痘症传染、坚垅地方出现了瘟疫和水痘传染，因此从 17 日起贡德林颇章设为不准往来的禁地，在这期间灵童用心学习念诵，随从向他呈献的各种经文他都独自反复念诵，当时依次献给他的经文有《兜率上师瑜伽》《集经》《无量寿经》《大教诫现观庄严论》等，他都在学习后反复诵习，又像是在复习心中记得的以前学过的经文一样，即使没有教他，他也仅凭自己心力智慧就能够懂得大概。27 日灵童说要解除隔离，索本堪布说："如果您肯做能够终止这些疾病传染的慈悲救护，那就可以解禁。"灵童说："病热现在没有威胁了。"索本堪布问："为什么这样呢？"灵童说："我让她赶走了。"又问："是谁赶走的？"灵童含混地回答了一句，索本堪布追着问："是吉祥天母吗？"回答说："不是。""那么，会不会是红面吉祥天母呢？"回答说："是的。"又问："天母都说了什么？"回答："天母说对疫病有办法。”又问：“是什么办法？”“说要去进行调伏。”索本堪布说：“那么，没有罪过了？”灵童说：“没有罪过了。”从这些对话看，一定是怙主的殊胜的发心真言如雷声驱动了红面吉祥天母的雨云，降下了吉祥甘露，将远近的众生从痘症、瘟疫、水痘等传染病的火坑中解救出来，获得了安乐吉祥。24 日是修供金刚橛的吉祥日子，灵童按照扎什伦布寺的惯例，从头开始学习念诵《法行光明经》，灵童高兴地从“自他天空”处开始，流畅地念诵到“向释迦主尊佛顶礼”，显现了大德具有的特征。26 日，平措林堪布噶钦斯塔多吉辞去职务，经筛选后有 3 人有资格继任，由灵童护持选定噶钦多仁继任。当天由大主事决定，派卓尼尔诺章到拉萨去办理一些公事，还让他向摄政金刚持请安并请求给以护持，他请求灵童考虑给予指示，灵童说：“请安的事已经安排好了，该送些什么礼品呢？”身边的人把准备的各种物品呈献，灵童说：“送这些不够，和这些相比，我们这里有两尊寿星像（མི་ཚེ་རིང་），最好把其中一尊献给他”原来是在这前后，哲布尊丹巴送来了竹根雕的寿星像，于是在 27 日卓尼尔诺章巴前来辞行时，灵童就交给他向摄政问安的哈达和寿星雕像，让其献给摄政，并给摄政带口信说：“请给我加持护佑！”灵童这样的行动，完全是正确依止善知识的高僧大德的殊胜举止。

藏历 9 月 12 日，灵童给 100 多名因阿力克[①]喇嘛（ཨ་རིག་བླ་མ།）去世前来献礼进香的僧俗信众摸顶，还有聂地方、扎果地方的官员和青海的扎萨克等为首的从康区、蒙古先后到达的 1000 余人向灵童献了大量物品，并请求拜见灵童，灵童满足了他们的愿望。18 日，是达赖喇嘛坚白嘉措的期供，燃点酥油灯，出现了吉兆。23 日，甲

① 阿力克为青海的一个藏族部落名称，亦译阿柔部落，原来驻牧在黄河上游地区，道光年间开始移牧到青海湖以北祁连山一带。

拉王（ལྕགས་ལ་རྒྱལ་པོ། 明正土司）①的当群则（ཆོས་མཛོད།）的舅舅和任活佛的儿子到来，在辞别时请求灵童摸顶，在请用茶点时和灵童互致问候和赠送礼品。

藏历10月19日，拉达克来送年供的使者诺诺次仁班觉和赤色堪布一起前来向灵童献礼，并请求摸顶，灵童满足了他们的愿望。在藏历11月里，有汉地、藏地、康区、蒙古等地无数僧俗信众前来拜见灵童。特别是担任日喀则颇本（粮台）的名叫赵安老爷（ཀྲའོ་ཨན་ལོ་ཡེར།）的，在列座用茶时向灵童献了曼扎、经像塔等大量物品，请灵童摸顶，互致问候。另外，在卓尼尔诺章巴从拉萨返回之前，摄政金刚持派人送来了被称为文殊亲选金字的内库长哈达、优质绵羊毛毯、琵琶、护身佛盒做压函礼品的信件，信中说："闻得救护主你已经努力学习念读和听闻，而且不必费力即轻松理解贯通，深感欣慰，祈愿救护主你莲足永固，以事业增益教法和众生的福德。期望不久得以见到你的金面。"灵童一看到摄政的信件，立即高兴地露出了微笑。

藏历12月里，兑桑林札仓的堪布因为腿病，向札仓的女神像请求测算吉凶，决定辞职养病，新接任的色巴喇嘛的转世前来拜见灵童，听取指示，在入座用茶时，他向灵童问安并请求护佑，灵童接受请求，灵童经过思考做了很好的祝福，使得在场的人都十分惊异，升起敬仰。

4日，拉达克来送年供的使者前来敬礼辞行，灵童会见了以使者为主的许多信众。经过从5日开始到8日的几天精心准备，8日

① 明正土司，即明正宣慰使司，为川西嘉绒18土司之一，始建于永乐五年（1407年）。明代为长河西鱼通宁远宣慰司，在康熙四十年（1701年）前仅管十三锅庄，地域不甚清晰。康熙四十年奉谕明正辖管四十八土百户、一土千户。康熙四十年至五十年间先后奉谕兼辖六安抚司（瞻堆安抚司、喇滚安抚司、喇滚安抚副司、巴底安抚司、单东安抚司、绰司甲安抚司）。其辖地为今四川甘孜藏族自治州康定县境内和雅江县、道孚县，凉山州冕宁县境内部分地区。

这天扎什伦布寺吉瓦(管理寺院事务的机构)请求灵童护佑8日的期供法事顺利,灵童回答说:“没有关系,会很顺利。”尽管做了很好的回答,但是刮起了很大的风,身边的人们又一再向灵童请求给以护佑,于是灵童以头触碰身后的白色宝帐怙主的唐卡,口中念诵“吉祥自成的的大法苑”的偈颂,然后说:“虽然我答应护佑,但是我还是幼童,要让今晚的供灯灯火完美,还需要和宗喀巴上师商议。”这样认真地做了祈愿,又做了抬升的手势,霎时间猛烈的强风立即平息,供灯的灯火成为中上之势,这真是一件奇特之事。6日,在密咒殿和兑桑林札仓举行了根本施食法事,灵童会见了当年的弃世修行者和修长寿法者等许多僧俗信众。14日,大经堂的格贵请求灵童护佑怙主莲足坚固、事业兴隆,特别是当天的供灯灯火旺盛,18日在大经堂举行会供时不生差错,灵童答应了他的请求,果然如灵童所答应的,当天供灯灯火特别旺盛,出现了吉兆。16日,代本让琼巴和灵童的舅父辛仓巴等前来会见。

23日,大主事者通过索本堪布向灵童敬献告助礼品和内库哈达,说现今由广西的十余名坏人为首的一些凶徒使得天命大皇帝的臣民们遇到生计无着的大危险①,因此请求灵童给以消灭匪徒、兴隆国政的护佑,扎什伦布寺拉章也请问如何做退敌的仪轨法事。灵童回答说:“皇帝会逐渐地取得胜利,办法是做度母法仪轨,压伏敌人,投掷金刚杵。”索本堪布把灵童的话语转达给大执事者。从

① 这里是指太平天国运动,是清朝咸丰元年到同治三年(1851－1864年)期间,由洪秀全、杨秀清、萧朝贵、冯云山、韦昌辉、石达开等组成的领导集团从广西金田村率先发起的反对清朝统治的农民起义战争,是19世纪中叶中国最大的一场大规模反清运动。1844年(清道光二十四年),洪秀全偕冯云山在广西传教,秘密进行反清活动。1850年夏,洪秀全发布总动员令,号召各地拜上帝会众到桂平金田村“团营”。1851年1月11日,洪秀全集2万余人在广西金田村正式宣布起义,建号太平天国,1852年太平军从广西入湖南,12月占岳阳。1853年1月攻下武昌,震动清廷。2月9日,洪秀全等率领号称50万众、船1万余艘,夹江东下,连克九江、安庆、芜湖,势如破竹。3月19日占领江南重镇江宁(南京),定为都城,改称天京。其后太平军举行过北伐西征,与清军进行了十来年的战争,1864年,以湘军为主力的清军攻陷太平天国首都天京,洪秀全自杀,太平天国运动失败。

那以后，灵童对那些造反的汉人军兵感到有些心烦意乱，说："这些汉人不好，我想要杀死他们，剥他们的皮，把骨头抛到河里去。"索本堪布说："那是大的慈悲，不过对许多人来说，恐怕是无辜的。主要的是在帮助他们解脱的同时将其灵魂引导到法界中去。"灵童说："按我心中想的是要杀死他们，不引导他们。现在按你说的要往什么方向去？"索本堪布说："要往东方去。"灵童说："我现在做一些火供法事，把他们装到口袋里带走。"灵童这些话使人难以思量，我们这些人过后思索也难以理解。24 日，灵童接受升职和新任职的人们敬献哈达。前 12 月的 17 日，灵童在尼沃大寝殿面朝东方登上坐垫时，执事官头戴新官帽，向灵童传达说，大皇帝经军机大臣发布了谕旨，两位满洲驻藏大臣前往嘉塘向英萨呼图克图传达谕旨，谕旨中还有一句，另赐班禅额尔德尼灵童哈达一条，着钦差驻藏大臣即行送往。执事官说明以上情由的同时，还讲了那些反叛大皇帝的人的情况，请灵童护佑皇上①。因此灵童将皇上所赐的哈达挂在颈项上，按照惯例行九叩首礼，然后升上宝座，从大执事官至小执事等，依次向灵童敬献了哈达，在排座宴请之后，灵童给他们赐了满意的礼品。当天由护法殿的僧众做了赞颂战神的法事，给僧人发放了布施。

藏历 12 月 28 日，詹东家按照惯例为灵童举行迎新年的仪式。次日，大咒师请求灵童护佑密咒札仓的大施食并观看法舞，灵童答应了，果然当天的"二九朵玛"（དགུ་གཏོར། 腊月 29 日的施食法事）进行得称心如意。30 日，按照惯例举行了除夕晚宴。

这样，已经将这一年中除了几件特别的事情以外的灵童在世间的繁杂事务做了记述，以下再简述他在这一年中的几件奇特的

① 1858 年到 1869 年间，洪秀全起用青年将领陈玉成、李秀成，与清军在南京周围的安徽苏南等地激战，几次打败清军，是双方战斗最激烈的时期，故有请班禅护佑之说。

事情。他在这一年中和上一年一样不间断地做礼供佛像和念诵的功课。在藏历3月10日,他在尼沃寝殿的森噶(གཟིམ་དཀག)(传达警卫员)做献沐浴和观想时,当时寝殿上方的天空中没有一丝云彩,非常晴朗,却像下雨那样零星飘下一些雪片。灵童为此非常兴奋,说:"如果我们能够抓住这些雪片,就会很有看头啊。"这肯定是大怙主灵童做献沐浴时,喜爱佛法的众神降下花雨,而且有十方诸佛菩萨前来会聚。又有一次,灵童去观看和护佑护法殿的僧人聚会时,在护法殿僧人还未做为佛子祈寿的法事时,灵童拿起法器转动,口中说:"奇怪,我怎么想不起做祈寿法事时手鼓怎样敲打呢,看看护法殿僧人们怎样做的吧。"这说明灵童今世虽然还没有自然了知前世做法事的情形,但是从他说的这些话可以知道他在回忆前世的做法事的情形,令人不可思议。还有一次,当灵童身边的人在议论大怙主接受出家戒的事务时,索本堪布向灵童讲说拉章和普明寝室里都有些什么佛堂,忘了讲拉章有卓玛拉康或称平措普明佛堂,灵童说:"此外一个也没有了吗?"索本堪布说:"我记得没有了。"灵童说:"那么,卓玛拉康也没有吗?"这一问让在场的人全都惊奇不已,对灵童升起无比信仰。灵童以前并没有听说或者看到拉章和普明寝室,但是他脱口而出问起卓玛拉康的事情,这说明灵童的确是前世历辈班禅额尔德尼的真实无误的转世,对公正智慧的人们来说,这没有什么可以隐蔽的。此外,灵童还有许多回忆起前世的事迹,彰显着深知过去、未来、现今的智慧的。还有一次,对着护法殿有一个名叫噶钦达周的僧人,灵童说:"他的法名叫什么,应去问问。"身边的人去问了回来说法名叫阿旺群培。索本堪布等人议论说:"从这两个名字看,是不是一个竹巴喇嘛(འབྲུག་པའི་བླ་མ།)给他起的名字?"灵童说:"不是竹巴,应该是一个江孜的人起的名字。"于是再派人去问,果然说是江孜的根本上师所起的名字。

又有一次，索本堪布给灵童讲了王子顿月顿珠（གཞོན་དོན་ཡོད་དོན་གྲུབ།）的传记①，问他："这个故事好听吗？"灵童说："好听。"涌出了眼泪。索本堪布问："你怎么哭啦？"灵童只是说："这个故事太动听了。"尽管灵童没有细说，实际上这是灵童想起前世往事的殊胜表现。这样的事例还有很多。

另外，在这个时期，灵童在三密的各个方面也表现出高僧大德的举止，他对法相学的辩经表现出非常喜爱的样子。有一次，他对身边的人问："天空是空的吗？"人们回答："是空的。"灵童说："那么，雷声是什么呢？"灵童在刚开始学会说话后不久就这样对道理具有理解力，善于提出辩词，是高僧大德殊胜的表现。有一次灵童说："从明天起我要学习法相学，应该怎样做呢？"身边的人向他说要像前世那样，在尼沃寝殿设立法苑、侍奉高僧，得到教导时要和侍读们一起脱帽致敬。灵童很高兴地说："这样的话，辩败了的话，一定很丢人，能不能跑掉呢？为了不丢人，我首先要好好学习。"说了多次"天空为空之因"，表现出他对辩论的事情特别关心和喜爱。有一次恰夏（ཕྱག་ཤར།）森本对姐姐说："嘴是嘴唇等这些东西的含义吗？"姐姐说："嘴是口腔。"恰夏又说："作为口腔的嘴在哪里？是空的。"灵童说："口腔不是空的，因有舌头之故。"恰夏又说："舌头不也是空性的吗？"灵童说："若舌头是空，那么口里黑黝黝的是什么？"虽然灵童从来没有听习过摄类学和推理，但是能够这样使用辩词问答，的确是十分殊胜的。一般的人，不要说不学而知，就是经过多方努力学习，也仍然对词义的辩证不能理解，结果一遇到需

① 又名《顿月顿珠兄弟》，著名的八大传统藏戏之一，是蓝面具藏戏迥巴戏班的保留剧目，亦为昌都戏常演剧目，系藏族典型的人情世态剧，为18世纪五世班禅洛桑益西所作。内容为名为巴拉德瓦的多巴桑林国国王先后娶了两位王后，各生一子，起名为顿月、顿珠。长子顿珠的母亲早逝，顿月的母亲为让顿月继承王位，要挟父王把顿珠放逐，但是两位王子感情很好，顿月和顿珠一起离开。兄弟两人经历各种生死磨难，后来顿珠成为高恰国国王，顿月回到巴桑林国继承了王位。

要辨析的词语，就像乌鸦见到放箭一样，心生畏惧，说不出话来。

在藏历9月4日，灵童对身边的人说："昨天晚上我做了许多奇特的梦。"人们问："都是些什么梦？"灵童说："梦见金刚持上师来了，前面有太阳和月亮，太阳和月亮之上还有许多东西。"一开始灵童还有点神情恍惚的样子，说了几句以后就不再详细说了，不过从这几句话推测，当晚灵童一定是梦到了他的根本上师（རྩ་བའི་བླ་མ།）热振金刚持和本尊神的清净见相，见到一些奇异的景象。又有一次，当僧人聚集在自己的僧舍里拜佛时，灵童来到僧舍的门口，问"僧人们聚集在里面做什么？"身边的人回答说："在拜佛。"灵童说："是在拜金刚手吗？"真稀奇，这是灵童用预知的神通做出的判断，在佛像台座上真的有一尊利马铜制的金刚手小铜像，拜佛的僧人们正在向金刚手礼拜并念诵皈依金刚手，这使得聚集的僧人和索本堪布等全都对灵童生起无比的信仰。另外，灵童在身语意三门方面的举止，都远远超出一般的人，完全是一个佛子高僧大德的形象。这些事迹只能做以上的简略介绍，如全部讲述，恐怕文字太多，故不赘述。

此年中，乃宁寺[①]却康巴洛桑顿珠学完了《堆扎》课程，章美切瓦顿珠坚赞、达摩瓦洛桑雍仲等学完了《应成中观四部》，温贡巴丹曲养培、洛桑贝丹、更敦群培、洛桑楚臣、洛桑丹达、尊追坚赞、洛桑嘉措、洛桑赤列、格桑赤列等学完了《胜乐本续》，曲科尔伦布瓦强巴扎西学完了《慈氏五论》，在灵童面前通过了考试，灵童给他们分

① 乃宁寺全称乃宁曲德寺，亦译南尼寺，位于日喀则地区康马县南尼乡。吐蕃时期，由莲花生弟子强拜桑布创建。原属宁玛派，10世纪改宗噶当派，宗喀巴曾多次在该寺学法和居住，该寺15世纪改宗格鲁派，与扎什伦布寺关系密切。该寺占地面积6.5万平方米，主要建筑包括围墙、佛堂、佛塔、欧子札仓、吉察札仓、曲康札仓、定结札仓、额古夏札仓、那布札仓等，均为夯土建筑。围墙南北长384米，东西宽170米，高5米，厚2米，墙体大部存留至今。1904年6月25日，英军攻打乃宁寺，当地军民进行了顽强抵抗，爆发了乃宁寺大血战，寺院殿堂大部被毁。近年拍摄的电影《红河谷》，很多场景即拍摄于该寺。

别赐了奖品。

阳铁猴年（1860 年，六岁）的新年正月初一时，灵童出席了按照惯例举行的新年喜宴。初 6，去向地方政府呈送新年贺礼的使者们前来向灵童辞行，灵童让他们带去给达赖喇嘛灵童和摄政金刚持的问安信件和哈达。从正月初八到 3 月 8 日，灵童的事业日益增盛。在 28 日，阿嘉呼图克图[①]（ཨ་ཀྱཱ་ཧོ་ཐོག་ཐུ）的司库前来献礼拜见灵童，在用茶时互致问候。灵童接受了来为阿塔室利格图洛桑丹巴达尔吉做超荐法事的人以及来自藏区、蒙古和康区的许多信徒的拜见。（3 月）9 日，乌珠穆沁亲王[②]（ཨུ་ཇུ་མུ་ཆིན་ཆིང་ཝང་）的托因（ཐོའིན། 蒙古语称出家僧人为托因）敬献茶饭拜见灵童，在茶座上向灵童问安。特别是这位托因带来了亲王请求护持的信件以及呈献给灵童的汉地的马匹等。亲王在信中赞扬了这位托因，并说在此前即把自身的苦乐全部都托付给了怙主班禅额尔德尼，希望今后仍然给以护持。现在自己在专注于佛法事业，特别是发愿建造贤劫千佛佛像、供养万名僧人的资具，希望护佑完成，实现心愿。还说派遣此托因来藏地学法，希望他学业增进成为佛法和众生的福田，在他学成返回故乡之前，请灵童对他加以护持。灵童接受了亲王的信件，并在用茶时给托因和阿嘉扎萨克（ཨ་ཀྱཱ་ཛ་སག）等赐了护身结等物，另外给托因赐了僧人用品，给亲王回赠了礼品，并说："这是给亲王的报答，你要努力读书，我会对你护佑。"此外在这期间，灵童会见了来此聚集的很多僧俗信众，以自然的三密的形象满足了一

① 阿嘉呼图克图为青海塔尔寺的主要活佛之一，据称是宗喀巴大师的父亲的转世，是塔尔寺的寺主活佛，清代为驻京呼图克图之一。

② 乌珠穆沁为内蒙古的一大部落，明代成吉思汗 16 世孙图罗博罗特由杭爱山徙牧戈壁南，他的第三个儿子翁滚都拉尔开始称所部为乌珠穆沁，蒙古语意为葡萄山的人，因为他们原在阿尔泰山脉葡萄山一带驻牧，故名。明末，乌珠穆沁部落首领道尔吉与林丹汗不合，率所部迁到克鲁伦河一带驻牧。崇德元年（1636 年）归附后金。崇德六年，道尔吉受封为扎萨克和硕车臣亲王。顺治 3 年（1646 年）分乌珠穆沁部置左翼和右翼两个旗。和硕车臣亲王世代掌管右翼旗。今乌珠穆沁左旗和右旗属内蒙古锡林郭勒盟。

切前来拜见的信众的心愿，使得他们眼含热泪，赞扬和祈愿之声传遍各方。

当时，热河总理堪布[①]（ཞེ་ཧོར་ཙོང་ལི་མཁན་པོ།）冲布巴去世，从3位继任候选人中，灵童安排护持谢巴噶钦顿月继任。贝子恰那多吉供奉的喇嘛噶钦洛桑群培赤列嘉措去世，对于他的转世何时降生、新建寺院、丹吉林的所依能依（经像塔）及大量物品的处置等，灵童给予了护持，特别是选择能够护持当地的众施主的新的上师，灵童从3个候选人中选择了冲布巴噶钦多吉顿珠，并加以护持。当天，萨迦的达钦仁布切（ས་སྐྱ་བདག་ཆེན་རིན་པོ་ཆེ།）（萨迦法王）在从拉萨返回的途中前来会见。首先萨迦达钦向灵童致礼并从头部开始赞颂吉祥，最后献了有37堆珠宝的曼扎，并说："为祝愿大怙主百劫中莲足永固，事业广大而敬献。"萨迦达钦向灵童奉献了以曼扎和经像塔为主的金银绸缎等大量财物，向三宝祈愿，祈祷祝愿实现。按照先前之例，达钦和灵童行了碰头礼，相互在颈部挂了哈达。灵童会见了达钦的儿子、随从，以及和他们一起的康区、蒙古和藏地的许多信众。为报答达钦仁布切的盛情，灵童往茶碗里倒上茶，由大厨师端给达钦仁布切，然后再奉上米饭面点（བཞེས་འབྲས་དཀར་སྒྲོ།）等，灵童赠给达钦仁布切护身结和佛像等，再次行碰头礼，达钦请灵童从各个方面给以护持，灵童高兴地答允了他，对达钦仁布切礼貌热情地送行，地区的随从人员也为灵童的会见而兴奋。

10日，驻藏大臣满泰（སྨན་ཨམ་བན།）在巡视边地的途中前来会见致礼，灵童在尼沃大寝殿会见了他们，互献哈达，灵童问："驻藏大臣身体安好？"驻藏大臣十分高兴，敬献了呢绒、佛像等。陈

① 约从乾隆初年开始清廷在承德设总理堪布一名，驻普宁寺，管理热河藏传佛教寺院的宗教活动。六世班禅到热河为乾隆皇帝祝贺七十大寿后，热河总理堪布一职由班禅从扎什伦布寺高僧中选派。

列茶点、米饭等款待时，灵童对驻藏大臣说：“请用！”驻藏大臣对灵童说：“保重身体！您几岁了？”灵童毫无障碍地给予了回答，使大臣欢喜敬信，对随行的官员和灵童身边的索本堪布、森本堪布等人赞扬说：“大怙主成长很快，身体洁净，语言清晰，动作举止各方面已如成人，令人惊奇。”同时对如何服侍灵童的事务做了指示。在驻藏大臣离开时，灵童亲手给大臣赠送了内库哈达、佛像、帽子等，并说：“希望不久就相见。”大臣说明巡视边地的路线，特别是从定日绕行，清理卫生，有 1 日空闲可以见面。”灵童还满足了陪同大臣的多仁台吉等藏人和仆役等汉人因公因私前来拜见和办事的人们的愿望。

18 日，上述的前来办理绒巴喇嘛去世后的超荐法事的佐巴曲杰格隆益西坚赞、察沃强佐达瓦多吉等人，在尼沃大寝殿举行尊胜母仪轨法事，祈愿灵童莲足永固、上师的转世清楚显现，祈请灵童护佑逝者和生者。佐巴格隆的前行赞颂如从曼扎和三依止发出的胜利鼓声。他们在扎什伦布寺的孜和雪奉献了汉地马蹄银 100 锭，绸缎各 100 匹。灵童从曼扎里抓起一撮青稞抛洒，向三宝祈愿，满足他们的愿望。灵童接着还会见了很多僧俗信众，他们给扎什伦布寺的僧众熬茶供饭，给每名僧人布施 7 个银章嘎和绸子一段。他们还另外给灵童献了汉地的马匹，请求灵童指示上师是否已经转世，转世于藏地或蒙古的何处。20 日，灵童指示说，现在转世与否还不能断定，不久将在蒙古出现，是在蒙古土谢图王[①]（ཐུ་ཤེ་

① 土谢图部为清代漠北蒙古最主要的一部。明代中后期，成吉思汗十一世孙达延车臣汗游牧于杭爱山一带。其第十一子格哷森札札赉尔珲台吉所部号曰“喀尔喀”，分为左右两翼，共 7 旗。格哷森扎札赉尔珲第三子诺诺和掌管喀尔喀左翼，诺诺和长子阿巴岱拜见过三世达赖喇嘛，回到蒙古后号称“斡齐赖赛因汗”。阿巴岱之子额列克号曰“墨尔根汗”。额列克长子衮布始称“土谢图汗”，与车臣汗、札萨克图汗并称喀尔喀三汗。康熙二十七年（1688 年），蒙古准噶尔部大举进攻喀尔喀部，衮布之子察珲多尔济和一世哲布尊丹巴率土谢图汗部内附，康熙三十年（1691 年），置土谢图汗部，辖 17 旗。清廷在土谢图汗 1 人，札萨克和硕亲王 2 人，札萨克多罗郡王 2 人，札萨克固山贝子 2 人，札萨克辅国公 6 人，附公品级一等台吉 1 人，札萨克一等台吉 8 人。

ཐུ་རྒྱལ་པོ།)额尔登觉的辖区出现，将会得到护佑。22 日，为前去担任达珀义仁郡王和多罗贝勒噶尔丹丹迥次仁等人的上师的勒林巴额尔德尼诺门汗噶钦格桑却朗去世，前来办理超荐法事的洛桑南杰，在灵童的寝殿祈愿灵童长寿，奉献了曼扎和三依止等，还在扎什伦布寺的孜和雪敬献了汉地马蹄银 112 锭，以及大缎、呢绒、布匹、地毯、珊瑚串珠等大量物品，并给扎什伦布寺僧众多次熬茶供饭，给每名僧人布施 10 个银章嘎，灵童热情地会见了他。

当时旱灾严重，灵童在日喀则的池塘（ཚལ་རྫིང་།）附近的龙王殿（ཀླུ་ཁང་།）前面举行了献沐浴和祈雨法事。在献沐浴法事开始时，天上响起了雷声，同时下起了及时雨，那以后接连几天都在下雨，使所有的农夫从干旱的痛苦中解脱出来，使一方生灵感受到大怙主的慈悲，祈愿和颂扬的声音处处响起。25 日，举行时轮金刚修供仪轨，修供的僧人按照惯例前来拜见灵童，灵童给他们摸顶并赐吉祥结。

藏历 4 月 1 日，驻藏大臣满泰从定日巡边回来，特意换上新衣，穿戴整齐到灵童身边会见，和灵童互换哈达，灵童像前次一样非常高兴地和他轻松谈话，在离别时也互赠礼品，使驻藏大臣对灵童非常敬信。在这前后，有很多前来辞行的汉藏人等和前来拜见的僧俗信众，灵童满足了他们的心愿。

藏历 5 月 6 日，灵童会见了卸任森本堪布桑吉和防盗官美务宁甲（ཛག་དཔོན་དམེ་པོའི་སྙིང་རྒྱལ།）等为摄政主仆来后藏做准备的僧俗人众。关于这位防盗官，按他人的说法，以前有包括他的两个兄弟在内的 40 个人死于他的刀箭之下。有可能是因为灵童会见他们时中了邪气，总之，当天黄昏时分灵童对索本堪布脱口说道："这一两天内好像不对啊。"随即气血上涌，突然出现昏迷的状态。于是请扎什伦布寺的上师活佛们来查看，按他们的意思放生 100 只羊为灵童赎命，并念诵《甘珠尔》和《丹珠尔》经举行广大修法法事，并按灵童自己的话语服了很多药。从10日开始的几天中，由兑桑林札仓卸任堪布定结活佛为灵童做了除秽洗礼，在宗喀巴大师、大威德金刚、马头明王像（ཏ་མགྲིན།）前做了多次禳解病魔的法事。英萨呼图克图也做了为灵童祈寿的法事。由于灵童本身的发心特别是由于灵童本人的专注信心，向摄政金刚持祈请护佑，加上灵童父亲家的各位家人、定结活佛、身边的索本堪布、森本堪布、却本堪布、灵童的姨妈、大卓尼尔等聚集一起，为灵童做了祈寿法事，灵童的父亲和叔父、拉曼巴东朗等人随时为灵童诊治，及时进药，由于以上各种因素的力量的会聚，21日以后，灵童如月亮穿出浓厚的乌云重放光华那样，脱离了病相，作为具缘信众的顶饰，重新绽放光彩。

24日，由定结活佛为首的护法殿的僧人们，为灵童举行了大觉卧佛像酬补献酒仪轨（གསུང་བསྐང་གསེར་སྐྱེམས།）集聚功德。灵童登上尼沃大寝殿的法座，会见了拉达克的送年供使者和蒙古辞行僧人为首的许多僧俗信众。当天从拉萨送来了摄政金刚持祈愿灵童长寿的信件以及长寿丸、摄政亲手制作的盐泥无量光佛像、马匹、绸缎等，灵童非常高兴，亲手写了请求护持的回信，以一尊羊脂玉和尚像为压函礼，派人给摄政送去。

藏历6月1日，为大祈愿法会的喜宴做准备，使得众人都沉浸于喜乐和敬信之中。此年中，摄政金刚持为首的汉藏钦差官员为灵童坐床升座而前来，摄政金刚持为了使灵童成为教法的顶饰，提供了翻修班禅住所贡德林的资具，又为居巴札仓敬献了殊胜的八宝吉祥物，因此推迟了灵童坐床的日期。7日，居巴札仓的全体僧人聚会，按照惯例举行了广大的敬献八宝吉祥物的善缘法事。13日，为了达赖喇嘛（译者注：此处指十二世达赖喇嘛·赤列嘉措（1856－1875年），生于西藏山南娘布地区的沃噶宗精其寺附近，父名平措次旺，母名次仁玉珍，家庭为巴卓娘仓氏。清咸丰八年（1858年）正月在拉萨布达拉宫由驻藏大臣和摄政热振活佛等举行金瓶掣签，认定他为十一世达赖喇嘛·克珠嘉措的转世灵童，并由热振活佛为他剃发并起法名。十年(1860 年)7 月在布达拉宫坐床,由驻藏大臣颁给诏书、礼品。当时西藏统治集团内部发生斗争,同治元年(1862 年)摄政热振活佛失败后带领少数随从逃出拉萨,到北京向清朝政府申诉,在京圆寂。噶伦夏扎掌权,清朝封给诺门汗名号。同治三年(1864 年)十二世达赖喇嘛在拉萨大昭寺以德柱活佛钦饶旺秋为师受沙弥戒。十二年(1873 年)亲政。十三年(1874 年)到甘丹寺参加巡回辩经,并去曲科杰寺朝礼。光绪元年(1875 年)3 月 4 日患病,延至 20 日在布达拉宫日光寝殿圆寂。)在 7 月初 3 的坐床仪式,派却本堪布吉仲尼玛曲扎、卓尼尔南喀平措二人前往拉萨献礼,在他们向灵童辞行时,灵童吩咐他们代向达赖喇嘛、驻藏大臣、摄政金刚持问安。19 日,在灵童骑行外出之前,收到摄政金刚持的回信和一对古旧金器等礼物,使灵童非常高兴。藏历 7 月 2 日,灵童会见了大经堂的格贵、阿巴札仓的戒师等人,因为当天按律经所说是初 5 日(ལྔ་མཆོད།),因此做了初五的灯供,出现了吉兆。3 日,达赖喇嘛在拉萨坐床,福音遍传,经幡飞扬,兑桑林卸任堪布定结活佛洛桑丹巴坚赞贝桑布给灵童献上祝福成为教法宝冠的见面哈达和有 37 堆珍宝的曼扎,祝愿灵童以闻思修、贤德善、讲辩著等正行之门,护持增盛佛法,在百劫之中莲足永驻,奉献教证功德所依的前行礼品内库哈达、曼扎、三依止、八宝金刚石等,灵童以头触碰三依止,恭敬地接受了礼品。在随后排座用茶时,又敬献了黄色哈达、白色文殊像。在祈愿完成后,定结活佛领灵童念诵了给曼扎的底座涂香的七首偈颂,从法行皈依颂的开头,念诵到"释迦主尊前顶礼!",还教灵童念诵了《文殊菩萨礼赞》(འཇམ་བསྟོད་གང་བློ་མ།)、《白色文殊礼赞》(འཇམ་དཀར་བསྟོད་པ།)如明月洁白等偈颂。灵童高兴恭敬地给定结活佛献了内库哈达,并行了碰头礼。

这时期,灵童会见了热河总理堪布(ཞེ་ཧོར་ཚོང་ལི་མཁན་པོ།)谢巴噶钦顿月和噶钦顿珠二人,他们的名字吉祥,刚好又有人来请灵童观赏新排的歌舞,成为很吉祥的缘起。当天在享用茶饭时,灵童的父母、索本堪布、森本堪布、强佐、吉尊格桑在场,灵童接受了永增仁布切(定结活佛)赠送的白色文殊像,灵童还复述了许多赞颂词语,还让索本堪布记录下来。灵童说:“我要造赞颂白色文殊的偈颂。”随即脱口而出地赞道:“向持宝剑文书者顶礼!法轮手印严饰天神身,头顶绿玉镙髻显华美,双脚盘曲结成跏趺坐。”对此除了永增仁布切将最后一句改为“双脚结金刚跏趺如意端坐”外,身边的随从人一点也无能改动。这样的事迹是尊胜怙主的本性的无量显现,是贤能成就的大德的转生世系的证明,如同草坝上的母鹿一样明显清晰,使人神众生全都难以效仿。6 日,跟从永增(ཡོངས་འཛིན།)学习念诵从上述的皈依经文的中止处到“向善教诲上师顶礼”,以及等虚空颂、白色文殊颂、明月颂等偈颂,灵童认真听习。在这一时期,灵童对永增仁布切所献的白色文殊像等三尊文殊像表现得特别喜爱恭敬,显现出大德的行为。从那以后,灵童对各种光明法行以及随时所教的念诵等都能毫无困难地理解。

25 日,新旧大经堂格贵和阿巴札仓的戒师向灵童敬献香样,其后,灵童会见了白居寺(དཔལ་འཁོར་ཆོས་སྡེ།)的巡回辩经者、色拉寺和哲蚌寺的几位比丘以及来扎什伦布寺聚集的僧俗信众,给他们赐了吉祥结。26 日,灵童出席地方举办的宴会并观赏歌舞表演,与素尔西经师、大法官等人互致问候,会见了许多汉、藏僧俗人员。29 日,灵童观看了格夏多罗巴拉期供施食的跳神法舞,会见了从各方前来会聚的大量信众。

藏历 8 月 16 日,灵童的父亲要去从擦绒温泉洗浴,前来会见,并从各方面对灵童给予教诲。次日,却本堪布和卓尼尔等人从拉萨返回,灵童在用茶时对他们慰劳,他们转达了达赖喇嘛、摄政、驻藏大臣等人对灵童的问候,并呈递他们的礼品。由于灵童有预知的功能,知道这次摄政等人捎来的礼品是一些赏玩的物品,因此当却本堪布请求带着自己的礼品到灵童身边来呈献时,灵童之前没有看到和听说是什么礼品,却脱口问道:“这次你给我送的是一只钟表和一把小刀吧!”而这次却本堪布附带呈献的礼品果然是一只钟表和一把可以折叠的小刀。

藏历9月5日,去向摄政问安和送礼的卓尼尔噶章前来辞行,灵童让他代向摄政问安。7日,英萨诺门汗向灵童献曼扎、三依止、茶包、酥油包、呢绒等大量物品,先行与灵童会见,在用茶时他和灵童互致问候,并高兴地进行了交谈。10日是一个星辰会合圆满的吉日,是为灵童举行剃发穿袈裟仪式的日子。在剃发换装的同时,寝宫的房顶响起吹奏法螺、笛子、唢呐的声音,响遍各方。其后,在灵童登上尼沃寝殿三界殊胜的宝座后,在用茶饭后,由英萨呼图克图祝愿灵童莲足永固,登上贤德善(མཁས་བཙུན་བཟང་གསུམ།)之顶,以讲辩著三门如太阳一样显明,向灵童敬献了曼扎、三依止、色泽光亮的大缎、两枚银章嘎等。在灵童听受金刚语后,英萨诺门汗等执事以上的人员向灵童敬献了哈达,灵童回赠吉祥结。此时蒙古上师噶钦丹巴群培的向灵童问安的使者刚好到达,成为未经安排而自然成就的良好缘起。另外,许多僧俗信众在这时见到灵童的相好庄严,在场的贵贱人等全都发出感叹,上师看起来年龄很小,但是身相美妙,特别是穿上袈裟作出家装束以后,身相华美威严,使人一见就会目不转睛,拜见后就会让人生起真实的坚固信仰,热泪盈眶。当天的天气也好像是有意安排的一样非常美好,寝宫屋顶上旗幡飞扬,法螺吹响,各个佛殿也举行了奉献五5种千供的法事。此后,永增仁布切向灵童敬献了黄色哈达,祝愿灵童莲足永固,灵童与永增仁布切行碰头礼,接受了永增的祝福。永增随即教他念颂佛陀教灯,灵童即口齿清楚地念诵。当时,灵童对穿上僧装显得特别高兴,身边的众人说现在只是穿上僧装,还没有受戒,行为举止还不必像僧人那样。但是灵童在这样幼小的年纪就在起身、做事、休息后都自觉地如戒条规定的取水洗净,从各个细小之处学习，这显然是因为他的历辈前世都是持戒严谨的高僧而形成的习气。11 日，灵童外出巡游视察。15 日，派遣索本堪布到江孜去迎接以摄政金刚持为首的噶伦多喀瓦和贵族、扎萨克喇嘛一行，并向摄政问安献礼①。英萨诺门汗动身去白朗迎接时，灵童又让他向摄政问安献礼。这时期，又有摄政金刚持和噶伦、扎萨克喇嘛派来向灵童问安献礼的卓尼尔等先后到达。20 日，索本堪布回来。次日，摄政金刚持在受到设灶郊迎后，在吹奏法螺和手提熏香的僧队的引导下到达扎什伦布寺，在供殿贤劫威光殿的灵塔献千份五供和敬神哈达，向前世班禅额尔德尼的唐卡礼拜，在吹奏法螺的僧众的引导下来到贡觉林寝宫，稍后被引导到灵童居住的尼沃寝殿，相互致礼，互献哈达。摄政向灵童献了曼扎、三依止，灵童恭敬接受，和摄政行碰头礼。随摄政来的官员随从等向灵童献了见面哈达，英萨诺门汗等灵童的高低侍从向摄政献了哈达，随后陈设面点。这时灵童向摄政问候达赖喇嘛身体是否健康，并给大小官员随从的碟子里放上食物。用茶点以后，摄政和灵童师徒等人在灵童的普明寝室里像家人一样一起用餐。在这期间，摄政和灵童由于历辈以来互为师徒的习气觉醒，双方毫无顾虑地轻松交谈。灵童说："我一直等着你来，你到现在才来。"这些像家人一样的话语，使得摄政金刚持对灵童从心里升起敬仰之情。23 日，在尼沃寝宫用餐时，摄政金刚持及其随从向扎什伦布寺孜和雪奉献了大量物品，然后和灵童一起护持普明寝殿，当天随同前来的大小官员向孜献了哈达。24 日，在普明寝殿，摄政金刚持、扎萨克喇嘛、摄政的侄子等拉萨前来的人士向灵童献了他们自己的礼品，有曼扎、三依止以及金银绸缎和茶包等大量物品，英萨诺

① 咸丰十年（1860 年）3 月初 1 日上谕说："又奉谕旨：满庆等奏，班禅额尔德尼坐床受戒请派照料一折。班禅额尔德尼呼毕勒罕现届坐床，又值受戒之期，达赖喇嘛尚属年幼，未能前往。前班禅额尔德尼披剃更取法名时，经呼征阿齐图呼图克图前往办理，甚属吉祥，仍著派令前赴扎什伦布照料坐床受戒，以示朕振兴黄教至意。"

门汗也献了漂亮的玛瑙鼻烟壶、大小钟表等,共同进餐,做了推心置腹的交谈,灵童非常高兴。26 日,奉命照看坐床的钦差驻藏大臣恩庆[①]到达,前来看望和问候灵童,灵童也对恩庆大臣致以问候。随行前来的僧俗官员和贵族人士等向灵童献曼扎、三依止等,灵童高兴地问候他们并赐吉祥结。29 日,恩庆大臣前来会见,和灵童互换哈达,互相问候。谈话中恩庆大臣说了“此次奉钦命照看怙主班禅额尔德尼坐床,实是一善缘”等许多话语,灵童都一一给予合适的回答,使在场的汉藏人士都感到惊奇,皆生起敬信。

由于藏历 10 月初二是值水漏的日子(ཆུ་ཚོགས་ཀྱི་ཉིན་མོ།),为消除疑虑,在初 1 日就在草地上搭建帐房,那里的中间是蒙古包和会客的帐房,周围是精心布置的用黄布围成的围墙等,画有九宫八卦(སྲིད་པ་ཧོའི་སྤྱག་རྒྱ།)、四面护法(མགོན་ཞལ།)、法王(ཆོས་རྒྱལ།)、防痘疹神(ཟ་བེག་རྡོ་པོ་རྣམ་གསུམ།)等。按照旧规,班禅额尔德尼出行要有大皇帝恩准的 40 名举旗开道的骑士,他们和抬轿的轿夫都戴有孔雀翎的帽子。当英萨诺门汗手捧内库哈达和曼扎、三依止,请灵童动身去扎什伦布寺时,灵童说:“好的!”临上轿时英萨诺门汗说:“现在到时间了。”灵童说:“喔,喔,现在就走。”正如有诗所言:“对梳四分发髻的贤哲,由传达官对他们发命令,殊胜各方的吉祥威严,由手持胜利宝幢者显明。”灵童在众人簇拥下起身,使得在场的众人都十分惊奇。此后,犹如帝释天受众神环绕,又如明月被众星捧出,灵童乘坐大皇帝所赐的黄轿前行,有高僧、官员、扎萨克及有职司的侍从随行,前有唢呐、笛子等奏乐引导前往寝帐。当灵童的莲足踏

① 咸丰十年(1860 年)2 月 22 日的上谕说:“又奉谕旨:班禅额尔德尼呼毕勒罕于本年 10 月初 2 日坐床,著派恩庆会同色呼本诺门汗前往看视。所有颁给敕书赏赉等件,著理藩院拣派司员二人驰驿赍往。其沿途经过直隶、山西、陕西、四川等处地方,著各该督抚派委道、府、副、参大员妥为护送。并著曾望颜于司库提银 1 万两,俟该司员等到省时交给带往,一并赏给班禅额尔德尼。至打箭炉以西,著该督知会前途照例预备马匹,勿致迟误。”

上帐前地上画的吉祥图案时，摄政金刚持也前来，他们在会客的帐房中会见，摄政向灵童献了哈达，随行的侍从向灵童和摄政师徒献了哈达。随后在此进餐，驻藏大臣也前来，灵童向驻藏大臣致以问候。在驻藏大臣返回以后，当天摄政和灵童就住在一起。

次日是星宿汇聚的吉日（གཟའ་སྐར་འཕྲོད་ལེགས་པའི་ཉིན་མོ།），当太阳在山顶升起之时，灵童和2000汉藏僧俗骑行者一起离开贡觉林寝宫，经过杰松曼达的边上和扎西噶蔡园林前往扎什伦布寺的大门时，道路两边有民族不同、装束各异的人群载歌载舞，还有寺院的僧众吹奏法螺笛子，敲锣打鼓，乐声喧天，举着伞盖、经幢、飞幡，排列成延绵不绝的僧队，在他们的后面是想要一睹灵童风采的民众，挤满了大地。当天，天空晴朗无云，阳光灿烂，没有一丝风，但是由于人马很多，扬起的尘埃达到遮天蔽日的程度。这当中，官员和高僧的马队有将近1000骑，队伍的前面是雪堪（ཞོལ་ཀན།）提着香炉，举着九宫八卦牌、四面护法像等，还有大皇帝恩准的举旗开道的骑士，噶尔舞蹈队，吹笛子和捧着圣旨、金印的引导队伍，以及驮载物品的骡子、备用的马匹等。在依照品级排列的僧俗官员的队伍中，无与伦比的众生导师班禅额尔德尼乘坐在黄色轿子中前行，向聚集的信众展现他的面容。在他的后面，森本堪布和伞盖之间是骑在马上的摄政金刚持，轿子左右是英萨诺门汗、噶伦、卸任英萨诺门汗、热振扎萨克等，簇拥前行。在他们的外面是日喀则的汉军，兵士手持武器排成两列步行，军官们骑马前行。如本以下的藏军军人在吉鲁的佛像左右跪下，手捧熏香迎接。此外，拉德和米德的百姓也都举着旗帜、吹奏螺号，以各种吉祥的方式来迎请灵童。

《噶当书》中说："因十善法而教法殊胜，由各洲汇集而成世界，在年楚河和夏布地方的中心，这里的特别殊胜之地，是吉祥须弥山的山坡，财富如红宝石一样涌现。"这里预言的地点和人物即是殊胜各方的扎什伦布寺大寺。灵童进入寺院以后，乘轿从大佛堂贤劫威光殿（མཆོད་ཁང་ཆེན་པོ་སྐལ་བཟང་གཟི་འབར།）的后面到普明殊胜宫（ཀུན་བཟང་རྣམ་པར་རྒྱལ་བའི་ཕོ་བྲང་།），然后步行到莲花手菩萨智慧显现而建成的坚赞团布宫，从右绕行一周后进入大门，到依噶群增寝殿（གཟིམས་ཆུང་ཡིད་དགའ་ཆོས་འཛིན།），莲足登上那里的高大的法座。此时，以阿巴札仓的堪布阿钦金刚持德庆洛桑楚臣为首的孜护法殿（རྩེ་མགོན་ཁང་།）的僧人们，口念偈颂，手持吉祥八宝（བཀྲ་ཤིས་རྟགས་བརྒྱད།）和国政七宝（རྒྱལ་སྲིད་སྣ་བདུན།）献给灵童，赞颂吉祥。接着，由摄政金刚持阿齐图呼图克图向灵童献哈达，然后由英萨诺门汗、阿钦金刚持、索本堪布、森本堪布、拉章贵族等献了哈达。进茶点后，灵童前往以前历辈班禅额尔德尼长期加持过的供有兜率天幻现经卷的寝殿甘丹颇章，在那里先五体投地礼拜 3 次，献敬神哈达，然后登上座位，在排列好油炸面点后，摄政金刚持向宝座献了哈达，向姊妹护法的佛龛、供幻现经卷方向的护法等献了敬神哈达。师徒互道心愿，进行了广泛的交谈。英萨诺门汗、身边的索本堪布、森本堪布、却本堪布、强佐等人各献一条见面哈达。然后，灵童到都波科巴殿，师徒二人向大勇护法神像祈愿，献敬神哈达，嘱托事业。然后经小门来到日光旋绕寝殿（གཟིམས་ཆུང་ཉི་འོད་འཁྱིལ།），灵童面向东方，在坐垫上下跪，由满文仲译（མཇ་དྲུང་།）、藏文仲译（བོད་དྲུང་།）、拉章仲译（བླ་བྲང་དྲུང་ཡིག）朗声宣读大皇帝钦命驻藏大臣恩庆、色呼本诺门汗照看班禅坐床事务的诏书，颁赐白银一万两、羊脂玉器、呢绒等大量物品，班禅恭敬领受，行三叩九拜礼后，班禅额尔德尼升上法座。陈列油炸面点庆贺时，班禅向摄政金刚持和恩庆驻藏大臣问候，其后汉藏官员、高僧等向班禅献哈达和礼品，英萨诺门汗的执事向班禅念诵动听的祈愿文，其拉章奉献了大量礼品。

3 日，拉德、米德百姓举行盛大的庆贺喜宴，迎请善缘师徒参加,班禅额尔德尼就坐后,向恩庆驻藏大臣行礼,由阿钦堪布献曼扎祝愿,引导拉德、米德百姓向班禅奉献大量礼品,班禅给献礼的汉藏众人摸顶祝福。当天举行喜宴时,天空非常晴朗,却突然飘起了如雪花一样的花雨,为在场的众人所见。初5,摄政金刚持以熏香等迎请班禅到格桑围廊院,举行地方政府的盛大喜宴,摄政金刚持向班禅献曼扎,并诵读散文祈愿词,献大量物品,在众人献礼时,班禅接受汉藏众人礼拜并回赠合适的礼品。当天也有奇特的花雨,雨片并不落到地上,看起来很大,顷刻之间就消失了,使得在场的贵贱人们都感到十分惊奇。

《本生传》中说:“像监狱一样的家室,不要想何时有幸福。不论是富还是贫困,有家室者多有疾病。一是顾家产生烦恼,二是求财徒增辛劳。富有也好贫穷也罢,在家总是不得平安。贪恋家室的愚昧人,最终成熟的是苦果。”又说:“求取家室的福运,就不能不说谎言。对来世有害之事,不得不认真去做。若讲佛法丢家运,挂念家室佛难成。佛法事业极平和,家室之事极急迫,因与佛法相违故,谁愿逐利住家中!”又说:“固执骄傲愚痴所成的家室,破坏寂静平和的安乐。变成苦难不尽之处的家室,犹如孔穴的家谁愿意住!”尊胜弥勒怙主说:“出家后的清净境界,具有无量的大福德,这样守持戒律的出家人,就比菩萨还要高贵。”按照这些论述,住在俗世家中,犹如处在火坑的中心和毒蛇蛇冠的阴影之中,没有一时一刻能够得到舒适安乐,反而有数百种苦难随时发生,因此出家的福德是至高无上的。而对于班禅额尔德尼来说,这样的苦乐对比的情形,在以前很久的历辈生活中,就已经看到和思考过,因此他怎么能在家庭中生活!由于以前多次转世中形成的良善习气全部苏醒,为了佛陀教法而非常喜悦地生起出家的高尚愿望。在班禅6岁的铁猴年10月上弦月的初2,他在佛陀曾经授记过的佛教的大寺院扎什伦布寺内殿的主尊释迦牟尼佛像前,由教证功德之主、教法和众生的无与伦比的怙主、被文殊大皇帝册封为阿齐图呼图克图的戒行严谨的杰尊阿旺益西丹贝坚赞,亦名阿旺益西楚臣坚赞贝桑布担任受戒的堪布,由群论冠冕永增金刚持丹巴坚赞贝桑布担任阿阇梨,由吉康札仓的堪布大贤者噶钦洛桑顿珠担任出家的助伴,由阿巴札仓堪布金刚持德钦活佛洛桑楚臣担任报时师,由兑桑林札仓堪布说法师噶钦贝丹顿珠担任装束师,在夏孜札仓堪布讲经师噶钦强巴楚臣、吉康大殿珠旺活佛噶钦贝丹群培、谢巴积福师益西才旦、勒雪林巴贤善成就者噶钦洛桑旦增、洛浦巴噶钦洛桑京巴、帕索瓦噶钦夏仲洛桑京巴等10名比丘之中,当太阳照出人的影子长度为3人加一条腿之时(早晨或者傍晚)接受了沙弥戒和出家戒,在雪域的戒律传承的星辰链条上增加了一轮明亮的月亮,在延绵不绝的教法和众生的利乐莲园中增添了一朵盛开的莲花。

有诗赞曰:

五浊炽盛的恶行密林,
你以智悲的风做伴侣,
将其变成美味甘蔗园,
犹如四无畏的莲花主,
你是来生众生的导师,
将诸佛的善行一力承当,
成为众生依靠的怙主。
你这样的有寂世间的顶饰,
即使像白莲花的幼苗,
也会放出智慧的强烈芳香,
所以普陀之主的化身转世,

何处出生会有金刚授记。
转动政教金轮的雪域的善业王(指摄政),
受命执掌宗喀巴大师的事业,
按照他虔信恭敬的祈祷,
你的白莲般的面容像前世一样出现。
不需他人劝请和鞭策,
你每天不倦地礼佛和供奉,
祈愿颂咒说法如敲响天鼓,
把善缘众生引导到躬行佛法。
你以无障碍智慧眼观看一切,
你将佛陀的各种静猛的形象,
清楚地显现去除各种过患,
你遍见一切是世间仅有的大德。
在印度辽阔广大的土地上,
你的历辈转世如孔雀开屏一般,
你多次显出回忆起前世的事迹,
又一再对未来做出无误的预言。
雪域的先贤吞米桑布扎,
为了利益雪域众生事业,
创造雪域文字的字母,
你对雪域声明无碍精通。
为了摧毁黑色的瘟疫病魔,
役使持明女神来发威除病,
你的身体即使细到一根毛发,
也都会对众生带来利乐。
犹如海鸟在海面上,

又如蜜蜂在莲花园中，
你这位难得的佛子，
和善行知识日夜不离。
对文殊大皇帝的臣民，
进行危害造反的那些人，
你以金刚杵进行镇伏摧毁，
你是以前没有过的帝释天神。
三月上弦月的第二天，
在你做占卜和献浴法事时，
从晴朗无云的天空之中，
天池之水化为一场及时雨。
这是为供养你这无量光怙主，
将一簇簇鲜花化为了雨水，
也是天界众佛举起水瓶，
为你这年幼的灵童灌顶。
你是月初微小的月牙，
已具有满月的智悲之光，
你不需向别人学习请教，
也会发出佛法经论的光芒。
在三律仪清静雪山上你无垢的身躯增长，
贤善尊的玉髻耀眼讲辩著的笑声响起，
发心弘扬宗喀巴教法具足法力本领，
殊胜各方美名传扬的是永增语狮子。
你的身躯如洁白的月亮，
成为广阔深邃天空的美饰，
心中的喜悦表现为欢乐的笑容，

智慧之源的颂词鲜花开放。
前之前世即知在家的过患，
因此想到出家的清净安乐，
历辈前世的习气觉醒鼓动，
你对接受梵行禁戒倾心渴望。
你年幼之身却有智者的智慧，
你虽然还是一个儿童的形象，
但是你的行止可为人典范，
在此世间无人能够相比。
你像王子诺桑那样谦恭地寻找善知识，
因历辈前世结为师徒的各种征相，
拉萨美妙的城中的热振金刚持，
为传授沙弥戒而来如母子喜相逢。
在年楚河下游的贡德林宫，
他们师徒合为一体不分彼此，
犹如三世光明诸佛结为师徒，
在世间此地一起讨论佛法。
如美誉盛名从边地向中心聚拢，
汇成吉祥的殊胜歌舞，
人们带着幼童游戏的欢笑，
急忙跑到路边上驻足观看。
年楚河下游地区的上空布满云彩，
难以计数的人群挤满了各个地方，
大地难以承受重量发出了疲惫的抱怨，
服饰不同的盛装好像是彩色的幻影。
在鼓乐喧天的响声和整齐的僧众以及骑士的迎接下，

为众生带来光明的转世灵童，
被迎请到十方吉祥具足、
教政两部事业自然成就扎什伦布寺。
殊胜各方的坚赞团布（རྒྱལ་མཚན་མཐོན་པོ།），
寝宫屋顶的经幢飞幡，
好像高高地伸到天上，
灵童在佛宫宝座上坐床。
此时东方东君大皇帝，
以及清凉雪域的僧俗信众，
纷纷送来祝贺的礼品，
有如财神打开了他的宝藏。
在格桑回廊的大院中，
怙主师徒和汉藏官员们，
在一起举行欢乐喜宴时，
天空中也降下了大花雨。
这样的奇特的善道缘起，
恐怕在天界也没有过，
因此大梵天见到以后，
也会以为是看到了幻景。
在铁猴年 10 月上弦月的初 2 日，
在第二金刚座扎什伦布寺大殿主尊前，
在第二佛陀的摄政以及堪布阿闍梨身边，
你领受沙弥戒的甘露将妄谈邪行拒之千里。
善守别解脱戒律的戒规，
将其作为佛陀教法的根本，
教授沙弥学处的偈颂，

你按照其精义反复体会践行。
是从马拉雅河谷来的新的哈日旃檀佛像，
还是严守梵净戒行的释迦牟尼的僧人，
身着鹅黄袈裟头戴通人冠高声诵经，
这真是无量光佛的幻化散发出戒香。

具吉祥上师、第六位百种姓遍主佛（意指班禅额尔德尼是和五方佛一样的佛陀）、大金刚持、班禅法王杰尊罗桑班丹确吉扎巴旦白旺秋贝桑布传记——繁盛具信莲苑之阳光之第三章“童年游戏娱乐及受出家戒在扎什伦布寺坚赞吞波殿坐床”至此结束。

第四章　受沙弥戒以后到受比丘戒之前闻思佛法的情形

正如《俱舍论》中所说：“持戒而且闻思佛法者，在修持禅定方面极为方便。”即是说追随释迦牟尼出家为僧的戒律清净的僧人，还需要通过闻思佛陀经典和贤哲的注释之门，并进行修行。因此对于班禅额尔德尼来说，接受了戒律不仅仅是得到喜乐，而是要把在堪布和阿阇梨那里接受的沙弥的学处即使是细微处也要真正地学习。其中的原因正如本书前面所说，这一世班禅在出家受戒之前，已经对大到穿着袈裟等出家人的服装、小到取水的方式等正法戒律的大小戒规，按照自己的能力去辨析可做还是不可做。对于可做的按照戒律去实行，对于不可做的他不仅不做，而且在思想上根本不产生那样做的念头。在后来长大以后，他也是按照贤哲上师的教诫中所说的戒律本意，自己去努力实行，对于别人，他也以戒律的戒条去要求他们，不仅对本处的比丘，就是对上下各处做布萨(གསོ་སྦྱོང་།)说戒时来往打扫的僧人,他也按做佛法表率的要求来行事,大多数人清楚看到和听到他的行止就是如此,此外没有更多的议论。这样班禅本人为持守功德的根本即清净戒律,依止本派和别的教派如大海航行的舵手一般的大德,如适时的和风吹动精进的大船,划动闻思修的船桨,住于安乐之中。他对于各个教派的不同主张,也毫不混淆地全部精通。在这五浊如夏天的山洪一样横流的来世,他成为毫无偏袒的宝贵佛法的栋梁,这一点从以下所述的事迹中,用公正人士的智慧就能够理解。以上讲了一段题外的话,下面言归正题。

在班禅额尔德尼受了出家戒以后,摄政金刚持奉献了盛有诸宝的金曼扎等身语意的依止物。班禅给他回赠了随身佩戴的一尊带有背光的穿袈裟的释迦牟尼印度唎玛铜像等三依止,官员贵族和高僧等向他们师徒奉献了祝贺的哈达。此时,班禅向后殿的释迦牟尼像行五体投地的大礼,恭敬地奉献用 125 两黄金新建造的装满酥油的供灯和敬神哈达,此外还巡礼强巴殿、度母殿洛桑修行窟等处,奉献供品和敬神哈达,并在各处长时间默默祈愿。当天还允准萨迦达钦法王扎西仁钦来身边致礼问候,班禅高兴地赠给他会见哈达,萨迦达钦法王奉献了大量的礼品。

藏历 10 月 8 日,班禅额尔德尼师徒被迎请到格桑回廊殿的院子里,由班禅拉章举办盛大的喜宴,在宴会上永增金刚持做了广大的祈愿,并敬献不少的礼品。在那里班禅给许多汉藏人士摸顶祝福,尤其是和驻藏大臣恩庆广泛交谈,毫无羞怯,使得大臣十分敬信。9 日,在依噶群增寝殿,摄政金刚持给班禅传授了珠嘉传规的长寿灌顶。在此前后,班禅还从摄政金刚持那里听受了兜率上师瑜伽(依宗喀巴大师为主尊的上师瑜伽)的详细讲授《道次第安乐道》(ལམ་རིམ་བདེ་ལམ།)、《现观庄严论》(རྒྱན་འཇུག་གཉིས།)的入行部分、《文殊菩萨名号经》(འཇམ་དཔལ་མཚན་བརྗོད།)、《律仪心要》(གང་བློ་མ།)、《赞颂云海》(འདུལ་བ་རྒྱ་མཚོའི་སྙིང་པོ།)、《五十上师颂》(བླ་མ་ལྔ་བཅུ་པ།)、《六座瑜伽》(ཐུན་དྲུག་རྣལ་འབྱོར།)的经文传承、《菩提道次第广论》的开篇部分，此外还有觉卧传规的白度母、喀且班钦传规的绿度母和白色文殊、萨迦传规的红色和黄色文殊、尊胜九尊、退敌天女的随许法、格鲁派的本尊中为首的独勇大威德金刚的四部灌顶的准备部分，以及《菩提道次第》和《密宗道次第》的学习方法的教导等。10 日和 11 日，还是在格桑回廊殿的大院中，举行有班禅额尔德尼、摄政金刚持、萨迦达钦法王、钦差驻藏大臣等官员和上师、随从等会聚的喜宴，地方政府甘丹颇章、扎什伦布寺的四大札仓、大经堂格贵、吉索大执事、僧俗贵贱侍从、各个米村(མི་ཚན།)、各个宗豁(རྫོང་གཞིས།)在宴会上向班禅献了曼扎、三依止以及金银、呢绒、绸缎等大量物品，如同打开了财神的宝库一般。仲科尔侍从向班禅额尔德尼和摄政献了见面哈达，班禅给他们摸顶并赐吉祥结。驻藏大臣等人发给了秋后的赏赐物品，并对宴会上起座辩经者和表演嘎尔舞蹈的人按地位高低给了赏赐。此外，这时期还有桑顶寺多吉帕莫活佛的强佐、拉木曲杰、乃穷扎阳林巴、德热、拉曲、在日喀则的尼泊尔人、工匠和商人行会、被称为谢通门欧曲喇嘛仁布切的了义大班智达央金珠贝多吉贝桑布等参与或没有参与宴会的许多人士，向班禅额尔德尼做了祝愿和献礼，班禅给他们回赠了礼品。尤其是班禅向扎什伦布寺的四大札仓的全部僧人和相关的很多信众展现了他尊贵的面容，并给他们摸顶赐福。11 日上午，拉木护法降神师在向班禅额尔德尼敬礼时向班禅献了象征息、增、怀三者的三条光鲜的阿西哈达，班禅将一条洁白的内库哈达系到他的颈项上，向护法神嘱托事业。当降神师在座位上就坐后(即是护法神附身)，英萨诺门汗向他嘱托护佑班禅莲足永固、事业兴盛，并献五色内库敬神哈达、曼扎、三依止、黄金、茶包、衣物、25 两银章嘎等大量物品。降神师在嘱咐为班禅举行护佑法事的事项后，拉木护法神将先前献给他的物品回赠给班禅，随即行辞行礼（即护法神离开降神师身体）。此外，在这时，功德林、丹吉林、南杰札仓、温嘉色、扎西迥等处的人士和满文仲译等大小汉官，尤其是钦差驻藏大臣恩庆，向班禅行辞行礼。虽然扎什伦布寺的雪勒空已经给钦差提供了饭食和物品等，孜勒空还特地赠给了哈达、佛像、呢绒、大缎、银两等，班禅和钦差大臣做了此次坐床诸事吉祥等谈话。萨迦达钦仁布切也向班禅辞行，双方高兴地交谈后，萨迦达钦向班禅额尔德尼献了哈达，并多次请班禅给予护佑，班禅答应后双方行碰头礼分别。在这前后班禅额尔德尼和摄政金刚持在一起的时候，他对摄政金刚持总是非常恭敬，在一起谈论佛法，观看以前历辈班禅的用品以及身语意所依（佛像、佛经、佛塔），在依止善知识方面，这位班禅表现得和青年（王子）诺桑完全一样。以上是对班禅在修道的根本即依止善知识方面所做的简要概括。

这样，班禅额尔德尼在教理和坛城之主大金刚持热振阿齐图呼图克图身边，接受了所有功德的基础戒律，如瓶中注水一样听受了佛法的次第，师徒二人的心愿立刻得到了满足。临近摄政金刚持起身返回拉萨，在 19 日那天用餐时，摄政金刚持、扎萨克喇嘛、阿仲协敖等僧俗贵贱人士向班禅献了告别的礼物，班禅额尔德尼和摄政师徒一起举行盛大的宴会，摄政的扎萨克喇嘛以下的地方政府随同摄政前来的众多人员，按照地位高低为序入座用餐，宴会后摄政金刚持个人向班禅赠送了大量的离别礼品。扎什伦布寺为向达赖喇嘛致以问候，献无量寿佛像和羊脂玉雕刻的骑鹿寿星像一尊。为请达赖喇嘛护佑，班禅个人献内库哈达、无量寿佛像、前世所用的杂有黄金、蓝宝石、红宝石数珠的念珠、优质玛瑙鼻烟壶、带箱子的台钟（དུས་ཚོད་འཁོར་ལོ་སྒྲོམ་བཅས་ཀྱི）等，并说祝愿达赖喇嘛莲足永驻。摄政金刚持及其随从定于24日起身，当天上午日出之时，摄政金刚持和班禅会面时，摄政向班禅献曼扎、三依止、内库哈达、本尊大威德金刚像、金箔5包、汉地马蹄银2锭、藏银3章嘎、装满干果的优质古瓷碗、天然水晶鼻烟壶等物品，并对班禅说："怙主你此前已经做得很好，今后要身体康健，事业兴盛，在学识明处各方面努力闻思修持，在贤善尊三方面做到像以前历辈怙主那样，并请你护佑我的佛法事业的各方面都无障碍地任运自成。希望我们很快就会再次见面。"班禅向摄政金刚持献了内库哈达和吉祥结，接受摄政以上教诲，并说："希望你莲足永固，请你对我给以护佑。"师徒二人心心相印，难舍难分，刹那间无言无语，以头碰触，眼中满含泪水，身边的众人也流泪不止。然后，他们互相行了一个礼，摄政金刚持即起身上路，依次经过普明寝宫的南面，到贤劫威光灵塔殿的意云诺布灵塔前礼拜并默默祝祷，然后前去扎什伦布寺为他设灶送行的地方，从那里启程返回藏地的中心拉萨。

25日，按惯例向班禅额尔德尼献了冬装和哈达。按照旧例在燃灯节这天要向大护法神像献冬季穿着狐皮帽，班禅向大护法神祝祷并献敬神哈达，给年已80岁的扎什伦布寺的荒野静修僧噶钦洎波啦等严守戒律的高僧赐给银两不等，会见许多僧俗信众，并赐给吉祥结，给桑顶寺的强佐回赠礼品，在他辞行时给活佛仁布切带去公文，接受拉恰姜洛辞行。

藏历11月6日，吉钦成就自在的化身贝丹群培在用茶饭时向班禅额尔德尼献曼扎、三依止等物品，祈愿班禅莲足永驻，其后卸任格贵伦波孜巴也献曼扎、三依止，班禅分别和他们谈话，给他们摸顶并赐吉祥结。10日，喀尔喀赛音诺颜部丹木曲亲王和王妃、王子等，作为皈依的礼品向班禅献了黑石雕刻的布达拉圣地、奇特的煨桑盆、羊脂玉雕刻的大象和狮子、两个奇特的水晶瓶、栽绒毯等，请求为他占卜护佑，班禅给了他回答，令其满意。拉荦曲普巴僧团的拉基（管理僧团的组织）在用餐时向班禅献曼扎、三依止、哈达、布匹、碗、各种水晶器皿、白海螺、檀板（集合僧伽的响器之一）等物品，嘎热的一些僧人也献了曼扎、三依止等，班禅给他们摸顶并赐吉祥结。19日，为班禅坐床顺利完成而（进京奏报）的巴雅尔堪布前来辞行，请求给予上路后平安返回的缘起，在用茶时班禅对他问候，这时有很多安多人、黑帐三部（སྦྲ་ནག་ཁག་གསུམ།）的人来敬献食物，班禅给他们和从兰地方来送租粮的人第巴尼昌等摸了顶。

藏历12月1日，按照成例孜恰要建立12月开始的缘起，在用茶时班禅额尔德尼照旧规赐给了所需的哈达等物品。3日，热河新总理堪布谢巴噶钦顿月病情加重请求辞职，决定委任活佛噶钦洛桑贝丹楚臣旦增继任。8日，应该由班禅向大格贵做有关"甲译"（བཅའ་ཡིག）（寺院管理的制度章程）的指示，因为是第一次，所以由永增仁布切向大护法神献酒献供，并嘱托事业。午饭后当班禅到依噶群增寝殿升上宝座穿衣戴冠后，向大经堂的大格贵、阿巴札仓的教规师、措索巴（ཚོགས་གསོག་པ།）做了有关大威德金刚的广泛指示。当天是根敦珠巴贝桑布的期供日，扎什伦布寺要做酥油灯供，寺院吉萨（吉所，管理寺院庶务的公所）请求班禅做酥油灯供的护佑，班禅接受请求，在其护佑下酥油灯供进行顺利，出现了吉祥征兆。9日，卓尼尔罗丹啦从拉萨返回，带来摄政金刚持的请给以护持的信件和礼品，有内库哈达2条、紫黄色长坎肩、有飘带的紫黄色通人冠，班禅恭敬地接受礼品，并问摄政金刚持身体可安好，还对卓尼尔加以慰问。10日，当天的期供和戒律的10日期供一起进行，当天的酥油灯供的灯火十分吉祥。11日，巴雅尔堪布起身去东方，班禅接见了他，并赐给吉祥结、哈达、奏书灵箱（ཧེའུ་སྒམ།）。13 日，新换了寝殿内室的年供朵玛，当天班禅会见了很多僧俗信众。

15 日，为赛因诺颜部的上师去世来办理后事的管家、医生、宰桑等人在用餐时向班禅额尔德尼献曼扎、三依止、八宝吉祥物、袈裟、海螺、法轮等，以及银两、大缎、布匹等物品；班禅对他们慰劳，给他们摸顶并赐吉祥结，接着班禅又会见了 300 多名牧民。23 日，班禅对阿钦金刚持、阿巴札仓的翁则、却本、群则、欠本（管理跳法舞的头领）、法王父母、净水师、度母殿仪轨师等人做指示，并接受护佑 29 日抛掷朵玛法事的请求。26 日，羊卓地方的官员等许多人向班禅献曼扎、三依止等，因为当时有发生轻微的传染瘟疫的传言，即使给少数人摸顶也不太放心，因此在农牧民僧俗信众挤满天井庭院时，班禅从窗户里露面，会见了大家。次日，班禅将新作的法王父母（ཆོས་རྒྱལ་ཡབ་ཡུམ།）的面具和黑帽交给阿巴札仓的管理财物的甲巴鼐。29 日，班禅为仔细观看和加持大地上无与伦比的扎什伦布寺密宗札仓的期供大施食法事的法舞，去到般若拉康登上法座观看。正如他以前答应护持时所说的那样，当天在举行威猛伏魔法时，刮起了猛烈的大风，但是到烧魔鬼俑像时，风就平息了，火焰烧得很猛，当抛掷朵玛和真言芥子时，火焰即转向抛掷芥子的方向，完全是吉祥的征相。30 日，班禅按旧例举行宴会，建供奉天女的经典。

以上是除了个别的事情以外，对班禅额尔德尼在这一年中的世间事迹的记述。以下对他在这一年中在听习佛法方面的奇特的事迹做一简要的记述。在这一年中，他和前一年的情况差不多，在三密的各个方面的作为都和一般的孩童的行为大不相同，处处显露出他作为一个大德的特征。正如前面已经说过的那样，他在这一年中接受了具有无量福德的出家戒律，如黄鸭进入了莲花池中一般,心情特别舒畅。在受戒以后,他不用别人怎么劝请,完全是自觉地按修持善行的次第,每天黎明时就起身,念诵与兜率上师瑜伽相关的《穆则玛》(宗喀巴大师赞颂)、与文殊智慧相关的白色和黄色文殊的密咒许多遍,紧接着念诵独勇大威德金刚的自生密咒。其后他按顺序念诵要学习的经文。到中午以后他做供神和六座瑜伽(ཐུན་དྲུག་རྣལ་འབྱོར།),到晚上他按照例规做焚香供施、回向、给护法和地方神施食回向和嘱托事业、还有选择地念诵经文和佛陀上师赞颂。除了半夜时稍微睡眠一阵外,昼夜大多数时间都远离睡觉和戏乐等放逸的行为,完全是在佛法的乐舞中度过时光。尤其是他心系佛法的根本即清净的戒律,小到取水、脱鞋、洒净水等细节,他都按所学的戒条的规定去做。虽然他年龄还这样幼小,仍然像受比丘戒已经百年的阿罗汉尊者遵守幼年所受戒律那样去行事。他的这些行为是前世的历辈在长时期中形成的习气,所以能去除各种过错,其各方面的功德如上弦月一样日益增盛,作为上师和本尊神的显像,无论在哪里显现都是清净的形象。

在前述的10月中班禅额尔德尼和教法的冠冕摄政金刚持热振活佛一起到扎什伦布寺的护法殿巡礼时,班禅本想对摄政金刚持说吉祥退敌天女(吉祥天女)的容颜很好,但是没有清楚说出来,他还看到大法王像在伸直身体,怕众人心生恐慌也没有说出来,后来他在寝室里才说出来。又一次索本堪布潘康巴等少数人晚上在寝殿内室服侍他睡觉时,他说:"今天我眼前出现了很多见相,现在,在这里好像有一个蓝色面具,先前在依噶群增寝殿的佛像台座前面,好像有一个红色面具,两个面具的额头拴着各色绸子,我看到后随即就消失了。"身边的人问:"红色面具的是谁?"回答说:"莫不是姊妹护法吧。"又问:"蓝色面具的又是谁?"回答说:"莫不是仙人吧。"又问:"是哪一个仙人呢?"班禅回答说:"是有形勇士

（གཟུགས་ཅན་དཔའ་བོ།）。”又问：“没有他们的身形和言语吗？”只回答说：“没有清楚的身形和话语。”虽然班禅没有更清楚的说明，但是这显然是吉祥大护法以有形勇士和姊妹护法的形象向班禅现身并答应按照班禅的吩咐行事。

藏历11月11日，班禅额尔德尼在百部遍主永增金刚持身边听受了独勇大威德金刚的传承和祈愿、班禅额尔德尼·班丹益西所写的大威德金刚自生起法、白色文殊修行法的诵传。在当年，色康巴丹贝次仁学完了宗喀巴大师、克珠杰、班钦旦白尼玛等人的因明引导、色拉寺杰尊巴的宗派论、《释量论》第二章的根本注疏、《道次第简论》的一些章节，贝图巴群则洛桑达杰学完了《堆扎》的全部课程，伦孜巴洛桑顿珠学完了《应成中观》第四章，温贡巴洛桑坚赞、洛桑赤列、罗桑班丹、益西班丹、洛桑坚赞、贝丹顿珠等人学完了《胜乐本续》，重孜曲德巴洛桑坚赞、洛桑益西学完了《时轮金刚》的全部仪轨，并呈交了答卷，为鼓励他们成为学习佛法的榜样，班禅给他们赐了衣物和物品。

阴铁鸡年（1861年，7岁）元月1日，班禅额尔德尼按照惯例举行了元旦朵玛供和盛大宴会。在2日班禅对获得“噶久”称号（དཀའ་བཅུ། 意为十难论师，扎什伦布寺对学完格鲁派的五部大论且已初通的学僧授予的称号，也写作“噶究”。）的僧人们给予指示，给他们摸顶并赐吉祥结。4日，班禅额尔德尼参加扎什伦布寺更换各个大旗杆的仪式（指放倒旗杆，更换旗杆上包裹的牛皮和悬挂的经幡等，再将旗杆树立起来的活动）。当天班禅还接受了丹曲班觉的转世的拜见，赐给吉祥结，并和他进行了有意义的谈话。在此需要特别说明的是，班禅的永增（英萨诺门汗）按照以前所发的“在佛法美誉传播或者已经传播又衰败的地方，以大慈悲和大愿心显明佛法这利乐的源泉”的誓愿，护持昂仁的大寺院。拉堆绛昂仁寺或称昂仁曲德寺,是供有被称为世界一庄严的强巴(弥勒佛)大佛像的寺院。以前,遍主官却勒贝坚赞贝桑布迎请被称为宗喀巴大师的六个菩萨弟子之一的布绒巴宣努坚赞,兴建了有 80 根柱子的经堂,并用 888 尅又 14 涅嘎的铜、2962 钱又八 8 个色瓦的黄金建造了高 75 五尺的强巴大佛像。该寺在夏季和冬季的学经期间,萨迦派的 15 个札仓和格鲁派 10 个札仓总计 25 个札仓汇聚的僧人,有 3800 来人,建立了僧人们向格贵发誓后说明自己在四根本戒①方面有无违反的制度,还有讲经说法大会等汇集前后藏各地学者贤哲的名声远播的“昂仁巡回辩经”。历辈班禅师徒也曾经到该寺并参加辩经。后来因为时局变动,该寺发生了大衰败,没有常驻寺院的僧人,只有学经学期各地汇集的僧人。我们扎什伦布寺有派僧人去那里巡回辩经的惯例,但是去了后只能感到后悔。寺院和宗的开支也只有很少的一点,基本上断绝。在这种使得公正人士难以忍受的悲惨情况下,由于以往长期以来的发心和誓愿的愿力,在无与伦比的教政二规之主、依善愿而成为出家僧人的英萨金刚持曼日瓦洛桑南杰贝桑布的心中成熟,他完全为佛法的事业,很好地新建了昂仁寺的强巴殿的上下内外绕行道、拉章、法苑、僧舍等,修复了以前的佛像、佛塔、经书等,给佛像加上袈裟、给佛面涂金,维修存放大藏经的贡噶热瓦殿,并建立了供奉这些的例规。在为佛像开光时举行念诵大藏经《甘珠尔》7 昼夜,并做了可与普贤供云媲美的无数供养。

10 日,在燃烧线香的烟雾和吹奏海螺唢呐的乐声迎接下,英萨诺门汗前往昂仁寺。有 148 个犹如选出的聪慧儿童一般的新出家的幼僧之外,选派扎什伦布寺去的一些善知识,分别担任阿闍梨、

---

① 别解脱戒的四根本学处,即不杀、不盗、不淫、不妄说上人法等,为出家僧人的四根本戒,如犯此戒,即败坏戒律根本。

传戒师、翁则等职务，总之在这样的尘世末日，特别是在清净的上师和僧人十分稀缺这样的地方重新建立起执掌和弘扬佛陀教法，特别是三界法王宗喀巴大师的教法的僧伽大寺院，这样的业绩，犹如古时的拉堆绛首领善缘再来世间的良善因缘。英萨诺门汗还给昂仁寺的这些僧人提供了全套袈裟僧服、瓷碗、茶叶、酥油、食盐、糌粑、银钱等，举行了 7 天的开光法事，每天有格西们进行起座对辩，此外还有各地很多信众前来供养僧众和奉献礼品。除了在学经时间长的间期有额外增加的茶饭外，平时每日 3 次供茶、每月给每个僧人 3 克粮食，对大强巴像为主的各个佛像建立供奉的资金来源。茶叶等由拉章提供，其余的由 21 个庄园提供，这样保证寺院的基本所需不会断绝。这是别人难以想象的誓愿之力和慷慨好施，恩情重大。

这样，依照自己的心愿建成大寺院昂仁甘丹雪珠培杰强巴林寺的佛殿和僧伽后，需要给僧人们立定行事的规章，因此在当月的 2 日，大执事（永增英萨诺门汗）请假前往昂仁寺，以利益教法和众生，在这期间由索本堪布代理他的职务。有一次索本堪布问班禅额尔德尼："英萨金刚持要多久才能回来？"班禅回答说："会在 20 日回来。"身边的人们因为以前英萨金刚持自己说过要在 13 日回来，因此都怀疑班禅说得对吗，但是事实上班禅的金刚语预言不容更改，英萨金刚持果然是 20 日返回，因此大家都相信班禅是能够看到隐秘的殊胜的佛。27 日，森钦活佛向大经堂列座的僧众供茶，因为不方便行礼，班禅在森嘎传达室赐给他吉祥结等，使他感到满意。

藏历 2 月 7 日是星宿交合的吉日，举行了百部遍主永增金刚持洛桑丹贝坚赞贝桑布就任永增职务的仪式。在寝殿依噶群增按照正确的依止善知识的仪轨，布置了比班禅的坐垫稍微高一点的坐垫,以示对永增的无比尊重。永增金刚持对班禅行五体投地的大礼后,做简要的祈愿,向班禅献内库哈达、佛土庄严唐卡、三依止、无量寿佛像以及适量的物品,再认真祈愿班禅莲足永固,做尊善贤三门的事业。班禅接受礼品和祈愿,并和永增行碰头礼。其后师徒就坐,用茶点后,班禅起立,在红色坐垫上向永增金刚持行五体投地大礼,向永增献内库哈达、堆有七种宝物的曼扎,并做祈愿,献身语意三依止、章嘎、9 匹绸缎、茶叶小包、法轮、海螺等物品。永增仁布切和摄政金刚持二人成为班禅额尔德尼的无与伦比的经师。其后,班禅对于大执事自己金刚持也赠送了不少礼品。当永增进入永增的房间时,大执事也派卓尼尔给永增献了礼物,并举行喜宴。9 日,永增金刚持给班禅、孜和雪的执事、索本堪布等人传授了珠嘉传规的百次长寿灌顶。从此开始,从永增金刚持那里班禅听受了无数教导,其详细情形将在后面讲述班禅奇特事迹时说明。

13 日,车臣汗部①(ཆེ་ཆེན་ཧན་སྡེ།)的一个宰桑向班禅额尔德尼献马匹和物品,拜见了班禅。15 日,按照先例密宗札仓的僧众在举行长寿仪轨时向班禅献了八宝吉祥物,在献礼时出现各种奇特事迹。赛因诺颜部上师仲孜瓦、安木齐(医生)等人辞行,班禅在 16 日给他们教导,在用茶饭时有哲蚌寺的僧人到达,班禅会见了他们僧俗人众,日喀则的新任颇本(粮官)大老爷、甲勒克图王的托因等人前

① 车臣汗部为漠北喀尔喀蒙古的一部。明朝末年,成吉思汗十九世孙硕垒在克鲁伦河一带自立为汗,称"车臣汗",与土谢图汗衮布、扎萨克图汗素巴第并称为喀尔喀蒙古三大汗。其辖地东至额尔古纳河,南界察哈尔汗,西界土谢图汗,北界布里亚特,1655 年,硕垒死,其子巴布继汗位。同年,清朝将喀尔喀蒙古分为左右共 8 个扎萨克,任命车臣汗领左翼扎萨克之一。康熙二十七年(1688年),噶尔丹攻略喀尔喀诸部,车臣汗乌默客汗不能抵御,被迫举族南迁,依附清朝。康熙三十年(1691 年),清朝改称其为"车臣汗部",次年划其原所辖地为喀尔喀东路。康熙三十六年(1697 年),噶尔丹被清军击溃,车臣汗部奉命回到克鲁伦河一带放牧。此后,车臣汗部协助清朝政府对准噶尔汗国进行了多次战争,屡立战功。乾隆中期,车臣汗部共编有 23 个旗,于巴尔屯成立一个盟。其封爵有札萨克和硕亲王一个,札萨克多罗郡王一个,以及多罗贝勒、固山贝子、镇国公、辅国公等。

来拜见,班禅对他们致以问候。19 日,班禅会见了卸任噶伦夏扎派来为班禅坐床献礼的人员以及随后到达的许多僧俗人员。此外,甲勒克图王的托因、新任热河总理堪布活佛的东行的人员一起来向班禅辞行,还有不丹来向班禅坐床献礼的使者和交送茶叶大米的人员贝如巴格隆格达尔等人到达,班禅会见了他们,还给颇本大老爷摸顶并询问各方面情况。

藏历 3 月 9 日,为时轮历的萨嘎达瓦月,班禅额尔德尼登上尼沃大寝宫的宝座并用茶后,做时轮金刚仪轨的僧人们向班禅各敬献一条哈达,班禅给他们摸了顶。

在这个时期,有被称为天主教和英吉利国的两个"披愣"对天命大皇帝的国政产生大的危害①,因此大皇帝经礼部衙门(ལི་པུ་ཡྱི་ཁང་)颁发命驻藏大臣速送班禅额尔德尼的诏书以及内库洁白哈达一条。7 日,英萨诺门汗将此呈交,班禅额尔德尼恭敬接受,将此哈达献给威猛大护法神像,并做长时间祈愿。

15 日,颇本派尚衙门前来,次日协本(审案法官)南杰鼐前来献礼,班禅额尔德尼会见了以他们为首的前来献礼的许多僧俗百姓,满足他们的愿望。25 日,班禅到时轮金刚法会上,首先给时轮

---

① 指第二次鸦片战争,又称英法联军之役。1856 年,英国借口广东水师在广州黄埔捕捉中国船"亚罗"号上的海盗,派兵进攻广州。法国借口法籍天主教神甫马赖在广西西林被杀,亦出兵入侵。1857 年,英法组成联军,攻陷广州。1858 年,英法舰队在美、俄两国支持下,袭击大沽口。大沽炮台失陷,英法联军进犯天津。清政府派钦差大臣佳良、花沙纳与俄、美、英、法各国代表分别签订《天津条约》。同年,沙皇俄国以武力迫使黑龙江将军奕山签订《瑷珲条约》。1859 年 6 月,英、法、美以进京换约被拒为由,率舰队炮击大沽。提督史荣椿率守军还击,击沉击伤敌舰 10 艘,毙伤敌军近 500 人,重伤英舰队司令何伯,史荣椿战死。1860 年 8 月,英法联军 18000 人,由北塘登陆,进占天津。9 月,清军在北京通州八里桥迎战英法联军失利。清咸丰帝携皇后、懿贵妃等离京逃往承德。10 月 13 日联军从安定门攻入北京。联军发现清军将英法使节团多人虐待至死,遂决定报复此野蛮行为,及教训请廷皇室以后不得蔑视英国及法国。10 月 18 日,英法联军占领北京,抢劫焚毁圆明园(见火烧圆明园)。英法联军在北京城郊抢掠烧杀近 50 天,京郊皇家园林如圆明园、清漪园、静明园(玉泉山)、静宜园(香山)、畅春园等均被付之一炬。清廷派奕为全权大臣议和,签订中英、中法《北京条约》。联军洗劫和烧毁了圆明园和静宜园。圆明园大火持续了三天三夜,300 多名太监和宫女葬身火海。法国作家维克多雨果曾对此给予强烈谴责,称之为"两个强盗的胜利"。11 月,沙俄又胁迫清政府签订中俄《北京条约》。清廷赔偿巨额赔款,丧失大片领土主权。

金刚坛城献敬神哈达并且绕行坛城，然后分别向时轮金刚像和香巴拉净土像献敬神哈达，然后登上法座，给做修法仪轨的僧人们摸顶。在用两道茶后，班禅会见在场的所有人，并赐给吉祥结。在当年额外增加的3个札仓分别拜见班禅的过程中，各个札仓各选出堆扎班学得最优异的僧人进行起座对辩，班禅赐给他们护身结，给做时轮法会仪轨的僧人每人一条哈达和5五钱银子。班禅还对前来拜见的人群中最老的僧人和最小的僧人、4个札仓的4位讲经师、大经堂格贵和活佛等人亲切问候。当年的法会还额外增加一天的修供，班禅在26日来参加会供，有生起和圆满次第班的起座对辩，班禅分别赐予茶、绸缎和吉祥结，并绕行坛城数圈。30日，做仪轨的僧人们向班禅献曼扎，祈愿班禅长寿，班禅给他们做了指示。

在这个时期，大皇帝的国政遇到一些意外灾难。有一次班禅对永增金刚持和大执事说：“皇帝身体困顿，看来事情不好。”他们说：“怎样做能够护佑皇帝健康长寿呢？”班禅说：“让所有僧人都念诵《般若波罗密多心经》和《法王经》，做怙主的大施食，将魔俑抛到施食的深洞中去。”于是立即由英萨大执事负责，在本寺修学显密的僧人集会，做念修怙主的法会，各方的大一些的山间修行地，也在连续一个月中按照班禅吩咐去做。

藏历4月4日，遍主雍洛丹坚群培贝桑布的执事来请求班禅卜算，遍主的转世有疑似灵童13个，其中哪一个是真实无误的转世难以确认。5日班禅认真地答复说江孜雄沃（རྒྱལ་རྩེ་ཤོང་འོག）地方的成就者的儿子米滂图多是真实转世。6日上午，在甘丹颇章寝宫的佛像前，由班禅、孜和雪的人员、永增等人一起发愿测算，也是上述的幼童有明显的征相，因此众人一致将其认定为雍洛大师的转世。按旧规在4月即萨嘎达瓦月中要打扫扎什伦布寺的各个佛殿，给佛像供净水，在佛像前和手持的钵等容器中要放满各种药物和粮食，给主要的佛像要换祖衣（ཆོས་གོས།）和袈裟，给其他佛像也要换袈裟，在各个护法殿要献奇特的供品（野兽躯壳和武器等）。在做好这些准备后，15 日，班禅额尔德尼巡礼了除一两个佛殿以外的包括 4 个供殿在内的所有佛殿。在巡礼佛殿时，班禅献佛像礼拜、发心、献浴、献 7 支曼扎等，广做供养，并祈愿和献敬神哈达，此外还念诵佛陀赞颂、吉祥三界等赞颂上师和佛陀的祈愿赞颂文，还为各个护法神献酒供。他所做的这些都和前世完全相同。20 日，无比的浊世的教法和众生的吉祥坚衮金刚持洛桑楚臣强巴嘉措贝桑布到来，班禅向他问候。25 日，吉祥怙主在尼沃大寝殿向班禅祈愿献礼，然后在依噶群增寝殿像家人一样举行宴会。他们这一对无比的教法和众生的怙主，在他们的前世时就是像栴檀和它的香气不可分离那样的师徒，现在他们在一起就佛法做了广泛的交谈，坚衮金刚持还讲了很多其他的事情。

从藏历 5 月 5 日开始的 3 天当中，在 5 个加长的一座法会时，班禅额尔德尼从坚衮金刚持那里听受了达赖喇嘛所著的《菩提道次第的简本》的诵传，和书首礼赞、戒律部分、菩提心部分、正见部分的要点的讲解，菩提道灯论的简说，最后听受了《菩提道次第广论》到教法事业做法的诵传。其后，坚衮金刚持向班禅广泛讲说了在学习菩提道次第以后，需要在尊善贤三门努力的道理，以及除了自己在心里领会体验外，还要严格守持戒律的道理。当时，坚衮金刚持还认真地说，关于三密事业的作法，特别是说部诸法，我没有向你的前世怙主认真请教过其心要，因此我不想向你诵传。这时英萨诺门汗最后祈请说，怙主你的前世都是清净的师徒，特别是这次依据杰尊阿旺强巴仁布切曾经听习和讲说过的极有加持力的写本，给班禅传授了菩提道次第的简说，如果在此之上再传授诵传，是极大极好的缘起。坚衮活佛接受了请求,以无量的信仰心情传授教法,他手举曼扎、三依止和内库哈达,说对这一请求不能违背,因此不能不传授这些教法,请班禅给予高兴接受教法的护佑。班禅出于对这位上师的信仰和尊敬,特别在听法的一座法会开始时行五体投地的大礼,并在开始和结束时向上师献曼扎、三依止等物品,在听法的期间给上师提供很好的饮食,很好地用言语与上师对谈,在身语意的态度方面都自然表现出一个高僧大德的形象,使坚衮仁布切感动得热泪盈眶,心生敬仰。14 日,举行 3 天的强巴佛的祈愿大会,班禅到寝宫的屋顶上向缎绣大佛像礼拜和供奉,在祈愿大会的第二天举行喜宴,在祈愿大会的最后一天,坚衮金刚持向班禅献曼扎、三依止、白银、绸缎等,向班禅辞行。班禅在接受随行人员辞行礼拜后,和坚衮金刚持师徒到依噶群增寝殿休息,班禅向坚衮金刚持献内库哈达、黄金八锭、黄缎一匹等,祝愿坚衮金刚持健康长寿,希望很快就会再次见面,请坚衮金刚持对自己给予护佑。在他们行碰头礼后,坚衮金刚持向班禅献哈达,祝愿班禅健康长寿,兴业广大,也希望很快能再见到班禅。师徒二人因互信互敬而难舍难分。坚衮金刚持又经身边的索本堪布之手献阿细哈达一条、黄金 3 钱、绿白红三色宝石,请班禅护佑。班禅回赐给他前世怙主的念珠一串、竹菩提子念珠一串、写有誓愿的内库哈达等。双方做了无数大德相互交往的事业。

在这个时期,廓尔喀国王(གོར་ཁ་རྒྱལ་པོ།)特派康松旺堆等使者给班禅额尔德尼送来一匹白色的丁比加马(克什米尔出产的一种马),康松旺堆自己也献一匹青色的丁比加马,班禅高兴地查看了一遍。

从拉萨派来清查日喀则粮台亏欠情形的汉文仲译郑展丹(རྒྱ་དྲུང་ཆེན་པོ་དིང་ཀང་དན།)、翻译马总爷(ཡིག་སྒྱུར་རྨ་ཙོང་ཡེ།)(把总马腾蛟,汉文文献中提到这一时期驻藏大臣衙门中有把总马腾蛟)到达,还有在他们之外的，因为办理西藏地方以达赖喇嘛班禅为首的汉藏人等为大皇帝捐助军饷，而受驻藏大臣派遣来的孜仲准巴色、江洛金色，以及噶厦派来的运送祝贺班禅坐床礼品的布达拉宫的索本堪布和寝殿索本，前后到达，向班禅敬礼问安。26 日，班禅高兴地给几名去昂仁寺巡回辩经的僧人指教护持。

藏历 6 月 4 日是释迦牟尼佛初转法轮的节日，班禅要在汇聚的人群中登上狮子抬举的高大宝座。在前往法会时，如同吉祥图案一样闪耀的各路施主中首先是地方政府，所以由布达拉宫索本堪布和寝殿索本二人在前面持香引道，在路上各个地方，班禅都受到聚集的无数僧俗信众的瞻望和礼拜。从寺院的善丹果扎大门开始，班禅就低头前行，走到玛库嘉措（意为凝结的酥油海）上方时，就照前世的例规脱掉靴子，向大经堂后殿的释迦牟尼佛像行 3 次五体投地的大礼，然后放披单（即放下披单的一端表示敬意），将头上的通人冠除下拿在手中，赤脚进殿，登上法座。此时扎什伦布寺各个殿堂寝宫的屋顶旗幡飞扬，螺号声响起，传遍三界各个地方。此后班禅向这扎什伦布寺的主供佛像释迦牟尼像献敬神哈达，给佛像手中的钵盛满食物，在像座前供香。接着由英萨诺门汗献曼扎、三依止等供品，永增金刚持以下、执事以上的人员献哈达。在供一遍茶后，稍歇，又供二道茶，大经堂翁则给三界佛土摆置供品，这时有许多僧人向净土模型抛投哈达，其中一条哈达落到翁则所戴尖帽的帽尖上，成为一个好的缘起。这时，班禅向佛像献曼扎并祈愿，布达拉宫索本堪布将地方政府献给班禅的众多礼品奉上并祈愿，班禅接受了礼品。在呈交地方政府的礼品清单外，索本堪布还转达了达赖喇嘛和摄政等人对班禅的问候，班禅会见了索本堪布及其随从，以及前来献礼的很多僧俗民众，并赐给吉祥结。此时由班禅给我剪发并起名为洛桑丹增旺杰（བློ་བཟང་བསྟན་འཛིན་དབང་རྒྱལ། 此人即这部八世班禅传的作者,他在此时由八世班禅剪发起名,可见作者和八世班禅应该是年龄相仿),还得到班禅所赐吉祥结,得享各种善缘。

在法会结束之时,地方政府与达赖喇嘛为首的僧俗贵贱人等对班禅充满信仰并敬献各种受用资具的善业功德回向到大圆满菩提。他做回向时语义深广、吐词清晰、声音雄浑,近处的人不震耳,远处的人能听清,并且生动悦耳,抑扬顿挫,无有含混,总之他的声音如嘹亮清晰的梵音,使得聚集的众人一听到他的声音就生起虔诚的信仰。尽管法会进行的时间很长,但是在这期间,他的头都没有左右摇动一下,他的身相威严,如满月的月亮一样的脸庞带着微笑,使有缘见到他的人都充满欢喜和信仰,许多人还掉下了眼泪。在班禅念诵回向文时,在场聚集的人很多,班禅没有一点疲惫的样子,在身语意各个方面的形态完全和前世班禅再来一样,使得众人纷纷祈祷和赞扬,刹那间仿佛回到了从前的时光。永增仁布切也非常高兴,当班禅回到寝殿时向他献了哈达,班禅又在寝宫的窗户里向大众露面,然后到正殿升上法座,永增金刚持祈愿,英萨诺门汗献曼扎、三依止等拉章的礼品,其后四大札仓的囊玛执事仲译等向班禅各献一条哈达,班禅一一接受并为他们摸顶,赐给吉祥结,还给汉藏官员贵族来宾赐予礼品,使他们心满意足。

其后,班禅额尔德尼被扎什伦布寺所属的拉德、米德迎请到法会的上座,由阿巴札仓的大堪布祈愿,四大札仓的讲经师、侍从、拉德、米德等奉献大量物品,永增金刚持以下、仲科尔以上的人员各向班禅献一条哈达,班禅给他们摸顶并赐给吉祥结。和前面一样,班禅做了诵读回向,还在返回寝宫时在窗户中露面会见大众。当时天气非常晴朗,好像是有意安排的各种缘起。

从初5开始,在这个月里依次有雪公所、执事囊玛公所、绒绛钦寺、代本詹东巴、森钦活佛、代本仁布巴等举行宴会，向班禅献数量不等的袈裟、常用品、金银绸缎等，祈愿健康长寿，班禅接受这些奉献，并按等级高低给他们摸顶、赐吉祥结等。初7，永增金刚持迎请班禅到法会首座做祈愿，为参加法会的众人诵传为讲说兜率上师瑜伽而作前行的《穆则玛》（宗喀巴大师赞）和《宗喀巴大师名号颂》等一些意义深刻的偈颂，以及白色和黄色文殊的心咒等，并在法会结束时念诵回向文。这时永增金刚持向班禅祈愿，献曼扎、三依止、袈裟、常用资具、金银、绸缎、呢绒、氆氇、荷包等。英萨诺门汗也做了献礼并给法会做了供养。班禅返回寝宫登上尼沃寝殿的座位后，做了念诵，在享用面点食品后，英萨金刚持向班禅献曼扎、三依止等物品，执事以上的人员各向班禅献一条哈达，班禅给他们摸顶并赐吉祥结。此外，在这一时期，还有吉康札仓的堪布多吉丹巴噶钦洛桑顿珠、曾经管理公所茶叶驮队的洛桑丹增、孜恰尼玛顿珠、管水井喇嘛阿力南杰尼玛等人，也迎请班禅到法会上，以虔诚之心奉献大量物品进行供养。班禅以清净智慧遍罩虚空，给聚集的僧众熬茶布施，公所的首领为给僧众建立缘起，提供蕨麻酥油，熬了许多锅粥饭供僧。班禅给施主和献物品的人们摸顶问候和合适的交谈。初9日，阿钦金刚持在寝殿中向班禅献礼，地方政府来献礼的两位索本堪布前来辞行，班禅请他们给达赖喇嘛和摄政带去表示问候的哈达、给达赖喇嘛的无量寿佛像、给摄政金刚持的白度母像，并请他们加以护佑。22日，来办理贡献军饷事务的汉藏官员等前来辞行。此外，班禅会见了前来拜见的本地居民和临时前来的人员将近一万人，给他们摸顶。

藏历7月1日，参卓巴（མཚན་སྒྲོག་པ།）们以念诵阿罗汉名号经祈愿班禅额尔德尼健康长寿并献礼，班禅接受了礼品并给他们摸顶并赐吉祥结。初8日，班禅给大经堂格贵、密宗札仓的戒师给予本尊大威德金刚的加持。这时因为庄稼有受到雹灾的危险，执事仁钦首次拜见献哈达礼品时，请求给予防止雹灾的护持，班禅接受了请求，所以当年这片地区没有发生雹灾。

这个时期，不仅反叛大皇帝的人和外国的军队给国政造成很多的危险，而且还有得到天命大皇帝允许的披仁格（རིང་གི།）的天主教的本波（ཐན་ཀྱུ་སྐྱར་བའི་དཔོན་པོ། 传教士）和医生等许多人，渐次前来巡视考察天主教的宗教传播，天主教先前已到了芒康（སྨར་ཁམས།）地方[1]。天主教的宗教见地和行为完全是把人诱导到邪路上去，因此西藏、康区、蒙古、嘉绒等佛教传播的地方，特别是第二佛陀宗喀巴大师的教法非常兴盛的前后藏地区，民众众口一声地回复，要求阻止他们前来，同时还向佛法僧三宝和具誓护法祈祷和嘱托事业。因此在藏历26日即戒律历30日的那天，班禅出巡到德庆颇章举行水食子法事的帐幕中，给三胎神、四语食子、白拉垒色瓦等神祇按旧例做了酒供，接着到4个札仓的帐幕和德勒巴的帐幕，会见了数量合适的晋谒的人众。然后班禅到了寝殿甘丹林，英萨诺门汗

---

① 关于这一时期法国天主教传教士到芒康一带活动的情况，保罗、泽勇的《盐井天主教史略》一文中说："1858年，中、英、法签订了不平等的《天津条约》，规定允许传教士在包括康区在内的边沿地方从事传教活动。随后法国人以胜利者的姿态，争先恐后地闯入川、滇、藏交界处历来为清廷及藏政府难以顾及的现今四川巴塘，云南维西、德钦、察瓦博木噶，西藏芒康、盐井、扎那、门孔等地进行所谓的'传教活动'。首先步入上述地方的是法国传教士罗启桢（Charles Rene Alexis Renou）及查尔斯菲格（Jean－Char les Fage，又译潇法日）。1861年，他们从驻京法国代表baron Gros与总理衙门处领取入藏通行护照，同年6月4日顺利抵达藏东重镇之一的江卡（芒康）。当地官员就在既不禀报西藏地方政府，又匆忙承认其'护照'的情况下，准许他们在芒康境内进行传教活动。时过不久，拉萨三大寺得知此事，震惊万分。同年，另一传教士德格定（Than－kmsb－gar－bo）来到芒康，他在当地传教的同时，企图把教区扩展到卫藏地方，但遭到当地官员的拒绝。1861年8月5日，又有一名叫Vicar Aposto－lis Thomine－Dema Zures的传教士来到芒康，并急忙奔往昌都。8月20日，他从四川总督处领取护照，试图从昌都直入拉萨，但同样遭到三大寺的强烈反对，被押回昌都。就在这一年，法国遣使会传教士从云南维西再次进入察瓦博木噶。1862年6月，罗勒拿从察瓦博木噶前往芒康，与德格定一起朝拉萨走去，而途中被拉萨派来的官员押回。罗勒拿回察瓦博木噶。"又说："罗勒拿等之所以较顺利地抵达芒康、博木噶、门孔、扎那、昌都等地，一是从法国驻北京代表及总理各国事务衙门处领到了入藏通行护照，为他们顺利入藏开了绿灯；二是在藏东境内先亮出'护照'，证明其经北京清廷允许入藏，一旦当地官员不理睬'护照'，三大寺反对入藏时，则'假称贸易，欲赴西藏传习天主教'，在察瓦博木噶、门孔、扎那一带任意传教，并收笼为数极少的信徒。不久，引起当地僧俗群众的强烈不满。"

献曼扎、三依止和哈达，接着囊玛执事以上的人员向班禅献了哈达。在那里简单用餐后，班禅观看了各个寝室的神像，做了祈愿并献敬神哈达。稍事休息后班禅乘轿返回，途中受吉康札仓的邀请前去札仓用餐，到札仓的噶嘉玛护法殿礼拜并供酒，嘱托事业并祈愿，然后返回大寝宫，向宝帐护法神献敬神哈达和神像矛，并祈愿和嘱托事业。

藏历 8 月 1 日，班禅额尔德尼在马队陪同下前往参加贡觉林的金星住夏沐浴（རི་ཁྲིའི་ཆབ་ཁྲུས།）（金星出现时沐浴最有功德，故称为沐浴节），在迎接和欢送合并举行的宴会上，班禅给了驻日喀则的大老爷、粮台、代本、宗本等汉藏官员赏赐，廓尔喀王派来献马的两位使者在此辞行，班禅给他们赏赐，并交给赠给廓尔喀王的马匹和礼品等。

29 日，按照旧规班禅参加了护国药叉神的期供施食法事，观看了跳神法舞。在沐浴节期间，班禅因各个护法殿的僧人邀请前去观看、祈祷，给僧人们赏赐，特别是对苾嘎觉卧三位神（似是痘神、柱神等）做了大祭、护持和供养。

戒律历 9 日，班禅额尔德尼在用餐后前往扎什伦布寺。6 日，潘康大卓尼尔洛桑坚赞、却本堪布吉仲尼曲、索本堪布贝丹喜饶等迎请班禅到僧众中，索本堪布祈愿，并献曼扎、三依止等大量物品，并做广大回向。从 13 日开始，有前往尼泊尔去办理辛衮佛塔（ཤིང་ཀུན་གནས་འཛིན།）事务的不丹的人员翻译堪布、管塔的喇嘛、武士、不丹政府强佐等主仆 30 余人到达和辞行，班禅给他们摸顶。同时有尼泊尔王的名叫罗阇比的饲马官来后藏购置马匹，他们主仆前来拜见时呈献礼品，班禅一一过目并说出名称。

藏历的 9 月里，扎什伦布寺的嘎仁巴、格西一起迎请班禅额尔德尼，在用茶饭时格西们献曼扎等礼品，祈愿班禅身体健康事业广大,特别是当今叫做卡英吉利郭(ཀ་ཡིན་ཆི་ལི་སྐོགས།)和天主教的,纠集军队进犯,危害大皇帝的国政,在藏地等处推行邪教,恶名昭著,因此祈愿将他们彻底消除,使佛法特别是格鲁派的善法兴盛长存,班禅接受了他们的祈愿,给他们摸顶并赐吉祥结,并在这时念诵《穆则玛》《阿罗汉名号经》,祈愿格鲁教法兴盛。同时为了阻退敌军,在密宗札仓的僧众集会上做了抛掷伏魔铁堡食子(ལྕགས་མཁར་གྱི་གཏོར་སྐྱུག།)(在修诵威猛法事时所造的形如阎罗铁堡的有 9 个角或者 16 个角的食子)的法事。日喀则的颇本、法官、管理雪山者、卓力克图王的托因、康区霍尔土司的官员等人前来拜见。此时英萨诺门汗请班禅占卜铸造佛像是否吉利,班禅明确地说今年推迟,明年再做就吉利。25 日,听到咸丰皇帝(ཧྥང་མ་གཞན་རྟོང་ཆེན་པོ།)龙驭宾天的消息,班禅显得悲伤,向寝室里的姊妹护法献哈达并祝祷。28 日,在扎什伦布寺各个佛堂陈列供品,班禅巡礼各殿堂,在各主要的佛像前祈祷并献敬神哈达,向洛逋天女供酒并嘱托事业,特别在后殿的释迦牟尼大佛像前多次礼拜,奉献供品并祝祷。从 29 日到藏历 10 月 11 日班禅会见了许多从康区、安多、蒙古等地和本地来拜见的信众。

12 日,为星宿交合的吉日,班禅额尔德尼从索本堪布那里学习藏文草体(དབུ་མེད།)的认读,他没有障碍地好像附带学学就会了。15 日,班禅给新任吉康札仓堪布的洛逋巴噶钦洛桑金巴指示。25 日,按照旧例更换冬装、献哈达和布置燃灯节的酥油灯火,当天灯火燃烧顺利,出现了吉兆。当天班禅还会见了来拜见的人们。29 日上午,在快用午餐时,班禅给甘丹寝殿新换的陈列一年的朵玛食子加持。

藏历 11 月 1 日,安多强美寺(ཨ་མདོ་བྱམས་མེས་དགོན།)的喇嘛达摩瓦噶钦班丹索巴迎请班禅额尔德尼到僧众集会上,向孜和雪奉献大量物品，并给僧众熬茶布施，班禅为他念诵回向。1 日，吉康札仓新任堪布拜见班禅，班禅给他摸顶赐给吉祥结，并就兴盛讲经和辩经事业做了指示。热礼活佛在用餐时向班禅献曼扎、三依止，8 匹马和大量物品，在他离开时班禅给他摸顶并问候。还有很多安多的僧俗民众前来拜见，班禅给他们赐吉祥结满足了他们的心愿。这个时期班禅按照旧规做冬至闭关，详细情形在后文讲述其奇异行为时说明。

藏历 13 日，驻藏大臣恩庆为巡视地方和其随从一起前来，在他们到达和离开时，向班禅额尔德尼礼拜和请求摸顶，班禅还问候驻藏大臣并和他轻松地做了很多交谈，使得众人都生起信仰。其后班禅又会见了很多民众，满足他们的愿望。29 日，一些黑帐三部的喇嘛和首领专门前来拜见，班禅会见了他们和康区、蒙古的一些民众，对他们慰问赏赐。

12 月 1 日，班禅额尔德尼冬至闭关结束的喜宴上，做了大威德金刚的会供，做了关于法王和觉卧钦波护法的简说。在会供时，大执事向班禅献曼扎、三皈依，并献礼。永增金刚持、身边众人也做了功德。然后尼沃大寝宫的执事等也向班禅献哈达，班禅给他们摸顶并赐吉祥结。这一天是 12 月的开始，孜恰(རྩེ་ཕྱག)(孜勒空的强佐)赢得的赏赐和强佐的加在一起，给大众发了两份赏赐。8 日，班禅给大格贵和阿巴札仓的戒律师、措索巴教导加持。在这时为了给咸丰皇帝做超荐法事，噶厦专派堪穷洛桑旺秋一行前来，班禅会见了他们，因为这位堪穷是摄政金刚持的温波，所以班禅对他给予额外的奖赏。当天的 8 日灯供，酥油灯灯火出现了吉兆。当月 16 日，大执事收到文书说，皇帝盖印的诏书中说，呈递丹书克应派四品官衔的僧官，对索本堪布和摄政金刚持，未经奏请，皇帝就特别加封名号赐给呼图克图印章，按照旧规需派人献礼谢恩，因此特派卓尼尔曼日瓦前去拉萨①。

---

① 实际上八世班禅方面此次派员进京谢恩进贡的使者在1864年才得以成行。同治三年(1864年)8月24日,重庆府为八世班禅遣使贡物进京事致巴县札称:"同治三年□月十□日奉署川东道恒宪札:案准布政使司江移,案奉总督部堂骆札开,同治三年6月20日准驻藏大臣满、恩咨,据后藏札萨克喇嘛罗布藏朗结禀称,专差巴雅尔堪布人等敬因文宗显皇帝大事,并与同治皇帝恭请圣安,由〈川赴〉京呈进贡物,本大臣同治二年10月28日具奏,当时折稿抄咨在案。所有该堪布人等恭赍贡物名色及随带僧俗跟役花名、年貌,并骑驮数目,例应委令在藏文武督同噶布伦等监称,以昭核实。兹据兼署夷情西藏粮务李〈玉圃〉、驻防西藏游击维州协副将怀唐武,将监称过后藏巴雅尔堪布等正余包驮斤重数目及贡物名色并跟役人等花名、年貌,分晰造具清册十八本,印结六张,花式样各六分,夷结各六张,一并具文申送前来。查后藏堪布人等赴京呈进贡物,应查照成案在藏拣派弁兵沿途护送,以昭慎重。今本大臣饬派得驻藏尽先外委一员马永清,兵丁单国庆、苏吉瑞等,沿途帮同照料护送至省,均于同治三年3月12日自藏起程,早经传知各台文武照料办理在案。除册结□□经过省分暨理藩院查照外,相应咨送,请烦查照,希即转饬所属一体遵照办理施行。等因。准此,除咨将军、提督暨陕西、山西、湖北、河南、直隶等省督抚部院查照外,合就札行。为此札仰该司即便移明臬司并成绵、建昌、川东北各道,转饬所属一体遵照,俟该贡使等到境,速即遵照应付前进,毋得临期迟误,致干未便,仍将入境、出境日期报查勿违。等因。奉此,拟合就移。为此合移,烦为查照,希即转饬所属口内务州、县一体遵照,俟该贡使等到境,速即照例应付前进,仍将入境、出境日期报查施行。等由。准此,合就行知。为此行府官吏查照来文事理,即便转饬所属各州、县一体〈遵照〉,俟该贡使等到境,速即照例应付前进,仍饬将入境、出境日期通报查考毋违。等因。奉此,合就札行。为此札仰该县即便遵照,俟该贡使等到境,速即照例应付前进,仍将入境、出境日期通报查考毋违。此札。

计抄发清册三本。右札巴县。准此。

附一 李玉圃、怀唐武造送点验贡物各色清册

〈为造送事。遵将卑职等奉〉委照〔点〕验过班禅额尔德尼专差巴雅尔堪〈布赴京呈进〉贡物名色造具清册,申赍查核。须至册者。计开:

一、班禅额尔德尼呈进大行皇帝大事,哈达一方、连靠背镀金释迦佛一尊、连靠背观音佛一尊、连靠背佛母佛一尊、连靠背古佛一尊、连靠背文殊佛一尊、释迦佛源流画像15轴、红花100两计一箱、红黄壮藏香100束、红黄绣藏香100束、白香一箱、黑香一箱、十字花氆氇30个。

又恭请皇上圣安呈进奏书,内哈达一方、白观音佛一尊、镶嵌珊瑚松石连靠背手捧密蜡〈寿〉瓶镀金长寿佛一尊、嵌珠银法轮一个、银吉祥八宝8件、珊瑚珠一串、蜡珠一串、红黄壮藏香40束、□□氆氇各15个、本色氆氇10个、缠头果一箱、店子一箱、藏□□箱。

又呈进慈安、慈禧皇太后,哈达二方、琍玛佛二尊、红黄壮藏香60束、各色氆氇20个。

一、扎萨克喇嘛罗布藏班结照例呈进,哈达一方、镶嵌珊瑚松石连靠背手捧密蜡寿瓶镀金长寿佛一尊、连靠背镀金释迦佛一尊、红黄壮藏香30束、红花50两计一箱、十字花氆氇20个、黑香一箱。

一、荣增诺门汗噶青罗布藏丹巴坚参照例呈进,哈达一方、连靠背观音大佛一尊、连靠背释迦大佛一尊、红黄壮藏香27束、十字花氆氇10个。

同治三年3月

粮务李玉圃 副将怀唐武

附二 李玉圃、怀唐武造送点验贡使随员花名年貌

清册

为造送事。遵将卑职等奉委点验过后藏专差巴雅尔堪布赴京呈进贡物、随带僧俗跟役人等花名、年貌,理合造具清册,申赍查核。须至册者。计开:

一、后藏专差巴雅尔堪布一名:

罗布藏丹增 年五十岁,身长,面紫,有须。

随带僧人从役十一名:

洛桑曲垫 年四十二岁,身中,面紫,微须。

伊喜凯却 年十八岁,身中,面紫,无须。

楚称洛坠 年三十五岁,身小,面紫,微须。

洛桑边觉 年五十岁,身小,面紫,有须。

伊喜达结 年四十岁,身小,面紫,有须。

改桑吉克美 年三十五岁,身中,面白麻,有须。

洛桑索巴 年二十岁,身长,面紫,无须。

伊喜边觉 年四十岁,身小,面紫,有须。

楚称边觉 年三十五岁,身中,面紫,无须。

洛桑宜玛 年四十岁,身小,面紫麻,无须。

伊喜顿柱 年三十九岁,身中,面黑麻,无须。

留炉牧放俗人从役二名:

摆 桑 年三十六岁,身中,面黑,有须。

密玛却巴 年三十二岁,身小,面紫麻,无须。

同治三年3月 粮务李玉圃 副将怀唐武"。

从该年年底到水狗年（1862 年）的 5 月之间，因索本堪布去了拉萨，因此班禅的传记没有记载，我在这里只能留下空白，没有可说的内容。不过年底密宗札仓的期供大施食等是顺利进行的。这样，除了个别的几件事情以外，将班禅该年世间活动已记述如上。现在将这一年中他在听习佛法方面的一些奇异的事迹做一记述。

如前所述，班禅额尔德尼的三密的事迹在各方面都完全和高僧大德的行为一样。特别的是，在当年 3 月 18 日永增金刚持和班禅谈论各种事情时，永增问班禅，在具种王（རིགས་ལྡན།）的时期（具种王是时轮教法所说的香巴拉国的国王，有 25 代）你的名号是什么，回答说是勇武轮王，当时是和我有关的时期。又问是什么关系，回答说是要打仗，勇武轮王手持盾牌，用长矛刺向拉洛（ཀླ་ཀློ།）（对野蛮外道民族的称呼）的童心王。又问那么拉洛王跑回去了吗，回答说哪里跑回去了，从香巴拉开始一直在战斗。又问，那时骑的是什么，回答说经常骑的是石头，那时骑的是坐骑。同时学着马的嘶鸣声音。又问，热振金刚持当时是什么样的，回答说是坐马车的。这些关于前世的事情，他从来没有听说过，却这样毫无障碍地说出来。仅就这一点来说，有智慧的人都可以理解他是以前历辈班禅的真实无误的转世。

此外，因为这位上师是以前兼有学识成就的不间断的转世之一，所以他对各种学处不需特别艰苦努力，依靠自己就能方便地通晓。以前历辈班禅的例规，在冬至时要选一本尊做闭关修行。本年冬至时，班禅虽然年龄幼小，但是在学佛方面具有无比的智慧，当身边的人问他是否要闭关修行时，他说一定要闭关修行。本来想的是做吉祥天女的闭关修行，现在按永增仁布切的吩咐，班禅自己在闭关修行前要做一个依止本尊的法事，按依止本尊时吉祥天女的吩咐，要先做依止大威德金刚的闭关。这样做正是按阿阇梨喜瓦益西所说的："具有全部禅定真言和仪轨的人，专心依止最近的神获得征相。"按照英萨诺门汗和永增金刚持所说，首先必须要依止大威德金刚，特别是从本性里得到缘起，念诵依止黄色大威德金刚，然后依止独勇大威德金刚。从 11 月 3 日开始，班禅和永增金刚持一起按照四座瑜伽的修法，用心念修黄色大威德金刚和独勇大威德金刚，在做每座法的灌顶时，有时做断除在本尊的现观、生起和圆满、念诵方面的疑惑，有时念诵文殊菩萨名号经等静猛本尊的赞颂，班禅没有一点疲倦和放逸，依照本尊善行的次第努力去奉行，有时师徒在讲论佛法道理中度过。特别是有一次永增金刚持问道，尊胜文殊菩萨、大威德金刚、閆摩法王、度母、天女等是谁的化现，他们的心续是否同一？班禅一一回答，最后说："按照我的想法，比白色文殊稍微愤怒就是红色文殊和黄色文殊，再稍愤怒就是黑色文殊，再愤怒就是红色閆摩，再愤怒就是黑色閆摩敌，再愤怒就是大威德金刚。"这时索本堪布说："正是这样的。"果然在一些书上说，愤怒文殊是红色閆摩，红色閆摩愤怒是黑色閆摩敌。此外班禅问永增金刚持说："阿罗汉们属于三宝的哪一类？"永增金刚持说："是属于僧宝吧。"不过班禅又请问说："按我问的，应该是属于佛宝。"永增金刚持说："怎么会，是属于僧宝。"班禅说："是佛宝，佛陀化身为众阿罗汉，没有这种说法吗？"永增金刚持说："那么，在《四续部》中是怎样的呢？"班禅说："关于《四续部》，在《本生经顿那玛》《秘密总续善成就》《善臂菩萨请问禅定经》等书中说，事续有三种共同和分别，第二续部行续诸种中主要的是毗卢现证，由此对第三续部和无上续部还有很多说法，不是这些吗？"在班禅年龄还这样幼小的时候，他在这一生中还没有闻思过这些经典，却依靠天生的大智慧发出这样的问题，并且依靠自身的力量毫无障碍地做出解答，使得在身边依止的众人生起信仰和惊叹，大家在赞扬声中度过时光。6 月 3 日,永增金刚持给班禅传授了《穆则玛》《文殊赞颂》《白色文殊赞颂》、新作的僧众大会念诵回向、佛子行全部学处的祈愿文等。10 月 21 日,传授了大威德金刚的《集咒仪轨随许法》、黄色大威德金刚和法王的随许法、语加持的教诫、黄色大威德金刚成就法第三章的诵传等。班禅都恭敬地听受,并赠给上师广大的酬谢。

这一年中,洛巴米村的僧人丹巴雅培学完了《般若》第八章的本论,学完《堆扎》全部课程的有比图巴洛桑坚赞、达摩瓦赤列嘉措、绒巴洛桑喜饶、达那巴尊追坚赞,乃宁却康巴洛桑顿珠学完了《应成中观》第四章和《因明入门》,温贡巴根敦达杰、罗桑班丹、洛桑金巴、洛桑次旺等学完了《胜乐本续》,曲科尔伦波瓦强巴群达学完了《慈氏五论》,通过了考试,班禅按照旧规给他们赏赐,使他们满意。

水狗年(1862 年,8 岁)正月初 1 日,按安排举行了盛大宴会。

藏历 5 月 11 日,为汉藏官员喇嘛等迎接,附近地方的歌者和密宗札仓的全部僧人手持各种法器排成僧队,前面由索本堪布迎请皇帝赐给英萨诺门汗的诏书和扎萨克喇嘛的印鉴,额外赐给班禅的八宝龙眼念珠、菩提子念珠、荷包 3 个等,以及赐给永增金刚持诺门汗名号等,一路来到大经堂,各人恭敬领受赏赐,并礼拜谢大皇帝之恩。随后班禅升上法座,在此举行宴会时,众人向班禅和永增金刚持献礼品和哈达,班禅也向英萨诺门汗和永增金刚持赐礼品,给汉藏人员赐礼品,给从拉萨来的索本堪布和卓尼尔主仆以赏赐,满足他们的愿望。

23 日,代本仁布巴前来辞行,班禅给了他赏赐。土尔扈特亲王(ཐོར་གོད་ཆིང་ཝང་།)次仁拉布丹的喇嘛洛桑南杰主仆到达,班禅给他们摸顶并问候他们。按照该喇嘛的请求,班禅对他诵传《兜率上师瑜伽》《穆则玛》《上师名号经》等，在他们的心中种下解脱的种子。25 日，萨迦达钦仁布切之前去了拉萨，在从拉萨返回的途中前来拜见，班禅和他高兴地交谈。

藏历 6 月 2 日，土尔扈特的喇嘛前来辞行，另有原任基恰堪布嘉绒瓦的强佐顿珠前来献礼，班禅会见了他们。公共历的 12 日即戒律历 16 日，当天上午当太阳还没有照射到大经堂的金顶时，班禅准备夏令安居，在永增金刚持面前接受关于夏安居的告诫。当时新修了密严刹土大护法的居室，有白色云纹的缎子做的帐幔、蒙古缎做的华盖和横帘，台座上放满的供品有金银、各种粮食，上面是穿新袈裟戴法帽的大护法神，班禅将前世的颈饰、珊瑚、水晶项链献到护法神像的颈项上，并做祈愿，又献长四庹的色彩鲜亮的敬神哈达，撒花祝赞。班禅和永增金刚持一起向大觉卧神做酬补和嘱托事业，给仲科尔以上的人员赐面点，给班禅的侍从人员以赏赐。这时还作为开光给大觉卧神像做融入智慧的念诵。20 日，鄂尔多斯的迎接新任和送行卸任喇嘛的使者台吉南杰多吉主仆，以及不丹喇嘛扎玛堪布、杂悉佐巴等僧俗人众和到尼泊尔办事后返回的人员前来致礼，在用茶时班禅对他们问候，满足了他们的愿望。

藏历 7 月 3 日，上述的鄂尔多斯卸任喇嘛噶钦洛桑多吉迎请班禅到僧众集会上，向班禅奉献了大量物品，并给僧众熬茶布施，班禅做了口诵的善业回向，使得担任施主的台吉等人生起真实的敬信。在返回寝宫时班禅对大经堂的格贵等人做了吩咐，给予加持。这一时期由于雨水稀少，日喀则的官员高僧等一致请求班禅护佑降雨，班禅答应了他们的请求，立即向大护法神献浴并嘱托事业。到晚饭时分，响起了雷声，晚上就下了一场毛雨，众人都纷纷合掌祈祷，并赞颂班禅的恩德。同时，英萨诺门汗也向护法神献了黄金、哈达等，请求护持防霜。戒律历初一时，班禅在永增金刚持身边解除夏安居，并按旧规外出巡视，在用餐后前往吉康札仓，礼佛献礼并嘱托事业。对大寝宫的宝帐护法神像献了长矛和敬神哈达，为教法和众生祈祷并嘱托事业。

藏历8月戒律历的初2，班禅到贡觉林寝宫做沐浴节的沐浴。公共历（འདུལ་ཚེས།）的29日，班禅参加护持护国药叉的期供施食和法舞。孜护法殿的僧人们迎请他到法会上向他献礼，阿闍梨献曼扎祈请，班禅接受祈请，给僧众赐护身结并给予教导，孜和雪的强佐给僧众供茶饭，并给每人一条哈达、5钱银子，班禅给他们赐了回赠礼品，为经堂的柱面幡和经幢等设立了基金，还巡礼了大寝宫并献敬神哈达。江隆阿扎雅班智达的转世洛桑丹巴楚臣、托因卓巴桑、佐巴、图撒拉克齐等主仆多人到达，达喇嘛（ དྷ་བླ་མ།）等蒙古官家的联络官也一起到达。他们向班禅礼拜，班禅轻松地向他们问候。

4日，班禅前去扎什伦布寺，这次在伴随的马队中增添了作为班智达的前导台吉（ཐའི་ཇི།）和日喀则的法官等汉官、蒙古官员以及喇嘛等。5日，班智达在尼沃寝宫做尊胜母仪轨时祝愿班禅健康长寿，班禅接受祝愿，并按班智达的请求诵传了《兜率上师瑜伽》《穆则玛》《长寿三尊》的真言。班智达献曼、三依止、10匹汉地的马、大量的金银绸缎等物品，在一起用餐时，班禅对他做了有意义的教诫，他们高兴地进行广泛的交谈。班禅自然地表现出三密的法行，使班智达主仆等新从蒙古前来的人众全都感到惊异和信仰，将赞扬班禅的声音传遍各方。9日，班禅高兴地给班智达赐临别的赠礼，并嘱咐他努力学法修行。12日，班禅接受了新任日喀则颇本（粮台）那老爷的拜见和问安。

这个时期，在大执事的关心下，备齐了要送往昂仁（ངམ་རིང་།）甘丹雪珠强巴林寺的木刻版丹珠尔和袈裟，以及用三种珠宝新建造的比真人略高的工艺精妙的宗喀巴大师像、班钦根敦珠巴（一世达赖喇嘛，扎什伦布寺建造者）的袈裟、金刚持罗桑确吉坚赞（四世班禅）的僧帽、修行帽等有四种舍利子装藏的圣物。29 日，班禅在大经堂为这些圣物撒花祝赞并献敬神哈达。甘丹曲林的日楚巴（在乡间静修地修行者）格隆措索巴尼玛、羊八井的日楚巴格隆阿旺班丹、去达孜多（康定）经商的人们，在用茶饭时向班禅献曼扎、三依止等物品并祈愿，在他们的请求下班禅诵传了他们想要的几种经文，并给他们摸顶赐予吉祥结。

藏历 9 月 4 日，班禅额尔德尼会见了南杰札仓的卸任法台尊追，在这一月中，教政事务繁忙①。藏历 10 月 8 日，班禅会见了为地方政府购买水果的人和许多僧俗民众。戒律历 25 日若尔盖（མཛོ་དགེ）喇嘛噶钦普穷、果洛阿什姜（མགོ་ལོག་ཨར་ཕྱུང།）部落②头人、被称为“噶钦喇干”的秀米等人前来拜见，在用茶时班禅对他们慰问。燃灯节的酥油灯灯火旺盛，出现了吉兆。公共历 21 日，喇嘛普穷和秀米二人及其信众等向班禅奉献充满庭院的马匹、骡子和牦牛，班禅在窗子里观看，满足他们会见的愿望。次日，如本诺康要去拉

① 1862 年，拉萨发生了一些重大的事件，年初哲蚌寺的一些僧人因为熬茶布施的一些事情，反对摄政热振活佛，接着甘丹寺和哲蚌寺的上层僧侣也同热振活佛发生争执。朝廷命令驻藏大臣庆文和满庆负责调查此事，并于 6 月 4 日决定没收热振活佛阿旺意希楚臣坚赞的摄政印信并将其撤职。摄政一派和哲蚌寺甘丹寺僧众发生小规模武装冲突，驻藏大臣起用卸任噶伦夏扎来平息这场争斗。7 月热振呼图克图携印仓促从北路逃往安多地区，要去朝廷申诉。夏扎旺秋杰波被任命为摄政并被授予诺门汗的名号。夏扎成为唯一一位出任摄政的俗官贵族，他任摄政两年，木鼠年（1864 年）8 月 25 日，他在罗布林卡去世。

② 阿什姜本部落为青海果洛地区的三果洛部落中的中果洛。据传说，果洛部落的先祖本秀加之子艾穷在亚日堂（在今班玛县境内）的一处形似大鹏鸟的地方修碉房居住，他是阿杰合珠的后裔，又因他居住地在穹波，故称阿什穹（ཨ་ཕྱུང།）。后又因他是“保护地方的人王”的赞誉而被称为阿什姜（ཨ་ཕྱུང།）。近代阿什姜部落先后分为贡麻仓（གོང་མ་ཚང།）、康赛仓（ཁང་གསར་ཚང།）、康干仓（ཁང་ཀན་ཚང།）三大部落。后来，贡麻仓内部又分出然洛仓（རྭ་ལོ་ཚང།）和瓦赛仓（ཕ་གསར་ཚང།）。贡麻仓、康干仓、康赛仓、然洛仓、瓦赛仓后来一并被称为阿什姜五大部落。以上五部落分布在青海省果洛藏族自治州的甘德县、久治县、玛沁县，而班玛县的亚日堂、班乃亥、果芒地区这三部分被称为阿什姜的“老家”，阿什姜贡麻仓、康干仓、康赛仓都是由此起家，逐渐发展到草原牧业区去的。果洛地区大部分的寺院是宁玛派或觉囊派，而阿什姜贡麻仓部落的夏日乎寺院系格鲁派寺院，位于岗龙乡。最初只是帐房寺院，据 1956 年的调查，寺内共有活佛管家 20 人，僧人 130 人。该寺院的施主主要是贡麻仓的夏日乎及上藏科、下藏科部落，因此在本传记中多处出现阿什姜部落和扎什伦布寺的联系的记载。

萨，前来辞行，果洛人等康区的许多信众来拜见，班禅满足了他们的愿望。拉达克来送年礼的使者主仆到达，请班禅观看他们带来的大象、岩羊、水牛等动物，班禅接受他们拜见，并在用茶时高兴地问候他们，他们奉献了大量物品，班禅回赐了吉祥结。28 日，阿里的噶尔本的管家图丹和旺波二人在用茶饭时向班禅献三依止和物品，按照他们的请求，班禅给他们诵传一些经文。此外，果洛的头人等各地来的许多信众也在用茶饭时献了三依止和礼品，班禅满足了众人的愿望。

藏历 11 月 4 日，班禅额尔德尼会见帕索米村①的冬季拜见的僧人和陆续来拜见的信众。5 日，阿里曲莫顶（མངའ་རིས་ཆུ་མོ་དིང་།）的官员等多人前来拜见。若尔盖喇嘛赤巴墨尔根噶钦南杰尊追迎请班禅到僧众集会，在祈愿时献曼扎、三依止、袈裟和资具，并向孜和雪献 8 匹马，给每个僧人布施一个章嘎。接着其管家扎西觉丹向孜和雪献马蹄银 3 个，给每个僧人也布施一个章嘎。按逝者的名单做了回向念诵。

在这个时期，扎什伦布寺请求班禅护佑寺院新铸佛像顺利成功，班禅向天女等护法做酬补和嘱托事业。10 日午饭时，大执事将试铸的样品白度母像呈献，并献内库哈达、马匹，再次请班禅护佑，班禅即向密严刹土的瘟神、柱神、觉卧神做酬补和嘱托事业的祈愿。到当天黄昏时给僧众熬茶布施，浇铸神像顺利成功，这完全是仰仗班禅的殊胜发心的保障。当果洛阿什姜部落最有声望的新任喇嘛前来辞行时，班禅赐给他诺木齐曲杰的名号的文告和印章。17 日，旭东（གཞུ་སྟོམས།）部落的头人官布嘉、南杰、公保太等人在用餐

① 扎什伦布寺在根敦珠在世的时期有夏孜、吉康、兑桑林等 3 个讲修佛法的显宗札仓，和拉萨三大寺不同，在札仓下面没有康村一级组织，札仓下面直接分为米村，最初有 26 个米村，夏孜札仓有村浦等 6 个米村，吉康札仓有古格等 10 个米村，兑桑林札仓有勒林等 10 个米村。后来增加了密宗札仓（阿巴札仓），称为四大札仓。最多时四大札仓共有 62 个米村。

时献三依止和物品，有贵贱人等300多人前来拜见，班禅给头人们赐茶并问候他们。昌都的衮多尔活佛前来拜见并献大量物品，班禅也给他赐茶并问候。另有拉达克来送年礼的使者前来拜见、辞行。21日，在依噶群增寝宫举行叫做“浇铸佛像满愿成功”的活动，管理其事的大小工头及属下工匠列座用茶、用盘进餐，给以满足心愿的奖励。他们请班禅赐给来年制做佛像圆满成功的吉祥，再次向班禅礼拜，班禅照旧规给工匠们赐物品。这个月和次月的两个月里，瓦秀（ཝ་སྤྱུག）部落①的头人格桑官却、头人官却顿珠、他们的属下达略和吉扎、安多洛桑丹巴、蒙古达果王的王妃玛苏尔、大臣喜年等很多信众向班禅献大银锭等许多物品，请求护持并诵传《皈依经》《嘛呢》《兜率上师瑜伽》《穆则玛》《忏悔经》等，班禅满足了他们的愿望。

藏历12月1日，孜恰按照前例发放了腊月初一的份子。8日，举行酥油灯供，出现了吉兆。当天，班禅对大经堂格贵和阿巴札仓的戒师等做了教诫和加持。若尔盖喇嘛赤巴辞行，班禅赠给他诺木齐墨尔根堪布的名号、文告印章、烈马、豹皮鞭等。23日，班禅对阿巴札仓堪布和翁则、却本等密宗札仓的执事等做了教诫和加持。25日，地方政府的森嘎益西嘉措前来致礼，班禅向他询问达赖喇嘛和第悉诺门汗②安好。詹东家族按旧例为班禅举行迎接新年的仪式，班禅给予赏赐。这时大管事顿珠培杰去世，给第巴扎西四品顶戴，委任为新的大管事，他向班禅献礼。29日，班禅观看了密宗札仓的朵玛施食法事和跳神法舞。次日，按照旧例晚餐时举行宴会。

以上是除了特殊的事情以外，对班禅额尔德尼在这一年中的

① 瓦秀部落为分布在青海果洛、四川阿坝地区的一个藏族游牧部落。

② 此第悉诺门汗当是夏扎旺秋杰波，当时已由驻藏大臣委任为摄政并授予诺门汗名号，但是朝廷批准担任摄政的批复到1863年4月才传到拉萨，所以这时以第悉诺门汗来称呼他。

世间事迹的记述。以下对他在这一年中在听习佛法方面的奇特的事迹做一简要记述如下。

当年藏历 5 月 12 日,兑桑林札仓的经师班丹顿珠向班禅传授《上师名号赞颂》,大执事认真地请求说:"这次怙主一定要做一篇。"班禅脱口而出说道:"祈愿吉祥!执掌成就吉祥事业的经幢,三学的宝顶上闪射耀眼光芒,成为佛法大厦美妙的装饰,握着善知识的脚下虔诚祈祷。佛陀的护法吉祥天女你,始终不动摇地完成事业,特别是对我们这大寺院,请你让它长远地兴旺发达!"使得在场的众人全都感到无比惊讶。在当月 25 日,班禅到平措更斯寝殿时,寝室的唐卡中有一幅白度母的唐卡,班禅见到后就说:"身材苗条身色洁白的神像,让人一见就心中升起欢乐,你把一切圆满都带给众生,我在尊胜白度母的脚下顶礼!"6 月 7 日班禅到尼沃大寝殿时,身边的众人请他写篇文字,他立即写道:"克珠杰格列贝桑布,破除一切异见邪说,用大吉祥的金刚杵,打碎魔鬼的头盖骨!"第二天,侍从洛桑善丹因为新造白色勇保护法像和面具,向班禅致礼并请求写一篇文字,班禅毫无障碍地说:"祈愿吉祥!身色洁白面带唯美的微笑,一见到你就得到大利乐,有空行围绕的护法主尊,向白色的勇保护法顶礼!"这些奇特的事迹,不用说我们这些被世俗束缚的普通人,就是一般的高僧大德,在年龄这样幼小的时候,不仅写不出这样新创的圆满优美的诗句,就是对以前的贤哲写过的著作也往往心里记不住,口里说不出,需要努力去学习。不仅如此,就是他们年岁增长后,在上师的身边艰苦地学习后,自认为能写诗篇或者零星诗句时,也会写出一些可笑的语句,自己心力不足,就从前人的一些著作中如"山羊拉屎绵羊夸功"(比喻抢占他人的成绩)一般抄袭过来。因此心底公正的人进行辨查时都会看出班禅的著作是殊胜的创作,从他前后的讲辩著的情形,就会对他不由自主地生起信仰。如是,这位殊胜上师从诞生还不会说话的时候起,在前世的良好的习气还没有全部觉醒的时候就完全具备殊胜的高僧大德的行为举止,与生俱来的智慧无有障碍,在利益自他的事业成就方面,他都能够在没有他人引导的情况下自主完成。

正如《正理论智慧树》中所说:"仅从经卷中学知识,而不到上师处请教,如怀孕不生的妇人,人群中不能算美女。"又如《闻思章》所说:"闻思能防止罪业,闻思能弃不真实,闻思能够得涅槃。"又说:"如来降生此世间,虽是具有智慧者,直到进行闻思后,方知恶业与善业。"又如《本生经》中说:"闻思是去除愚暗的明灯,是小偷偷不走的无价宝,是摧毁愚痴敌军的武器,是指明方便诀窍的益友。"在《经庄严论》中也说:"如果不进行闻思就去修行,对于教法没有意义。"这位班禅认真地按照善知识教导时所说的"要实行取舍的各个要点,在实行时要知道,要知道就要闻思,因为要闻思而后知,能够闻思的意义是具有能力的实行的关键"去执行,心中生起为了教导信徒,必须要在合格的善知识的脚下依止,学通显密经论的想法。这正如《本生祈祷》中所说:"在取舍方面,没有用正闻思的明灯去除一切昏暗,犹如不识路径却想要进入解脱的圣城。正因为这一缘故,需要闻习弥勒大师和世间二圣六庄严的论著,永不餍足地仔细学习。"虽然有遍学弥勒菩萨和被称为大乘二师的龙树、无著等圣地印度的二圣六庄严等大班智达的论著教理的愿望,但是这些大部论著理解起来却很困难。因此以前章嘉金刚持阿旺却丹说:要学开启教理之门的堆扎的课程,这是打开讨论教法各种门道的快捷的办法,愿迅速获得正理的武器。"永增法王罗桑旦增贝桑布也说:"善说格言是清净的教理之水,可将谜语般的尘埃清洗,带上智慧的项链,使学者一见就倾心拜服。"按照这些教诲,像打开教理宝库时不可或缺的钥匙的堆扎的课程方法,在印度没有宏传，但是在西藏的桑普寺①等大寺院，由上师恰巴却吉僧格等大师将诸位经部师的教理讨论编辑一处，开创了叫做“堆扎”的学法规则，有18、21、25种归纳实法（指真实有作用的事物）、反法（亦称反体法，指思维中现起的实体性能，非实有事物）的说法。班禅在本年的上半年，完成了21种归纳法中的白色红色等3种归纳法的口持（指熟读），此时又在永增诺门汗的身边学习《堆扎》的因法（能立因与所立法）、行步推理（辩论时的举步和问答等），对这些都没有困难地熟知。从此年的8月开始，每次从三大札仓各召来两名聪慧的《堆扎》学经僧人到尼沃寝殿与初学者举行立宗对辩。班禅首先为特别的缘起，以动听的声音“迪”表示欢迎，然后如帝释天向释迦牟尼献右旋白螺而祈请释迦牟尼广转法轮那样，提起一些辩论议题，《堆扎》学经僧人们也依据《堆扎》的教程进行辩论，班禅在辩论中破斥邪说，阐明贤哲们的正论，从来没有畏怯和无言对答的情况出现。

对此有诗赞道：

犹如用蜂蜜和碱水磨亮刀锋，
俗世暗夜终了梵行黎明出现，
因前世习气竹园长出柿子树，

---

① 桑普寺全称为桑普柳梧托寺，位于拉萨市堆龙德庆县拉萨河南岸的柳梧区的桑达山谷中，距拉萨经济技术开发区约10公里。该寺由俄译师勒贝喜饶于1073年创建。据说阿底峡大师在聂塘传法时，曾指着今桑普寺所在地对勒贝喜饶说：“那边的天空犹如金色的千辐轮，它转动时的能量足以劈山裂石，犹如弥勒佛和文殊菩萨就了义论进行着激烈的辩论。那边的地势具有吉祥八宝圆满之相，尤其是那犹如右旋法螺之地势，如果在其上修建经院，就可以讲经说道，弘扬佛法了。” 勒贝喜饶说道：“那么请先暂时保密吧。”于是该处就被称为桑普，即“保密之山谷”。勒贝喜饶建寺后住持多年，后来其侄子俄·洛丹喜饶（1059－1109年）在从事译经的同时，他还编写经论注释，著作有《道次第广论》《教次第广论》等。他在此讲授般若学和量学因明，听众数以千计。其第六任座主恰巴却吉僧格在此创立“堆扎”摄义学，并形成通过辩经形式学法的规则，历代传承不衰。在拉萨三大寺修建前，桑普寺是前藏六大寺院之一。宗喀巴大师曾经到桑普寺听堪布森格仁奔讲授《释量论》，可是此后堪布竟向宗喀巴大师叩头拜师，堪布的弟子也随即改信格鲁派。寺院也扩展到拥有一个大殿，10个札仓：尼玛塘、库壁、兰饶塔布札仓、朗杰色康、比塞、赤恩果席札仓、甘丹娘荣、拉堆、拉麦、潘布朗康、聂果札仓。其中比塞、尼玛塘、拉堆、甘丹娘荣札仓修行格鲁派教义，其余都是萨迦派。后来格鲁派的哲蚌、色拉、甘丹三大寺每年夏季都选派学僧会聚于此，辩论量学因明，交流所学，名为桑浦寺夏学。

你本已成佛仍如佛子来学法！

为依止众经师学通五明学处，
在佛法正法论著的大海之中，
你以闻思之舟收取宝贵格言，
在世间主尊释迦牟尼的像前，
供奉百两黄金新造的供神灯，
还有无数的珍贵的各色供品，
并依止第二佛陀摄政金刚持，
畅饮深广的佛法的甘露泉水。

你是往昔的仙人优昙波罗，
藏地转动政教之轮的怙主，
你到西藏中心金刚座之时，
排列不可思议的广大供云，
如同难以割舍的母子亲情，
在许多劫前已经形成习气，
无论何时都不曾抛弃离开，
从你幼年的孩童时期开始，
诵读持戒即如噶当派老僧。

在称为洛桑浦的护法殿中，
欲主母露出欢喜的微笑，
宝帐怙主挺直其身躯肃立，
出现你役使护法许多征兆。
有时在依噶群增寝殿之中，

吉祥怙主以婆罗门身显现，
连凶猛的大药叉姊妹护法，
也显现真身遵命完成事业。

在拉堆绛地方的昂仁，
由领主福田共同兴建，
昂仁大寺[①]的佛像佛塔，
因时运变化走向衰败。
由洛桑南杰猛烈发心，
在你的面前诚心祈祷，
高举事业的大白伞盖，
将昂仁大寺维修复建。
怙主你以热诚的发心，
将高峻雪山冰雪融化，
汇成四条事业的河流，
将以前不善旧规阻断，
在弥勒佛的昂仁大寺，
使经像塔和僧伽讲修，
可比堪钦宣努嘉却时，

① 昂仁寺亦称昂仁曲德寺、绛昂仁大寺。1225年，由萨迦派高僧释迦僧格创建，为萨迦派寺院，约有30代堪布传承。4世纪末至15世纪初，宗喀巴大师曾亲临昂仁曲德寺讲经传法。一世班禅克珠杰格列贝桑幼年时到萨迦寺出家，16岁时便在昂仁曲德寺与博东班钦却勒南杰进行辩论，获得大胜，因此名声大振，后受到宗喀巴的赏识，被收为亲从弟子，成为宗喀巴的得力的助手。在17世纪以前，该寺为萨迦派和格鲁派合驻的寺院，有萨迦派札仓15个、格鲁派札仓10个。在五世达赖喇嘛时期该寺全部改为格鲁派，堪布亦由日喀则扎什伦布寺派任，每届任期3－5年。在八世达赖喇嘛的时期。从扎什伦布寺派任的堪布曼日巴洛桑南杰对该寺进行了较大规模的修葺，并广收僧侣，使该寺成为后藏扎什伦布寺所辖的四大寺院之一。该寺杜康大殿原有面积86柱，供奉有大小镀金佛像400余尊，其中有11尊高达10米；殿内经橱供置有用金粉书写的《甘珠尔》两套和《丹珠尔》3套。大殿西侧为强巴佛殿，殿内供奉主尊强巴佛镀金铜像，高达40米，据说如此大的强巴佛像在后藏地区仅有3处。

这是你和执事的恩德。

你为弘扬噶当派教法，
去到纳塘琛南喀扎处，
迎请洛桑丹巴坚赞尊，
出任你的经师升法座，
供奉三喜和修持供养，
应是诺桑和常啼菩萨，
阿底峡和仲敦巴师徒，
在寂静界的梦中显现。
从七岁开始在经师处，
如头顶和顶饰常相伴，
将佛理教导的珍宝鬘，
每天作你的耳环装饰。

又在依噶群增寝殿中，
请来雪域教法善知识，
弥勒怙主普布觉上师，
来作年幼班禅的师傅，
教诫甘露充满你心间。
又在当年12月初4日，
按照天神和上师授记，
在噶当教法的大源泉，
扎什伦布寺的大经堂，
升上高大的珍贵宝座。
从前藏来的各家施主，

排列如云彩汇聚礼品，
迎你到坚赞团布佛宫，
祈愿你长寿并事业广大！

文殊菩萨观世音菩萨，
先后以出家僧人出现，
依止如金山般的堪布，
登上无畏狮子的宝座。
当你迈开一双莲足，
继承前世光辉业绩，
用这样的良好缘起，
将终生引到安乐吉祥。
别人的教导和话语，
并非轻松纳入耳中，
你向摄政学习教法，
是吸取奇特教诲芳香。

宝贵的五明之学知识，
你从五髻文殊处获得，
特别殊胜的瑜伽修法，
你虽年幼却精进不息。
虽然不免年幼的束缚，
具有生来智慧的佛子，
迦陵频伽鸟美妙叫声，
你编成诗句脱口而出。
还未具有多闻的翅膀，

已想飞上证悟的高空，
离开闻思的瑜伽修行，
虽诵密咒却坠畜生道。
为要证得珍贵的三身，
渡过书海的最优方法，
是登上大乘经论大船，
教理大海中扬帆远航。
新成长的聪慧的童子，
要打开经论宝库大门，
需要把堆扎这把钥匙，
握在欢乐喜爱手指中。
并未套指环拉开硬弓，
却将无数教理箭射出，
摧毁前来挑战的邪说，
唯有你能在世间做到！

从这一年起，班禅额尔德尼在永增金刚持的身边听受《堆扎》的课程，还在这一年学习藏文三大基础字母，学习扎什伦布寺的念诵和法行的教程、献供上师、班禅罗桑确吉坚赞所著的《焚烟供施和回向、四种食子供施等》《宗喀巴大师传记》《随念三宝经修功德文》《摧破魔军咒》《文殊赞颂》《妙音女神赞颂》等著作中的一些章节和陀罗尼咒、《沙弥戒律及住夏和解制仪轨》、京俄洛追坚赞所著《沙弥学处》《大威德金刚十三尊修持法和祈愿祝赞》《法王护法外修法》《吉祥天女、姊妹护法、乃赛护法施食仪轨》等，听受了《释量论》从开头到“此乃称为自性者”之间的诵传。在这些传授教法的各个时候，永增金刚持也常常发出“能够将这些佛法甘露提供给怙主班禅享用，是十分美妙的因缘”的感慨。他说:“当他表现出听法时的举止应该是这样的,以及他高兴地说话的时候,总是以慈悲的眼神看着我们。有时候当我们被烦恼束缚的时候,在他的生来的功德面前,这些烦恼就变得像织布的经纬线一样细小。这个情形正如现在的世间谚语所说:‘在没有公鸡的地方,由毛驴来司晨。’(དེ་ཕོ་མེད་སར་བོང་བུས་ནམ་ཚོད་འཛིན།)对我来说,像支应学者差一样来做服侍的工作,有了向尊胜的化身仁布切呈献佛法的甘露的缘分,清楚地看到他的清净的智慧。”

当年的藏历 9 月 7 日起,班禅额尔德尼和永增金刚持一起在七天中努力做白色文殊的闭关修行。在各座法的间隙,念诵《宗喀巴大师赞》《智慧赞》《文殊菩萨名号经》等。从 21 日起又按惯例举行冬至闭关修行。开始时按照心愿做简要的吉祥天女近住念修,然后做酬谢会供,与身边的人们分享功德。班禅这样专注努力念修本尊的时候,出现了许多天神给予护持的景象。这位班禅像仲敦巴大师①(འབྲོམ་སྟོན་པ།)那样,“隐藏自身的功德,宣扬他人的功

① 仲敦巴(1005－1064 年),生于拉萨堆龙德庆县北部羊八井附近的一个殷实之家。青年时从赛尊学习佛法。他得知阿底峡尊者在古格弘法的消息后,他决心前往阿里迎请阿底峡。1045 年他到布让(今普兰),与准备途经尼泊尔返回印度的阿底峡相遇,他向阿底峡说明前后藏地区佛教后弘的情况,恭请阿底峡前往前藏教化广大有情。阿底峡被他的热情感动,允其所请,改变返印初衷,一同前往卫藏。阿底峡在卫藏地区弘法 10 年,先后到过桑耶、扎叶巴、彭域、聂塘等地,从其学法弟子甚众,最著名的有库、俄、仲三大上首弟子,即库敦尊珠雍仲、俄译师勒贝喜饶和仲敦巴。仲敦巴一直随侍阿底峡左右,闻法最多,得益最大,成为其教诫法要的第一传承人。1054 年阿底峡在聂塘圆寂。仲敦巴主持悼念活动,并在聂塘为阿底峡建灵塔和卓玛拉康,以供奉阿底峡从印度带来的本尊度母像。1057 年他赴热振地方传法,创建热振寺,以此为根本道场,弘传阿底峡所传教诫。经常从其听法徒众凡六七十人,著名上首弟子有博多瓦仁青赛(1031－1105 年)、京俄瓦楚臣拔(1038－1103 年)和普穷畦循努坚赞(1031－1106 年)等 3 人。1064 年仲敦巴去世后,其弟子分别建寺传法,形成噶当派的支系,仲敦巴被尊为噶当派的开派祖师。博多瓦所传为教典派,认为一切经论教典都是修行成佛的依据和方法,尤其重视《本生论》《集法句论》《菩萨地论》《大乘庄严经》《集菩萨学论》《入菩萨行论》等噶当派的六大教典。京俄瓦(一说是官巴瓦)所传为教授派,重视师长传授和实修验证,以阿底峡所著《菩提道灯论》的道次第为主旨,结合对佛典的诠释指导修习,故亦称“道次派”。由普究瓦所传为教诫派,主张以“恒住五随念”(念师长为皈依处,念自身为本尊,念语言为诵咒,念众生为父母,念心性为本空)为修行法门的十六明点教诫。噶当三派中又以师徒传承关系和寺院领属关系分为若干系统,重要寺院有甲域寺、岗岗寺、怯喀寺、基布寺、纳塘寺等。噶当派注重教理传习和僧人修持,内部组织比较涣散,与地方行政权力结合不多,因此一直未能形成强有力的政教中心。元代萨迦派掌权后,噶当派的社会影响逐渐减弱。明初格鲁派创立时,宗喀巴大师以继承噶当派教法相号召,因此格鲁派亦被称为新噶当派。在格鲁派的发展过程中,噶当派的寺院和僧人大多融入格鲁派,对格鲁派的迅速壮大起了重要作用。

德。”他自己具有三同见和预知的功能，有曾经亲见本尊等各种功德，但是他不表现出来，众人也难以理解。在念修白色文殊的修法的间隙，有一次永增金刚持说：“这次要请你做一篇文殊菩萨赞颂。”班禅立即就脱口而出地说道：“请将你身语意的加持，给予我和无量众生，熄灭众有情的苦难，请赐给我学识和勇气。”使得众人都十分惊异。按照这些话语来考察，肯定是白色文殊的身语意的加持施加到了班禅的三密身上。在冬至闭关修行时，有一天晚上黄昏的修持结束后，寝殿的天窗那边出现一个巨大的撕裂声，传到永增金刚持的那边，出现这个没来由的声音被记载在记录册上，这肯定是当时本尊高兴的征相。

这些是水狗年以前发生的除了一些特别的事情以外的将政教分开进行的记录，从水猪年开始，将以较少的词语按照时间先后顺序记录班禅的事迹。

在这一年中，德觉瓦夏仲洛桑尊追、倫珠孜巴贝丹顿珠、日喀瓦贝丹群培、洛巴上寺的活佛洛桑群培、宗卡瓦强巴扎西、章切瓦夏仲欧珠雅培、甲巴贝丹克尊等人学完了《堆扎》的全部课程，章切瓦洛桑楚臣学完《应成中观》第四章，温贡巴喜饶贝桑、益西伦珠、根敦达吉、洛桑顿珠、平措群培、洛桑达瓦等人学完了《胜乐本续》，襄德钦热杰巴格楚群培学完了《瑜伽师地论》第三章、《密集本续》《药师经仪轨》，夏鲁瓦格隆仁钦贝丹群觉学完了《时轮》全部仪轨，曲科伦波瓦根敦达杰学完了《慈氏七论》，呈交了试卷，班禅按其所学分别给予赏赐。

藏历水猪年（1863 年，9 岁）正月初一，按照例规举行了庆祝喜宴，班禅给今年取得噶究名号的僧人们教导和加持。达果土司等人和前来献新年礼品的地方政府的森本益西嘉措等向班禅辞行。因为班禅吩咐说对前来拜见的人不要阻挡，放他们过来，而当时是祈愿大法会的时期，从各地前来的信众人数很多，班禅都满足了他们的愿望。4 日，应一名培苏巴格隆的请求，班禅给许多僧俗信众诵传了《嘛呢念诵》等教法。帕里下寺的活佛向班禅献茶米和三依止等，班禅给新出家的 50 多名僧人剃发，给活佛起名为贝丹僧格。26 日，密宗札仓僧众按旧例为班禅做长寿仪轨，献八宝吉祥物，班禅到大阳光殿僧会上按旧例护持。

从藏历 2 月 13 日起，因为传闻有疫病流行，故阻止信众拜见班禅。至 22 日因喜饶南杰去世，人众前来献超荐物品，班禅会见了他们。26 日扎萨克图汗①(ཛ་སག་ཐུ་རྒྱལ་པོ།)的喇嘛乃宁巴噶钦洛桑次仁以及和他同行的汗王和山洛诺门汗的使者索本堪布、德木齐、为重孜瓦噶钦洛桑善丹送超荐礼品的人到达，前来拜见。次日使者们向班禅呈递汗王和诺门汗的书信，班禅高兴地问候他们。当身边的众人议论德木齐的年龄大小时，班禅以前和德木齐没有谈过话，却脱口而出地说德木齐已经 63 岁，他们立即去问，果然仁布切说得一点不错。这件事也证明班禅是具有预知神通的大德。另外，以前锡金的国王在请求护持的信函中说，请班禅测算亚东一带的地方是否会有痘疹流行，班禅回答说，会稍有一些流行并且时间长，不过做遮止的法事会有好处，对西藏方向的影响极小。按照班禅的测算，由属下做了修持，亚东地方也很快阻断了疫情，西藏方向也没有一点险情，这也是班禅确实遍知一切的证明。在这一时期班禅新任命了大经堂的翁则，并因扎萨克图汗的请求委任日卓活佛为他们地方的上师。

---

①　札萨克图汗部亦称喀尔喀西路，在外蒙古西部，东北界唐努乌梁海部，东界赛音诺颜部，南界额济纳、旧土尔扈特部及甘肃、新疆二省，西与西北界新疆阿山道及科布多部。成吉思汗十九世孙赉瑚尔，为喀尔喀右翼长，所部尊之为汗，其子素巴策嗣，始号札萨克图汗。清康熙间，素巴策曾孙策旺札布，为噶尔丹战败，率族归清，诏袭汗号，领部众，所部初分 10 旗，后增 8 旗，附辉特一旗，共 19 旗。其封爵有多罗郡王、多罗贝勒、镇国公、辅国公等。

藏历3月5日,为在藏历4月参加时轮法会,班禅额尔德尼按旧规学习时轮方面的教法。6日,因纽曲廓林(ཉུག་ཆོས་འཁོར་གླིང་།)寺的雪布洛巴僧舍奉献金银等大量物品,班禅给他们传授了他们想要的教法。8日,前去白居寺参加巡回辩经的僧人们向班禅辞行,班禅给他们做了教诲和加持。18日,扎萨克图汗次仁嘉布的上师乃宁巴墨尔根堪布噶钦尼玛善丹为首,包括为德诺喇嘛重孜瓦噶钦洛桑善丹送超荐礼品的人,迎请班禅到僧会上奉献大量的供物,给僧众也提供了斋僧茶饭,并布施每名僧人一个银章嘎和一条哈达。为超荐德诺喇嘛给每名僧人布施5分银子。班禅为给在世的和去世的人的善业,在大弥勒佛像前做了广大的回向,使众人得到信仰的福德。因为当时请扎什伦布寺僧人做亡灵经忏法事的人多,因此应吉索的请求援助,金刚持在兑桑林札仓的经堂给全体僧人传授了长寿佛和马头明王修持的随许法。藏历4月当中,班禅的三密事业都在增盛。

藏历5月初1、初2,班禅额尔德尼在永增的身边接受了多次洗礼,获得很深的身功德。14日,开始3天按照旧规举行了晒缎绣大佛像和弥勒佛祈愿大法会。这时大执事夏仲因身体患病,班禅为他做了卜卦并指示服侍的人做相应的法事。29日,大执事的身体痊愈,向班禅献黄色内库哈达、东部出产的响铜制成的观世音菩萨像、达擦金丝缎坎肩等,请求护持,他们高兴地进行了谈话。拉达克献年礼的使者和定日的大老爷向班禅辞行。这时期当地干旱严重,日喀则民众都请班禅护佑祈雨,当天班禅做了祈愿和嘱托事业,法事后即下起了小雨,从当天晚上到6月里,基本上都不缺雨水,班禅受到众生的一致赞扬。

藏历7月15日,达赖喇嘛派孜仲本塘巴前来问候班禅额尔德尼,赠给曼扎、三依止、黄金8锭、马一匹、缎子5匹。摄政也献了内库哈达、银章嘎一个、缎子 3 匹，班禅回赠了礼品。30 日班禅到德庆颇章巡游。

从藏历 8 月 1 日至 3 日班禅额尔德尼到潘德林（ཕན་བདེ་གླིང་།）为宝帐护法（ཆོས་བདག་ཕྱིང་དཀར་ཆེན་པོ།）做酬补法事并嘱托事业，大执事向护法神献敬神哈达，为班禅和永增仁布切以及在护法殿做仪轨的僧人积福，孜仲本塘巴也献了礼品。4 日，班禅到扎什伦布寺。21 日仲科尔和僧俗大众祈愿班禅健康长寿的前行法事，由永增金刚持做祈愿。藏历 9 月 11 日，班禅和扎什伦布寺的初级班的 6 名僧人（ཐོ་གསར་བ་དྲུག）和昂仁大寺的法相学班的 5 名僧人就堆扎教程进行研讨和辩论，班禅的身语意的表现使在场的人都感到惊异，不由得生起敬信之心。

藏历 10 月 1 日起的几天中，班禅额尔德尼在日光殿中依次进行了多次辩论。5 日，冲布活佛阿力（ཁྲོན་སྨུག་སྨྲ་སྐྱེ་ནྡ་མ་ཨ་ལི།）就任夏孜善丹林札仓的喇嘛，向班禅敬献哈达，班禅认真指示他建立规章和发展讲辩。26 日，班禅从永增金刚持那里听受了蓝衣秘密主金刚手和三威猛神的随许法，从当天晚上起，班禅进行闭关念修。

藏历 11 月 13 日做晚课时班禅解除闭关。次日，举行上师会供和解除闭关的喜宴，贵族人等向班禅献哈达。17 日，班禅的父亲丹增旺杰经过多方救治无效而去世，班禅立即做了回向念诵和仪轨，和僧众依次做了完整的超荐法事，并派人向达赖喇嘛和摄政等献了请做荐福法事的礼品。并供养佛像、聚众僧念修，做了无量的积福的法事。日喀则雪的民众也为佛父的超荐向班禅献了哈达、绸缎、黄金 8 锭，永增仁布切也献了哈达、黄缎、黄金 4 钱，念诵回向和祈愿，安慰班禅，在各个逢七的日子，布施斋僧茶饭。尽管这一时期中阻止信众来拜见，班禅还是特别地会见了果洛阿什姜部落的头人及其随从约 100 人。12 月 7 日，班禅向大格贵就冬季寺规的执行做了指示和加持。班禅按照旧规护持和安排俄尔寺四部施食和密宗札仓的 29 大朵玛施食。

此年中，森钦活佛（སེང་ཆེན་སྤྲུལ་སྐུ།）噶钦洛桑贝丹群培学完了弥勒《现观庄严论》《七十事》《般若》《戒律论》《道次第》等经文 170 叶，拉卡瓦洛桑尤年、瓦西瓦强巴格勒、楚臣康巴贝丹达杰、比图巴洛桑达杰、洛浦吧洛桑金巴、章切瓦索巴群培、昂仁曲德巴格勒尼玛、洛桑顿珠、洛桑坚白、洛桑桑结、洛桑旦达、洛桑索巴、洛桑喜饶等学完了《堆扎》的全部课程，章切瓦夏仲欧珠雅培学完了《应成中观》第四章，温贡巴洛桑饶杰、洛桑罗布、洛桑喜饶、洛桑丹杰、丹曲坚赞、益西达杰、洛桑桑波、洛桑坚赞等学完了《胜乐本续》，昂仁巴洛桑葛丹、洛桑索巴、洛桑多布杰、洛桑次仁、洛桑群觉、洛桑多布杰、洛桑绛曲、洛桑旺杰等学完《慈氏五论》，呈交了试卷，班禅给他们赐了礼品使他们高兴。

藏历木鼠年（1864 年，10 岁）正月初一，按照惯例举行了新年喜宴。嘉绒洛桑班觉向班禅额尔德尼献曼扎、三依止，班禅为他诵传了香巴拉祈愿文。6 日，贡萨（དགུང་གསས།）等西藏地方政府给班禅送新年礼品的使者们辞行，班禅给森嘎等回赠了礼品。7 日，强佐等人迎请班禅到僧会上，献内库哈达、曼扎、三依止等物品，永增诺门汗献曼扎并祈愿。班禅在晚茶和祈愿茶会上念诵回向文，这是他在僧会上首次念诵，此时他虽然还是一个幼年童子，但是已经具有一个高僧大德的仪表风范，在念诵时没有一点结巴、重复的毛病，使得会聚的僧俗民众听到后都高兴信仰，喜悦不已，如将手中的莲花高举到头顶之上。

藏历 8 日，班禅额尔德尼为比龙活佛剃度，起法名为洛桑丹增年扎。9 日，卸任噶伦贝伦巴格隆钦饶善丹平措迎请班禅到祈愿茶会上，奉献大量物品，如雨云布满天空，班禅如前次一样念诵了回向祈愿文。11 日，卸任第巴夏仲旦达迎请班禅到晚茶和祈愿茶会上，奉献大量物品，班禅为僧众清楚地诵传了尽快获得加持的《释迦牟尼赞颂》《文殊菩萨赞颂智慧明空》等，众人生起班禅为真实佛陀的观想，在信仰的田土中播下大菩提的种子。12 日，班禅给卸任噶伦回赠礼品并宴请他。14 日，吉康札仓堪布洛浦巴献曼扎、三依止，请班禅诵传了《上师名号经》，班禅会见了巡回辩经师和念诵嘛呢僧等，满足他们的愿望。21 日，班禅为本年新出家的 40 名僧人剃度，这时密宗札仓新铸愤怒神像出现障碍，派密咒师们来班禅身前请求护佑，献曼扎、三依止和 15 两白银，班禅高兴地答应他们的请求。26 日密宗札仓的全体僧人在日光寝殿按前例为班禅举行长寿佛仪轨，献八宝吉祥物。

从藏历 2 月 1 日起，永增仁布切给班禅传授洗礼（ཁྲུས་གསོལ།）和符合年岁的禳解诅咒法。7 日，班禅会见了从尼切修行地（ཉི་ཆེར་རི་ཁྲོད།）前来请求摸顶的 300 来名沙弥和比丘，以及 150 来名尼姑。8 日，按照永增金刚持的要求，班禅为甘丹赤巴贡塘巴做往生兜率的祈愿，念诵《甘丹祈愿文》《二资粮泉水》等。此外还因圣义谛班智达钦波至尊欧曲瓦（པཎྜི་ཏ་ཆེན་པོ་རྗེ་བཙུན་དངུལ་ཆུ་བ།）①的请求，为前藏的无数信众诵传他们想要的教法。班禅还单独会见了日追（修行地）尼

① 即欧曲央金珠白多吉，藏历第十四饶迴土蛇年（1809 年）出生在扎西格培林寺（在后藏谢通门县境内）附近的一个商人家里。1820 年因扎西格培林派僧差，入寺出家受戒，取法名洛桑曲批。他是一位博学多识的语言学家兼教育家，一生辛勤著述，除宗教著作外，还有语言、文学、天文、历算、造像、建塔等方面的著作，也有介绍汉区情况的《汉地春牛嘉言全聚菩提树》。他写的隐语修饰、例释《贤哲密意庄严》，对艰涩难懂的 16 种隐语修饰作了通俗的解释，在藏区广为流传。他的文学著作有《比丘洛桑群培短歌集》《洛桑群培传》等，天文历算方面有《历算、周期显明篇》等几部著作。他的作品体裁多样，不仅有传记、散文、书信回答等，也有诗歌、语录方面的佳作，不少是流传至今的名篇。他的《简明三十颂要义树王论》，独树一帜，将藏文文法规则与当时的语言实际相结合，简明扼要地介绍给读者，为后人树立了编写藏文教学文法的楷模，而且在教育史上享有崇高的声誉。此书共分 21 节，每节讲异类语法虚词，体例均采用原文、注释、例句三部分，在西藏各地广泛流传。百余年来，成为西藏各地都普遍采用的藏文文法的启蒙教材。藏历第十五饶迴火猪年（1887 年）圆寂。

姑160多名。果洛头人拉沁的夫人和头人善雅等人献曼扎、三依止和马匹等。27日,尼切修行地前来的沙弥和比丘以及尼姑等辞行。22日,因雪域的怙主达赖喇嘛将在4月13日受沙弥戒,为请求班禅额尔德尼护佑达赖喇嘛不生身体违碍,拉萨特派卓尼尔曲桑根敦前来献礼,班禅接受礼品并做了祈祷本尊护佑的法事。

藏历3月5日,本仓南喀坚赞向班禅的却本堪布献礼。从8日起,班禅在永增金刚持身边听受五部大论[①]的根本、三界法王宗喀巴大师的文集[②]的诵传,此外在这时期还听受《慈氏五论》[③]、《中观理聚六论》[④]、《注释明义》的诵传。藏历4月7日做事部三怙主、白色和黑色六臂怙主、姊妹护法、狮面母的修持,9日听受吉祥天女、四面怙主、金刚手、多闻子的随许法。从当天晚上起,班禅做闭关向宗喀巴大师祈愿的穆则玛念修,到本月28日解除闭关,做上师会供轮法会,执事以上的显贵向班禅献了哈达。在他闭关的这个时期,圣者莲花手着袈裟戏乐人间的遍知一切的达赖喇嘛受了沙弥戒,班禅会见了前来报喜送礼的卓尼尔曲桑根敦。

藏历5月5日,委任兑桑林札仓的教理讲说师噶钦洛桑丹增、谢巴噶钦洛桑尤年、吉康札仓的比图巴噶钦洛桑扎西、夏孜拉康巴噶钦索南罗布等4人为班禅额尔德尼的教理参夏巴(侍读,陪同学经和辩经的高僧)。8日在依噶群增寝殿,当班禅登上法座以后,大执事、

---

① 五部大论,是指戒律、俱舍、因明、中观和般若。宗喀巴大师在噶当六论的基础上结合实际略加更改,定按三学原则制定学习内容:戒学,学《律经》;定学,学《现观庄严论》;慧学,学《中论》《量论》(因明学)、《俱舍论》。

② 近年中国藏学出版社出版了宗喀巴大师师徒三尊文集,其中的《宗喀巴文集》全18册,内容包括:传记、闻法录、密教戒律解说、菩萨戒解说、比丘之学处、沙弥之学处,以及密集、胜乐、毗卢遮那、怖畏金刚、时轮、喜金刚、律经、中观、般若、因明、菩提道次第广论、密宗道次第广论、止观解说、辩了不了义论、教言等显密宗经典的注疏、笔录等著作。

③ 藏传佛教有"慈氏五论"之说,这五论是:《究竟一乘宝性论》《辨法性性论》《辩中边论》《现观庄严论》《大乘经庄严论》。

④ 即《中观》《回诤论》《七十空性论》《六十正理论》《精研磨论》《宝曼论》等六论,为龙树菩萨所作。

永增诺门汗、4名参夏巴也分别入座，用饭饮茶，念诵赞颂宗喀巴大师的《穆则玛》《文殊菩萨赞颂》，班禅手持僧帽，发出一声“迪”，如同梵天和帝释向释迦牟尼献右旋法螺和金轮请释迦牟尼转法轮那样，首先和参夏巴噶钦洛桑丹增辩经，然后依次和其他3位参夏巴辩经。这时因为班禅在以前历次转生中时常与闻思修的阳光相伴，在这一世也采集贤哲的讲辩著三业的芳香，他的身边依止的蜜蜂也努力发出赞扬的歌唱。当他发出辩论的信号“迪”声时，犹如极乐的吹号者吹响长号，成为自然成就的殊胜缘起。在宴请永增和参夏巴以后，强佐给班禅献上等内库哈达、曼扎、三依止、黄金一锭、银章嘎一个、大缎一匹、小麦一包。内侍每人献阿细哈达一条，执事每人献外库哈达一条。其后给永增仁布切献阿细哈达、长坎肩、白米一包。给参夏巴每人献外库哈达一条、上衣一件。12日，由4名参夏巴和班禅从《堆扎》的教程开始就经文语义进行辩论，班禅以符合他的年岁的特点依靠自力做出理由、相违、周延的答辩，他毫无畏惧和羞涩，如鹅王游于莲海一般，非常兴奋地参与辩论，使身边的人都很佩服。

藏历5月14日，班禅的母亲要从拉萨返回后藏，班禅派卓尼尔洛桑楚臣前去迎接。在他动身前，班禅让他带去所需要的食物、马匹和粮食等，还带去一封班禅给母亲的信，信中说：“恩重如山的母亲！这里有很多骏马般的贤哲，我为获得成就而学习。致谢母亲！还有细糖、块糖和干果，滋补身体的食物，具有甜酸辣三味，献给吉祥仙女主仆。这匹月亮一般洁白的白马，身子壮实行走快，骑着它可以到想去的地方，请你骑上前来，我们尽早会见。我这里献上的很甜的蔗糖、干果和箱子里的食物，您食用后会增长不老的体力，愿您长寿无病吉祥！附带的礼品有黄色哈达和敬神哈达各一条，黄金一钱。给母亲、姐姐、南杰等黄金一钱。拉嘉罗（神胜利了）！”关于这个情形，《正法念住经》中说：“对三宝上师福田等不做猛烈思念,而对得失二者细微处念念不舍,是对福德的大罪过。"班禅正是牢记这些经义而作。

在弥勒祈愿法会的3天中,班禅额尔德尼在寝宫的房顶上按旧例向缎绣大佛像礼拜献供,猛烈发愿利益佛法和众生。其间还给几名昂仁巡回辩经的僧人指示和加持。27日班禅的母亲到达,母亲转交了达赖喇嘛的盖印函件和摄政诺门汗、噶伦让琼巴的信函以及礼品等,班禅向母亲献了身语意的依止物,并与母亲一起进餐。

藏历6月3日,哉务霍尔扎曲活佛和达摩瓦格隆洛桑索巴分别向班禅额尔德尼献曼扎、三依止以及茶叶粮食等,班禅给他们传授了他们想要的教法,使他们满意。16日,孜恰尼玛顿珠从拉萨前来,在日光寝殿拜见了班禅,呈交了达赖喇嘛所赠的印章、内库哈达、释迦牟尼像、黄缎长坎肩、全套金刚铃杵、羊脂玉的寿星像,以及第悉诺门汗的问安的礼物内库哈达等,班禅高兴地接受了礼品。孜恰自己也向班禅献了曼扎、三依止等物品。

这一时期当地的庄稼遇到严重干旱,日喀则的官员喇嘛和僧俗百姓一致请求班禅护佑降雨,由于他们的清净信仰之力,从当天晚上开始,一连几天下了雨,使众人都升起信仰。

从藏历7月1日起永增诺门汗和三名做仪轨的助手一起为班禅做念诵秽迹金刚十万密咒的沐浴法事,从8日起的3昼夜里做依止大威德金刚的禳解诅咒法事。30日,按照旧例班禅出游附近地方。

藏历8月7日在贡德林寝宫举行前一年安排的定期朵玛供(དུས་གཏོར།)和大护法的大祭祀法事。11日,班禅会见了前来拜见的土尔扈特汗的使者达喇嘛和经师主仆等。次日,班禅给他们诵传了《兜率上师瑜伽》。13日,土尔扈特的使者们在寝宫祈愿班禅长寿,班禅以金刚咒语接受，满足善愿。策墨林的管家单另奉献了三依止等物品。当天，班禅还为永增金刚持所制作的作为定结扎西群培寺的公积财物的唐卡开光，撒花祝赞。16 日，土尔扈特的使者们辞行，班禅给他们加持。17 日，日喀则宗的马差头堪布（རྫོང་རྟ་སྒྱི་ལ་ཁན་པོ།）（管理指派马牛差徭的头人）曲桑根敦前来呈交达赖喇嘛给班禅额尔德尼沐浴节问候盖印文书，曼扎、黄金一两、马蹄银一锭、银章嘎一个、大缎 3 匹、薄绫一匹，以及干果、蔗糖、大米、面粉、白糖、枣子各一箱等礼物，摄政诺门汗也送了礼品。20 日，当着马差头堪布的面，扎什伦布寺的孜和雪点交了给达赖喇嘛和摄政的回礼。25 日，班禅额尔德尼为上述的给定结的唐卡写了回向善业的背面的 3 个偈颂。26 日，被派去向达赖喇嘛沐浴献礼的卓尼尔曼日瓦返回，带来布达拉宫孜和雪（达赖喇嘛和摄政）的回赠礼品。当天班禅从永增金刚持听受了扎什伦布寺密宗札仓的念诵和法行的经文两函。

藏历 9 月 1 日，传来第悉诺门汗去世的消息，班禅立即为他做了回向和祈福的法事。3 日，班禅从永增金刚持听受了白度母如意轮的随许法和相关的长寿灌顶。班禅给永增金刚持也诵传了自己的几篇念诵文。永增金刚持即辞行去甘巴拉温泉沐浴，师徒二人一同进餐。7 日，为超度第悉诺门汗，夏扎家族单独给班禅赠超度礼，13 日，噶厦所派的经籍管理官孜仲洛桑热杰到达。14 日，为超荐去世的第悉诺门汗迎请班禅到僧会上，奉献大量礼品，请班禅做回向祈福，班禅和僧众一起做了广大的回向和祈祷。昂仁甘丹雪珠强巴林的喇吉为感谢班禅以前赐给文告和印信之恩，向班禅敬献曼扎和三依止等。此外在这个月中，拉萨的孜恰格桑旺堆和孜仲洛桑热杰、伍佑阳巴坚寺的格隆阿旺金巴、阿旺塔克、哲藏活佛、哲蚌寺阿里活佛等人，分别在茶座上献曼扎、三依止和不少物品，班禅按照他们的愿望诵传了经文。21 日，被派去做第悉诺门汗超荐法事的德热布丹向班禅辞行。

25 日，因大皇帝的无上眷顾，经过驻藏大臣满庆（སྨན་ཨམ་བན།）和恩庆（ཛིན་ཨམ་བན།），派两位驻藏大臣的代表法官吴总爷和朱总爷二人，送来御赐的写着“三摩正觉”（ས་མ་ཏི་རང་བཞིན་ངེས་པར་གོ་ལོ་ཅན།）的匾额。班禅额尔德尼在日光寝殿为感谢天子的恩典，恭敬地行三跪九叩大礼，并设宴款待两位总爷①。次日，班禅单独会见了两位官员，拉达克的诺诺多丹辞行，班禅会见了各地来的僧俗信众，并给他们摸顶。30 日，上述的两位送匾额的官员辞行。在这时期班禅通过甘巴拉宗本给洗浴温泉的永增送去问候的印封信函，在 10 月 2 日很高兴地收到了回信。16 日，德热布丹从拉萨回来，班禅给他摸顶。达赖喇嘛让他带来问候和内库哈达，噶厦赠送的蒙古缎和氆氇等，班禅高兴地接受。23 日，永增洗完温泉返回到德瓦坚，班禅送去慰问礼品，次日又派人骑马到秀仲地方去迎接。25 日燃灯节，班禅观看了灯火。次日，永增金刚持一行人到达，班禅在日光寝殿会见了他们，其后又在寝室中单独会见了永增金刚持。28 日，班禅在白天会见了达摩若尔盖喇嘛仲仁巴洛桑根敦。

藏历 11 月 8 日，谢地方牧民头人阿囊向班禅献曼扎、三依止、茶叶大米和一匹鬃毛很漂亮的马，请求班禅为他诵传嘛呢经文。12 日，辛仓赤钦前来拜见，向班禅献了一部谢地方的欧日喇嘛仁布

① 此匾额现在仍悬挂在扎什伦布寺。在此同时还给达赖喇嘛赐给“福田妙果”匾额。1864 年 10 月满庆、恩庆的奏折中说：“适据达赖喇嘛具称：乃蒙圣主恩施，赏赐福田妙果匾额，赍到之时，当即恭设香案，望阙叩谢天恩，敬谨祗领。即此，达赖喇嘛欢感无既，但声称圣主皇上万万寿，永固无疆，不时讽经虔祝，以期报答万一耳。敬备叩谢天恩奏书一分、吉祥哈达一方、古佛一尊。奴才等敬谨封妥，另匣装固，恭为转奏。为此恭折奏闻。谨奏。”同治四年（1865 年）3 月初 10 日满庆等代奏八世班禅谢赏三摩正觉匾额呈递奏书及哈达等物折：“ 奴才满庆、恩庆跪奏，为叩谢天恩，代为转奏事。窃适据班禅额尔德尼呈称：荷蒙皇上恩施，赏赐三摩正觉匾额。奉到之际，班禅额尔德尼当即望阙叩头，跪谢天恩，敬谨祗领。于是班禅额尔德尼不甚欢感之至，乃叨宠锡自天，悚切报称无地。今小喇嘛但声称大皇帝万万寿永固无疆，只有虔诚祝祷，讽诵长寿经，用申仰答于万一耳。敬备叩谢天恩奏书一份、吉祥哈达一方、古佛一尊，奴才等另匣装妥，敬谨封固，代为转进，理合恭折奏闻。为此谨奏。”

切专门写作的祈愿班禅健康长寿的著作。13 日，若尔盖喇嘛在用餐时向班禅献曼扎、三依止，祈愿班禅健康长寿。此外在当月中还有阿力克强巴格勒热杰一行约 50 人，阿力克阿博主仆、若尔盖琼力主仆、安多达坚赞一行五十人、江洛学经班级的管理者，甘丹寺和哲蚌寺的两位强佐和随从仲科尔、措果岗坚巴等，各自向班禅献茶叶粮食以及不同的曼扎、三依止等大量物品，班禅给他们诵传了他们想要的经文，满足了他们的愿望。15 日，为超荐去世的卸任英萨诺门汗格隆南杰群培，班禅被迎请到僧会上，向僧众广做布施，僧众向班禅奉献了身语意的大量供品，最后做了广大的回向和祈愿。

藏历 12 月 1 日，扎什伦布寺大经堂新铸佛像完成，班禅额尔德尼在无上神殿为神像开光撒花祝赞。从 3 日晚上起，班禅进行冬至闭关修行。8 日，运茶者请班禅护佑当天的期供灯火，班禅依请而作，当天天气不好，刮起了大风，但是期供的灯火还是非常旺盛。21 日，拉萨噶厦送新年礼物的森嘎坚白拉拜见班禅。23 日，果洛达栾（མགོ་ལོག་སྟག་སྐྱོན།）部落的伦波洛桑坚赞向班禅献曼扎、三依止和物品，按他的请求班禅为他诵传《香巴拉祈愿文》。班禅还护佑和观看施放四部食子和密宗札仓的期供食子的法事和铁堡护法法舞。

本年中，章梅切瓦索巴群培、诺尔布甘丹巴洛桑群培、拉堆巴强巴喜饶、达摩瓦洛桑善丹、伦波孜巴贝丹俄色、绛巴桑珠甘丹巴强巴衮桑、嘉钦孜巴强巴才培、帕索瓦贝丹群培、坚隆巴吉仲格桑诺布、重孜瓦洛桑贝丹等人，和昂仁曲德瓦格勒边巴、洛桑丹培、洛桑金巴、洛桑日卓、洛桑次仁、洛桑群觉、洛桑善丹、洛桑楚臣、洛桑顿珠、洛桑达瓦、洛桑金巴、洛桑顿珠等人学完了《堆扎》的全部课程；比图巴群则洛桑达杰、绒巴洛桑喜饶、甲巴贝丹克尊、乃宁巴强巴年扎、拉卡瓦洛桑尤年等人和昂仁瓦格勒尼玛、洛桑顿珠学完各自教程的《释量论》应成中观第四品；昂仁瓦洛桑善丹、洛桑班觉、洛桑根敦、洛桑旺秋、洛桑顿珠、洛桑喜饶、阿旺衮恰、洛桑贝丹、洛桑金巴、洛桑达杰等人学完了《慈氏五论》；温贡巴喜饶贝桑、贝丹桑波、官却坚赞等人学完了《胜乐本续》；重孜曲德巴洛桑顿珠学完了《密集》和全部《普明仪轨》；德钦热杰巴金巴群培学完了《密集本续》《文殊名号》《大轮金刚手》的全部仪轨；出世修行的德丹浦巴瓦蒙古格隆贝丹桑波学完了班禅罗桑确吉坚赞、金刚持官却坚赞、森钦格勒热杰等人的道次第捷径著作230多页。他们呈交了试卷通过考试，班禅给他们分别赐予奖赏。

木牛年（1865年，11岁）新年时，按照安排举行了新年宴会。当时据说附近地方有一些传染疫病，为了在祈愿大法会期间不受影响，因此禁止信众拜见班禅。7日，班禅接受前来献礼祝贺新年的噶厦的森本，萨迦的卓尼尔、第穆、拉鲁、桑顶的人士辞行，会见了噶厦派往阿里的噶尔本嘉阳旺杰。噶尔本和南杰札仓哲康卸任第巴尊追，分别向班禅献曼扎、三依止，并给僧众布施斋僧茶饭，班禅给他摸顶，满足他们的愿望。12日，诺章卓尼尔群则南杰喜饶在喝晚茶时迎请班禅到僧会上献礼并祈愿，班禅为他诵传《甘丹法愿》，他给僧众布施斋僧茶饭，这是新建在僧会上念诵《甘丹法愿》。班禅又被迎请到祈愿法会的茶会上，在茶会结束时班禅做了祈愿大施主的善业如恒河水流入大海一般归入菩提的回向念诵。14日，安多的安木曲活佛请求拜见并献食品和曼扎、三依止等，班禅高兴地接受。25日，班禅为许多今年新出家的僧人剃度。因当年1月是个黑月（亦称黑道月），所以在2月5日安排在密宗札仓为班禅举行与长寿仪轨相关的祈寿献八宝吉祥物活动。17日，德多达尔噶等20来名蒙古人拜见班禅，献食物、曼扎、三依止、马1匹、骆驼3峰。此外，在这一个月中，昌都商务官丹增旺波及其子拉仲吉列隆主仆、卸任噶伦班觉伦珠分别献食物、曼扎、三依止等，班禅按他们的请求诵传了他们想要的一些经文。

藏历3月3日，帕苏喀达格隆格桑克珠（ཕས་སྤུབ་མཁར་རྟ་དགེ་སློང་།）献曼扎、三依止和茶叶、米粮等大量物品，次日，江隆呼图克图班智达主仆献茶叶、米粮等，班禅会见他们并给他们摸顶。6日，将大皇帝对班禅额尔德尼无比恩顾而赐给的“三身自性慈悲仁者”（应即是“三摩正觉”）匾安放到遍见寝宫的尼切寝室中，随后举行了盛大宴会，参加的僧俗大众向班禅各献哈达一条。当天担任参夏的谢巴噶钦顿月被任命继任班禅身边的森本堪布，拜见了班禅。7日，永增仁布切在寝殿外屋为班禅做文殊传规的无量寿五尊的百次灌顶。14日，大执事曼日瓦洛桑南杰因年事已高辞去大强佐的职务，任命孜恰洛桑桑丹继任。次日，来报达赖喇嘛的父亲公平措才旦去世之丧的马差头堪穷根敦曲桑到达，班禅即为荐福而念诵回向文。19日江隆班智达主仆向班禅献茶叶米粮和曼扎、三依止等物辞行，班禅给他们摸顶并在寝殿外屋给班智达本人赐饭①。21日，巡礼圣地的格隆康巴主仆献曼扎、三依止和茶叶、大米等，班禅因他的请求诵传了《兜率上师瑜伽》和宗喀巴大师《赞穆则玛》。28日，萨迦达钦扎西仁钦前来献礼，并随即辞行，请班禅给他摸顶，班禅高兴地同意了。

藏历4月7日，班禅的母亲等人去曼喀温泉洗浴，在辞行时班禅赐给礼品。9日，永增诺门汗赐给班禅依黄色大威德金刚修持的祈寿物品。15日，班禅巡礼扎什伦布寺各个闪烁加持光辉的神殿，向神像献供，在甘丹拉康的宗喀巴大师像前为祈愿格鲁派的教法

① 此处的江隆班智达应是苏尼特左旗江隆班智达阿旺洛桑丹巴坚赞（1770－1845年）的转世，阿旺洛桑丹巴坚赞著有传记、仪轨、文字方面的6卷著作，《梵、汉、俄、克什米尔、尼泊尔文、藏文、八思巴文等多种字样》是一部比较研究诸多民族文字的珍贵文献。

弘扬而献新制的僧帽，为教法和众生的幸福而祈愿和嘱托事业，为僧众增供斋茶饭。

在这次巡礼神殿的过程中，还是在当年的某次巡礼神殿的过程中，班禅在玉叶尊胜度母的像前一再地说："他们在朝尊胜度母这里看，在这样做朝拜，这样朝拜多高兴啊！"从这些话看来，他当时一定是看到了尊胜度母的一个奇特的现身。23 日，任命帕索瓦噶钦益西丹增为热河扎什伦布寺的新任堪布。

藏历 5 月 8 日，教法之主夏鲁日浦活佛洛萨丹迥贝桑布逝往法界，其亲传弟子日苏喇嘛专程到班禅身边献曼扎、三依止等物品，请求班禅做追荐法事和寻认其转世的祈祷，在僧会上给众僧布施，班禅做了荐福法事，护佑其转世尽快降生。次日，拉孜则巴珠旺仁布切向班禅献礼，并在大经堂给僧众布施。这时，班禅未经人劝请就在寝殿的各个神像前做献浴法事，护佑降雨，给众人以无上的恩惠。在这个时期，班禅先后和参夏巴们一起努力辩论《堆扎》教程中的难题，他每天都显出对教理理解和发心增益的情态。19 日有江隆班智达属下的拉然巴、25 日有乃宁巴秀格隆、朗通吉仲及其姐妹等人献茶叶、米粮和曼扎、三依止等物品，因他们的请求，班禅给他们诵传了他们请求的经文。藏历 5 月里班禅还做了一些常规和增加的法事。藏历 6 月，班禅做了大威德金刚的自入仪轨、秽迹金刚的献浴仪轨、怙主和多闻子的酬补仪轨并嘱托事业。又因格乌日楚巴格隆洛桑赤列的请求，为他诵传《兜率上师瑜伽》等。

藏历 7 月 8 日，甲米村的僧人的翁则、措索巴益西班觉请求班禅写一向天女献供食子的著作，即毫无障碍地写成赐予。这时期，有人送一件半月形大氅到寝室来，班禅一见就说世间的好东西来了，他这样年幼就有这样的智慧，使人不可思议。30 日，班禅出巡沐浴，在贡德林寝殿做食子期供。为认定哉务康玛尔夏仲的转世，在聚会上班禅给转世起名为曲扎央吉嘉措，班禅写有名号赞颂祈愿长寿的7个偈颂，这时赐出并诵传。

藏历9月11日，孜恰洛桑善丹赤列就任大执事之职，班禅在依噶群增寝殿升座，设茶饭招待，英萨（大执事）献曼扎、三依止、僧帽、袈裟，以及茶叶、米粮等，并问候班禅。班禅赐给他有加持力的赞巴拉财神像、佛珠、长坎肩、内库哈达等，并就努力做好内外政教事务加以教导。英萨大执事祈请班禅莲足永驻、转动尊善贤善业之轮，各种事业增盛，护佑我英萨本人各种心愿自然成就，班禅高兴地接受了英萨大执事的请求。此后不久，传来了危害安多地区的教法和众生的邪愿者瞻对工布朗杰及其随从，被胜于诸方的大军摧毁消灭的消息，扬旗欢庆（གཏམ་སྙན་དར་ཕྱར།）[①]。此时赞布诺门汗到达，在宴会上班禅赐给他礼品，诚恳叮嘱，望其在寺院中认真学法闻思，以后在京城对格鲁派教法做大利益[②]。12日，谢米村的僧人噶钦阿旺次仁请求班禅为新建的谢扎西格培地方的嘛呢拉康写以回向善业的祈愿文，班禅写完即赐予，并在天降节诵传此嘛呢祈愿文以及夏鲁日素喇嘛仁布切请求的《香巴拉祈愿文》。

从前年以来，班禅额尔德尼在永增金刚持那里听受了宗喀巴

---

① 关于此事，有理藩院典属司为奉抄瞻对赏达赖喇嘛管理上谕咨四川总督呈文：“内阁抄出：同治四年12月14日内阁奉上谕：崇实、骆秉章奏剿平瞻对官军凯撤一折，逆酋工布朗结，自道光二十八年以来，强梁自逞，侵占各土司地界，复敢围攻里塘，窥伺藏界。经崇实、骆秉章派令道员史致康，激励麻书土司四朗汪结等协力，接引藏兵，节节进剿。明正土司甲木参岑庆亦派兵会剿。史致康由里塘驰赴瞻对，调派弁兵，分路环攻，将瞻对新旧两寨全行攻克，逆酋工布朗结及其二子均被焚诛，并将擒获头人六名，玛罗布扎喜正法，其生擒之东登工布及其亲属，押解回藏，官兵陆续凯撤，办理甚属得手。瞻对逆酋，以边隅小丑，胆敢逞其不轨，蚕食土司，久为边界之害。此次捣穴擒渠，洵足以快人心，而伸天讨。所有瞻对上中下三处地方，即著赏给达〈赖〉喇嘛派堪布管理，建庙焚修。并著驻藏大臣查明，奏请办理。收复各土司地方，均著饬令各安住牧，妥为安插。其卓巴塞尔塔土司，既无正支可袭，即著将该处地方责成麻书土司四朗汪结兼管。道员史致康督率员弁汉土藏兵攻剿两年，收功尚速，著崇实、骆秉章酌请奖励，出力员弁一并择尤保奏；藏中番官喇嘛等，并著驻藏大臣查明请奖，余著照所请行。该衙门知道。钦此。钦遵。抄出到院，相应咨行四川总督遵照办理可也。”

② 此赞布诺门汗即五世敏珠尔噶桑土登赤列嘉措（1839－1881年），敏珠尔活佛为青海广惠寺寺主活佛，是清代八大驻京呼图克图之一。

师徒三尊文集、五部大论的本论，以及《大威德金刚的续部》七品、热贡嘛呢巴善丹嘉措所著的《上师供养教程》的诵传等，听受了觉派传规的二十一度母、朅地洛迦林度母、宝生部的摧破金刚、秽迹金刚的随许法，其后以大德的行止做发心、供奉、加行、正行、结行等法行，献给永增金刚持曼扎、三依止、两个银章嘎作为报酬。

从藏历10月1日起，班禅额尔德尼努力做觉派传规的二十一度母的念修。这期间每天黄昏经课结束后，脱去皮袍，危坐不睡，由身边的人读班禅罗桑确吉坚赞、班丹益西等人的传记，有时候他还会对其中的一些大事询问，使得身边的一些人也如谚语“打雷声引起狗叫声（意为大人物带动小人物）”所说，不做随意睡卧和怠惰之事，得到白天和晚上都致力于教法的善缘。这些时候班禅有时虽然显出睡着了的样子，但是读书仍然持续不断。这样听着读经的声音入眠，正如圣者龙足所说：“睡眠也不白白放过，在思考中进行睡眠。”班禅正具有这样奇特的行止。这时期夏孜札仓请求写一篇冲布活佛的名号赞颂文，班禅高兴地写成赐予。

25日，闭关修行完成，举行酬神会供，按惯例向班禅献冬装和哈达。班禅将以前所得的3钱黄金和一些银币赐给大执事（英萨），要求新造一白度母如意轮像，大执事英萨加上一些银子，精心设计，造成了一尊银制的白度母像，在当天献给班禅，进行开光和献敬神哈达以后，迎请到班禅的寝室所供的神像中，当天晚上班禅和身边的人一起念诵度母名号赞颂。班禅还给以两位若尔盖喇嘛为首的一些若尔盖人摸顶，诵传他们想要的经文。

藏历11月1日，班禅额尔德尼努力做冬至的马头明王秘法（རྟ་ལུགས་སྒྲོལ་མ་ཉེར་གཅིག་གི་ལྷགས་བསྙེན།）的闭关念修，在闭关开始时新建一幅本尊唐卡护持，10日，闭关结束时按惯例举行酬神会供。11日，班禅在永增金刚持身边接受了百次长寿灌顶，当天，卸任驮茶队头领贝丹顿珠迎请班禅到僧会上，在大经堂向班禅献礼，班禅手捧宗喀巴大师像，为僧众诵传《甘丹法愿文》，信众将大量物品排列成供云请班禅过目，班禅给献礼者一一摸顶，并念诵善业回向大菩提的回向文。13 日，班禅做本尊大威德金刚的自入法事和与此相关的白度母像开眼的仪轨。在这些时刻，有拉达克送年礼的使者和一些信众来拜见或者辞行，班禅给他们摸顶，还给一些献礼者按他们的请求传授他们想要的教法，满足求法者的心愿。班禅接受若尔盖洛萨噶钦的辞行并给他各方面的教导。却本南喀坚赞要去拉萨，班禅赐给他路途用品和寝殿的 3 两白银，并给他教导。

23 日，索本格桑因腿和膝盖的原因身体很弱，向班禅申诉情况请假回自己的僧舍，班禅开玩笑地说："可用侄子侄孙的膝盖来代替你的膝盖啊！"索本回答说："侄子侄孙的膝盖要小一点吧？"当天索本就回僧舍去了，次日，索本的身体越来越差就去世了，应该把上师前面的玩笑话理解为授记。

藏历 12 月 9 日，若尔盖的两位喇嘛迎请班禅到僧会上，向班禅献礼，祈愿班禅身体健康，班禅高兴地接受，并为他们念诵了回向文。8 日的期供和 14 日的期供的灯火都非常旺盛。按照惯例举行了四部食子供和密宗札仓的大期供。

在此年中，重孜瓦洛桑贝丹、章梅切瓦雪珠群培、洛巴夏仲洛桑丹巴、勒珠巴贝丹楚臣、甲康巴洛桑金巴、官查瓦洛桑尊追、达摩瓦洛桑平措、官沃活佛贝丹僧格、拉卡瓦洛桑云丹等人和昂仁曲德巴洛桑旺杰、益西丹杰、洛桑仁钦、洛桑绛曲、洛桑多杰、洛桑达杰等人学完了《堆扎》的全部课程，昂仁瓦洛桑旦达学完《应成中观》第四品，格勒尼玛学完《因明七论》除心障部，洛桑桑结学完《量理庄严论》、洛桑喜饶学完《量理庄严论》和《入庄严论》、洛桑顿珠和曲科伦波瓦群培丹增学完了《慈氏五论》，温贡巴洛桑索巴、贝丹索南、根敦培杰等人学完了《胜乐本续》《医学典籍九种长寿到医药续》第四品、《诀窍续补遗》50 多叶，呈交了试卷，我本人洛巴活佛（本书的作者）也学完了《堆扎》的全部课程呈交了试卷，班禅按先例给予了奖励，使得大家满意。

火虎年（1866 年，12 岁）正月初一，举行了盛大的新年宴会。8 日，班禅额尔德尼给各地前来的僧俗信众 1000 多人摸顶。这时送来谢札仓的前任堪布去世的追荐物品，并请班禅查看他往生到何处。班禅说这位上师已经往生到兜率天。从这位上师的行事和他对班禅从心底里信仰崇敬来看，确信班禅的说法是唯一正确无误的，故记录到文书中。13 日，为定期斋僧的日子（དུས་འགྱེད།），班禅在晚茶和祈愿法会供茶时到僧会上做念诵和回向等。18 日，大执事为祝愿班禅长寿健康、尊善贤事业发达，新制作了铜制的宗喀巴大师像，以及大威德金刚双身像、金黄色文殊菩萨像、宗喀巴大师的具誓护法法王像等，班禅对这些铜像礼拜并依本尊自入的仪轨为铜像开眼，将誓言和智慧注入铜像中加深功德。在这时期的一个月中，班禅在铜像前多次做献浴法事。身边的人怀疑班禅忘记已经做过了，说："需要这样反复地做法事吗？"但是班禅并不听还是努力地做。到 2 月底的时候，发生了一次大地震，扎什伦布寺的各个殿堂和寝殿等所有的建筑都没有受到损害，而康区等地方由于这一次地震许多寺院和村庄受到严重的毁损。我们这片地方连很小的损害也没有发生，这除了班禅一再礼供佛像的护持法力以外，还有什么别的原因呢？就凭这一点，班禅的恩德就无法计量，但是我们中的一些愚昧和鬼迷心窍的人却难以这样去理解。

25 日，密宗札仓的僧众依照长寿仪轨为班禅额尔德尼祈寿，并献八宝吉祥物。贝苏巴格隆楚臣桑波、格桑克珠二人提供资具新造一部藏文大藏经，请班禅写一篇回向善业的后记，班禅应请而作。

2 月 4 日，向天命大皇帝进丹书克的巴雅尔堪布噶究洛桑群培返回，带来皇帝的诏书和赏赐物品，班禅恭敬接受，按惯例叩头谢恩，并在茶座上慰问堪布一行。13 日，献夏装和哈达。当天班禅在永增金刚持的身边开始听受《班禅罗桑确吉坚赞文集》。在这一时期，每天在日光寝殿有学习教理的经院，班禅又安排时轮修供的仪轨，以奇特的方式学习教理。给哉务扎曲杰活佛赐给了祈愿和名号赞颂的文章。

3 月 8 日，班禅额尔德尼在依噶群增寝殿做了从永增仁布切接受大威德金刚灌顶的准备，次日班禅听受了全部的《四部灌顶法》，此后又听受了《起尸八法》《马头明王密修法》等的灌顶，最后还听受了《不死金刚法的核心长寿灌顶法》。作为传法的报酬，举行了上师供养会供，给永增献了大量物品。此时身边的侍从们请求班禅写一篇赞颂以前建造的上师、本尊、护法像的偈颂，班禅对每一尊像做了观察，在移步之间就脱口而出地念出偈颂。

对宗喀巴大师像的赞颂是：

“祈愿吉祥！
文殊心的化现闫摩敌（གཤིན་རྗེའི་གཤེད།），
其变化身即洛桑扎巴，
使佛法如白昼阳光明，
向你怙主法王做祈请！”

对文殊菩萨像的赞颂是：

“身色金黄蓝靛发髻美，
手持利剑经书和诸宝，

去除愚昧暗障语之神，
向文殊智慧菩萨祈请！”

对大威德金刚像的赞颂是：

“身色蓝黑九个头上扬，
使魔军和邪见者恐惧，
喷火的武器诸种愤怒相，
清净妙吉祥法誓心中藏！”

对白度母像的赞颂是：

“身如洁白月亮多庄严，
上身穿着袈裟更美丽，
伸出右腿稳坐莲台上，
向你救八难度母顶礼！”

对护法神法王的赞颂是：

“右手持颅碗木杖摧敌，
左手持长绳捆缚诸魔，
脚下踏着牛面哀嚎怪，
向你佛法守护神敬礼！”

对上师、本尊、护法等的赞颂是：

“供奉和赞颂所成的法力，
掌佛法者长寿事业兴盛，
使我闻思如上弦月上升，

去完成利乐众生的重任。”

完成了这样的语义深刻、词句优美的赞颂。

这一时期，巴雅尔吉仲洛桑尊追（སྦ་ཡར་རྗེ་དྲུང་བློ་བཟང་བརྩོན་འགྲུས།）维修格桑颇章，要新建大日如来等佛像，需要一篇新建佛像的祈愿文，以及有贤劫诸佛各自降世的地域、父母、种姓等15种内容的《贤劫经》[①]的请问者喜王菩萨的赞颂文，长短和其他菩萨的赞颂文相同，大执事为此向班禅请求，班禅随即写了有“记述贤劫诸佛之事迹，向你喜王菩萨顶礼”等语句的赞颂文。协噶尔曲德寺的且萨中观堪钦为首的修学中观的50多名比丘，以念诵十六罗汉名号赞的奇特形式为班禅祈寿，并奉献大量物品，班禅回赠了丰厚的礼品和一件有加持力的前世班禅穿过的坎肩。在修供时轮金刚时班禅按先例给僧众摸顶。

藏历4月中，前述的巴雅尔堪布吉仲出资维修了供奉贤劫千佛的格桑佛殿，要由密宗札仓念诵密咒举行开光仪式，因此迎请了密宗札仓的全体僧众，同时也迎请班禅到场，在3天中以大威德金刚的自入坛城请受灌顶为前行，完整地做完开光的加行、正行和结行的仪轨，降下吉祥的法雨。这是班禅首次主持开光的法会，因此由扎萨克喇嘛向他献曼扎、三依止等，其他人献哈达一条。在第三天的显密僧伽集会时，向欲界主母吉祥天女献大食子供等供养，接着由夏孜札仓的掌堂师噶钦扎西顿珠立宗，由另外两位掌堂师和

① 《贤劫经》，又名《飏陀劫三昧经》，意译曰《贤劫定意经》。主要讲述佛陀在祇园精舍时，答复喜王菩萨之问，先说诸种三昧及其功德，次说八万四千大乘德目及佛陀之殊胜功德，随后列举贤劫千佛名称及其所居城邑、族姓、父母、弟子、寿量、三会众数诸事，最后讲明持诵本经各种功德。本经曾有不同汉文译本，据《开元释教录》记载，姚秦弘始四年3月5日，鸠摩罗什译出此经，是第二种译本，不过未能流传下来；西晋竺法护所译《贤劫经》为第一种译本，至今犹存于世。日本佛教大学佛教学教授松田和信的调查发现，1990年代在阿富汗中部的世界遗产巴米扬遗迹发现的佛教经典抄本中，包括了据认为是2至3世纪期间抄写的大乘佛教经典之一的《贤劫经》，可谓世界上最古老的抄本，该《贤劫经》的抄本抄写在椰树叶上的经典断片共20多片，最长约10厘米。经书使用的是从北印度至中亚广泛使用的犍陀罗俗语，用古印度文字记载。

我提问辩难，从自性等开始，就《堆扎》教程和五部大论的内容进行辩论，班禅给了每个人奖品。在分享供养之时，班禅头戴通人冠，从具有六十妙音（གསུང་དབྱངས་ཡན་ལག་དྲུག་ཅུ།）的宏亮嗓子中，讲出从印度一直传承下来的供奉三宝的话语，使贤哲们心生恭敬，使新得到教诲者一听就在心中播下信仰的种子。他作为多吉洛本（金刚上师）的行事毫无盈亏错误之处，比那些担任过多次多吉洛本的人还做得更好，使在场的众人都无比信仰，施主向他奉献了曼扎、三依止等大量物品，僧众也无比恭敬。札仓堪布洛桑群培也献了曼扎、三依止，并做布施，请班禅做一曼扎、三依止的祈愿文，班禅当即赐予。在举行开光仪式的时候，天空非常晴朗，出现了如花朵形状的白云等吉祥的征相。

15 日，班禅为母亲扎西拉姆剃度，起法名为洛桑丹增贝宗，母亲向班禅献曼扎、三依止和绿松石、珊瑚、戒指等物品。23 日，班禅在甘丹寝殿在永增的身边开始听受班禅洛桑益西贝桑布的文集的诵传。绒甘丹强巴林的僧众献礼祝愿班禅健康长寿。驻藏大臣景纹巡视地方前来会见，班禅对他慰劳，大臣目不转睛地注视班禅圣容，一再发出赞扬之声。在班禅赠送临别礼品时，进行了很好的交谈。大臣请班禅很好地关心护持格鲁派的教法，联络官夏扎台吉和为先皇咸丰皇帝做超度法事的钦差和噶伦帕拉瓦主仆等人也在茶座上和班禅相互问候。驻藏大臣衙门的同知请求班禅诵传度母和百字明咒等，班禅满足了他的愿望。

藏历 5 月 15 日，为超度升天的咸丰皇帝，为大地梵天同治皇帝万寿无疆、国政兴隆，朝廷赐给白银 1500 两，在扎什伦布寺各个佛像前陈列供品，班禅到聚会的僧众中，念诵回向文，做了广大的敬事仪轨（译者注：咸丰皇帝即清文宗爱新觉罗奕詝（1831 – 1861 年），于 1850 年正月继位，1851 改年号为“咸丰”，他在位时 1851 年发生天平天国起义和 1860 年英法联军攻入北京的第二次鸦片战争，他在英法联军攻入北京前逃往热河，次年8月在热河驾崩。同治皇帝即清穆宗爱新觉罗载淳(1856－1875年)，为咸丰皇帝和慈禧皇后之子，1861年8月咸丰皇帝病死，他由顾命八大臣辅佐6岁即位，年号祺祥。同年11月，慈禧太后、恭亲王奕䜣发动政变，杀顾命八大臣，改年号为同治，由东西两太后垂帘听政。他继位时清廷和天平天国的战争仍在激烈进行，接着又有捻军起义和西北回民反清起义，政局动荡。因此在西藏为咸丰皇帝做超度和庆贺同治皇帝登基的法事直到此年才在拉萨和扎什伦布寺举行。)。这一时期前来礼拜的信众人数很多，如大地尘埃涌起，班禅按他们的愿望诵传经文，给他们赐护身结，无一遗漏。因为班禅受到俗人的搅扰和晦气的影响，身体出现得病的症状，不过由于举行了广大圆满额祈寿法事，班禅不久就恢复了健康。对甘丹颇章寝殿中的红色大威德金刚等受到衰损的神像进行了修复，新换了以前摆设的年供的朵玛食子，并规定每年5月29日进行朵玛食子维护法事。在为母亲新建的居处吉勒寝舍奠基时，按照班禅的吩咐，孜恰用了一整天赠送礼品，班禅自己也赐给了银币3个和金币两个。班禅的姐姐新写了一函尊者米拉日巴的道歌，班禅为此写了祈愿文。班禅还让她到喇嘛仁布切益西群培那里去拜见，并此生寿命成就念诵白度母心咒一亿遍，还赐给了所需的物品。

在这个时期风很大，吹散了雨云，因此很少降雨，班禅在绸布上画了风神七兄弟的形象，并依止大威德金刚做镇压风暴的业加行以护佑降雨，在当天的晚上连微风也平息了，从浓厚的雨云中降下了及时雨，使众人都松了一口气，生起班禅即是佛陀的意思。

从藏历6月29日起，班禅额尔德尼和永增金刚持一起做白伞盖佛母的念修，举行酬神会供，并按先例奉献了敬神哈达等。

藏历7月6日，因兑桑林札仓的堪布在此前去世，任命担任参夏的勒雪林巴大善知识噶钦洛桑丹增担任此职务。此时班禅的寝室的西侧供有铜神像110来尊，舍利佛塔20座，积有尘土和老鼠屎等,颇不雅观,班禅心中不忍,吩咐要打扫擦拭并给神像点金开眼,近侍们按照班禅的吩咐,做了巧妙的安排,在清扫擦拭的同时,请了7位画师用两天的时间上色开眼,完成后恭请神像到台座上安住,班禅为此撒花祝赞,奉献供品和敬神哈达等,祈祷教法增盛众生幸福。同时,还在寝室和依噶群增寝殿两处,按照心愿让人清扫经书的护经板包经布、捆经绳上的灰尘老鼠屎等,朽坏严重的都换成新的。这些都是班禅作为教法之主的奇异作为。

26日,格贵和阿巴札仓的新旧洛本拜见班禅。拉达克的噶伦拉丹前来,班禅给他摸顶,还给噶伦的佐巴仇色洛桑诵传皈依和嘛呢等经文,使他们信奉。本年的金星(རི་ཁྱི།)提前出现,所以此时班禅在颇章里进行沐浴。30日,解除住夏并照例巡游地方。在返回时班禅到吉康札仓,向大护法祈愿并献敬神哈达。回到寝宫时,廓尔喀来送佛像物品的使者嘎典主仆40余人前来拜见,班禅对他们和联络官代本等人加以慰问。次日,班禅到贡德林寝宫举行宴会,按惯例向护国药叉献期供食子,观看跳神法舞。和护法殿的僧人一起给姊妹护法和大梵天、觉卧钦波等护法神做酬补法事和嘱托事业。在这些活动的间歇,班禅开始学习作为一切学识的基础的文字,每天休息时学习和书写。当时寝室的门下面的门框出现了裂缝,有一天晚上班禅在梦中仿佛看到门被损坏,在藏历9月1日,黄昏时寝室的法座方向出现了大的恐怖声和爆裂声,因此人们担心寝室的门框会完全倒塌,非常不安,请班禅进行占卜并向大执事禀报,因此决定在本年中进行维修。5日,班禅到更色颇章向大觉卧护法神献供,嘱托护法护佑维修寝殿工程顺利。11日吉日,按照大执事的请求班禅到雪的多闻子寝殿,向白色怙主和多闻子护法做酬神法事和加持,英萨大执事向班禅献曼扎、三依止。当班禅到多闻子(རྣམ་ཐོས་སྲས།)护法的台座上时,刚好大经堂吹响了用晚茶的号声，出现了这样一些好的缘起。在做完酬神法事后，班禅和大执事一起用餐，然后前往更色颇章，为那里的里居拉康的修复好的罗汉像开光，并献大供养和祈愿。这一时期，永增前去温泉沐浴，班禅的姐姐去孟曲温泉沐浴，向班禅辞行。班禅为还在温泉沐浴的永增送去问候。

在寝殿修复工程完成后，在藏历 10 月 1 日的上午，班禅从更色颇章回到依噶群增寝殿。有一次班禅做跳神的舞姿跳多种舞步，索本噶钦顿月问："仁布切还是一个会舞步的人呀？"班禅很奇异地说："是的，我是尼玛吾（太阳子）摆宴时拿手杖的舞者。"就中断了谈话。9 日，巴雅尔堪布吉仲请求班禅卜算给后殿的释迦牟尼像新换一顶佛冠是否吉祥，班禅卜算后说很好，作为赞助，班禅从口袋中取出一个金币和几个银币，还有给母亲剃度时收到的松石和珊瑚中的顶玉，作为佛冠的嵌饰而奉献。这一时期每天晚上由身边的侍从给班禅读一叶尊者米拉日巴的道歌和《贤愚经》的经文，班禅非常喜欢，而且记住了大部分的内容。16 日，班禅给哉务霍尔瓦洛桑仁钦等几个人诵传了他们想要的经文。24 日吉日，从护法殿迎请被称为"柳梧琼玛"的大威德金刚像时，密宗札仓的全体僧人吹奏器乐，手捧供品，排列僧队迎接，班禅也头戴通人冠身着僧服在寝殿的森嘎拈香迎接，迎请神像到甘丹颇章安住。25 日，按惯例更换冬装献哈达，当天在设置界石（བཙད་རྒྱ།）、做生起次第仪轨等前行法事后，以四座法的时间做有法力和加持力的大威德金刚十三尊的生起次第的瑜伽，按照以往藏地的上师的例规高声念诵文殊心咒《阿热巴扎》70 万遍、根本咒《雅玛热阇》10 万遍、心要字《嘶熙》30 万遍、《雅曼达嘎》70 万遍、佛母和智慧等各一万遍，按照密续和修大成就的义理做闭关修行。这个时期先后所做的闭关中，班禅都现观本尊主从、专注兜率无量宫，按上续部是修二次

第道、按下续部是修有相和无相瑜伽，并不是仅仅按照规定的遍数去念诵心咒。这样说的理由是，在做完本尊念修和酬补、火供等法事后，索本堪布问班禅："你以大威德金刚十三尊坛城为主修禅定时，在哪个方位修哪个本尊的眷属?"班禅回答说："我前面是修破愚昧闫摩敌，右面修是破吝啬闫摩敌，后面是修破淫欲闫摩敌，左面是修破嫉妒闫摩敌。"这样准确无误的回答使人大为惊异。由于这样专注努力修持本尊瑜伽，班禅在贤哲的讲辩著三业都达到开悟的境地，无需他人引导即无障碍地进入知识之境，特别是修大威德金刚成为因果二金刚持的阶段，获得与文殊菩萨身和语不离的诀窍，即获得殊胜的智慧成就，因此班禅在做念修时著（写作）的智慧大为增益，毫无障碍地写成语义深刻的赞颂大威德金刚的五个偈颂，使他人不可思议。解除闭关后做酬补、火供和会供时，班禅和英萨大执事互献哈达和曼扎、三依止等。

有一次，有人来献一个大金盆，班禅说："我以前许多次转生都带着很多黄金到印度去，对教法和众生做了大利益，这是那些事的报答。"这是班禅以前受生为大译师桂译师，到印度12次以上，翻译了许多经论，特别是把印度的僧团制度带到藏地，现在回想起这些事而说的，使得众人不能不生起信仰。

藏历12月5日，大执事、永增金刚持、班禅母亲、4个札仓的堪布、大格贵、朗玛贵族执事、仲科尔、大经堂和密宗札仓的执事等向班禅献曼扎、三依止和金币等，举行宴会。因明年是班禅的本命年，为了班禅莲足永固，利益教法和众生的事业无障碍自然成就等，众人一致请求班禅写作一篇可以在僧众集会上念诵的祈寿文，班禅高兴地接受请求，答应要口诵出一篇有13个偈颂的祈寿文，英萨大执事请求班禅做一篇有11个偈颂的祈寿文，班禅说，因为我将到13岁，所以应该是13个偈颂，并给祈寿文起名为

“所愿自成－灌顶之王”。到10日班禅写成祈寿文，随即刻版印刷，发送卫藏各个寺院和不分教派的僧团，在僧众集会时布施斋僧茶饭，供他们集体念诵。班禅对大格贵阿巴札仓僧人给予教导加持，八供的灯火也很旺盛。因夏孜札仓堪布去世，任命强巴善丹噶瓦噶钦强巴尊追继任。此后，对前次迎请的大威德金刚像柳梧琼玛献供祈愿并献敬神哈达，由僧众列队迎请回阿巴札仓的护法殿。

这一时期，班禅额尔德尼给哉务麻书土司次仁旺杰主仆100余人、辛索强佐、康萨强佐等信众诵传了他们想要的教法。康萨强佐请班禅给色须寺喇嘛的转世起名并赐给长寿文书，班禅照请赐予。按照安排做了食子供。按照以前德钦巴金刚持洛桑楚臣的请求，在25日吉日，在密宗札仓举行铁堡护法大修供的晌午集会时，班禅到密宗札仓登上法座，英萨大执事向班禅献曼扎、三依止，朗玛执事各向班禅献哈达一条，德钦巴向班禅献曼扎、三依止和金刚持赤玛铜像一尊等物品，请班禅成为大密金刚乘的法主，班禅给密宗札仓的每名僧人摸顶并赐吉祥结。用午餐后，班禅巡礼护法殿内外和大经堂，向神像献敬神哈达并做祈愿。向森色拉莫像献供酒和敬神哈达并嘱托事业。到寝殿多吉颇章时，德钦巴献曼扎、三依止和茶叶、粮食等，班禅在排座用茶时慰劳咒师和执事等。用餐后班禅又到铁堡护法和度母修供的茶会上，为摧毁危害教法和众生利乐的十地鬼魔敌障而举行的度母修持仪轨，班禅做了凝视、手印、威吓等密宗札仓的实践做法。在铁堡护法仪轨之后，德钦巴做布施并向班禅献回向礼，班禅做了口诵回向。29日，在阿巴札仓的骨号吹响的同时，作为自生的前行，对所有的护法做酬补和劝请等，在当天班禅到般若拉康的天窗的宝座上，观看了抛投食子和跳神法舞、点燃楞伽伏魔灯等札仓的法行。在此月中，班禅任命嘉钦孜巴仲仁巴洛桑金巴德诺、坚隆巴噶钦丹巴群培担任柴达木喇嘛[1]。

在此年中，乃宁却康巴洛桑云丹、达摩瓦阿旺仁钦、章切瓦索巴群培、达摩瓦洛桑喜饶、昂仁曲德瓦洛桑多布杰等人学完了《堆扎》全部教程，昂仁曲德瓦洛桑次仁学完了《释量论》第四品，洛桑旦达学完《慈氏五论》和《因明入门》，温贡巴桑布扎西、洛桑坚赞、贝丹丹增、洛桑善丹、洛桑丹增学完了《胜乐本续》，德钦热杰巴格隆尊追群培学完了《密集》和《大威德金刚自生》《金刚手大轮仪轨》，呈交了试卷，班禅给予奖励，使他们欣喜。

第十五饶迥的火兔年（1867 年，13 岁）正月初一，按惯例举行向欲界主母奉献新年食子和庆贺新年的喜宴。5 日和 6 日，帕索甘丹热杰寺居者和行者一起为班禅在本命年健康而献曼扎、三依止等物品，为班禅祈寿。6 日，在供殿中间阳台设置宝座，班禅升座会见从各方前来拜见的信众 1000 多人以及日喀则雪巴的僧俗男女 3000 来人，班禅为他们摸顶加持，建立善业的根本，以闻思触引领众生走向成熟解脱之道。8 日为帝释天侍奉释迦牟尼，释迦牟尼示现神变的吉祥之日，因本年是班禅 13 岁的本命年，为了班禅身体不生任何细小违碍、莲足如金刚永固、尊善贤善业兴旺发达，属下拉德、米德纷纷请求向班禅献礼祈寿。当班禅在僧众聚会中登上高大的无畏狮子宝座时，大执事献曼扎、三依止和内库哈达等，仲科尔以上执事各献哈达一条。在午茶前班禅诵传祈寿文，为了扎什伦布寺的教法讲修日益增盛的缘起，诵传了释量论开始的一叶经文，最后讲说持守清净戒律、努力闻思修佛法的道理，他含义深

---

① 六世班禅进京朝觐时，柴达木蒙古各旗王公献香日德地方作为班禅使者来往时牧放驮畜的牧地，在此修建了香日德寺，属扎什伦布寺管辖，堪布由班禅委派。故此处有班禅指派柴达木喇嘛的记载。香日德寺在今青海省海西蒙古族藏族自治州都兰县境内，九世班禅、十世班禅都曾经在该寺驻锡。

广的讲说如及时春雨落入信众的心田，浇灌出善业的莲花。其后，为表示酬谢，大执事手捧曼扎祈愿，感谢班禅词语美妙、意义深广的讲说，请班禅以殊胜的慈悲心增益信众的智慧。班禅接受了祈请，为其摸顶并赐吉祥结。作为僧众的誓愿的依止处，班禅赐给每名僧人一尊被称为赞赤玛的宗喀巴大师像，为教法和众生的利乐做了念诵回向经。

当天，将巴雅尔堪布吉仲出资为释迦牟尼殿的释迦牟尼像新造的镶嵌诸宝的黄金佛冠安放到佛像上，此时班禅做祈愿并献敬神哈达。巴雅尔堪布向班禅奉献了大量物品，并给僧众熬茶布施，祈愿诸善业回向无上菩提，不生违碍。

在此将本年中迎请班禅到僧会上向班禅献礼、祈愿班禅健康长寿的人们汇集在一起加以讲述。

在藏历一月中，班禅母亲、比龙仲钦洛桑群培、德康德曲、柴达木喇嘛、仲扎伽德尼玛、驮茶者南嘉喜饶、哈尔东米村等。藏历3月中接见吉康札仓堪布、域朗德南喀丹巴及其姐妹、仲译钦莫彭康群则洛桑楚臣。在藏历9月中有地方政府的一些人士迎请班禅到僧会上，献曼扎、三依止为主的各种物品，祈愿班禅健康长寿，降下教法的甘露雨使有缘信众的信仰果实成熟，班禅接受祝愿，为他们摸顶赐福。与此同时，上述的人士还给僧众布施钱物。由此善根，班禅以发心和无上方便增益福德和智慧二资粮，增益三业正见，给施主们回赠了厚礼。除此之外，在寝殿中为班禅祈寿奉献多少不等物品并拜见班禅的还有：正月中有温萨却吉颇章、伍佑仁顶玛、日沃当坚、雅德索寺、勒雪曲林等寺院的僧众和喇吉等，还有哈尔东巴格隆加央尊追。此外在本年中先后还有翁达策果、代本贝策巴、噶东参卓、德庆热杰、彭措林僧众等、甘丹曲科林的喇吉、昂仁堪布噶钦洛桑金巴等几名僧人、拉孜甘丹沃门林、谢·欧曲喇嘛仁布切、扎西格培寺的喇吉等分别给班禅献礼祈寿。班禅高兴地分别接受了他们的礼品,并为这些亲密的戒行清净的僧团法行增盛,给各个大的僧团的每一名僧人赐了一尊财神像,给其他的信众摸顶并诵传他们想要的教法,满足他们的心愿。这个时期,索本堪布顿月想要请班禅表现出精通法相学的样子,有一次他正想向班禅提出请求时,班禅却像心中已经想到此点一般,在提出请求的同时立即说:"好的,好的,没有关系。"这是班禅具有无碍预知他人心理的神通的一个表现。

24 日,夏孜札仓的新任堪布拜见班禅,在用茶时,班禅就札仓的规章特别是发展讲辩的方面做了指示。这个月底,在扎什伦布寺下面的地区有个别的麻疹病流行,因此有几天中班禅不给人摸顶,只在寝殿的窗口露面会见信众。为了尽快平息麻疹,做了多次吉祥天女的酬补法事和大规模的为班禅祈寿的法事。

藏历 2 月 13 日,供灯灯火很兴旺,当天起按惯例制作夏装和接受哈达。班禅的母亲要去金喀温泉沐浴,前来辞行,班禅在寝殿赐给她 24 两章嘎等物品。

藏历 3 月 2 日,日喀则宗的堪布却桑根敦去世送来了超荐的礼物,班禅做了护持和祈愿。11 日起,班禅在甘丹寝殿在永增的身边开始听受怙主班丹益西的文集的诵传。17 日,班禅母亲沐浴回来,班禅给她摸顶并赐茶,并为当年出家的许多僧人剃发。安排班禅到修供时轮金刚的僧会上,给僧众做时轮摸顶灌顶。当时夏孜札仓的萨隆瓦噶钦吉仲洛桑楚臣立宗和其他 3 个札仓的格西和学经僧 13 人从教理入门的《堆扎》教程到《五部大论》进行辩经,班禅赐给他们哈达等,做了很好的奖励。25 日,修供时轮的僧众为班禅祈寿。当天,班禅给康区比如业热寺的上师贡噶坚赞诵传《香巴拉祈愿文》。29 日,班禅会见了前来拜见的宇妥强佐主仆一行。

藏历4月1日，班禅额尔德尼在甘丹寝殿举行宴会，由永增诺门汗洛桑丹巴坚赞贝桑布依据达那根敦洛桑的注解文书，开始给他讲授卓越的讲经师贝丹却吉扎巴（法称）所著的《释量论》，这是班禅学习因明推理的开始，为建立良好的缘起，英萨诺门汗给班禅和永增仁布切献了曼扎、三依止和内库敬神哈达等，参夏巴等人也各向班禅和永增献哈达一条。8日，班禅开始听受永增仁布切诵传怙主旦白尼玛的文集。当天，比龙活佛向班禅献曼扎、三依止等，班禅给他们主仆3人赐了吉祥结和礼物等。15日，班禅巡礼扎什伦布寺的各个殿堂贡献各种供品并祈愿。

藏历6月1日，班禅的会见了萨迦的杰尊玛（ས་སྐྱའི་རྗེ་བཙུན་མ།）。强佐主仆辞行，在寝殿门口班禅给他们额外赐了饭食。4日，日楚巴和弃世修行者前来拜见班禅。12日，各个弃世修行者僧团和尼众汇集起来为班禅祈寿并奉献礼品，班禅高兴地接受，并给各个大的修行地赐财神像一尊。此时则巴喇嘛仁布切（མཛེས་པ་བླ་མ་རིན་པོ་ཆེ།）珠旺益西群培正在做念诵白度母心咒1000万遍的修行，他将修行得到的长寿丸献给班禅。13日，柴达木和德多两地的喇嘛前来辞行，班禅指示他们要做利益当地的教法和众生的事情。当天班禅还从永增仁布切那里听受班钦根敦珠巴（一世达赖喇嘛）文集中的戒律论的诵传。在弥勒祈愿的3天中，班禅到寝宫的屋顶礼拜弥勒佛的大唐卡并献供品和敬神哈达饭食等。16日，班禅给各地的静修僧供给斋僧茶饭和礼品，还给几名尼僧剃度。这一时期的雨水稀少，英萨请求班禅祈雨，班禅说现在风力很大，需要做镇压风的法事，因此做了和去年一样的镇压风的法事，到18日中午时，果然下起了及时雨。从次日起延续下雨，为众生解除了干旱之苦，班禅恩德无量。

藏历6月3日，又是修供金刚杵的日子（རྒྱལ་ཐུར་འགྲུབ་སྦྱོར་འཛོམས་པའི་

ཞིབ།)，按照格贵宗喀瓦的请求，班禅在听受《堆扎》教程的同时，为了给学经僧们建立善缘，来到做诵经供佛法事和学习教理的法会上，登上高台上的法座，这时大格贵向班禅献曼扎、三依止、宗喀巴大师像、珍珠串珠、百束熏香、内库哈达等，祈愿班禅金刚身坚固、尊善贤三业广大、利益教法和众生、广转法轮。班禅高兴接受，并给祈愿献礼的众人摸顶。在法事结束时，班禅做了广大的诵传和回向。其间，班禅还从教理要点开始向夏孜札仓堪布提问辩难，堪布也从因明开始向班禅提问辩难。从此每天晚上由其他的一些上师以及参夏巴等人和班禅依次进行提问辩难，在问答中度过时光。6日，四大札仓和朗玛执事、僧俗仲扎侍从、大经堂和密宗札仓的执事等迎请班禅到辩经大法会上献礼和宴请，英萨强佐向班禅献曼扎、三依止、法轮、法螺、八宝吉祥物、黄金、内库哈达等，祈愿班禅身体康健、事业广大，班禅高兴接受。其后各人按地位高低给班禅献了哈达，给英萨和永增、班禅母亲和参夏巴等人也献了礼。13日，因阿巴札仓堪布的请求，班禅写作了一篇赞颂上师名号以及向密宗札仓上师传承祈愿的文章，同时还有赞颂堪布本人名号和祈愿康健的偈颂各一首。这时，拉木法王从拉萨专程前来，班禅会见了他们主仆全体。24日吉日，在尼沃寝殿班禅面前由仓巴护法的降神师降神，奉献了酬补以前嘱托事业和祈请现在的预言的物品，请求护法就政教事业和班禅个人的吉凶给予授记，得到了护法的回答。在藏历7月1日和5日也举行了降神(སྐུ་གསོལ།)，请求护法如前一样给予指示，降神师将宝剑扔向西方，代护法仓巴向班禅献一条色彩光鲜的有长寿佛花纹的哈达，并说小神我也请你给予护佑。其后给英萨也献了一条敬神哈达。此时，因哲蚌寺科尔沁曼朗活佛(འབྲས་སྤུངས་ཧོར་ཆེན་སྨོན་ལམ་སྤྲུལ་སྐུ།)益西丹巴坚赞和多麦喇嘛洛桑楚臣嘉措的请求，班禅给他们诵传了《香巴拉祈愿文》。此时，班禅的母亲为了班禅的健康长寿，提议建造一尊和班禅身量相同的金铜长寿佛像，并献了5个八石量的黄金。在此前后有许多蒙古的僧人请求班禅护佑他们最后往生到香巴拉乐土，班禅高兴地口中说："博罗、玛噶度博罗"（རྡོ་རོ་དང་མ་ཁ་དུ་རྡོ་རོ།）等蒙古语，接受他们的请求，使他们生起信仰并加持善缘。5日，阿巴札仓堪布奉献善缘资具，由阿巴札仓按长寿佛仪轨为班禅祈寿献八宝吉祥物。按他们的祈请，班禅给他们诵传了以前所赐的为阿巴札仓上师传承的祈愿文和名号赞颂，并按占卜给予了指示。6日，班禅给格贵和阿巴札仓的上师指教和加持，拉木法王向班禅辞行。15日起，班禅举行念修长寿佛和如意轮的法事，在闭关修行开始和结束时，按照旧例做酬补会供法事奉献哈达，还宴请与班禅同岁的僧人70名。30日，班禅到附近出巡，返回的路上礼拜吉康札仓的大护法神并嘱托事业，然后返回寝宫。

藏历8月1日，班禅的到贡觉林用餐并沐浴甘露水，按照惯例向护国药叉献期供食子，并观看跳神法舞。3日，班禅从永增那里听受事业天女的随许法等许多教法。这个时期发生了15日黎明时的地震和月蚀等，而且在16日的后半夜突然有一道白色虹光从天空中落到石板广场，看到这个情形，班禅说："这莫不是哪一位大德去世了？"班禅身边的侍从担心这三者是不是对班禅本命年显示的灾相，第二天请求班禅做一占卜，班禅说："诸法不真，不会有什么不幸，不必占卜。"次日，就有人送来上师密续师博尔多巴噶钦拉噶波去世的追荐物品，班禅也仅仅显示有些难过。细想起来，这位密续师是一位不爱惜自身的大德，先前在贡觉林礼拜班禅时，班禅给他摸了顶，并吩咐说："以后我们不会见面，你要好好做念诵。"这是班禅具有无碍预知的神通的许多例证之一。

18日，班禅到坚赞团布寝宫巡礼，次日会见了格贵拉康巴和阿巴札仓上师德庆巴，委任格贵吞巴噶钦丹巴尤年代替去世的密续师的职务。28 日上午，班禅在浴室中做出心智大开悟者的模样，脱口而出地念诵到："金刚乘教法主，根本上师上师主，密集金刚本尊主，释迦牟尼佛陀主，智慧怙主护法主，九巧工匠开光主，转轮王是国王主，法施乃是布施主。"等等，做了许多奇特的有意义的口诵教导，这是怙主班禅在以前的数十次转生中，身为精通学识的大班智达的清楚的证明。此外，以前有一次却本堪布南喀坚赞请求班禅帮助阅读并护佑不生疾病，说这样我们这些人会很幸福。班禅很郑重地回答说："轮回就像处在针尖上，幸福任何时候都不会得到，这样的说法你不知道吗？"总之，班禅不分昼夜专心做法行，对其他的事情毫不分心。27 日章嘉活佛的管家从拉萨前来拜见，向班禅献曼扎、三依止，转达章嘉活佛的问候，班禅赐茶问候。次日，管家又献银曼扎，并请班禅就一些事情占卜，班禅给予回答，并传授了嘛呢等教法。

藏历 9 月 4 日，章嘉活佛的管家辞行。12 日，上密院卸任堪布阿旺罗布到尼泊尔去修缮佛塔后返回，前来拜见，班禅亲切宴请他。

闰 9 月（ཟླ་བ་དགུ་པ་ཕྱི་མ།）3 日，按照英萨的祈请，班禅像去年一样，到雪的库房诵经护持，接受了前述的珠旺则巴仁布切所献的建造长寿佛的资具。卸任却本堪布南喀坚赞去世送来超度的物品，班禅为他诵经并做回向法事，慈悲护持。8 日，哉务喇嘛噶钦的使者强佐索南根敦前来拜见，他奉献了 600 捆柴禾等物品，还给僧众熬斋僧茶饭供养。次日，班禅给他诵传了《香巴拉祈愿文》。此外，当年年底时，各路信众前来献礼并请求诵传所愿的教法的，先后还有泽当活佛、当雄噶尔本、达隆活佛、昌都瓦金巴南色顿珠、比图巴喇嘛布穷、西尼喇嘛、彭措林堪布、哲蚌寺曼朗活佛、巡回辩经者强巴却丹、让迥巴阁下、哉务杰尊玛贝莫拉莫、哉务扎西曲林活佛的僧人丹增嘉措、卓尼土司主仆、噶尔巴喇嘛洛桑喜饶、岗日喇嘛索南仁钦、拉扎活佛、青海台吉、蒙古扎萨克等人，他们各自向班禅献曼扎、三依止等各色大小物品。按照他们的请求，班禅给他们诵传了《兜率上师瑜伽》《香巴拉祈愿文》《嘛呢》等他们各自希求的教法，在他们的心田中播下善业的种子。13 日，按班禅姐姐的请求班禅做了天女世间胜利母的完整的酬补和劝请法事并献食子供养。

21 日，以前咸丰皇帝（ཧོང་མ་ཞིན་ཧོང་ཆེན་པོ།）归天时前来呈送超荐法事银两的，这次前来颁赐诏书的是在地方政府汉文教习的达喇嘛近侍丹巴达杰前来，按照前例设灶郊迎并排列僧队迎接，班禅在尼沃寝殿设宴迎接，并行三叩九拜大礼接旨，然后升座向达喇嘛献哈达。

23 日，达喇嘛前来拜见，献茶叶、大米和曼扎等物品。

藏历 10 月 1 日，摄政诺门汗呼图克图的使者在寝殿献礼祈寿，附近各个寺院的僧众做尊胜母的仪轨为班禅发愿祈寿，并献曼扎等物品。班禅给达喇嘛主仆等献礼者摸顶，并宴请达喇嘛，在宴会上询问了北京方面的许多情况。当时班禅非常高兴，从班禅的表情看，仿佛他看到和听到好消息一般，这使得达喇嘛对班禅的信仰大增，自然地说这次前来拜见，我到死也不会后悔。3 日，达喇嘛辞行，班禅让他带去回赠摄政的问候礼品。11 日，为洛钦活佛去世做追荐法事的人从阿里到来，班禅接见了他们，他们献了礼品，班禅为此做了念诵和回向。13 日，班禅给那些去朝礼夏鲁的发出水牛声的圣地的僧人赐物品。14 日起，班禅开始做念修红色大威德金刚的闭关修行。25 日英萨给班禅献冬装和哈达，当天燃灯节的灯火非常旺盛。班禅解除闭关，举行了酬补会供并向神像献哈达。

藏历 11 月 12 日起，班禅专心做姊妹护法的念修。有一次在黎明念诵时，索本堪布噶钦顿月投放食子之前，班禅从居室起身来到索本堪布身边，索本堪布说："现在你还不要起身，多睡一会。"班禅说："你不是用眼神召唤我当抛投食子的助手吗？现在我就来当助手吧。"考察起来，这是班禅作为三宝在有寂世间的助手而具有智慧眼的例证。在解除闭关时，班禅从自己口袋里取出5个银章嘎赐给英萨，按照以往举行会供时奉献等于4钱黄金价值的酒的旧例，向姊妹护法做酬补和嘱托事业，祈请姊妹护法消除危害政教事业的凶恶的教敌，使世间幸福如夏季的大海增溢，为永增等人也增加功德。29日，举行大威德金刚法的火供法事，并循旧例给神像献了哈达。

藏历12月1日，是孜恰开始准备新年的日子，同时又是农历新年（རྒྱའི་ལུགས་ལོ་གསར།）初一，因此班禅给日喀则的大老爷摸顶祝福，并在饮茶时问候，赐氆氇等礼物。8日，班禅给大格贵和阿巴札仓的上师二人给予指示和加持。当天的酥油灯火不旺，四大札仓的上师和喇吉一起向班禅献请求护佑的礼品，请求班禅占卜，班禅排列供品广做法事，没有出现大的凶兆。14日，期供的灯火旺盛，出现了吉兆。这期间有一次索本堪布请求班禅做出精通法相学的姿态，并说以前有这样的缘起，班禅回答说，从15岁开始莲花会开放，这之间不会，做了这样奇异的回答。25日，按照阿巴札仓堪布的请求，班禅像去年一样到密宗札仓做铁堡护法仪轨的法会上，观照度母仪轨的修持，做消灭凶顽教敌的威猛火供，以金刚火将魔军的山崖烧成灰烬。并按先例做四面食子供和迎神的法事。29日，班禅又照例观看二九食子功德跳神法舞，俱按心愿完成。这个时期有一个被称为下密院阿仁巴加央坚赞的江洛色顶堪布的强佐长期患病，送来请求护佑的礼品，请求班禅占卜，班禅回答说："这次没有帮助，需要做这样一些超度。"索本堪布问："这是观察风兆吗?”班禅回答说:“也看了风兆,也用了智慧观察。”后来,真的是金刚语无有改易,过了不久那位强佐就去世了。

在本年中,达摩瓦洛桑益西、哉务洛桑尊追、赛巴根敦平措、昂仁曲德瓦洛桑索巴、洛桑贝丹等人学完了《堆扎》的全部教程,伦波孜瓦贝丹俄色、洛浦巴洛桑金巴二人学完《应成中观》第四章,昂仁曲德瓦洛桑旦达学完《量理庄严论》《释量论》《入庄严论》,洛桑达杰学完《入庄严论》及其注疏、《中观明镜》,洛桑尊追、洛桑坚赞、洛桑曼朗、曲科伦波瓦根敦扎西等学完了《慈氏五论》,重孜曲德瓦洛桑顿珠学完了《时轮》的全部仪轨,他们通过了考试,班禅给予奖励。

土龙年(1868 年,14 岁)正月 1 日,照例举行了向欲界主母奉献新年食子和庆贺新年的喜宴。按照清净修持者的惯例,此年因格贵拉康巴的请求,在第二天班禅到石板广场的法座(རྡོ་གཅལ་བཞུགས་ཁྲི་ཆེན་མོ)上升座,作为最先的缘起,由英萨向班禅献曼扎、三依止和内库哈达,以永增为首的朗玛执事以上的侍从按地位高低献阿细哈达等见面哈达。由清净修行者们从自己的经义开始进行讲说和辩论,班禅给两位因明师各献哈达一条,然后返回寝殿。10 日,班禅升上供祭坛城噶蚌的前面的宝座时,向各方露面,接受 1000 多男女信众的拜见,并给他们摸顶赐福。还特别给卓尼曲杰洛桑坚赞、江果瓦全家、甲格瓦多吉平措等僧俗大众诵传了嘛呢、度母等他们希求的教法,播下善业种子。13 日,班禅在午茶和祈愿茶会为教法和众生久暂的利乐以清悦的梵音诵经回向。

2 月 2 日,班禅给新出家的僧人剃度。14 日,吉康札仓堪布要去温泉沐浴,前来辞行,班禅为他摸顶。13 日,按例换夏装并接受哈达。当天,珠旺活佛贝丹群培患病已久,请求班禅占卜,班禅说:“嗨,珠旺莫不是要去印度了,可做比格孜护法的酬忏法事和药师佛经的仪轨。”直接说他将不在人世。索本堪布说:“法事做的不少吗?”班禅说:“你自己去多做些!”班禅的金口说话无有隐瞒,到15日珠旺活佛果然逝往他界,送来了追荐的物品。班禅无碍明知三世的智慧于此可见。此时萨噶宗本玉朗南喀丹巴、姐妹丹增曲珍一起,在寝殿中为班禅献礼祈寿,岗日喇嘛嘉措普迴献曼扎、三依止和马匹等,康巴僧人帕巴顿珠献礼并祈愿,班禅给他们摸顶并传法,使得他们都得到信仰的功德。从15日起,因大格贵的请求,班禅像去年一样到做法事和学法的法会上。有一次,因班禅姐姐请求一篇向时轮金刚、二十五具种王、六十愤怒金刚护法祈愿文,班禅即毫无障碍地诵出有几个偈颂的祈愿文。29日,为洛钦活佛做追荐法事的人们辞行,并请班禅就认定转世进行占卜,班禅给了回答。

藏历3月1日,大密续师金刚持洛桑楚臣贝桑布在密宗札仓僧会上,结合密集本续《注释明灯》《辨析幼苗》等四部注疏做了一次完整的讲说,照例举行酬补供养法事,班禅在尼沃寝殿给排列的密宗札仓的全部僧众摸顶。此后按照堪布的请求,班禅诵传了密集本续的第一品和札仓上师传承的祈愿文,堪布在前行讲解密续的重大,闻思讲说密续的无边功德,密续后部的教理,文殊的教理等,深入听受的人的心中,不由得生起信心,给具缘的僧众种下解脱和遍知的种子。班禅对堪布给予赞扬,赐给无量寿佛像,并宴请大众。其后,在甘丹寝殿用餐前,由永增仁布切传授按照洛扎耳传的长寿灌顶做长寿和金刚手结合法事的教诫成就法的秘密主修法和传承等,用餐以后永增按传授文殊语狮子随许法的形式诵传了土观上师的语成就法。当天新造成一幅文殊语狮子的唐卡,因此努力做文殊语狮子的念修闭关,闭关的第二天,有一被称为山洛格隆阿日热杰的戒行清净功德很大的,多次做过文殊语狮子念修的可以信赖的僧人，他以前在神变大法会（ཆོ་འཕྲུལ་དུས་ཆེན།）（拉萨正月祈愿大法会）期间以斋戒加行修成语狮子丸 100 余粒，他通过索本堪布将这些献给班禅，班禅高兴地接受，回赐给他 3 两白银等物品。这位格隆在做自己的法事的同时，以尽量念诵《兜率上师瑜伽》和《穆则玛》而修甘露，说要为班禅康健长寿念诵《叶衣佛母咒语》10 万遍。班禅和往年一样举行时轮修供、灌顶和辩经，为卸任贝龙代本古尚格旺剃度。24 日，因哉务的康巴格隆绛曲南喀的请求，班禅给他传授《兜率上师瑜伽》，并宴请和班禅同岁的僧人 100 来人。

当时，章嘉仁布切[①]（ལྕང་སྐྱ་རིན་པོ་ཆེ།）主仆一行为了会见班禅而专程前来，班禅特派卓尼尔曼吉前往江孜问候赠礼，章嘉仁布切也先后派仲译和扎萨克前来问候赠礼。27 日，章嘉仁布切到达时，扎什伦布寺设灶郊迎，他到尼沃寝殿会见班禅，向班禅献曼扎、三依止和黄金等物品，在用茶时相互问候并一同进餐。次日，章嘉仁布切向班禅献曼扎、三依止、白银 10 大锭、10 个章嘎、彩缎 10 匹、羊脂玉碗等日常用品等，在用餐时又献章嘎 25 两。次日，章嘉仁布切的随从献曼扎、三依止，扎萨克献马匹等。因密宗札仓的格西的请求，班禅诵传了经文。其后章嘉仁布切请求传授《长寿灌顶》，此前班禅没有传授过《长寿灌顶》，但是因为章嘉仁布切是文殊大皇帝的上师而且是黄帽教法的栋梁，所以班禅同意所请。藏历 4 月 10 日，班禅诵记长寿灌顶的仪轨，作为缘起给英萨和永增等几个人试行《长寿灌顶》，这时班禅毫无障碍地显示出先世曾经多次传授过

① 此处的章嘉仁布切指五世章嘉益西丹贝尼玛（1849 - 1875 年）。1850 年在北京雍和宫金奔巴瓶掣签认定，迎入佑宁寺坐床。1858 年奉旨入京，觐见咸丰皇帝。19 日，咸丰皇帝在养心殿接见了 9 岁的五世章嘉，赐予他如意、金碗、黄褥、红顶、念珠和金顶黄轿等物，敕住北京嵩祝寺。1861 年五世章嘉活佛向刚即位的同治皇帝请假几年到西藏学经。同年夏季，五世章嘉从多伦诺尔启程奔赴青海、西藏。1866 年五世章嘉活佛到达西藏礼佛，修习显密教法。1869 年五世章嘉呼图克图离开西藏回到多伦诺尔汇宗寺。

长寿灌顶的姿态。班禅说："我在许多前世中曾经多次传授《长寿灌顶》，因此这次不会有什么困难障碍。"12 日，班禅给他们一行回赠丰厚礼品并设宴款待，章嘉仁布切又献银曼扎、黄金、五色哈达等，再次请求传授灌顶。隔了一天后，在尼沃寝殿有章嘉仁布切主仆、执事、永增、班禅母亲等显贵和侍从 300 来人聚集，班禅给他们传授了珠嘉传规的无量寿独传的长寿灌顶，传授灌顶的次第毫无欠缺错误，以清净的梵音很好完成。此后又按他们的请求，诵传了具有四大密部修行次第的经文《菩提道次第广论》从开头到"此为做教法之事"一句，以及《香巴拉祈愿文》。在这些的前行讲说时，都是讲说暇满要义、菩提道次第之四大等，使章嘉仁布切等在场的人生起敬信，长出菩提心的幼苗。章嘉仁布切再次向班禅奉献厚礼。其后，在寝殿的门口，班禅赐给章嘉仁布切和扎萨克等人无量寿佛像和护身结，并进行了交谈。特别是说章嘉仁布切到都城后，现今黑道张扬，佛法信众遇到违碍，要认真修习本尊，广做法事，执掌和弘扬第二佛陀宗喀巴大师的教法。章嘉仁布切领受而去，向拉萨出发，班禅命扎什伦布寺设灶欢送，并派卓尼尔、仲科尔骑马护送，特派卓尼尔曼杰陪同。

这一时期，戠务仲萨活佛献曼扎、三依止和茶叶等物品，班禅应其请求诵传了《香巴拉祈愿文》等。古尚格隆格旺啦和吉仲一起前来拜见，班禅宴请他们并给予指教。15 日班禅巡礼各个殿堂，做广大发愿祈祷。19 日，瓦谢瓦噶钦顿珠因生病，由仲科尔尼玛顿珠通过索本堪布向班禅献礼请求护持，班禅说："风兆看来不好，他现在还在世吗？"说完，赐给了 3 个护身结。又请求班禅做一次法事，班禅什么也没有说，3 天后噶钦顿珠去世。与此类似，法主扎西顿珠嘴痛请求护佑，班禅赐给无量光佛像并诵《极乐世界祈愿文》，说对以后有利，过了不久扎西顿珠去世。这些情形也说明班禅具有预知未来的法眼，是可信的佛陀。

从藏历 5 月 2 日起，班禅闭关修语狮子药丸。这些药丸是特别赐给阿日格西格隆啦的，格隆啦对十二勇士空行的药物辨认和和清净炮制，做成 1000 来粒丸子，在药丸前后写有父续和母续的种子字，放在大鉢中，和香料、药物的粉末一起摇动，最后成为阴阳结合的药丸。班禅和永增二人在 13 昼夜中，每天早茶时做文殊语狮子的自生起前行法事，正行做妙音天女修法对药丸进行加持，修成以后将药丸加入赐给众执事的茶饭中，在僧众的熬茶大锅中也放了 60 粒。这样使得在寺的僧人在渡过经籍学识的大海时如获得智慧的大船一般努力精进，而且班禅本人也自行精通各种学识，如文殊语狮子真实再现一般，这从他先后的讲说和著作中即可以查知。

此时，雨水又很稀少，日喀则的头人百姓（འགོ་དམངས་སྤྱི་བསྡུས）等请求班禅护佑，因此班禅在休息之时如同玩耍一般手持佐格和黑鲁伽的法器，装作弄得形状，吹响角号，然后念诵咒语，好像下雨的样子。从当天晚上起就开始降雨，使众人不由得生起信仰。15 日，在祈愿大会时班禅像前世一样来到玉塘钦莫的帐幕中的宝座上，向缎制大佛像礼供并为教法弘扬而祈愿和诵经，随后举行嘎卓宴会和跳神法舞，班禅还给日喀则的大老爷和粮台摸顶赐福。宴会结束后，班禅经过嘎尼果穹塔，在班禅母亲及其随从捧香陪同下前往吉乃泉水边的龙王庙，陈列供奉龙神的食品和用品，向龙神献供，向泉水中投一钱黄金，献蓝色敬神哈达。然后班禅返回大寝宫升座用餐，向在这里的无量寿佛像礼拜。此时降下了小雨，吉乃泉水的东边出现了漂亮的彩虹，是喜爱佛法的天色龙神喜悦的表现。班禅的母亲向班禅献了曼扎、三依止等物品，班禅给她回赠了吉祥结和哈达等，返回寝殿。拉萨扎其大老爷本年代替驻藏大臣巡视地方,来到扎什伦布寺,代本扎噶尔瓦要去定日,策墨林强佐要去尼泊尔,他们向班禅拜见辞行。强佐献曼扎、三依止,请求护佑,班禅接受了。

藏历6月4日,即释迦牟尼转动四谛法轮的殊胜节日(བདེན་བཞིའི་ཆོས་འཁོར་བསྐོར་བའི་དུས་ཆེན་ཁྱད་པར་ཅན།),班禅听受完《堆扎》的全部教程,正如班禅讲述自己事迹时所说:“唯一能够中观事物的门径,是对教理典籍的反复学习,想到此点善立誓愿,感谢尊胜智慧之源。”班禅在六庄严的论著中特别注重反观之法,因为对世间万法之义,人们往往习见其自现而衍生自己的理解。对于俗世人难以证成之义,只能依照四谛法轮,小到理解其无常,大到理解诸行皆苦、诸法性空(སྟོང་པ།)、无我(བདག་མེད།)等,现证这些的道路是瑜伽和体念这个道路的两部因明,由此得到确定的教理之门径。广泛证成教理的典籍是《释量论》。班禅因此依据善于讲说法称班禅所著的《释量论》的善知识达那根敦洛桑的教材从,上至下地修习获得决定的辨析方法,并开始闻思修习。关于学习因明的原因,上师说,有的人说,因明是破除外道(ཕྱི་རོལ་པ།)的错误观点,因此因明是必学之道,但对西藏这样的地方来说就不必要,这样说是不对的。因为外道认为蕴是有自性的,在虚妄上追求解脱,并不需要在无欺骗的情况下守护教法,因此是不必要的。对有情众生的心续来说,清净的蕴因常见、有自性等虚妄的束缚,因此非常需要因明学说。因为因明可以去除执着,引导人们走上无上的不退还的解脱的道路,所以是追求解脱的人们急需的入门的门径。

学习因明的形式,在佛法的根源的各个大寺院是先学习教理入门的《堆扎》的教程,然后在学习《五部大论》之前学习《因明》和《般若》。在扎什伦布寺本寺,遍知一切根敦珠巴贝桑布在纳塘寺的时候,纳塘寺的大管事认真地吩咐他:“你还要在这里住一段时间，你是做巡回辩经（གྲྭ་སྐོར།）或者开始讲经吧。”钦波洛丹巴把他叫到身边问：“听说你要学习教理，是真的吗？”根敦珠巴回答说：“是想要学习。”又问：“是学一部还是几部经典？如学一部，就学《般若》，如果要学多部经典，最好先学《释量论》。”因此根敦珠巴抄写了《释量论》和贤哲尼温巴的两部注疏，并进行学习。从那以后，扎什伦布寺的历任堪布都是首先学习因明的典籍，同时寺院的各个增扎（学经班级）和讲学的次第也一直如此延续下来。这一世的怙主班禅也是先学习因明典籍同时附带学习另外几部典籍，并按应成中观之门进行判定。对论据（ཐལ་འཕྱེང་།）、总义（སྤྱི་དོན།）和根本经论（ཚ་གཞུང་།）全部做注释的三种注疏，对辨析理路未做细微的判断，因此仅靠注疏的总说难以理解经论的意义。所以班禅先把经论的论据默记在心中，然后在永增的身边听受永增的讲授，再按照日子和时间参加推理大法事，由班禅在众人中立宗，就《释量论》的内容以美妙梵音（ཚངས་པའི་དབྱངས།）提出见解，由说法自在者夏孜札仓的堪布从本论的内容提出质疑和辩论，班禅毫无障碍地给予合理的答复。从这时开始的许多天中，班禅和四大札仓的堪布以及参夏巴等人一起依次对各部经论进行辩经。8 日，在尼沃寝殿班禅在永增和 4 个参夏巴中间进行提问，对参夏巴噶钦索南诺布就《释量论》的部分内容以清净的狮子吼法音使贤哲们信服，同时破除邪论，有如法称班禅来到了雪域。此后参夏巴也就《释量论》的内容进行答辩。从此连续在寝殿举行法事和辩经的法苑。这样班禅按照学习教理的中级规章，对法称的《释量论》的经义做了讲说辩论，建立了很好的初步缘起，内侍朗玛人员和执事们按地位高低向班禅奉献礼品祝贺，在庆祝的喜宴上，英萨向班禅献镶嵌黄金的曼扎、三依止和金币，永增和班禅的母亲等贵族仲科尔等人也献了哈达等物品。同时，扎什伦布寺喇吉向英萨和永增、4 个札仓的堪布、参夏巴等人献了银两等。当时,为了班禅尊善贤三者的事业增盛,特别是闻思因明经论顺利,英萨新造了大威德金刚、尊胜佛母、绿度母的唐卡各一幅,班禅高兴地接受,并供奉在自己的寝室中。

在这个时期,有许多到尼泊尔去造佛塔的人和一些印度人、康巴人、农民等向班禅献了孔雀、鹰、迦陵频伽等鸟类,班禅高兴地接受并给他们摸顶赐福。这时在日喀则城区有热病流行,因此 23 日班禅在永增身边听受了诸佛母和叶衣佛母的随许法,从当天晚上起班禅做诸佛母和天女悉达的念修闭关,在这前后向閰摩敌献了回向礼品并做护持回向祈愿,在闭关结束后举行了酬补会供并照先例献了哈达等。在闭关期间班禅还编写了依止诸佛母的献浴、发誓和守护的文章。

藏历 7 月 1 日,班禅额尔德尼出巡附近地方,返回时拜见了吉康札仓的大护法并献敬神哈达,然后返回寝宫。

藏历 8 月 2 日,班禅到贡觉林寝宫,在那里沐浴泉水,并观看施食和跳神法事。19 日,返回大寝宫。哉务扎噶活佛的强佐前来拜见,班禅赐给他认定转世的授记。24 日,以前巴雅尔堪布洛桑丹增经过驻藏大臣去朝贡,大皇帝赐给班禅的褒赏的诏书和物品,以及额外赐给的绸缎制作的佛冠和袈裟、水晶和羊脂玉的日用品、内库绸缎 60 匹等送到。班禅行三跪九叩礼谢恩后,立即穿上朝廷赐给的袈裟升上宝座,给代替巴雅尔堪布卓尼尔的格隆和侄子堪宁等人摸顶问候并宴请他们,按照旧例赐给哈达。27 日,代理巴雅尔堪布向班禅献曼扎、三依止,侄子夏朵巴献曼扎、三依止和唐徐帽、瓷碗等用品,同时嘉绒土司也向班禅献礼,班禅都高兴地接受。这时,阿里列桑城喇嘛的弟子们请求班禅给喇嘛写一篇赞颂其师名号的文章,班禅毫无障碍地写了一首偈颂。

藏历 9 月 4 日,两位代本和日喀则宗本迎请班禅到学法法会上,敬献哈达，班禅和他们在饮茶时相互问候。从次日起到年底，有哉务霍尔扎拉衮活佛、扎西岗寺的翁则加央根敦及该寺僧人喜饶沃色、洛桑顿珠、芒康巴喇嘛益西群培、哉务格隆策旺、土尔扈特托因根敦、康巴洛桑丹曲、恰日格贵洛桑群增、哉务商管堪卓、蒙古人贡布加和金巴、达甘等放牦牛者，先后向班禅献曼扎、三依止和各种物品，班禅因他们的请求给他们诵传了他们希求的教法。19 日，拉达克来送年礼的噶伦主仆前来拜见，此外还有拉恰（拉萨布达拉宫强佐）达布浑巴的儿子要去尼泊尔前来辞行，索本噶钦顿月要去温泉沐浴，前来辞行，班禅会见了他们。按旧例举行了燃灯节供灯、更换冬装、献哈达、为雪勒空的财神做酬补的法事等。

从藏历 11 月 3 日起，班禅做珠嘉传规的无量寿佛念修的闭关，在解除闭关时举行了酬补会供和大威德金刚的火供法事。29 日，格则古擦等人到达，次日班禅给他诵传了他希求的教法。藏历 12 月 8 日，班禅给大经堂格贵和阿巴札仓经师指示和加持。11 日，班禅接受吕僧团献礼祈寿，给以僧团堪布为首的 50 名僧人诵传了长寿祈愿文。章嘉活佛的父亲和强佐等人前来拜见，班禅给他们赠礼并赐给吉祥结。16 日，班禅给英萨和永增等人传授珠嘉传规的长寿灌顶。班禅按照去年的先例参加施食法会和密宗札仓的僧会，向各个护法神像祈愿，嘱托利益教法和众生的事业。26 日，朵甘思地佛法明灯（མདོ་ཁམས་བསྟན་པའི་གསལ་བྱེད།）昌都帕巴拉活佛①（ཆབ་མདོ་ཕགས་པ་ལྷ།）前来拜见班禅，在用茶时相互问候，其后班禅在寝殿宴请他。29 日，班禅观看了密宗札仓的二十九朵玛施食和跳神法舞，护佑法事按心愿顺利完成。此年从正月祈愿法会开始，班禅按照大梅陀离（猛厉火）和迎

① 此为九世帕巴拉克珠阿旺洛桑晋美丹贝坚赞（1849 – 1900 年），清咸丰二年（1852 年）在拉萨举行金瓶掣签认定，同年在昌都强巴林寺举行坐床典礼。同治四年（1865 年），因参与调停瞻对事件有功，被同治皇帝封给“靖远禅师”名号。1867 年到色拉寺学法并受比丘戒。

请、业加行次第等典籍所说，筹集众多物品，举行为期一天的密严刹土食子、芥末食子修供，他是想修成有猛力的抛投物，在寝殿门口举行抛投食子法事，这样的原因和供祭的神灵等，作者也不了解，有待考察。此外，在8月里，班禅在日出之时摆列梵天等猛恶护法的面具，将面具朝向西方，献食子等，并在每天休息时不断做大梵天的酬补法事，并念诵佛陀切东玛。虽然他在一个月中间因感冒咳嗽自己不能念诵，但是吩咐身边的索本堪布等人念诵，这显然是针对邪愿的廓尔喀人的。

在本年中，甲康巴贝丹桑布、洛浦巴洛桑丹增、帕索瓦洛桑顿珠、章切瓦洛桑丹巴、诺布甘丹巴洛桑顿月等学完了《堆扎》的全部教程，官贡活佛洛桑群培学完了《应成中观》第四品，章切瓦噶钦洛桑平措学完了《注释明义的本论》和注疏，夏仲欧珠雅培学完了《注疏解脱道明灯》，昂仁巴洛桑多杰学完了《注释明义》《因明注疏》《释量论本论》等，温贡巴洛桑雅培、益西丹巴、益西顿珠、益西达杰等人学完了《胜乐本续》，曲科伦波瓦仁钦雅培学完了《慈氏五论》，重孜曲德瓦洛桑丹增学完了《时轮金刚》的全部仪轨，他们呈交了答卷，班禅照例给予奖赏，使他们满意。

土蛇年(1869年，15岁)正月初1，举行了供食子等法事。2日，班禅到僧众集会中坐首。15日，因昌都帕巴拉活佛的请求，班禅到僧会上，接受所献曼扎、三依止和大量物品，僧众祝愿班禅健康长寿。班禅高兴地观看礼品接受祝愿，为僧众回向和祈愿。26日，密宗札仓的全体僧众依长寿佛仪轨为班禅祈愿健康长寿，并献八宝吉祥物。30日，大卓尼尔洛桑坚赞去世，为在当天举行念名超度，迎请班禅到僧会上，供养了大量物品，班禅高兴地接受了请求，为逝者为主的与其有过见闻思触的众生做引导到成熟解脱的道路上的念诵和回向法事。当天班禅还为许多新出家的僧人剃度。

从藏历2月9日起，班禅照例在寝殿多次设立法苑，做法事和学习教理。这个时期，因甲康巴洛桑平措和昌都帕巴拉活佛的请求，班禅分别给他们诵传《三事（忏罪、随喜、回向或者劝转法轮）经》和《道次第要义》，还亲切宴请帕巴拉活佛，赐给他们以前请求的班禅自己健康长寿的祈愿文和帕巴拉活佛名号赞颂及祈愿帕巴拉活佛健康长寿的祈愿文，并为昌都永增诵传了这两篇祈愿文。此时，由吉康札仓的格西德钦巴噶钦群则尼玛尤年立宗，由许多聪慧的学经僧问难，进行辩经，班禅给他们给予了奖励。这时，班禅因当坚巴格隆洛桑群培、孜日曲桑喇嘛桑结丹巴达杰等人的请求，给他们诵传了他们想要的教法，并接受玉朗德南喀丹巴的辞行。

藏历4月15日，班禅额尔德尼巡礼扎什伦布寺各个佛殿，在噶东殿向弥勒佛像敬献班禅母亲用黄金等镶嵌制作的头饰，班禅母亲向班禅献曼扎、三依止以及用制作头冠的荐新黄金制作的弥勒佛像，班禅高兴地接受。从21日起，班禅在甘丹寝殿从永增那里依次听受了班钦根敦珠巴的文集的诵传，以及《宝生补遗》记载的各尊神佛的随许法、《修行百法》、巴日和纳塘寺百法、怙主十三尊、财神十五尊、十三金法的随许法等。班禅接受和修持时，永增献曼扎、三依止、银章嘎、茶包、绸缎等。这时期班禅因代本多吉杰布、拉嘉头人嘉措丹培、嘉绒觉则巴擦钦、活佛钦饶丹巴坚赞、德觉喇嘛的措索巴益西雅培、昌都巴次仁顿珠、托林寺堪布、拉恰浑巴的儿子等人的请求，给许多具缘信众诵传了《皈依经》《嘛呢》等他们想要的教法。

藏历5月9日，大昭寺的掌堂师前来拜见。13日，班禅前往吉乃宫，首先由英萨献曼扎、三依止和内库哈达，然后由朗玛执事等献哈达，举行宴会。在向弥勒佛祈愿的3天中，班禅到观看展大佛的帐幕中，向大佛像献哈达等供品，并祈愿和献敬神哈达。在祈愿法会的第一天的宴会上，雅谿庄园（班禅的祖业庄园）献曼扎、三依止等物品。第二天在屋顶墙垛处举行宴会，拉恰浑巴的儿子主仆向班禅辞行。19 日，班禅到大寝宫，此时拉卡米村的一个名叫格西拉达克的考取格西已 16 年的僧人，84 岁时去世，送来了超度的礼品，班禅为他念诵回向并祈愿。在他和章摩且巴彭措林堪布噶钦科则啦二人快去世时，班禅通过索本堪布给他们各赐给银章嘎 5 枚，并说请为我祈愿。当格西手中拿到银章嘎时，立即放到自己的头顶上反复祈祷，由此看来，他们二人不是一般的人。这时期，因伍佑的仁顶玛瓦僧团的喇吉和不丹旺秋等人的请求，班禅给他们诵传了《兜率上师瑜伽》和《香巴拉祈愿文》。

藏历 6 月 4 日，按照以前森钦活佛和兑桑林札仓的喇吉的请求，班禅给他们诵传了自己所做的健康长寿的祈愿文和兑桑林札仓堪布的名号赞颂文，兑桑林堪布向班禅献了曼扎、三依止等物品。这一时期，神像管事请班禅写一篇给在南杰颇章建造的毗那夜迦（ཚོགས་བདག་ཁང་།）（群主、象鼻天）神像敬献酒馐的文书，班禅高兴地写了赐给，班禅还吩咐他们把毗那夜迦殿以前放置的坐垫和卧具等搬出去，认真进行一次打扫。

藏历 7 月 30 日，班禅出巡附近地方，返程中到向吉康大护法嘱托事业，然后返回寝宫。藏历 8 月 1 日，班禅到贡觉林寝宫，在此沐浴并观看抛投食子和跳神法舞等，加以护持。此时，哉务扎噶活佛的强佐请求班禅对认定转世做占卜，班禅赐给了写有授记、名号赞颂和祈愿长寿的文书。21 日，班禅到大寝宫，次日，班禅因那雪地方的达普活佛的请求，诵传了度母等教法。此外，一直到年底，班禅先后因哉务格隆贡噶顿珠、道孚巴善丹嘉措、达摩瓦洛桑群培、安多克藏活佛、噶东萨尔康寺的喇嘛洛桑勒丹尼玛、墨尔根寺的活佛雪珠嘉措、德格巴本穷才让、青海蒙古沃色等人分别请求,给许多信众诵传了《皈依经》《兜率上师瑜伽》《穆则玛》等,满足了他们的愿望。

藏历9月里,日喀则当地有热病流行,因此班禅暂时不接受信众拜见,不去僧众法会,并从15日开始做念修叶衣佛母的闭关修行。这个时期,班禅从每天黄昏的一座法以后,班禅不睡眠,从头开始诵读《四家合注》[①],不久就全部读完,这显示出他在以前许多世都是大密金刚乘教法之主的征相。在解除闭关以后,按照惯例举行了酬补会供的法事。

藏历10月13日,驻藏大臣恩麟[②](ཨན་ཆེན་རིན་ཡམ་བན།)巡察边地来拜见班禅,双方在日光寝殿进行了悠闲的交谈。17日,多仁台吉和联络官孜仲等人来拜见班禅,班禅给他们传授了他们希求的教法。25日,照例举行燃灯节灯供,并为更换冬装献哈达等。27日,恩麟大臣要前往定日,向班禅辞行。这一时期因供祭时轮金刚的却本堪布尼玛尤年的请求,班禅撰写在僧会上念诵的班禅自己名号的赞颂和时轮教法传承,包括祈寿、护持、祈愿的文章,却本堪布在以前奉献的物品之上,又由做时轮金刚仪轨的全体僧人在前行念诵罗汉名号赞颂时奉献曼扎、三依止和50个银章嘎等物品,班禅给他们摸顶赐福。

藏历11月11日,班禅到雪的财神库和强佐库,做酬补和嘱托事业的法事,做与生起次第相关的天女念修,并做骰子占卜,开始闭关,这时还开始制作新的退敌天女(ལྷ་མོ་དམག་ཟོར་མ།)(吉祥天女的一种)像。在解除闭关时举行了火供和会供、敬献哈达等。30日,

---

①　此指对宗喀巴大师的《菩提道次第广论》的四家合注。对《菩提道次第广论》的注疏多达100多种,其中4种最重要的注疏,被后人合为一编,分上下二函,即所谓《菩提道次第广论四家合注》。这四家分别是:第一家为克珠杰的弟弟帕索的转世(八宿达擦济咙活佛亦即功德林活佛)拉旺曲吉坚参的墨注,第二家为达陇扎巴的道次黄注,第三家为遍知嘉木样谢巴阿旺尊哲(拉卜楞寺一世嘉木样活佛)的道次科判,又称红注,第四家则是扎底格西仁钦顿珠所著的《毗钵舍那章》注。

②　恩麟,蒙古正黄旗人,1867－1868年任驻藏帮办大臣,1868－1872年任驻藏办事大臣。

驻藏大臣巡边返回途中前来会见班禅,多仁台吉主仆也来辞行。若尔盖法台诺木齐墨尔根堪布噶钦南杰尊追、仲仁巴洛桑楚臣、达摩瓦噶钦洛桑旺秋等分别因请班禅到僧会上,贡献了大量的物品,班禅分别接受了他们的献礼,并以美妙的梵音将他们的大善业回向到大菩提,给他们摸顶赐福。

这一时期,因青海塔尔寺的色多呼图克图洛桑楚臣嘉措①(ཏུ་ཐོག།ཐུ་བློ་བཟང་ཚུལ་ཁྲིམས་རྒྱ་མཚོ།)写信前来劝请,班禅为他撰写了3个偈颂的护持和祈愿文。班禅还为认定哉务的那仓寺喇嘛的转世,著作了名号赞颂和祈愿健康的文字。班禅跟去年一样参加沃果供奉食子和密宗札仓的僧会,向各个护法神嘱托事业。29日,班禅观看了般若拉康的跳神法舞,并抛洒真言芥子,贡献酥油灯火等。

本年中洛巴官沃活佛贝丹僧格、嘉钦孜巴楚臣扎巴学完了《释量论》应成中观第四品,比龙活佛洛桑丹增年扎、萨隆巴旺秋善丹、比图巴益西丹增学完了《堆扎》的全部教程,丹曲巴洛桑善丹学完了《量理庄严论》,格隆洛桑旦达学完了《注释解脱明灯》,格勒尼玛学完了《注释明义》和《解脱道明灯第二品》,温贡巴益西贝丹、洛桑南杰学完了《胜乐本续》,曲科伦波瓦强巴多吉学完了《慈氏五论》,呈交了试卷,班禅照例给予奖励,满足他们的心愿。

铁马年(1870年,16岁)正月初一,班禅额尔德尼照例参加了初一食子供和宴会等。8日,班禅在"曲吉噶蚌"会见了1000多朝拜者,还分别给德朵地方的却本、囊索、喇嘛本波等人以及康区巴塘人益西赤列、色拉瓦噶究万美、曼吉夏苏却加等人转诵了《兜率上师瑜伽》等他们希求的教法。班禅接连两天到祈愿大法会的茶会上,阿巴札仓堪布德钦巴和诺章仲切南杰喜饶二人分别给班禅

① 为青海塔尔寺六世色多活佛,清末曾任塔尔寺法台,为著名学者,代表著作有《塔尔寺志》《色多文法》等。

敬献了大量礼品,班禅高兴地接受,并念诵将善业回向到无上菩提的起源和回向文。新任命觉宗巴洛桑顿珠为德朵地方的喇嘛,按惯例向班禅敬献密宗札仓的八宝吉祥物。班禅还为许多新出家者剃度。

藏历2月15日,班禅分别给日楚恰旺、曲科岗喇嘛措索巴、贝伦日楚巴洛桑喜饶、吕巴格隆贝丹等诵传了道次第要义等。这一时期艾噶里地方的喇嘛仁布切阿旺格列贝桑布前来拜见班禅,他请求准许他在哈尔东米村的经堂传授金刚鬘灌顶,班禅高兴地同意他在扎什伦布寺传授和推广这些灌顶。他在传授完灌顶后去朝拜雪山,返回后又在噶热章喀传授米扎百法大灌顶,他请求班禅撰写一篇祈愿自己健康长寿的祈愿文,班禅撰写了《殊胜慈悲》等,并给阿旺格列贝桑布诵传,还赠给他“执掌大密教法艾喇嘛”的称号。

藏历3月里,班禅如前做法事和前往学习教理的法会上,并照例举行了时轮修供法事等,给修供的僧人摸顶。由夏孜札仓的僧人瓦谢瓦噶钦南杰群培立宗,由许多聪慧的学经僧问难举行辩经,班禅给他们赐哈达作为奖励。班禅还为玉朗巴的姐妹出家做了剃度。

藏历4月8日,班禅额尔德尼巡礼扎什伦布寺各个殿堂,敬献供品和祈愿。从10日开始,班禅做念修穆则玛的闭关,在各座法之间班禅还做密集金刚自生起修持,毫无障碍地在心和语的方面涌现出来。闭关结束后照例向神像敬献了哈达等。森钦活佛请求班禅到修供时轮金刚仪轨的僧会上,他在那里进行考试,班禅给他摸顶并做了广泛的教导。

藏历5月8日,大皇帝封班禅额尔德尼的弟弟南杰楚臣为达喇嘛(ཏ་བླ་མ།)的圣旨送到,为谢恩,班禅献了哈达。13日,班禅到吉乃颇章，从次日起的3天祈愿法会中，照例礼供大唐卡。第二天举行宴会，达喇嘛南杰楚臣和孜恰尼玛顿珠因为获得台吉的俸禄而向班禅献哈达、曼扎、三依止等。第三天由班禅的祖业庄园举行宴会。玉朗第巴向班禅辞行。这一时期日喀则宗本等请求班禅护佑降雨，班禅到龙王殿前面，将各种供祭龙神的药草投入泉水中，向龙王嘱托事业和祈愿，并赐给祈雨的咒师每人两个银章嘎，吩咐他们认真求雨，当天晚上就下起了喜雨，其后几天中也一直有降雨，赐给了众生舒心的善缘。22日，班禅返回寝宫，此时拉章扎西其（拉卜楞寺）的在哲蚌寺学经的僧人群培扎巴为了建立缘起，请求在扎什伦布寺的3个显宗札仓立宗辩经，班禅高兴地同意了，并给他诵传了《香巴拉祈愿文》等。

藏历7月30日班禅额尔德尼出巡附近地方，朝礼吉康札仓经堂，照例举行嘱托事业等。次日（8月1日），班禅到贡觉林寝宫沐浴，照例举行朵玛食子供并观看跳神法舞等。21日，班禅返回寝宫。从这时到年底，班禅先后给江孜努玛曲隆巴格隆洛桑、西尼喇嘛的仲译钦波贝丹群培、泽当日楚巴格隆格桑群培、当雄恰多喇嘛洛桑群培、安多瓦玛久加、卓朵夏噶土司旺扎、哉务东科尔活佛、青海台吉智美衮丹、阿力克喇嘛丹增仁钦多吉、果洛楚臣、曲科王旗的格隆安木齐、瓦尔格呼图克图的转世洛桑丹贝坚赞、若尔盖恰那多吉、商人布楚等地方不同、语言各异的许多信众诵传了许多他们想要的教法，在他们的心中种下解脱的种子。

前藏历9月（ཟླ་བ་དགུ་པ་དང་པོ།）22日，驻藏大臣德泰[①]为巡视边地前来，在大日光殿拜会了班禅。这位大臣研习佛法、智慧广大，询问了班禅很多问题，班禅做了很好的回答，使他满意。后藏历9月（ཟླ་བ་

① 德泰1868－1873年任驻藏帮办大臣。

དགུ་པ་ཕྱི་མ།)1 日,北方教法的明灯哲布尊丹巴阿旺却吉旺秋赤列嘉措贝桑布①圆寂,带送他的追荐礼品的达喇嘛等人和带送扎雅班智达圆寂的追荐礼品的人到达,拜见班禅,班禅在用茶时用蒙古语和他们相互问候,使他们感动得留下热泪,说如同拜见前世班禅一样。在10 日和 13 日两天,哲布尊丹巴的达喇嘛和扎雅班智达的索本官却扎西分别迎请班禅到僧会上奉献大量物品。班禅高兴地接受,为这两位大德做了超荐法事,祈愿他们以殊胜的转世再做教法和众生的怙主,并给带送礼物的众人摸顶赐福。他们请求班禅占卜哲布尊丹巴和扎雅班智达的转世的情形,班禅给予了授记。从 15 日起,班禅每天以上午一座法和晚上一座法的时间修持和念诵《尊胜空行母法》,新建了向尊胜空行母常时供食子的制度。25 日,驻藏大臣德泰从定日返回,随即向班禅辞行后前往拉萨,班禅给他赠礼。这一时期,在甘丹寝殿由永增金刚持给班禅传授了马头明王、胜乐、极密九尊的大灌顶、差遣五鬼卒的随许法、城堡长寿灌顶、那若空行母加持、森钦丹增班觉所著的《马头明王密修法》等。

藏历 10 月里,班禅额尔德尼照例给财神库和强佐库做念诵和酬补法事。这时吉康札仓的堪布洛桑金巴请求辞职,班禅委任达摩瓦噶钦洛桑旺秋继任。此时班禅给成就自在者则巴仁布切赐所需物品,让他多召集一些比丘传法。为认定哉务色加寺的喇嘛噶钦仁布切的转世和扎雅班智达的转世,班禅分别写了名号赞颂和长寿祈愿文,并做了诵传。从 6 日开始,班禅努力做空行母(མཁའ་སྤྱོད་མ།)的念修。班禅赐给夏孜札仓堪布的名号赞颂和不离上师怙

① 此处指七世哲布尊丹巴(1850 – 1869 年),出生于西藏拉萨附近。六世哲布尊丹巴呼图克图入寂后,咸丰二年(1851 年),七世班禅主持以金瓶掣签选定他为七世哲布尊丹巴。四年(1854 年),从摄政阿奇图呼图克图阿旺益西楚臣坚赞出家受戒。五年(1855 年),被喀尔喀各部迎至库伦坐床,清廷赐给金册金印。在 12 岁前立志修学,研习经典、戒律。清廷赏给哈达一条、大荷包一对、小荷包 4 个、黄缎两匹。同治七年(1868 年)病, 19 岁于库伦甘丹寺入寂。

主的祈愿文,并为堪布诵传。英萨向班禅献冬装和哈达。解除闭关后举行了会供轮和三适合的火供法事。此时,因扎雅的索本和卓尼尔的请求,班禅写了祈愿噶钦洛桑平措的转世尽快降生以及向格培夏仲的历代世系祈愿的文章,并对他们做了诵传。25 日,由卸任吉康札仓堪布提供资具,由护法殿的全体僧众按尊胜母的仪轨为班禅祈寿,在献曼扎祈愿时,念诵到"噶当书中说,法王达玛格尔迪的确吉坚赞……"这样有班禅名号授记,成为以前没有过的殊胜祈愿文。

从藏历 12 月 6 日起,为了遮止边军犯境的危险,在密严刹土殿的觉卧大佛像前,在 7 天中,每天晚上做酬补劝请的法事,与此相同,在奇异刹土殿连续 7 天中做静猛梵天护法的酬补和劝请法事[①]。7 日,班禅为夏鲁日浦金刚持洛萨丹迥贝桑布的转世剃度,起法名为仁钦却吉旺秋。班禅为向梵天护法祈愿和献朵玛食子等,到密宗札仓的僧会上,照先例做法事。29 日,按照班禅的安排做了观看跳神法舞和抛投朵玛食子的法事。

本年中,通常被称为洛朱古的(作者)本人学完了《释量论》四品、《现观庄严论》《律经要义》等,洛巴夏仲洛桑丹巴、勒雪林巴南杰楚臣、嘉钦孜巴强巴群培、拉卡瓦洛桑云丹等人也学完了《释量论》四品,色康巴贝丹丹增、群则南杰次仁、绒巴活佛扎巴群觉、比图巴洛桑多吉、重孜巴贝丹扎西、官查瓦洛桑顿珠等人学完了《堆扎》的全部课程,参夏巴噶钦丹巴喜饶学完《密集生起次第》《大威德生起次第》,丹曲巴洛桑绛曲学完了《量理庄严论》,温贡巴平措南杰、益西曲扎、善丹群培、达瓦曲扎、格隆洛桑金巴、洛桑南杰等人学完了《胜乐本续》,夏鲁瓦洛桑群培学完了《时轮金刚》的全部

① 1864 年英国东印度公司在控制了锡金以后,武装侵略不丹,逼迫不丹割地,1869 年不丹爆发内战,汤沙宗总管乌金旺曲在东印度公司支持下战胜对手,控制了不丹大权,对西藏形成威胁。

仪轨，曲科伦波瓦索南坚赞和曲扎巴二人学完了《慈氏五论》，呈交了试卷，班禅分别给予了奖励，使大家满意。

铁羊年（1871 年，17 岁）正月初 1 日，举行了初一食子供和宴会等。班禅额尔德尼照例参加了斋戒僧会。8 日，仲扎当雄喇嘛请求班禅到僧会上，将大量礼品呈献到班禅眼前，班禅为他念诵经典并做功德回向，慈悲护持。这一时期班禅还先后因伦珠林的诺桑、勒浦瓦的出家尼僧、帕苏格隆群培、江若色顶堪布绛曲楚臣、甘丹和哲蚌寺仲吉的代表、楚森浦巴的喇嘛和格隆等人的请求，分别诵传了他们希求的教法。密宗札仓全体僧众照例向班禅献八宝吉祥物。这一时期，由英萨金刚持负责，为了班禅健康长寿，召集则东地方手艺精良的铜匠 5 名，建造一尊和常人等高的文殊菩萨金铜像，班禅对铜像的尺度等做了吩咐，还给铜匠们摸顶赐饭。

从藏历 2 月 3 日起，班禅额尔德尼做念修极密九尊的闭关修行，在将近 3 个月的时间里班禅专心修行和念诵。15 日，班禅在卧室赐给孜恰一大块黄金和 11 个银章嘎，并会见僧众，给每个人赐银章嘎一个。3 月里照例举行了时轮修供。藏历 4 月 6 日，举行了会供轮法事。藏历 5 月 7 日，班禅解除闭关，当天是大吉日，班禅在永增的身边，结合请教传授，班禅开始诵记《释量论注疏解脱道明灯》。这一时期教法在拉萨遇到了很大的违碍，达尔汗贝丹顿珠占据甘丹寺，使宗喀巴大师的法座面临战乱（རྗེའི་གདན་སར་དམག་འཁྲུག་ཚབས་ཆེ་འབྱུང་ཉེར།）（译者注：关于这一事件，1871 年 4 月驻藏大臣恩麟和德泰在奏折中说："奴才恩麟、德泰跪奏，为僧俗番官串通喇嘛，把持商上公务，谋害处死已革番目，分别奏参，以肃功令而儆效尤，恭折仰祈圣鉴事。窃奴才等接据布赉绷寺领袖喇嘛、众僧等具控，协理商上事务诺门汗呼图克图罗布藏青饶汪曲属下管家札萨克喇嘛札克巴协捻、折窝喇嘛策忍桑结二人，素行在藏通同作弊，有乖体制一案，当即抄录原呈，译咨达赖喇嘛，转饬认真严查所控实在情节，核实咨复，以凭究办去后。兹准达赖喇嘛复称：转据协理商上事务呼图克图暨噶布伦等，遵奉饬查布赉绷寺领袖喇嘛、众僧等具控札萨克喇嘛札克巴协捻、折窝喇嘛策忍桑结二人，系归本寺所管，由该管领袖喇嘛派人即行拘拿到案，再三研讯确供。据称，达尔罕总堪布班垫顿柱，勾通噶勒丹寺首证喇嘛阿丹及僧等共计四人，初于本年正月内，在厦札之寨总堪布寄寓处所，设计同谋，转使札萨克喇嘛先令诺门汗呼图克图辞退协理商上事务之职，然后定拟谋害商上办事僧俗番官，权归四人，以遂心愿。定于2月初1日起，密差喇嘛分往各处，将已革赎罪之普隆噶布伦彭错旺夺结父子、池们戴琫期美夺结、大昭仓储巴江洛拉旺彭错、通巴戴琫朗结顿柱及现参催果噶布伦密玛策忍等六人，先后概行暗地处死，皆系总堪布班垫顿柱一人为首主见，并欲贻害我达赖喇嘛亲族人等。举动之间，泄漏机闻，露出情节，被布赉绷寺领袖喇嘛看破，当将札萨克喇嘛、折窝喇嘛二人拘拿，讯问确供，均系实情。等情。转呈核办前来。我达赖喇嘛即饬令协理商上事务诺门汗呼图克图等，迅速逐一研讯，与前供如一，矢口不移。正在查办间，该总堪布系噶勒丹寺僧人，闻知情虚畏罪，同伊党类，随带喇嘛，身佩军械，已于本年3月27日突然潜回该寺。不忆〔意〕噶布伦策忍汪曲，不思祖上功绩，信听总堪布之言，私离职守，随即同行，住扎噶勒丹寺。况该寺乃佛教正宗之地，胆敢在彼调集喇嘛、百姓抗拒，不遵商上札调，实属辜恩昧良，目无法纪，有玷黄教清规。除由商上饬派前后藏、江孜以及各处土兵，合力兜拿为首不法总堪布等到案，即行咨请照例究办。并请将达尔罕总堪布、噶布伦、札克巴喇嘛三人，迅速先行具奏参革，以安众心。等情。译咨前来。奴才等复即详加查核，总堪布班垫顿柱、札萨克喇嘛札克巴协捻、折窝喇嘛策忍桑结、擦瓦班次喇嘛阿丹等四人，同恶相济，联络把持，主谋定计，处死已革番目六人，一切等弊，种种不法，罪难宽宥。四人之中，总堪布班垫顿柱厥罪为首。该噶布伦策忍汪曲身任三品番官，不思图报，竟敢信听总堪布班垫顿柱煽惑，私离职守同往，咎亦难辞。若不从严奏请参办，何以明赏罚而服众心。将来相率效尤，仍蹈前辙，所关匪浅。理应先行请旨，将班垫顿柱原授达尔罕总堪布职名，并札克巴协捻现授四品大堪布连札萨克名号，策忍汪曲曾授台吉、噶布伦连东科尔，一并斥革，以肃功令。奴才一面饬派驻藏官兵前往布达拉山护卫达赖喇嘛，并一面准照商上来咨，转调番营官兵严拿，飞札毗连交界地方各要隘口，派令精壮土兵防范，协力截拿，毋任逃窜，致免意外之虞。容俟拿获押解来藏，奴才等即行会同达赖喇嘛，详细审讯确供定拟，即行恭折奏闻。除咨明达赖喇嘛转饬外，所有准咨奏参各僧俗番目一切情形缘由，理合据实具奏，是否有当，伏乞皇太后、皇上圣鉴训示。谨奏。”）。班禅对此心中不忍，为了平息这场灾难，在密宗札仓举行各种祈愿法事，并做了特别的考虑，吩咐由吉康札仓卸任堪布、大经师洛桑金巴为首的19名密宗札仓的僧人，在做法事的间歇的前行阶段，给浊世的尊贵护法神即猛恶大护法姊妹护法做供食子和诵咒。按照班禅的指示，英萨立即做了安排，从15日起开始举行抛投食子和诵咒。解除闭关后，举行了酬补和会供，班禅接受夏装和庆贺哈达等。总理喇嘛益西丹增去世后，其强佐主仆前来拜见，玉朗第巴向班禅辞行。此时，英萨新建一座在供奉空行之外，又供奉上述的文殊菩萨像和文集经典等的宫殿，请求班禅赐给宫名，班禅赐名为“威震三界宫”，并诵了向神像经典嘱托事业的有 7 个段落的偈颂。13 日，班禅到吉乃颇章，在 3 天祈愿法会期间礼拜缎绣大唐卡，在第二天举行宴会，第三天由班禅的祖业庄园举行宴会。

藏历 7 月 12 日，在平措衮色殿由 8 名比丘按《马头明王密修法》做与赎死相关的祈寿法事，向班禅额尔德尼献长寿物，班禅高兴地接受。

藏历 8 月 3 日，在威震三界宫（ཕོ་བྲང་ཁམས་གསུམ་ཟིལ་གནོན།），班禅的母亲为祈愿班禅健康长寿，用汉银 130 两建造送寿如意轮像，像座的背面有火镀金的莲花、月亮等，像主的袈裟镶嵌珠宝等，工匠的工资和食用等共计用银 500 两，母亲将此像献给班禅，并举行了盛大宴会，向班禅献曼扎、三依止及金银绸缎等大量物品。班禅的弟弟达喇嘛也献曼扎、三依止，并为班禅健康祈愿。当天他们还在大经堂给僧众供斋僧茶饭。其后班禅到贡觉林寝宫照例进行沐浴。藏历 8 月 21 日，在尼沃寝宫，阿巴札仓堪布和四大札仓的僧众为了彻底消除班禅身上的一切身体违碍的征相，举行了迎请和念诵空行相连的祈寿和敬献长寿物的法事，班禅高兴地接受。25 日，班禅返回寝宫，从 29 日起按前例连续在寝殿建立法苑学法。从藏历 9 月 13 日起，班禅在永增金刚持身边领受《宇妥心滴灌顶》以及《羯磨集》（汇集各本尊的所有息、增、怀、伏等羯磨仪轨于一处）的长寿灌顶，听受淡黄仙人的修行法即仪轨的解说、天界药物修持的随许法、全部《医学四续》《药师经八百颂》《仪轨经》的诵传。

藏历 10 月 12 日及次日，班禅额尔德尼召集自己以外的如弟弟达喇嘛等少数亲友，给他们传授马头明王的极密大灌顶及随许法，诵传《马头明王的修行手册》，其后还诵传吉祥怙主护国药叉、骑狮财宝天王、金刚手、姊妹护法、静猛大梵天、吉祥天女的随许法,以及对他们做施食仪轨、给法王献赎、煨桑等。按照班禅姐姐的请求,传授不死金刚为核心的长寿灌顶等。

藏历11月5日起,班禅额尔德尼照例举行冬至的闭关,解除闭关时举行了大威德金刚的火供和会供轮法事。

藏历12月15日,在永增身边聚集班禅及其亲属,听受永增传授无量寿佛的精要的长寿灌顶,按照安排还做了很多增益功德的法事。

在这一年中,先后还有仁布巴拉巴顿珠、哲蚌寺活佛阿旺洛桑图丹嘉措、康区道孚巴格隆洛桑仁钦、哉务格隆多吉群培、柴达木巴拉索瓦的章京加央等信众向班禅献茶叶、粮米、曼扎、三依止等大量物品,按他们的请求,班禅给他们诵传了《兜率上师瑜伽》《穆则玛》《嘛呢》《度母》等他们希求的教法,使他们生起了敬信。

本年中,比图巴洛桑喜饶、哈尔东巴南杰顿珠、丹曲巴阿旺衮恰等学完了《堆扎》的全部教程,甲巴贝丹克尊学完了《注释解脱道明灯》,章摩切瓦噶钦洛桑平措、拉康巴噶钦洛桑群培、哈尔东巴噶钦多吉桑珠等人学完了《慈氏五论》《慈氏的上师瑜伽》《文殊名号》《集经》等,丹曲巴洛桑贝丹、洛桑索南、洛桑旺杰等也学完了《慈氏五论》,洛桑金巴、洛桑楚臣二人学完了《量理庄严论》,温贡巴益西班觉、益西次仁、益西雅培、益西培杰、洛桑群培等人学完了《胜乐本续》,他们呈交了试卷,班禅对他们给予奖励,满足了他们的心愿。

水猴年(1872年,18岁)正月初1日,照例举行了初一供食子法事和新年喜宴。从初5日起,因教法的重大事务班禅在光明寝宫的寝室里和弟弟达喇嘛、身边的索本堪布、森本堪布、却本堪布以及一些祈愿者念修骑骏马愤怒明王的密修法,并在一个月零10天里努力闭关修行,解除闭关时做了酬补、四业火供和会供轮等。

藏历2月16日,密宗札仓全体僧众向班禅额尔德尼献八宝吉祥物,祈愿班禅长寿健康。

藏历4月5日起的21天中,按照奇特的安排,班禅额尔德尼和以弟弟达喇嘛为首的8名做仪轨的僧人一起,多次做天女和静猛梵天的酬补、嘱托事业的赞颂和劝请法事。其后在藏历6月里又做骑骏马愤怒明王的密修法事、四业火供及救赎法事等。在将近一个月的时间里,每天以红黑罗睺的芥末食子给金刚、财神、静猛梵天做酬补劝请,做赞颂战神、法王献赎、煨桑祭神等。由于这些法事的法力,当时从江孜方向来的几名想要破坏西藏教法和众生幸福的外国人,虽然他们化妆成不丹人前来,但是未经派兵布阵驱赶的混乱,就让他们返回去了①。与此相同,在拉萨发生汉藏演戏而发生纷争(རྒྱ་བོད་ཟློས་སྐར་གྱི་ཡོ་ལང་།),也自然地平息,众生得到了安乐。这些是班禅对雪域众人的慈悲和恩德。藏历4月15日,班禅出巡附近地方,并发愿祈祷。

藏历5月7日,新日光寝殿的维修完成,按班禅额尔德尼的心愿,给在这里供奉的大威德金刚、骑骏马愤怒明王、大梵天神各新建了一对经幢,并按经典举行了发心开光仪式。13日,班禅到吉乃

---

① 关于此事,1872年5月28日 驻藏大臣恩麟等奏报德泰查阅后藏三汛起程日期折中说:"窃照后藏、江孜、定日等处营务,隘口、边界,例系驻藏大臣二人按年轮班前往校阅询访一次在案。兹查本年春间,准布鲁克巴部长来禀内称:达赖喇嘛年例回赏各物,不堪应用;披楞诡计多端,布番寡难众抵,又祈转饬达赖喇嘛等助银元宝二千个修理寺院佛像,并求奏邀僧官俸廉;且称哲孟雄之人枉法,招引外教人等入境,任自往来,朋比为奸。等因。今所有求请助银赏俸一切,如不俯如所请,此地毗连披楞,就近有何事故,势不能不照哲孟雄一体裹协。各等语。内隐情词,颇有蠢动自骄挟制。又据后藏、定日官弁并达赖喇嘛等叠报,定日、聂拉木边界,时有廓尔喀头人等到边。等情。"9月10日德泰巡边返回后的奏折中说:"伏查布鲁克巴部长禀求助银赏俸一节,奴才等会拟委员前往查办。旋据达赖喇嘛来咨,内称已将进边外番逐回,并无事故,勿庸委员前往查办;并称以讽经作善用费向繁,所有该布鲁克巴部长例外禀求助银等事,无力照办。等情。奴才等已经据情善言檄驳该部长,未便擅改章程,有乖体制。等因在案。今奴才巡阅之便,悉心查访,并在定日途次,偶见该布鲁克巴头目桑松夺吉彭错暨从役共十人,前往阳布拜塔瞻庙,当即示以圣朝德威,使该番诚心感畏。察看形色,尚知恭懔。至查布鲁克巴部长禀求助银赏俸,究竟是何意见,奴才悉心究访,系因唐古忒瓮天小见,历年轻视保障,不知厚爱属部,该布鲁克巴概有另夷相诱,意存挟制刁难。此其意见也。至布鲁克巴、哲孟雄部众应如何设法防闲毋滋他患一节,查该部众原在唐古忒界外居处,奴才已经严饬唐古忒番官等密防隘口,和睦邻封,且于各汛张贴告示,敬宣圣主至公天威,使其懔畏,谨布皇上复育大德,俾众感服。然欲防外侵,必当根本充实。奴才惟有相机镇抚,督饬操防,宜威则威,宜惠则惠,宽小过总大纲。此其设法防闲,免滋他患也。"

寝宫,从次日开始的3天弥勒祈愿法会期间,班禅到朝拜缎绣大唐卡的集会上,瞻礼大唐卡并为教法和众生的利乐做广大祈愿,献敬神哈达。第二天班禅照例在墙垛处举行宴会,第三天由班禅的祖业庄园举行宴会,并奉献物品,班禅高兴地会见了班禅母亲及其随从。班禅住在此处的期间,还做了许多三密善业。26日,班禅前往大寝宫。

从藏历6月1日起为新尼沃寝殿的骑骏马愤怒明王像举行极密开光,以做3天时间的修法仪轨,使神像及所依止物具有容纳情器世间各种功德的能力。此时由英萨、班禅母亲、索本堪布、森本堪布、却本堪布、卓尼尔诺章巴分别做开眼仪式。4日,班禅为卸任英萨(大强佐)班智达曼日瓦负责管理新建造的昂仁曲德的缎绣大唐卡开光,撒花祝赞。从10日开始,班禅照例到做法事和学习教理的僧会上,更加关注教理难题的各个细节。此时班禅从拉曼巴东朗巴听受《诀窍续补遗》《达摩瓦秘籍》的诵传,并体念医学的实践,成为受三毒所生的风、胆、涎分等病折磨的不分贵贱贫富的人等寄以希望的如意宝。还有一些起死回生的事情,虽然有别人的讲说,但是写到他的传记里,必要性不是特别大,因此在这里不详述。

关于班禅做医学方面的实践的需要,正如马鸣大师的《八支集要》的书前誓愿中所说:"期望寿命能很长,成就教法财富和幸福,因此对寿命之学,人们应该特别尊敬。"希求教法和财富的人所要依靠的首要的是人的身体没有病痛而康乐,医治病患对追求解脱还是不追求解脱的人都是不可或缺的,因此医学有很大的必要性。也正因为如此,班禅将医学用到实践中,是在四种布施中的无畏生命布施。此外,医学的根源总的来说是释迦牟尼所说《戒律药学》基础上的药学的四种。《金光明经》和《大涅槃经》

《金刚空行续》等经典特别是《时轮续》中，关于药物和辟谷养生有广泛的论述。

也有的说，药物是以前具力王之时，从大海的缝隙中产生。《摄要月光》中说："嗡(ཨོཾ)和啊(ཨཱ)两个字的音，是以前大梵天神的两颊破漏而产生的。"说以前世界形成后不久，有一劫初之人积食不化而生病，在他为此呻吟时，大梵天前来给他喝了开水，痛苦消失。所以最早的病人是那个劫初之人，最早的医生是大梵天，最早的药物是开水。在《戒律经》中说佛陀的治病的医生之王名叫措切宣努，可以大致无争议地认为是班禅世系中的一位。关于这一点，以前摩揭陀[①]国王柔坚宁波(频毗娑罗王)有王妃所生之子名玛杰扎(未生怨王、阿阇世王)，又有侧妃所生的长子广严城的阿摩喇迥玛，兄弟交战，长子被放逐，改名为宣努晋美。后玛杰扎王和王舍城的商主的妻子同居生下儿子，交给哥哥宣努晋美抚养，得名为宣努绥，措切宣努这个名字是变化而来，或者称为宣努索也是变音的原因，这些见于《学处注疏》的记载。

关于医学在西藏传播的情况，以及《诀窍续传到宇妥云丹贡布》的情况，有许多记载，因为和本书关系不大，故仅在此提及而已。班禅作为众生怙主，看到上述的医学的重要性和功德，因此亲身修习，而且接受从措切宣努以来的历代医生的实践做法，如

① 摩揭陀为印度古代十六大国之一。其地域大体相当于现今印度比哈尔邦的巴特那和菩提伽耶地方。公元前7世纪时摩揭陀国已经很强大，频毗娑罗王在位时，国都为王舍城。旧城被毁于火灾后，又另建新王舍城。频毗娑罗王是佛教的大保护者，他的儿子阿阇世王却庇护耆那教徒。阿阇世王继位后，南征北战，讨平和兼并了四邻各小国，使摩揭陀的领域大为扩张，成为与憍萨罗对峙的北印度大国。他的儿子邬陀耶又在水陆交通便利的要冲之地，建立波吒厘子城(华氏城)。公元前413年，频毗娑罗所创立的这一王朝为难陀(Nanda)王朝所推翻。公元前326年左右，摩揭陀的旃陀罗笈多(Candragupta，又译月护)崛起，在婆罗门憍底利耶的辅佐之下，始而借助于亚历山大东征侵入旁遮普的希腊兵力，以巩固自己力量。亚历山大的死讯一传来，他立即调转锋芒，逐走侵入旁遮普的希腊人，然后回师摩揭陀，废除难陀王，定都华氏城，统一北印度，建立起印度历史上空前强大的孔雀王朝。而有的传说称，阿阇世王杀父篡位，犯五无间罪，又多行杀戮，罪业深重，后患重病，无法治疗，后来在一位医生的劝说下去拜见释迦牟尼，皈依佛法，释迦牟尼为他治好了病，他因此走上善道。此传说说明释迦牟尼是高明的医生。

上所述,不管病患的贵贱,也不论亲疏,一律按医学的实践给以药物治疗,使受到病痛煎熬甚至面临生命危险的人们得到新的生命。

在此有诗赞道:

犹如洁白莲园中长出的相好庄严身,
犹如梵天歌喉中发出的浑厚悦耳声,
犹如弥勒佛心中分出的无缘大悲心,
请众生的怙主你赐给讲辩著大智慧!

大人物们想用头顶的发髻,
顶礼你的莲足也少有机会,
巴里达拉山下一串串尘土,
却成为你身上美饰真奇特。

从经师的教导中,
流出佛法的瀑布,
不染尘埃六智慧,
心海中泛起波澜。

怙主的智慧利剑,
闪烁雪山的寒光,
修行念诵的羂索,
把学识收拢眼前。

从各地汇集的僧俗,

难容五门识大智慧，
你显现面容和摸顶，
一再赐给佛法善缘。

抛开尘世的荣华纷扰，
在神咒和禅定盛宴中，
你一年年地进行闭关，
使高贵者也丢弃傲慢。

雪域怙主师徒如一双日月，
他们发心的光辉相互交织，
用亲切交谈和信函来沟通，
表达崇敬和礼供各种心情。

就在木牛年这一年中，
天命文殊大皇帝颁赐，
写有“三摩正觉”的匾额，
对怙主给以无上褒奖。

向怙主你合起信仰的双手，
俯身礼拜或者仅仅是瞻望，
也能消除一劫中所积罪业，
拜见你即如见到济困仙女(རྒྱལ་ཡུམ་ཡོངས་སྐྱོབ་ལྷ་མོ།)，
在显现身姿和语音的美丽。

没有搅动，大地就生六种地震，

没有精进,许多寺庙村庄毁坏,
因为你给佛像做了开光的法力,
本寺和雪村脱离对地震的恐惧。

萨玛浦日山下的大佛殿,
年楚河下游密宗大札仓,
将殊胜的金刚觉卧佛像,
恭敬迎请到宝座上安住,
文殊上师和静猛护法等,
各种殊胜本尊在此汇聚,
你在此努力修持瑜伽法,
去除罗睺遮蔽日月阴影。

没有做断食等等苦行,
也没有在密林中禅定,
证悟却像山洪般爆发,
想来必是空行住心中。

本尊神数量难以计算,
对你的指示一一遵从,
并不是念修而生的结果,
是因为你是诸佛集一身。

从时轮教法初传雪域的火兔年,
到第十五个饶迥开始的火兔年。
怙主你刚好到十三岁的本命年,

为消除身体违碍广做祈寿法事。

身边侍从心态的微小变化，
尽管没有在脸上表现出来，
班禅大师查知他心的神通，
使得众人既信仰又生畏惧。

给教理的足钏装上铃铛，
会辨析的鹅群进入莲池，
终日用正理教法的戏乐，
成为装点大海的尊胜王。

以预知未来的耳环装饰双耳，
得到消息即知他人生死流转，
并以梵音对众做出明确授记，
使人疑惑你是星相王子降生。

由众生恶业所生出的，
麻疹等等传染的疾病，
为了平息病魔的灾难，
你吹响法螺加以护佑。

在成长发育的少年时代，
你抛弃儿童的游戏玩乐，
犹如期望秋天获得丰收，
珍惜春天的每一滴雨水。

当众生受干旱困扰之时，
你用慈悲风吹来了雨云，
先后降下滋润万物雨水，
使得旱魔逃向遥远地方。

指明取舍的大神大梵天，
附身君王说出各种授记，
你供修木香等各种药物，
使我等得到护佑真奇妙。

对语言各异的各族信众，
你以他们的语言来交谈，
不存界域区分各色人等，
你让他们心中充满欢乐。

没有受过专门指教熏染，
历次转生积有俱生能力，
寓意深刻并且悦耳动听，
你的著作往往脱口而出。

大密教法的吉祥之主，
在密院听受全部密续，
又以优秀法行的智慧，
打开三界宝贵的法门。

东方教法明灯章嘉佛，

被人主皇帝奉为顶饰，
因他请求，将珠嘉传规
灌顶甘露授予具缘众。

僧俗各规则中最为密严，
语义规整并且贯彻始终，
从心中升起信仰的方便，
你在因明大海尽情嬉戏。

陈那法称论著智慧坛城，
实事智的光芒照亮各方，
具缘莲花开放群星隐去，
你是造成此景象的太阳。

转动大力法轮的大地梵天(皇帝)，
对你崇敬并在金色诏书上，
多次盖印给以褒封和奖赏，
使得那些傲慢权贵也低头。

坠落恶趣悬崖而发邪愿，
成为力大凶猛的疯象群，
排列战阵想要摧毁莲园，
你威德狮子一吼将其吓退。

莲花的香气引来远方蜂群，
古昔贤哲为求教法到远方，

现今信众不辞辛劳来拜见，
只因你使他们成熟和解脱。

特别是在土蛇年之时，
康区教法明灯帕巴拉，
前来向你顶礼和受教，
分得佛法甘露殊胜缘。

佛像如永放光芒的金山，
寝宫威震三界各个地方，
你新建这些的无上荣光，
像太阳照遍世间各大洲。

你的菩提心如山海环绕的须弥山，
是你用利他事业的诸宝构筑而成，
阻挡住能使有情坠落恶趣的寒风，
如日月在四洲信众心中无比神圣。

适合众生心智的法雨，
你随时将其洒落世间，
又将即身成佛的捷径，
无上瑜伽的大门打开。

医治众生疾病的医学，
你将其学通熟记于心，
挽救病人生命的医王，

和你正是比肩的兄弟。

此时,萨迦达钦仁布切奉献茶米和曼扎、三依止等大量物品,祈愿班禅额尔德尼身体健康、事业广大,班禅高兴地接受。

藏历7月13日,为利乐教法和众生,在新尼沃寝殿以班禅为首的9名上师做对吉祥怙主护国药叉施食加持的法事。14日,驻藏大臣德泰(ཏཱ་ཨམ་བན་ཆེན་པོ།)和联络官一起来拜见,互致问候。19日开始,由永增金刚持给班禅传授《萨迦十三金法》《四面怙主六法》《闫摩法王极密黑色毒山法》《光炽大护法》及特别的白度母法等教法的随许法,班禅还听受了《不死吉祥的长寿灌顶》《姊妹护法手册》的诵传,随后举行了酬补和会供轮法事,向永增献礼。30日,班禅出巡附近地方,返回时向吉康札仓大护法嘱托事业。

藏历8月1日,班禅到贡觉林寝宫,举行盛大宴会,并按旧例沐浴,抛投食子、观看跳神法舞。这期间有德康夏多巴洛桑善丹、雪夏巴的母亲扎西卓玛等人去世,班禅为此多次做了超荐护佑的法事。驻藏大臣德泰前来拜见。25日,班禅前往大寝宫。此时,阿巴札仓的堪布德钦巴去世,其侍从们请求班禅写一篇祈请德钦巴尽快转生的祈愿文,班禅即写成赐给。

藏历9月13日,班禅额尔德尼任命森钦活佛洛桑贝丹群培为阿巴札仓的新堪布,次日森钦活佛以新堪布身份来拜见,班禅给予多方面的教导。由于看到需要平息教法和众生的一些违碍。22日,班禅做护国药叉的施食、念诵的法事,到闰9月17日,在尼沃大寝宫举行了火供法事。当天,因弟弟达喇嘛和亲属中任侍从者的请求,班禅给他们传授了按《宇妥心滴》传规的《宇妥马头明王的语灌顶》和《九部具誓护法的随许法》《淡黄仙人兄弟的随许法》《破除死主魔的长寿灌顶》,以及《四部医典》和《诀窍续补遗》的诵传。

藏历10月8日，摄政嘉绒巴（རྒྱལ་ཚབ་རྒྱལ་རོང་པ།）圆寂[①]，来为他做超度法事的人即两名孜仲和一名摄政的卓尼尔拜见班禅，班禅对他们慰问。12日，因他们的请求，班禅到僧会上，他们向班禅献曼扎、三依止和大量的物品，并给僧众熬茶布施，班禅念诵了回向文。16日，来做超荐法事的摄政的卓尼尔向班禅辞行时，班禅亲手交给他回赠达赖喇嘛的礼品。25日，燃灯节照例给班禅献冬装和哈达，当天班禅给甘丹拉康的宗喀巴大师像献用鲜亮的绸缎制作的僧帽，祈愿并献敬神哈达，为教法和众生的利乐做清净祈祷。当天的灯火十分旺盛。

藏历11月5日，果洛阿什姜部落头人的喇嘛去世后，其管家益西曼朗主仆一行为做超度前来拜见，9日，因阿什姜头人请求派遣新的喇嘛，班禅任命达摩瓦噶钦丹巴雅培前往。25日，因班禅母亲的请求，班禅给几位信众传授了无量寿佛的长寿灌顶。这时期班禅为修持长寿法按无量寿佛的修行进行闭关。

藏历12月17日，班禅额尔德尼从永增听受马头明王密修法的大灌顶。8日，班禅对大经堂格贵和阿巴札仓就规章条例做指示，给予护持。当天的酥油供灯的灯火很旺盛。9日，前述的管家

---

① 此处的摄政嘉绒巴指一世德珠活佛洛桑钦饶旺秋，他是泸定地方人，入藏学法，曾任甘丹赤巴七年，卸任后，1862年任十二世达赖喇嘛经师，1864年因前任摄政旺秋杰布病故，驻藏大臣奏请以他任摄政，朝廷赐给诺门汗封号，同年由他给十二世达赖喇嘛授沙弥戒。1869年7月同治皇帝敕封他为呼图克图，敕书说："皇帝敕谕罗布藏青饶汪曲呼图克图：图呈益地，效顺者来自瑶池；恩锡从天，输诚者遍于金海。西土普王朝之化，象教宏敷；南无归皇极之中，鸾章宜赉。爰稽旧典，更沛新恩。尔罗布藏青饶汪曲呼图克图，静参四偈，早悟三空，般若台前常悬慧日，给孤园里普荫慈云，洵为法侣之宗，堪接禅门之派。乃颁温语，特畀休称。兹以尔为罗布藏青饶汪曲呼图克图，锡之敕印。尔其坚持戒律，倍励清修。谈龙藏之渊源，悟开顽石；展蜂台之法力，福利恒沙。开觉路而翊神京，遥效辰居之拱；被荣名以光佛国，敬承申命之休。长沐恩施，永绥弗禄。"1872年他上奏谢恩，奏书说："荷蒙天恩，逾格超奖，加封呼图克图名号，钦颁印信，赏准接辈袭职转世，早经奉旨允准。兹有小僧派京呈进恭请圣安贡使专差卓尼尔甲养达木曲旋回差便，即将呼图克图敕印，并与管家札萨克喇嘛优加厚恩，赏给印信，均已于12月初1日领赍至藏。是日小僧亲往跪迎，望东九叩跪谢天恩。伏思大皇帝素与小僧加恩奖励，似此高厚鸿仁，于生世万难图报，惟有仰体圣意，办理达赖喇嘛一切公务，自当小心谨慎奉行，每日勤习经典，恭祝文殊菩萨大皇帝万寿无疆，朝政畅兴，国泰民安。"1872年底洛桑钦饶旺秋去世。他以后的转世成为历辈德珠活佛。

益西曼朗和阿什姜部落头人次仁旺杰迎请班禅到僧众集会上，奉献大批物品，班禅为去世的阿什姜头人的喇嘛做了回向。19日，为了对治当时地下的龙神年神对有情众生的危害，班禅在萨多坚玛做马头明王密修法的闭关静修。15日，永增要去上师定结扎西群培那里去，班禅向绛普觉卧佛像献供香、向扎夏达拉供食子和给会供布施，赐给永增银章嘎五十两和敬神哈达等。16日，为了消除教法的违碍，在旧鲁顶地方，由曼喀乃萨僧团的咒师举行邬摩天女灵器供法事。15日，照例安排设立筹办庆贺新年物品的作坊，由于火堆很大，延及管事房的油炸食品的油包，引起了火灾。立即有人到做法事的僧会上报信，僧人们即吵嚷着去取水救火，不少人即去向班禅报告，班禅即向失火的方向抛投食子，到黄昏时火灾平息下来。此时班禅正在做闭关修行，班禅的母亲担心火灾延烧到寝殿，因此请求班禅解除闭关，迁移到吉乃寝宫去。班禅说："我可以保证火灾不会延烧到寝殿来。尤其是在闭关的时候，即使上面有山垮下来，下面有海水涌出来，也根本不能离开闭关地。"班禅意志坚定，无论怎样坚持请求，也不能动摇，这真是一个佛子大德的奇异事迹。

当天以及次日，四大札仓的堪布、格贵、措索巴、管事等专门前来请求班禅护佑，班禅做了占卜，回答说不会有大的祸事，让他们多做祈愿健康的法事。于是全寺僧众和执事显贵汇集奉献物品，再次请求班禅给予护佑，并在大经堂斋僧布施，服侍僧伽。27日，班禅解除闭关，举行了酬补、会供轮和补足息、增、怀三业的火供法事。次日，又做了施食，班禅到密宗札仓僧会，向各个护法神像嘱托事业。29日，班禅观看跳神法舞并抛洒真言芥子，加以护持。

在本年中，先后有拉孜迥朗巴、楚康巴格隆群培、哲蚌寺郭莽札仓热绛巴洛桑年扎、卓力克图王旗的格隆丹巴和强佐丹巴达杰、哲蚌寺格隆扎巴敦丹、康区丹玛瓦格楚阿旺南杰、哉务丹泽瓦贡布雅太、防盗官格泽顿珠、达果加巴的头人仁增、黑帐三部的平措、喜饶平措、阿都部落的头人家的商主白玛桑珠、达赖喇嘛的卸任索本堪布贝丹扎西、雅卓恰巴平措、果洛伦波古如次旺、果洛阿旺贡噶、德多旗的益西宰桑、安木齐索本、巴隆旗和托克百户、岱钦宰桑、青海亲王旗洛桑次仁、果洛阿什姜部落头人次仁南杰文塘喇嘛、热安格洛坚、拉加善丹、阿旺贡噶、瓦秀善丹桑布、扎官萨巴格隆丹增次仁等,分别向班禅奉献茶包、粮米和曼扎、三依止等各种物品,班禅高兴地一一过目,给他们摸顶并诵传他们想要的教法,使他们生起虔敬之心。

本年中,甲康巴坚白官却、白林岗巴洛桑金巴、丹曲格勒坚赞等学完了《堆扎》的全部教程,比龙活佛洛桑丹增年扎学完了《释量论》四品、《入中论》,昂曲巴格隆洛桑仁钦学完了《辩了不了义论》《解脱道明灯》《因明成就章》,格勒尼玛学完了《俱舍论释》,洛桑桑结学完了《疏要解脱道明灯》《因明备忘》《入中论》《释量论第二品》,格勒尼玛和洛桑顿珠、曲科伦波瓦桑结仁钦等学完了《慈氏五论》,昂曲巴洛桑仁卓学完了《量理庄严论》和《文殊名号经》,温贡巴洛桑群觉、洛桑旦达、洛桑坚赞等学完了《胜乐本续》,重孜曲德巴洛桑塔钦和洛桑曲扎二人学完了《时轮》全部仪轨,他们呈交了试卷,班禅分别给他们奖励,满足了他们的心愿。

水鸡年(1873 年,19 岁)正月初 1 日,照例举行了初一给欲界主母供食子法事和新年喜宴。班禅照例参加了素宴聚会。5 日,班禅在却金德阳广场会见了本地常住和临时前来的难以计数的信众,并给他们摸顶。13 日,班禅到祈愿法会的茶会上,做念诵回向、《兜率天宫祈愿》《祈愿教法兴盛》等。16 日,班禅给 50 名新出家者和托卜加的多朗巴的母亲剃度。17 日起的三天中,做金刚石诵咒修供朵玛食子,完成后在寝宫的护法殿做念修大威德金刚和十六具誓护法的闭关修行。

藏历 2 月 29 日,密宗札仓僧众照例给班禅献八宝吉祥物。

藏历 3 月 11 日,按照则巴珠旺仁布切的请求,班禅到僧会的大金座上,以具有 60 种妙音的宏亮梵音为僧众宣讲诵传三士道的明辨是非的《菩提道次第广论》,从开始到 110 页,以及汇集三士道次第精要的《道次第摄要》。作为说法的酬报,珠旺仁布切向班禅献庄严佛土模型为主的三依止和大量物品。吉康札仓卸任堪布献曼扎并向班禅祈愿,班禅高兴地接受。15 日,东方出现罗睺罗星,南赡部洲在几个小时中也有罗睺罗星不散,按照《上事明解》的记载,因为出现月蚀,故按戒律历闰 3 月 15 日,按先例举行时轮修供,班禅为僧众摸顶。25 日,班禅在教理和坛城之主珠旺仁布切益西群培贝桑布那里,听受了《礼供上师双运引导》《百种施食珠串》《本生祈愿》《煨桑祭祀吉祥漩》《大威德金刚六十种施食仪轨马头明王密修法》等。次日,在则巴珠旺仁布切前来致礼辞行时,因为他的请求,班禅给他诵传了自己新著的《诸佛本性赞颂》《殊胜具缘补遗》并传授了不死摧魔长寿灌顶法。

藏历 4 月 10 日,做了请求拉木护法降神、赐给授记的法事。17 日,班禅额尔德尼在珠旺仁布切身边听受了《空行母随许法》以及集咒等,次日又在珠旺仁布切那里听受了《胜乐铃五尊外坛城身坛城灌顶》及其集咒的随许法、空行母修持的教诫等。

藏历 5 月 1 日,拉木护法降神师的儿子玉加迎请护法神大梵天附身到他的体内,到 5 日,护法神附体,大梵天向班禅献象征息、增、怀三业的敬神哈达,并授记应做的服事神灵的法事,班禅也向护法神要求像以前一样完成我的事业,护法神答应遵命完成。次日,新旧降神师父子一起前来辞行,班禅额外地宴请了他们。

在向弥勒祈愿的 3 天中,班禅照例到缎绣大唐卡前的集会中,第二天，班禅在吉乃寝宫的屋顶举行宴会，第3日，在班禅的祖业庄园照例举行宴会。在先前班禅为母亲等新建一座居所，在宴会之后，班禅母亲、弟弟达喇嘛、班禅姨母等向班禅献曼扎、三依止和全套袈裟，贵族的侍从等按地位献礼。

班禅额尔德尼前往大寝宫时，永增金刚持气血不和出现了水肿等病情，使班禅非常焦虑，作为清除身体违碍、延长寿命的方法，班禅连续几天做无量寿佛的清净的延寿法事。这一情形正如"对受到尊敬的人，为他法事和修行，使善知识显现"所说，班禅随时随地依止善知识，如常啼菩萨依止法圣那样[1]，特别是他在心里和永增结为一体，因此他有着为永增伺候病体的心愿，然而永增年事已经很高，在他病榻前服侍不方便，因此以努力做清除违碍的法事的方式来服侍，也是很难得的。

藏历6月4日，班禅手持莲花手菩萨的铃杵，为使雪域全部众生的幸福如夏季的树木，枝叶和果实繁盛，在正午的僧众大会上指示从当天起在佛法驻世的期间，每天念诵观世音菩萨长咒21遍，念诵嘛呢三转念珠的遍数（指324遍）。6日，班禅在寝宫的护法殿对弟弟达喇嘛的索本堪布说："现在，在德钦颇章楼上的寝殿中，多家护法正在显示神变，初九那天会到这里来汇聚。"11日，有尼泊尔人格典主仆从拉萨前来拜见，班禅宴请了他们并亲切交谈。

龙树大师在《珍宝鬘》中说："由布施得利乐，由律法得平安。"又在《致亲友书》中说："律法是在熟悉和不熟悉的地方的所有功德的善根。"在扎什伦布寺这座大寺院，以前就有完整地讲说四部戒

① 常啼菩萨即五百罗汉中萨陀波伦尊者，此菩萨称为常啼者，有说菩萨因见恶世之人身受贫苦老病苦恼而悲哀哭泣；或以菩萨生于无佛之世，然为利益众生，追求佛道，于空闲林中忧愁哭7日7夜，天龙鬼神遂号之为常啼；或以幼时喜啼而得名。《大般若经常啼菩萨品》则以释迦牟尼讲故事的形式，说常啼菩萨为向法圣菩萨求般若法，在十来年中用出售肢体、刺血撒地等方法破除邪魔的阻挠，最终求得般若法的故事。常啼菩萨的这个故事在藏传佛教和汉传佛教中都有流传。

律以及由此制定的珍贵的“甲译”(བཅའ་ཡིག 寺规),而且以附录另见的形式规定了应抛弃的罪过,特别是饮酒的罪过在许多显密经典中不止一次提到。班禅将这些规定特别选出,口诵编辑成被称为“威严金枷”的文书。班禅在四大札仓的上师、六组格贵、各殿堂措索巴、各法苑的戒律师、各个米村的干巴(头领)和喇吉等人全体聚会时宣读这一文书,并给各个勒空(办事机构)赐衣物哈达等,同时赐给“威严金枷”的抄写卷,并严肃地教导今后不要颠倒利害关系。班禅不仅在此前在本寺亲身示范遵守禁酒等规定,而且自此以后建立起大众遵守的根本。从眼前来说,这个文书让僧人摒弃俗家人行为、理清寺院的名和义,将大部分功德汇集到这些规定中,使众人遵守。对现今有一些喝酒的人、歪戴帽子反穿鞋的人、经商谋利的人、装作大人物伸腿晒太阳的人,让他们依止严谨的大德,见行清净,遵守规章,威仪洁净,这在以前谁也没能考虑真正实行,而正是班禅坚决地做了这样的发心。虽然如此,一些受仇恨佛法的外道邪魔迷住心窍的人,由于他们以前隐藏到地底下的种种恶行,被班禅的法镜子清楚照射出来,因此他们像世间俗语所说:“小偷装羞愧来杀人(意为栽赃反诬)”,将自己的恶行藏在身后,绝口不提,反而纷纷攘攘编造各种理由,请求班禅不要做这些规定。他们的这些话犹如包着花朵的毒箭,装作人形的魔鬼,不值得深究,除了当做可恶的和可悲的对象,不必多说。对于那些自认为公正而又有点迷惑的人士,不应当追随那些人,而应该继续向班禅祈愿,体验班禅依据戒律经典提出的规章的意义,很快立下正确的誓愿。这是我合掌对大众的祈愿。这是对相关的事务做一些说明,以下返回主题。

从藏历 7 月 1 日起的几天中,班禅和弟弟达喇嘛、几名近侍一共 7 人在早上一座法的时间,努力做与马头明王自生起相关的姊妹护法的念修。这时由于猛力修持和役使护法,在班禅闭关的期间,天空中出现鹰鹫、寺院上方落下雷电等奇特的景象。解除闭关后,班禅因大经堂格贵的请求每天3次给僧众诵传上次没有传授完的《菩提道次第广论》,直到全部传完。25日,因措索巴南杰喜饶的请求,班禅在格桑大回廊给僧俗信众传授无量寿佛一尊一瓶的长寿灌顶,并很好地做了酬补仪轨,向班禅献了曼扎、三依止和大量物品。28日,以前有让年轻的僧人去田野割青草等作为圣草(吉祥草)①供僧舍使用的做法,班禅认为僧人外出有违背夏安居的罪过,故吩咐以后再不准这样做。30日,班禅到附近地方巡游,照例向吉康札仓的大护法祈愿,然后到大寝宫。

藏历8月1日起,班禅额尔德尼到贡觉林寝宫沐浴并举行宴会,照例观看供食子法事和跳神法舞,25日,班禅到闭关室,上午做空行母仪轨,下午到大寝宫,在那里,一直到9月里做吉祥怙主护国药叉、大药叉、凶猛姊妹护法的施食和念诵,对仇视和破坏教法和众生的利乐的仇敌,抛投具有法力的天铁将其砸为碎粉。此时,驻藏大臣承继(འཕྲིན་ལམ་བདེ་ཆེན་པོ།)②前来拜见,班禅赐给他礼品,大臣向班禅献了佛像、哈达等,对班禅表现得非常真诚信仰和恭敬。

藏历10月8日,萨迦达钦仁布切因为要去拉萨做法事,请求拜见班禅并辞行,班禅高兴地会见了他。10日,班禅、弟弟达喇嘛和随侍做仪轨的几位僧人一起做空行母初十修供仪轨。此时永增

① 吉祥草,梵名音译姑奢、矩尸、俱舒、固沙。意译为香茅、吉祥茅、牺牲草等。据说,释迦牟尼在菩提树下悟道时,铺吉祥草为座。所以,在古代印度文化中,吉祥草被认为是清净之物--圣草,是宗教仪式中不可缺少之物。据说,为朝圣途中死亡的人或为失踪的人举行葬礼,就用吉祥草做成人形,当做尸体来进行火葬。因此在古印度,每逢举行各种仪式,就用吉祥草编成草席,上面放置种种供品。而修行者在空闲寂静处或清净房净修时,也经常是以吉祥草为坐卧之具。就是今天的印度,在举维达(圣典)仪式时,吉祥草也是作为圣草铺在会场里的。关于吉祥草名称的由来有几种说法:一说是因为释尊在菩提树下成道时,敷此草而坐,故名吉祥草。一说是吉祥童子为释尊铺座时,经过多次选择后专用此草,故名吉祥草。也有一说是因为有一位名为吉祥者的人,献上了这种草给世尊铺座用,故名吉祥草。

② 承继,满洲正黄旗人,1872-1874年任驻藏办事大臣。

金刚持的病体非常沉重，如前所述，班禅非常善于依止善知识，特别是他心记文殊化身的萨迦班智达不顾疲劳在杰尊扎巴坚赞的病床前殷勤服侍，最后萨迦班智达智慧学识大增而成为贤哲的例子，对永增诺门汗的病悉心照顾，和拉曼巴东那巴、群则杰布一起每天细心地为永增号脉验尿，进呈适合的药物，这期间差不多每天和11位做仪轨的僧人一起为永增做祈寿法事，祈愿永增健康长寿。但是，为了给持常见的众生示现诸法无常，也是利益他界的众生的时刻已到，12月8日永增金刚持逝往法界。班禅亲自关心和安排给永增做超荐法事，由强佐和扎什伦布寺的孜、雪做献供和火化遗体。永增的侍从请求班禅撰写祈愿永增的转世尽快降世的祈愿文，班禅即写成赐予。21日，由平措热杰担任施主，在尼沃大寝宫举行了永增金刚持的超度法会，班禅和密宗札仓的全体僧人做了大威德金刚的自入和密集金刚本续的念诵，超度逝世者的祈愿。

在本年中，班禅额尔德尼和前年一样，接受了各方很多信众奉献的茶包、米粮、曼扎、三依止等。献礼的人有：夫人德吉贝宗、达普群则加央图丹、哉务格隆索南顿珠、白玛桑结、嘎热坚、贡布曲迥、玛才旦、南杰、日楚格丹巴丹增顿珠、参卓巴格隆格桑晋美、仲·郑扎西、涅日秀洛的母亲米玛、俄尔巴喇嘛邬坚丹增、吉恰多吉才旦、扎西顿珠、桑珠多波、襄嘉措瓦卸任翁则、尼寺翁则丹增曲宗、雅卓阿热松达、科尔沁王旗呼图克图丹巴达杰、喀尔喀大米阿旗格隆贝丹、噶钦加央喜饶、喀尔喀人卓尼尔、锡金人索南才旦、策旺、商主索南嘉措、阿拉善旗托因洛桑楚臣、绛格卓的措加和贝宗、喀尔喀僧人格加央和洛桑丹增、卸任索本堪布喜饶多吉、当雄牧民哈那拉那、日土伦曲寺僧人格隆索南拉旺、和益西旺丹、扎曲卡人格隆洛桑达杰、德格林仓商主、康区绒达活佛、青海白玛措坚、巴隆旗益西云丹、喀尔喀四部的请安使者宰桑和安木齐、格隆洛桑善丹、笃布牧民坚玛多吉、喀尔喀车臣王的艾玛克、达勒觉拉贝子旗的格隆洛桑苏巴、和益西嘉措、阿力克喇嘛赛活佛、阿力克人桑布、阿仁班丹增、夏米科旗的格隆阿旺热丹和贝次仁、塔尔寺活佛洛桑楚臣班觉、谢巴阿旺多吉、安多格隆阿旺南杰、强扎喇嘛、噶究恰多尔和卓尼尔、格隆阿旺尊追、格隆云丹、顿珠贝丹、扎寺僧人根敦和南杰阿塘、桑培等,班禅给他们分别诵传了《皈依》《兜率上师瑜伽》《穆则玛》《嘛呢》《度母》等他们希求的教法,建立法缘,在众人心中建立牢固的信仰的根基。

在本年中,比图巴洛桑丹曲、勒雪林巴贝多、昂曲巴贝桑次仁等学完了《堆扎》的全部教程,色康巴贝丹丹增、甲康巴坚白二人学完了《释量论》四品,伦波孜瓦贝丹俄色学完了《量理庄严论》,绛巴桑噶瓦噶钦益西丹增、拉卡瓦洛桑云丹、曲科伦波瓦扎西坚赞等学完了《慈氏五论》,温贡巴洛桑金巴、贝丹群培、洛桑楚臣、洛桑云丹、格桑顿丹等人学完了《胜乐本续》,他们呈交试卷,班禅照例给予奖赏,使他们满意。

木狗年(1874年,20岁)正月初1日,照例举行了初一供奉食子法事和新年喜宴。4日,迎请喀尔喀哲布尊丹巴①的达喇嘛迎请班禅到僧会上贡献大量礼品,班禅为他诵传经典并做回向。5日为

① 此处指八世哲布尊丹巴阿旺却吉尼玛丹增旺秋(1870－1924年)出生于西藏沃卡坝卓地方。由驻藏大臣和十二世达赖喇嘛在拉萨金瓶掣签认定,同治十三年(1874年),喀尔喀蒙古派人从西藏迎入库伦(今乌兰巴托)坐床。光绪十四年(1888年),遣使贡物祝贺光绪帝大婚。十五年(1889年),到庆宁寺修习经典。二十一年(1895年),献给清廷战马1200匹。1904年英国侵略军进入拉萨时,十三世达赖喇嘛逃亡到库伦,两年后双方产生矛盾,达赖喇嘛离库伦到塔尔寺。宣统二年(1910年)清廷在喀尔喀实行新政,在库伦新设机关20个,蒙民负担加重,造成逃亡。又发生库伦办事大臣三多派兵弹压喇嘛事件,造成他和驻库伦大臣矛盾加深。宣统三年(1911年)辛亥革命后,喀尔喀在沙俄怂恿下宣布"独立",将库伦办事大臣三多等逐出外蒙,称哲布尊丹巴为"大蒙古皇帝",建年号"共载"。民国二年(1913年),签订《中俄声明》,沙俄承认中国在外蒙古的宗主权,规定哲布尊丹巴呼图克图名号受中华民国大总统册封,外蒙古自治。1917年,俄国发生10月革命,外蒙古举行全蒙古王公会议,决定撤消自治,仍隶属民国政府,内政、外交、军事等统归民国中央政府管理。民国大总统册封他为"外蒙翊善辅化博克多哲布尊丹巴呼图克图汗"。1921年2月,白俄武装入侵库伦,再次宣布喀尔喀"独立",奉他为博格达汗,同年7月蒙古人民革命党的军队和苏联红军占领库伦,建立革命政权,保留他的虚君名义。1924年,他在乌兰巴托去世,当局宣布废止哲布尊丹巴转世。

大吉日，按班禅的特殊的心愿，决定使用新的印鉴，英萨诺门汗和四大札仓堪布、措钦大殿的大格贵、僧俗执事分别按地位高下向班禅献哈达，并举行宴会。因为使用新的印鉴，给僧众赐班禅所撰写的充满智慧激动人心的诗歌体的教诫，给每名僧人赐1个银章嘎。在当天还给前后藏的主要佛像献了敬神哈达，给扎什伦布寺的各个神殿、经堂、自现的曾经发声说话的神像献5次千供，并巡礼各殿堂神像。次日，班禅因蒙古达喇嘛的请求给他传授了百法长寿灌顶。7日，扎雅活佛的卓尼尔在寝殿向班禅献礼祈寿。萨迦的杰尊玛（法王家族的主母）在去拉萨的路上请求拜见和辞行，班禅高兴地会见了她。8日，和去年一样，班禅在却金德阳广场会见了前来拜见的信众。此时喀尔喀大贝勒的上师的弟子嘉钦孜巴迎请班禅到僧会上，奉献了大量物品，班禅高兴地接受，并做了逝者和在世者的善根成为菩提的正因、不遇违碍的念诵和回向。15日，又因他的请求，班禅给僧俗信众300多人传授了长寿灌顶，还在寝殿接受了恰多嘉布的喇嘛从远方特派来的使者的献礼祈寿。还给许多新出家者进行剃度。

藏历2月9日，班禅额尔德尼接受了很多山间静修的日追巴（རི་ཁྲོད་པ། 修行者）和库伦堪布寺院的官萨活佛的拜见。15日，山间静修者举行会供和向班禅献礼祈寿。次日，总理堪布嘉钦孜巴向班禅辞行。班禅还高兴地会见了前来拜会的钦差大臣，该大臣迎请班禅到僧会上给僧众礼供布施斋僧茶饭，向班禅奉献大量物品，班禅为他做了念诵和回向。次日，班禅给该大臣诵传了文殊名号赞颂等，并传授了百法长寿灌顶。后，大臣向班禅辞行，班禅在措钦大殿给山间静修者摸顶并传授无量寿和马头明王结合的长寿灌顶。

藏历3月15日，喀尔喀七世哲布尊丹巴的永增（经师）诺门汗迎请班禅额尔德尼到僧会上,奉献礼品并布施斋僧茶饭,班禅为他做了念诵和回向,并传授长寿灌顶,赐给无量教法甘露。

藏历5月14日起,3天中照例举行向弥勒佛祈愿的法会。在第二天,由在法相学院学习的哉务康萨寺的活佛和扎什伦布寺僧人哈尔东巴仲桑结二人,在宴会上从戒律本论开始进行立宗辩论,奉献善说供云,使班禅非常兴奋。

藏历6月4日,召唤四大札仓的堪布、大格贵、措索巴、新设的六组格贵、各札仓法苑的戒律师等到班禅的身边,班禅按地位高低分别赐给物品和新写的制戒[①]文书。班禅特别强调为使我等的扎什伦布寺的教法兴盛、作为康乐的根本的教法和戒律如一匹绸缎紧密连接。18日,四大札仓、大格贵、各执事聚集一起,向班禅献曼扎、三依止和哈达。当天,珠旺则巴仁布切向班禅请求和传授了密集灌顶做法、禳解诅咒、洗礼等。此时,在甘丹寝宫和平措普明正在兴建佛像的台座,在平措热杰殿新建永增金刚持的灵塔,阿巴札仓堪布为首的21名密咒僧人正在为开工举行3天的安住仪轨,班禅赐给了第二天所需的资具。

藏历8月1日,班禅额尔德尼照例到贡觉林寝宫,在此处沐浴、巡游附近地方和举行宴会。在为拉萨白热管房官(དཔལ་རབ་ཁང་གཉེར།)诺布鼐至仲科尔以上执事额外增加的宴会上,他们向班禅献曼扎、三依止等大量物品,因为这一时期大昭寺的东面有一些天晚上出现以前没有过的大量乌鸦聚集的情况,众人心生疑惑恐惧,因此大昭寺的大管事和香灯师派他们前来请班禅占卜护佑。班禅回答说,对上师和僧人的身体可能会有大的妨碍,特别是有火灾和盗贼的危险。遮止的办法是多做法事。因此由拉章钦波和全体僧众

① 制戒亦称遮戒,指为制止某种罪过而特别制定的寺院规章。

广做法事。12 日在贡觉林寝宫由札仓的僧人聚集，班禅也到僧会上按照大管事的请求向尊胜母献了千供，然后做了多次战神礼赞和煨桑祭神。30 日，在德瓦坚寝宫的依噶群增寝殿中做了许多护法神的酬补，当班禅的莲足踏上罪恶山时，罪恶山的山形被踩破，进行镇压，做了猛烈的火供，班禅产生了新建一座伏魔菩提塔进行护佑的想法。

藏历 9 月 11 日，班禅额尔德尼写作了阿巴札仓堪布森钦活佛名号赞颂，森钦活佛布施斋僧茶饭，迎请班禅到僧会上，并向班禅献礼，班禅做了念诵回向。

藏历 11 月 1 日开始，班禅额尔德尼做无量寿、白色文殊、妙音仙女的念修闭关，解除闭关时贵族和侍从等照例献了哈达。

藏历 12 月 15 日，新建的伏魔菩提塔全部建成，班禅和 25 名仪轨僧，做开光和撒花祝赞，祈愿具誓护法一一安住、智慧神一一安住。16 日，若尔盖喇嘛迎请班禅到僧会上，布施斋僧茶饭，向班禅献曼扎、三依止以及大量的物品，班禅做了诸善业引向菩提的念诵和回向。这个时期，班禅的身体出现些微病状，立即举行了广大的祈寿法事，很快恢复了健康。26 日，班禅到密宗札仓的僧会上，做了铁堡伏魔仪轨等专门的法事。

在本年中，先后有喀尔喀达喇嘛宰桑和班觉、谢巴喀如兰绛巴边巴次仁、格隆俄色、索本绛曲、哉务索南顿珠、索波米居、噶究阿力克格桑坚赞、大德邬豆巴金巴、扎萨克岱僧格、曼仁、善喀涅巴、谢欧日喇嘛仁布切金刚持央坚珠贝多吉、索波扎西班觉、格隆绛曲、喀尔喀宰桑扎巴群培、大德近侍洛桑喜饶、格隆洛桑平措、觉朗贝子的姐姐白玛拉噶、索波德钦、孜仲益西丹巴、索波洛桑嘉色丹增、益西贝巴、托因喇嘛和洛桑曲珍、扎拉当恰官波次仁、官却嘉布、鄂尔多斯俄里克贝勒旗的拉然巴洛桑、科尔沁喜饶多吉、云丹迥乃、洛桑赤列、官却益西总理强佐哈尔东巴多乌都阿旺丹培、科尔沁旗格隆益西嘉措、贡噶曲珍、丹曲卓玛、噶秀堪卓玛、克崇巴次旺、索波阿旺洛桑、甲噶瓦边巴、哲蚌寺哈尔东康村的30名僧人、格隆阿旺洛桑、南杰喜饶、洛桑平措、措那瓦贡布、南杰扎西、僧侣团僧人益西贝丹、银匠边巴、洛桑顿月、洛桑次仁、噶尔巴才巴克、昌都的喜玛瓦、索波仁钦尼玛、拉瓦仓扎西、温贡寺僧人洛桑群觉、工布却孜活佛、索波南杰金巴、喜饶塔钦、洛桑扎西、群则洛桑群培、当雄牧民阿桑、科尔沁达杰多吉、达尔寺佐巴洛培、安多加央群培、格涅如塔喇嘛、洛桑群培、伦珠、戢务坚赞、果洛阿旺僧格等许多信众,向班禅献茶包、粮米、曼扎、三依止等大量物品,班禅分别给他们传授了《长寿法》等他们希求的教法,在他们的心田中种下菩提的庄稼。

在本年中,嘉钦孜巴洛桑金巴、甲巴洛桑喜饶、达摩瓦阿旺曲扎、昂仁曲德巴洛桑隆多等人学完了《堆扎》的全部教程,色康巴贝丹丹增学完了《量理庄严论》,乃宁却康巴噶钦仁钦洛桑顿珠、昂仁曲德巴根敦伦珠、洛桑朗则、洛桑顿珠、达瓦桑布等人学完了《慈氏五论》,昂仁曲德巴洛桑楚臣学完了《戒律论》,德勒尼玛、温贡巴洛桑群培、丹增、洛桑尼玛、达瓦坚赞等学完了《胜乐本续》。他们呈交了试卷,班禅分别给予奖励,满足他们的心愿。

木猪年(1875年,21岁)正月初1,照例举行了初一食子供等活动。7日,班禅额尔德尼在却金德阳广场会见了大量信众,使得见闻思触到班禅的众生进入到成熟解脱的道路。8日,班禅给吉钦珠旺活佛剃度,赐名为洛桑尊追嘉措。当天,因坚隆巴格隆金坚请求班禅新写一篇可以在僧众集会上念诵的可以将班禅列入长寿佛修行的传承中的班禅的名号赞颂文,班禅写成并给他诵传。24日,敏珠林寺大法台向班禅献茶包、粮米等物品和曼扎、三依止等祈愿班禅健康长寿的礼品。班禅从大法台那里听受了一些前译密法①的教诫。26 日，密宗札仓的全体僧人照例给班禅献八宝吉祥物，祈愿班禅健康长寿。

藏历 2 月 15 日，班禅额尔德尼看到最近会有大人物去世的征相，为平息身体障碍和做各种法事，班禅向达赖喇嘛送去请求护持的呈请。

藏历 3 月 1 日，经过驻藏大臣传来了皇帝在位 13 年时归天的消息，班禅显得心中很不安②。16 日，为超度追荐去世的皇帝，在各个殿堂举行供祭，并做广大祈愿③。20 日，拉萨方面特派骑马的

---

①　敏珠林寺是在前藏扎囊县的藏传佛教宁玛派的主寺。宁玛派在密教教法传承上继承吐蕃王朝时期翻译的密咒经典，被称为前译密法。通常对此名称的解释是说，佛教密法于 8 世纪经莲花生大师传入西藏，其主要典藉即由莲花生、无垢友等印度上师和遍照护、娘·定增桑布等西藏译师翻译传承。由于他们传译的密法典籍都是秘密传授，赞普王室禁止公开宣扬，故不像显乘经论那样流行广泛，以致于后世人对《秘密藏续》这样的密法经典是否真的源于印度也产生怀疑。最早对《秘密藏续》等密法经典提出质疑和尖锐批评的是十世纪末到十一世纪初对佛教在西藏复兴起过重要作用的赞普后裔、阿里古格王朝的拉喇嘛益西沃。益西沃派大译师宝贤仁钦桑布(958 - 1055 年)等人到克什米尔学佛，回来重新翻译显密经典，称新译密法。因此藏传佛教在密法经典上出现了新译和旧译，或称前译和后译的区分。

②　是指同治皇帝驾崩。同治皇帝即清穆宗爱新觉罗载淳，为咸丰帝之长子，生母为慈禧太后。1857 年 3 月 23 日在北京紫禁城储秀宫出生。1862 年 7 月，咸丰帝去世，他年仅 6 岁继位登基，年号祺祥。依照咸丰帝遗诏，由肃顺等 8 位大臣辅政。9 月两宫太后与恭亲王奕訢发动“辛酉政变”，八大臣等被奕訢与慈禧夺权，改年号为同治。同治三年 6 月，清军攻陷太平天国首都天京。同治四年 4 月，科尔沁亲王僧格林沁为捻军所杀。同治六年 12 月，东捻军被平定。同治七年 7 月，西捻军主力被平定。同治九年 7 月，两江总督马新贻被刺杀。同治十一年 9 月，册立皇后阿鲁特氏(孝哲毅皇后)。同治十二年正月亲政，同年陕甘回乱及云南回乱大致平定。当时称为“同治中兴”，实际上他在位时大多数时间是慈禧太后掌权。同治十三年(1874 年)12 月初 5 日，同治帝崩，享年 19 岁。

③　光绪元年(1875 年)7 月初 10 日，清朝为同治帝逝世在藏熬茶念经并光绪帝登极颁诏赏赐给八世班禅的敕谕说：“奉天承运皇帝诏曰：尔前世班禅额尔德尼，自太宗皇帝时，即遣使请安，虔诚纳贡，是以太宗皇帝推兴黄教，恩施西土，迄今二百余年矣。我穆宗教皇帝，冲龄践阼，寅绍丕基，御极以来，仰蒙两宫皇太后垂帘听政，宵旰勤劳。嗣奉懿旨，亲裁大政，视四海为一家，无日不以勤政爱民为本。其崇功盛烈，善政嘉行，诚足为万世法。讵意龙驭上宾，朕躬缵绪。朕惟敬追前烈，循守旧章，以仰体我穆宗毅皇帝之圣意。尔班禅额尔德尼等，亦宜恪循旧轨，敬谨将事，以期仰报我穆宗毅皇帝之深恩，朕有厚望焉。今特遣使赍诏颁给班禅额尔德尼熬茶念经，并赏给班禅额尔德尼三十两重银茶筒一个，银壶一把，银盅一个，大小哈达各十方，绸十二匹。赏给布达拉和扎什伦布、色拉、哲蚌、甘丹等四大庙，每庙银各一千两、大哈达各一百方、小哈达一千方、茶各一百块。又，其余各庙赏银共四千两、茶一千块、小哈达四千方，一并交札萨克喇嘛降养楚称、达喇嘛臣烈确达拉、二等侍卫官通、二等侍卫瑞光、主事景桂、额外主事文俊赍诏携往，至时祇领。特谕。”

信使前来,告知神人顶饰、导师达赖喇嘛赤列嘉措已经出离生死,为教示持常见的众生,示现以身逝往法界,请班禅做念诵回向并祈请达赖喇嘛尽快转生。班禅无比悲痛,立即撰写祈愿达赖喇嘛尽快转生的祈祷文,并让僧众在僧会上念诵,给每名僧人赐给10甑茶叶,为达赖喇嘛逝往法界广做超度法事①。

在这个时期,班禅额尔德尼阅读了许多五部大论的经典,并常时进行闻思,努力做本尊的瑜伽修行,为许多信众赐给广大法施,还撰写了许多词义优美的诗歌著作。他还为了遮止那些对藏地教法和众生的幸福怀有邪见恶意的边军的侵犯,做了很多抛投猛恶食子的法事,以及四业的火供、救赎的法事。这些事迹在此难以详述。

这样,这位班禅出家进入佛门、受沙弥戒以来的事迹,就像一株大树上,清净的戒律、包容诸物的出离心、菩提正见等枝干茂盛生长,使自相续成熟的六般若、使他相续成熟的四摄受的体验的枝叶随处舒展,阅读不分类别的经籍的闻思修的花朵开放,讲辩著的果实成熟,使得具缘的信众得到成熟解脱。他的伟大的教法事业荫庇世间所有众生,成为佛子如意王。

---

① 关于十二世达赖喇嘛圆寂的情况,光绪元年(1875年)7月28日,驻藏大臣希凯关于噶伦等遵十二世达赖喇嘛遗嘱将其生前供奉佛尊等物代进的奏折说:“奴才希凯跪奏,为恭折代奏,仰祈圣鉴事。窃奴才适得噶布伦、总堪布等呈称:本年3月15日达赖喇嘛染患痧症,当经延医调治,不意病势增剧。于19日小的等面遵遗嘱云,达赖喇嘛自幼以来,叠荷大皇帝逾格鸿慈,至优极渥,毫无报称,现今及岁掌管西藏教政一切公事,方期竭尽愚诚,以酬万一。讵料偶染微疴,医药罔效,势难再起,惟冀将来出世再行仰报厚恩。所有平日供俸〔奉〕佛尊、经书、铃杵等件,务须恭进大皇帝,藉祝万寿。又嘱令妥办商上公事。等语。言毕,遂于次日巳刻圆寂,阖藏僧俗人等,无不同深悲悼。小的等惟有于西藏一切公事,尽心竭力,和衷商办,并饬令喇嘛等每日虔诵经典,祝祷达赖喇嘛之呼毕勒罕早为出世,以慰圣廑。今遵遗嘱,谨将达赖喇嘛生前亲供琍玛释迦牟尼古佛一尊、观音古佛一尊、铜镀金长寿佛一尊、金书文殊经一部、金书集纂藏经一部、金书陀吉举巴经一部、古袭铃杵全份、佛鼓一个、菩提珠一串、哈达等件,恳请代为转进。等情前来。奴才除将佛尊、经书等件用匣装固外,理合恭折代进,伏乞皇太后、皇上圣鉴。谨奏。”次年驻藏大臣松溎奏:“奉旨恩赏圆寂达赖喇嘛布施馒达等物,折银五千两,即由藏库动支。嗣将代办商上事务之呼图克图选定奏委后,再交奏委之呼图克图,令其在于达赖喇嘛塔前先作善事。等语。现蒙奏准以济咙呼图克图阿旺班垫曲吉坚参代办商上事务,于正月初9日接印任事。奴才等即行遵旨由藏库兵饷内先行拨银五千两,缴该呼图克图祗领,一面咨行四川总督如数委解来藏,以归额款而济兵食。谨此附片具奏。”

有诗赞颂道：

对群论冠冕的殊胜永增师，
看得比诸佛还重要来依止，
每天在此永增上师的身边，
把他的教导当做甘露畅饮，
难道不是早已遍知的明证！
智慧敏捷的怙主的号令，
使护国药叉听受并遵行，
用施食遮止火供救赎等，
增益教法和众生的利乐。
力大邪道魔军如火炽盛，
浇水等办法难将其熄灭，
你以真谛之水将其平息，
显现在火焰中生起菩提。
被称为成就大德的美饰，
放射出无数祈愿的阳光，
阿底峡和宗喀巴大师的，
心续甘露喷涌而出吉祥。
文殊怙主耳传的如意宝，
你搜集到智慧的宝箱中，
增益显密教法的成就师，
我在你莲脚下虔诚顶礼。
将灌顶教诫诀窍等三股清泉，
用信仰精进的铁勺一再汲取，
灌入心田之时即获得金刚持，

却选择隐蔽在大树的树荫中。
洛桑图旺大金刚持，
登上讲修的经幢顶，
降下利乐的及时雨，
在永增金刚持脚下，
用各种方法请他长驻，
但怙主还是逝往法界，
随即为了教法和众生，
举行了超度追荐法事。

文殊怙主的嫡传弟子中，
事业等同虚空的班禅师，
修行智慧成就如白莲花，
新生的花茎花苞般纯洁。

和其他大寺院一样清净，
受到各地信众尊崇礼拜，
然而有昏聩放浪者混入，
犹如杂鸟挤进了天鹅群，
你以教证飞石将其驱除，
让从恶者依戒律做忏悔，
新订符合律经的严章程，
清净戒律作为寺院庄严，
这是怙主你的无量恩德。

无心却有心的药叉之王，

去除愤怒却是愤怒明王，
以火供忏罪来摧毁四魔，
建造大菩提的各种神像，
不驱使也守护教法众生。
从前译密法教法典籍中，
吸取其教诫的甘露清泉，
对边军教敌魔鬼的幼苗，
你以威猛护摩将其摧毁。
博学却从不开口吹嘘，
具有明察细微的智慧，
对学识入门五部大论，
你的慧眼如甘露长湖。
你的智慧和身体成就，
恐怕世间无物能容载，
智慧等同于文殊菩萨，
慈悲可比拟观音菩萨，
你的法力可比金刚手，
你就是那事部三怙主！

各部教理和坛城之主、通晓一切班禅额尔德尼、尊胜上师罗桑班丹确吉扎巴旦白旺秋传——繁盛具信莲苑之阳光之第四章“受沙弥戒以后到受比丘戒之前闻思佛法的情形”至此结束。

第五章　受圆满比丘戒成为佛法之主在前后藏各地利益教法和众生

其后,正如持白莲尊者根敦嘉措所说:“佛陀的教法分为三藏(སྡེ་སྣོད་གསུམ།),因此证悟佛法分为三学(བསླབ་པ་གསུམ།),持三藏行三学者,是佛陀的追随者。”吾等的导师释迦牟尼的美名的飞幡在三域(天上、地上、地下)飘扬,导师无数次转动法轮,在说法中有以增上戒律之学为讲说的主要内容的,由此形成律藏(འདུལ་བའི་སྡེ་སྣོད།),还有以增上禅定之学为讲说的主要内容的,由此形成经藏(མདོ་སྡེའི་སྡེ་སྣོད།),有以增上慧学为主要讲说内容的,由此形成法藏(མངོན་པའི་སྡེ་སྣོད།)(阿毗达磨藏,论藏),这样就有了三藏。包括珍贵的三藏在内的所有教法,追求解脱和遍知的众生,除了修持这些三学修持外,别无替他的修持。在顺序上应该是依靠增上戒律之学修持增上禅定之学,再依靠增上禅定之学修持增上慧学,如果没有三学的因果次第,不会成就修持,因此首先应该修持戒律之学。而受沙弥戒者还没有完全进入佛法,要完全进入佛法则需要受比丘戒。因为比丘戒如此高尚、殊胜和重要,因此学法者欲求比丘戒如同干渴者欲求饮水一样。又正如有人所说:“龙树之后,全世间名望最高的大师是克什米尔的堪布释迦室利(即喀且班钦释迦室利)①,绰浦译

① 喀且班钦释迦室利(1127–1225年)出生在印度西部喀且地方(今克什米尔),他是印度那烂陀寺的最后一寺主,是印度著名的佛学家。他10岁时就精通“五明”,23岁出家为僧,从此他遍游印度东部宏传佛教,具有深奥的密宗知识。1204年,近80岁高龄的喀且班钦释迦室利被绰普大译师请到西藏传教弘法,他在西藏各地传法10年,后经尼泊尔返回印度。他培养了不少西藏佛教界名人,著名的有萨迦班智达等。他从印度带来的戒律是“说一切有部”(佛教部派之一)的戒律,其戒律传承被称为班钦戒统,在西藏佛教史上有重要地位。

师因为信仰，为教法和众生的利乐迎请他来藏地，传授的五名殊胜弟子是日旺、息都、后藏贤哲萨迦译师以及多、绛二人，还有无数弟子。”佛陀的教法的支柱比丘戒的戒统（戒律传承）在藏地有上部戒统、下部戒统和班钦戒统等三支，以前绰浦译师迎请班钦释迦室利时，班钦在曲水地方给多和绛二人传授了比丘戒，又在夏鲁的坚贡佛殿给萨迦班智达传授了比丘戒，由他们再传给弟子形成班钦戒统。宗喀巴大师①、五世达赖喇嘛②等事业广大的可信的上师接受了这一戒统的比丘戒，但是流传不广。

班禅额尔德尼想追随宗喀巴大师和五世达赖喇嘛发展班钦戒统的传播，因此请文殊怙主款氏教法的法主、持戒大师墨智茫嘎啦达玛瓦尔达贝桑布（མི་ཏྲི་མངྒ་ལ་དྷརྨ་ཝརྡྷ་དཔལ་བཟང་པོ།）为堪布，在 10 名具信比丘之中，在班禅 21 岁的木猪年春 3 月 15 日在完满的仪轨中，在 10 名比丘见证下，经过白四羯磨的仪式，在吉祥之地依噶群增寝殿接受了圆满的比丘戒。此时的班禅，心中的水晶染上戒律的色彩，手捧的化缘钵引来蜜蜂，尊贵的身体穿上金黄色的僧服，心中的桀骜不驯的大象被思考和知识的铁钩调伏，作为贤哲绝不会走到讥毁的路上去。因佛陀教法的心要而尊贵、因满足众生愿望

① 据王森先生《宗喀巴年谱》，宗喀巴大师 1385 年在他 29 岁时在雅隆河下游今山南地区的泽当和昌珠寺之间的一座小庙南杰拉康以楚臣仁钦为师受比丘戒，楚臣仁钦是班钦戒统的传人。

② 据《五世达赖喇嘛自传云裳》记载，1638 年他 22 岁时，3 月 5 日（《四世班禅自传》中记为 4 月 5 日），在拉萨大昭寺觉卧佛像前，由四世班禅任堪布和屏教师、泽当巴强巴默朗任祛邪师、林麦夏仲嘉央官却群培任轨范师，由哲蚌寺和色拉寺各札仓的堪布和洛本添足额定的比丘之数，给五世达赖喇嘛传授了比丘戒。林麦夏仲给达赖喇嘛传授犯戒还净法并予以加持后，在达赖喇嘛的罗桑嘉措的名字之前新加上阿格旺秋（语自在）几个字，故五世达赖喇嘛又被称为阿旺罗桑嘉措。1677 年闰 10 月 17 日，达赖喇嘛因自己是从四世班禅受的比丘戒，而四世班禅受比丘戒时正是三世达赖喇嘛因俺答汗的邀请前去蒙古之时，因此四世班禅是否是从三世达赖喇嘛那里受完了比丘戒存有一些疑问，这样从戒律传承上说，四世班禅的传戒可能只是西藏佛教后弘期中的下部戒律传承即喇钦贡巴饶色的戒律传承，而没有上部戒律传承即喀且班钦的戒律传统。为去除这一疑惑，达赖喇嘛在 61 岁时又在布达拉宫以戒律传承清楚明确的班钦戒统的传人夏鲁堪钦仁钦索南却珠丹贝坚赞贝桑布为堪布和轨范师、以仁增旺波为密教师、以嘉央扎巴为屏教师、以却本阿旺喜饶和仁特那曼殊室利为圆教师，在足数的比丘之中再次接受了具足比丘戒。达赖喇嘛再次受戒后，从次日起他自己担任授戒堪布、由夏鲁堪钦任轨范师，在布达拉宫给许多僧人重新授了比丘戒，在一些天中每天给 200 来人授戒。

而具功德、因是大德而成为龙王头上的顶饰，因持戒而得到殊胜的珍宝，班禅这样持有了佛陀教法的心要增上律学的宝库，这时明净的天空中喜爱佛法的众天神欢乐起舞，赞叹佛陀又再次降临到世界上。

这位班禅在完整地接受了班钦戒统的比丘戒以后，为了成为整个佛陀教法之主，又在不久以后从遍主永增普布觉巴强巴仁布切那里接受了拉钦戒统的比丘戒，此情容下文详述。

在木猪年受比丘戒后，班禅给传戒的堪布和参与的僧人很多酬谢，而堪布墨智、森沃活佛、艾旺曲科寺的堪布①等人也向班禅献了茶包、米粮和曼扎、三依止等各种礼品。在班禅受戒之前，英萨诺门汗、班禅的母亲、四大札仓的堪布、扎什伦布寺各个活佛、寺院吉索、各个大小米村、各级侍从、护法殿僧人等也分别向班禅献礼，祝愿班禅健康长寿。在15日受戒完成后，英萨诺门汗向班禅、堪布仁布切、参加传戒的僧人们献了茶包、米粮等物品和曼扎、三依止、班禅的身像等，班禅的母亲也献了班禅的身像和成匹丝绸等。次日，扎什伦布寺雪勒空举行盛大宴会，献曼扎、三依止，班禅的祖业庄园也举行宴会献礼，大吉索、四大札仓的堪布、措钦大殿的大格贵、朗玛侍从、执事等也按地位高低献了庆贺的哈达。在15日

① 艾旺寺位于康马县萨玛达乡冲巴涌曲河西岸。始建于8－9世纪。坐南朝北。面积925平方米。围墙平面呈长方形，东西长37米，南北宽25米，高3米，墙上砌石塔108座，北面围墙正中开有9米宽大门。围墙内殿堂平面布局呈“凸”字形，南为正殿，东西为配殿，中间为长17米、宽12米的庭院。殿堂与围墙之间为回廊。殿堂外墙体均涂饰红色颜料。正殿殿堂东西长11米，南北宽5.5米，墙周砌有一周石台座。正殿台座上残存7尊泥塑释迦牟尼造像，正中释迦牟尼像高2.3米，两侧释迦牟尼像高3米，今殿内还遗有5尊残破的释迦牟尼头像。正殿塑像文雅清秀，广袖宽袍，轻盈质朴，受汉地文化影响十分明显，东配殿殿堂南北长7米，东西宽5米。原有泥塑造像19尊，其正面有一尊弥勒佛像、4尊菩萨像，南北两侧各有5尊菩萨像，殿门两侧各有一尊菩萨像和一尊力士金刚像。今残存11尊菩萨像和两尊力士金刚像，且均有不同程度破坏。东配殿塑像的服饰具有波斯萨珊王朝服饰的特征，泥塑与中亚寺庙中塑像也十分相似。艾旺寺具有较高的历史、艺术研究价值，特别是泥塑佛像具有典型的唐代风格，在西藏也属罕见。上个世纪30－40年代，意大利藏学家进藏考察时曾经到过该寺，并撰文介绍考察成果，故艾旺寺很早就受到国际藏学界和国内研究藏传佛教造像艺术的学者的重视。

的这一天,班禅还巡礼扎什伦布寺的各个殿堂,祈愿和念诵真言。23 日,噶厦特派堪穷阿沛巴前来为同治皇帝驾崩和达赖喇嘛赤列嘉措圆寂做追荐超度法事,他迎请班禅到僧会上,给班禅奉献大量物品,给僧众熬茶布施,做了超度的法事,班禅做了念诵回向。

藏历 5 月 14 日,向弥勒佛祈愿的 3 天法会期间,班禅额尔德尼照例到僧会上参加祈愿。由寺院吉索和班禅祖业庄园举行宴会,班禅在吉乃寝宫暂住。从本年起,在大多数做布萨①的时候,班禅都要到僧会上护持。17 日,为达赖喇嘛赤列嘉措圆寂七七 49 天做献礼超度,噶厦派孜仲扎巴桑珠前来,向班禅致礼时献曼扎、三依止和一匹白马。20 日,举行追荐法事,向扎什伦布寺各个殿堂献供并熬茶斋僧发放布施。30 日,班禅到大寝宫。

藏历 6 月 1 日,堪布洛浦巴带来大皇帝的诏书,在白天举行了盛大宴会。6 日,因班禅额尔德尼完满受戒,举行了盛大宴会,宴会上由纽曲廓林巴和赛居巴②的卸任堪布就律经进行辩论。各个拉德米德的人吹奏敲打乐器,载歌载舞挥动哈达,迎送班禅到用晚茶的僧会上,由拉章向班禅献礼,并给僧众提供一整天的斋僧茶饭,约合每 3 名僧人一钱黄金,给每名僧人彩绸一段。从 7 日开始,四大札仓、各个米村、朗玛执事以上的侍从等按地位高下分别在僧众大会上斋僧布施,祈愿班禅健康长寿。帕索噶热巴、德钦热杰巴、本寺修时轮的僧团、勒雪曲林巴、岗坚曲培寺(译者注:刚坚寺位于日喀则地区萨迦县扯休乡岗坚村,在 318 国道的北面,距离日喀则市区 35 公里。该寺是藏传佛教格鲁派寺院。1442 年,由一世达赖喇嘛根敦珠巴的弟子班钦桑布扎西创建,与扎什伦

---

① 布萨,亦称说戒、长净,在每月中规定的日子里,比丘、沙弥集会,各人对众忏悔罪过,在家信众受行斋戒,长善净恶。有 14 日布萨、15 日布萨、息灾布萨、顺法布萨、吉祥布萨、奢摩他布萨等不同名目的布萨。

② 赛居巴寺亦译赛菊巴寺,在日喀则市萨迦县东部赛乡的夏布曲河上游北岸。寺庙坐落在大日山南麓的山坳里,三面环山。赛菊巴寺亦称"藏堆赛菊巴甘丹颇章",始建于 15 世纪中叶,由宗喀巴大师八亲教弟子之一的喜饶僧格创建,为格鲁派最早的密宗寺院。该寺建好后,他将寺庙交给弟子德朗巴班丹桑布管理,又在甘丹寺修建一座密院,即拉萨的下密院。

布寺关系密切,被视为扎什伦布寺属寺。四世班禅罗桑确吉坚赞、五世、六世、七世班禅等都曾经多次到该寺活动。该寺活佛为岗坚活佛,历史上是扎什伦布寺的八大活佛之一。第五世刚坚活佛为刚坚洛桑土旦赤列雅培,1941 年生,1945 年在刚坚寺坐床,后来流亡印度。1981 年,他首次访问欧洲,随后旅居意大利至今。2002 年 7 月,十一世班禅额尔德尼·确吉杰布到刚坚寺朝拜,并参加了该寺的佛事活动。)、夏鲁寺①僧众、4 名参夏巴、哈尔东米村、纳塘寺②众、参卓巴、拉孜昂仁僧众等按各自的财力献礼并祈愿班禅健康长寿,班禅高兴地接受。12 日,拉德、米德举行了盛大宴会,此时上述的堪布讲说般若经典。这一时期迎请班禅到僧会上并熬茶斋僧的有雅谿仓、吉萨冲布巴、孜恰堪布洛桑尼玛、办理已故总理堪布冲布巴后事的桑喇嘛等,他们分别向班禅献礼。特别是雅谿仓献了金铜铸造的自在圆满法轮,吉萨冲布巴给每名僧人一分黄金,给每名密咒师 5 个银章嘎以及绸缎等布施,总共约为 80 个铜罐装的金银钱币,给班禅也献了带鞍子的马和骡子约 40 匹。在这些时候,班禅在措钦大经堂经常念

① 夏鲁寺位于从日喀则到江孜的公路西侧山口内,距西藏日喀则市区约 30 多公里。12 世纪,藏传佛教后弘期的卫藏十人中的后藏人洛敦多杰旺秋,就在今日喀则东南的甲措乡建了一座寺小庙,起名为“坚贡”,并收了一名徒弟叫介尊喜饶迥乃。后来介尊喜饶迥乃去印度求学,成为知识渊博的佛学家。为了发展佛教,介尊喜饶迥乃欲建寺庙,便请求大师洛敦多杰旺秋射箭定址,箭落在庄稼刚长出来的青苗地里,“青苗”,藏语为“夏鲁”,故取名为“夏鲁寺”。1087 年,夏鲁寺开始修建。夏鲁寺与萨迦派关系密切,萨迦班智达就是在夏鲁寺从喀且班钦受比丘戒的。元代萨迦款氏家族和夏鲁介氏家族通婚,介氏家族的首领担任夏鲁万户长。1320 年,夏鲁万户长扎巴坚赞去大都朝觐元朝皇帝、元仁宗赐给他金册金印,并按扎巴坚赞请求,皇帝布施财物派遣工匠以助扩建夏鲁寺。现代夏鲁寺的建筑规模和模式及大多数绘画和雕塑作品都是在这次扩建中创作完成的。寺庙建成后,夏鲁万户长迎请著名高僧布顿仁钦珠担任寺主。他任住持期间,广传四部(事密、行密、瑜伽、无上瑜伽)密法,编制大藏经目录,其著述有 28 函。布顿仁钦珠综合了噶当、噶举、萨迦、宁玛等派的特点,自选显密修学的精要,侧重教授门徒,其观点、见解、讲授、修行之风盛极一时,卫藏各地僧侣闻风云集于夏鲁寺,常住门徒达 3000 余众,被人们称为夏鲁派。夏鲁寺现为全国重点文物保护单位。

② 纳塘寺在扎什伦布寺西面,位于中尼公路旁,距日喀则市区 20 公里。1153 年(藏历第三饶迥之水鸡年),即阿底峡圆寂近百年之际,噶当派弟子董敦罗追札巴在这里创建了纳塘寺,此后的 14 年中他住持该寺,制定寺规,招徒传法。晚年将法位传给多敦喜饶札。纳塘寺以传承喀且班钦释迦室利(1204 年进藏)的律学而著名,不过该寺主要还是传承噶当教典派的法统,成为噶当派著名的律宗道场。一世达赖喇嘛根敦珠巴最早就是在纳塘寺出家学法的。纳塘寺鼎盛时期共有札仓 4 个、经堂 13 个,以及常住 3000 余人的僧舍。据《卫藏道场胜迹志》记载:“寺庙内有加持力的佛像经塔极多,特别是一尊名为曲米度母颇为神灵。还有颇罗鼐台吉时雕刻的《甘珠尔》大藏经版,释迦佛本生事迹版,十六尊者的挂像版等印版”。寺庙内曾保存着大量的元、明、清以来的唐卡等文物,还有明永乐十七年(1419 年)和二十一年(1423 年)的敕诰各一件。大殿外的廊檐上曾挂有清雍正皇帝新笔题书的“普恩寺”的金字匾额。

诵的经典中新增加了文殊菩萨名号经，并做了诵传，有人还请求诵传黑色文殊的修行法和真言，班禅依请赐给，又因强佐和夏孜堪布的请求给僧众诵传了《道次第》和《释量论》第一品。15 日，午后用茶时为新立向欲界主母献食子供，给每名僧人布施银章嘎 3 个。后 15 日，举行的布萨仪式上委派了驻夏的主管，进行住夏的准备。次日黎明时分班禅戴夏帽到佛殿升座，在当天给僧众摸顶时，大小侍从向班禅献了曼扎、三依止等礼品。在住夏的各个法事间隙的时候，班禅从堪布墨智那里听受了许多修供的随许法和一些经文的诵传。21 日起，班禅努力做以白度母如意轮为本尊的闭关修行。

藏历 7 月 25 日，因措钦大殿格贵的请求，班禅额尔德尼在格桑大回廊殿给僧众传授了珠嘉传规的长寿灌顶法。30 日，班禅照例出巡附近地方，返回时在吉康札仓给大护法做祈愿和酬补法事。

藏历 8 月 1 日，班禅额尔德尼照往年旧例到贡觉林寝宫沐浴和举行宴会，给护国药叉献期供食子，观看跳神法舞。4 日，噶厦的献礼使者卸任索本堪布哉务洛桑克却到达并拜见班禅。班禅给宁日洛桑贝丹坚赞传授了沙弥戒。12 日，举行了拉萨方面为班禅受比丘戒而献礼的仪式，在仪式上由德阳巴噶钦南杰和章切夏仲欧珠雅培二人，就中观典籍的慈悲心进行辩经。这一时期，新建了班禅寝殿的欲界天神 13 尊唐卡。

藏历 9 月 10 日，班禅到大寝宫。

藏历 11 月 4 日，拉萨的曼仲送来天命大皇帝褒扬班禅额尔德尼的诏书和赏赐，在盛大的宴会上班禅接受了诏书和赏赐物品（译者注：光绪元年(1875 年)7 月初 10 日因班禅为同治帝逝世在藏熬茶念经并光绪帝登极而颁诏赏赐八世班禅的诏书："奉天承运皇帝诏曰：尔前世班禅额尔德尼，自太宗皇帝时，即遣使请安，虔诚纳贡，是以太宗皇帝推兴黄教，恩施西土，迄今二百余年矣。我穆宗教皇帝，冲龄践阼，寅绍丕基，御极以来，仰蒙两宫皇太后垂帘听政，宵旰勤劳。嗣奉懿旨，亲裁大政，视四海为一家，无日不以勤政爱民为本。其崇功盛烈，善政嘉行，诚足为万世法。讵意龙驭上宾，朕躬缵绪。朕惟敬追前烈，循守旧章，以仰体我穆宗毅皇帝之圣意。尔班禅额尔德尼等，亦宜恪循旧轨，敬谨将事，以期仰报我穆宗毅皇帝之深恩，朕有厚望焉。今特遣使赍诏颁给班禅额尔德尼熬茶念经，并赏给班禅额尔德尼三十两重银茶筒一个，银壶一把，银盅一个，大小哈达各十方，绸十二匹。赏给布达拉和扎什伦布、色拉、哲蚌、甘丹等四大庙，每庙银各一千两、大哈达各一百方、小哈达一千方、茶各一百块。又，其余各庙赏银共四千两、茶一千块、小哈达四千方，一并交札萨克喇嘛降养楚称、达喇嘛臣烈确达拉、二等侍卫官通、二等侍卫瑞光、主事景桂、额外主事文俊赍诏携往，至时祇领。特谕。”）。英萨诺门汗和四大札仓、朗玛执事各献了哈达，森沃活佛献了曼扎、三依止和物品，班禅接受后从这位活佛那里听受了道果法的一些教诫。18日，嘉木样谢巴活佛到达并拜见班禅，次日，嘉木样谢巴活佛迎请班禅到僧会上，向班禅献礼并祈愿班禅健康长寿。21日，班禅给嘉木样谢巴活佛传授长寿佛教法并设宴款待。次日嘉木样谢巴活佛辞行①。

从藏历11月22日到下一个月的7日之间，除29日这一天外，班禅额尔德尼为了寻求保证教法和众生的平安的特别办法，每天和僧众一起，连续不断地做四方息灾布萨和吉祥布萨。因为本年燃灯节和藏历12月初8的酥油灯灯火不旺盛，班禅吩咐僧众集会做祈寿的法事。藏历12月25日，班禅照先例参加了密宗札仓修供铁堡护法仪轨的僧会。29日，班禅观看和护持当天的廿九大施食和跳神法舞。

在本年中，先后前来拜见献礼的有：杜尔伯特旗②（དུར་བོད་སོག）蒙古人次仁南杰、扎西多吉、戢务香灯师格隆洛桑次丹、拉孜瓦拉

---

① 此嘉木样谢巴活佛是甘肃拉卜楞寺的第三世嘉木样活佛图丹旺秋，1856年生于四川康区拉隆地方，5岁时被迎请到拉卜楞寺坐床，1875年到拉萨哲蚌寺郭莽札仓学法4年。他此次到扎什伦布寺会见八世班禅应该是他入藏之后不久的事情。

② 杜尔伯特蒙语是“四”的意思，清朝的杜尔伯特部有两个，东部的杜尔伯特属科尔沁蒙古分支；西部杜尔伯特部是清卫拉特蒙古四部之一。东部杜尔伯特部清代为杜尔伯特旗，有札萨克固山贝子，今为黑龙江省大庆市蒙古族自治县，是黑龙江省唯一的少数民族自治县。西部杜尔伯特在乾隆时期封杜尔伯特汗，是厄鲁特四汗之一，封亲王一位、郡王一位，贝勒、贝子等多位。

却和拉珍、甘库十夫长培杰、宗卡瓦群则尼玛坚赞、五台山格隆洛桑扎西、格隆强巴坚赞、哉务香灯师曼朗、格隆尼玛、蒙古尔津贝勒旗阿泰室利、呼图克图活佛洛桑丹贝坚赞、拉布仓商主索南才旦、则巴仁钦岗巴、拉鲁家的卓尼尔才旦平措、哉务班觉、协噶尔格隆扎巴旦达、噶究扎巴克珠、吉仲丹曲尊追、从安多地区前来本寺修十三尊大威德金刚根本咒和雅曼罗阇的瑜伽大师坚白旦达、协噶尔格隆克尊和旺堆次仁、喀尔喀托因洛桑根敦、参卓巴德赤列、科尔沁王①(ཧར་ཆེན་ཝང་།)的托因阿旺益西、乃宁比钦巴、曲夏热迥玛德、不丹第悉的大臣索南吉旺、协噶尔旺堆、扎果格隆洛桑丹增、哉务桑结平措、扎果扎西、噶恰鲁加本、安多嘉益和次嘉布、协噶尔旦萨堪布扎巴楚臣等，他们分别向班禅献茶包、粮米等物品，有的还献曼扎、三依止。因他们的请求，班禅给他们诵传了他们希求的教法甘露，满足了他们的心愿。

在本年中，达摩瓦洛桑顿珠、洛桑善丹、夏孜瓦活佛白玛赤列、昂仁曲科瓦洛桑顿珠、洛桑善丹学完了《堆扎》的全部教程，绒巴噶钦洛桑喜饶、甲康巴格桑群培、昂仁曲科瓦尼玛群培、洛桑绛曲、益西班觉、洛桑坚赞、洛桑善丹、格隆热波等学完了《慈氏五论》，格隆阿旺根恰学完了《量理庄严论》，格隆洛桑绛曲学完了《注疏解脱道明灯》，格隆洛桑金巴、格勒边巴学完了《因明七论》的除暗论，洛桑

---

① 科尔沁，原意是指成吉思汗时皇帝卫队中专门披弓挂箭的战士，也就是弓弩手，由成吉思汗的胞弟哈布图哈萨尔亲自指挥。成吉思汗建立蒙古汗国，赐予哈布图哈萨尔4500封户，封地在水草丰美的呼伦贝尔大草原。1425年，哈布图哈萨尔第14代子孙中有位名叫奎蒙克塔斯哈喇的部落首领，为了躲避其他蒙古部落的攻击，率其部众向东移牧到嫩江流域。为别于同族中已有的阿噜科尔沁部落之称，自号嫩江科尔沁，后来径称科尔沁部。1612年，努尔哈赤遣使往科尔沁部提出聘女为妃，欲结姻戚，明安遂将女儿嫁与。1615年，努尔哈赤又纳科尔沁部孔果尔之女为妃。自此清朝皇室与科尔沁部相互嫁娶不断，著名的孝庄文皇后即出于科尔沁部。1626年，科尔沁部已在各蒙古部落中率先归附清朝。1636年，清朝开始对蒙古各部首领授官封爵，并推行盟旗制度。科尔沁部被分为左、右两翼，各有前、中、后3旗，共6旗；并附上郭尔罗斯部前、后两旗，杜尔伯特部和札赉特部各一旗，10旗组成一个盟，名为哲里木。清中期乾隆嘉庆年间，科尔沁六旗共有封爵10个，计亲王3个、郡王一个、贝勒一个、贝子一个、辅国公4个。

群觉学完了《释量论》四品,洛桑次仁学完了《俱舍论》本论和戒律,温贡巴洛桑旦达、洛桑嘉措、洛桑南杰、洛桑贡布、喜饶扎西等学完了《胜乐本续》,他们呈交了试卷,班禅分别给予奖赏,使他们满意。

火鼠年(1876年,22岁)正月初1日,照例举行了初一食子供和新年喜宴。班禅额尔德尼到祈愿大法会上诵传经文和回向。这一时期,班禅和弟弟达喇嘛、护法殿的僧人一起做白哈尔护法神的酬补和嘱托事业等法事。6日,班禅在却金德阳广场会见了前来拜见的3000多名男女信众,给他们摸顶加持,给230名新出家的僧人剃度。26日,密宗札仓照例给班禅献八宝吉祥物,为班禅祈寿。

藏历3月,班禅额尔德尼照例做时轮修供法事。

藏历4月14日,在僧众集会的经堂里,班禅额尔德尼和弟弟达喇嘛、护法殿的10名僧人一起为新建造的展佛的大唐卡撒花祝赞,这时晴朗的天空中出现神儿仙女降下花雨的征相,短时间内降下了金屑一般的阵雨。次日按照安排观看展佛,在用午茶时班禅到僧会上和僧人们一起为上述的新制大唐卡开光,奉献吉祥礼品,英萨诺门汗做了酬补献礼。

藏历5月,向强巴佛祈愿的3天中,班禅额尔德尼到林卡前面的集会上,照例举行宴会,并在吉乃寝宫居住几天。30日,班禅返回寝殿。

藏历6月15日,班禅额尔德尼升于大法座,举行布萨并为住夏做准备。当天上午,在四大札仓堪布和措钦大殿的大执事等会聚时,班禅考虑到佛法的根本是戒律,戒律中规定在住夏期间僧人办理私事超过7天的要事前告白,因此指示他们要按戒律的规定办理僧人告假的事务,对于班禅此前所赐的规章需要做一些增减,给以护持,以保障佛法的经幢牢固地树立,这是班禅完全为利益佛法着想而做的规定。其他有一些人好像是为佛法着想，而在人世间生活时抛弃执掌讲修佛法的事业，对于前世所积的世间的福德死不放手，如同积罪积暗的猫（喇嘛）那样行事，只能在轮回中越陷越深，甚至不能在人世间如愿转生。若想要自己的子侄后代有权有势而且富足，应该像贤哲贡塘加央官却丹贝准美①所说的那样："为了利益教法而转世，应该在讲修做出业绩，轮回中做出有价值之事，子孙才有望显贵发达。"这是本人为了引申而随意讲述的一点玩笑，下面转入正题。

珠旺则巴仁布切一段时间以来得了严重的水肿病，在本月5日，向班禅额尔德尼请求护持，班禅心中十分忧伤，向本尊做了许多请求护持的法事。次日，班禅特派自己的医生和白玛嘉布二人前去诊治，并亲手书写了祈愿健康的文字。其后又因则巴仁布切的病越来越重，又派拉曼巴钦波前往。尽管班禅善于依止善知识，用了各种办法祈祷珠旺则巴仁布切为了教法和众生莲足长驻，但是他还是为引导应化众生入于佛法而逝往法界，立即做了回向，火化了遗体并做了广大供祭。15日，为请求班禅给则巴仁布切做回向超度，送来了曼扎和佛像、黄金两分、绸缎、一套袈裟等，班禅接受后努力做了超度的法事。

藏历7月8日，班禅额尔德尼到午后的僧会上，赐了装在匣子里的规章，这和新修补的以前班钦根敦珠巴时建造的缎绣唐卡的开光同时举行，班禅给每名僧人赐开光的布施两个银币和一方白绸。在用晚茶时，大格贵宣布了寺规文书和新修订的规章。从23日起，班禅因大格贵伦波孜瓦的请求，给僧众诵传了《法行明灯》《文殊名号经》《本生经》《现观庄严论》第八品等。26日，班

① 即指甘肃拉卜楞寺第21代住持、第三世贡塘活佛贡唐丹白准美（1762－1823年），是著名的《水树格言》的作者。

禅给僧俗5000余人传授了珠嘉传规的长寿佛教法。藏历8月1日，班禅到贡觉林寝宫，照惯例在此沐浴，身体有些不适。此时驻藏大臣松淮（གསུང་ཨམ་བན།）①、潘通事（པཏ་ཐུང་སི།）和一名小通事（ཐུང་སི་ཆུང་ཁ）、联络官尼木玛朗巴、孜恰平措等众多汉藏官员前来，在会见时致以问候②。

藏历9月16日，使者堪布带来大皇帝的诏书和礼品，在白天举行的宴会上班禅额尔德尼恭敬地接受。18日，班禅照例举行向护国药叉施食和观看跳神法舞。23日，班禅去大寝宫。藏历9月25日，吉仲桑珠和拉曲僧团为超度珠旺则巴之故，向班禅献茶包、米粮和曼扎、三依止等，请求班禅念诵请则巴尽快转生的祈愿文，班禅高兴地接受并诵传。

藏历11月15日，噶厦特别派来的骑马的信使到达，请求班禅额尔德尼就达赖喇嘛的转生在何处出生进行占卜，班禅回答说在达布地区，做了对教法和众生眼前和久远都有利的回答。

藏历12月25日，班禅额尔德尼照惯例到密宗札仓的僧会上，和僧人一起用上等绸缎做缝补的物品，给护法殿的天窗屋檐新换悬幔，班禅指示建立念诵回向此善业的愿文的惯例，并做了诵传。

此外，在这一年中，有玛尔克格隆索南群培、格隆扎西桑布、琼然

---

① 松淮，满洲镶蓝旗人，1874－1879年任驻藏办事大臣。

② 实际上此次松淮会见八世班禅可能有重要事务，光绪二年（1876年）12月19日，松淮奏报他到后藏时曾经严令八世班禅不要与萨迦派走得过近，劝其悔改，该奏书说："再，查西藏向遵黄教，奉佛念经，惟后藏之西萨迦呼图克图本系红教，而其所属素习皆然，虽奉佛相同，而其经不一，并皆养妻生子，迥异黄教。不意班禅额尔德尼被人愚惑，兼习红教，遂致两藏物议沸腾，众心不服，体制攸关，诚恐滋事。奴才巡至后藏，会见班禅额尔德尼数次，当即面谕：仰蒙圣恩特派大臣保卫阖藏，振兴黄教，惟应上体大皇帝二百余年护持之恩，下慰前后藏数万众生皈依之念，正已教人，表率一方，何可妄习别教，而舍正经，以致人心惶惶，浮言四起，实属不成事体。嗣后仍宜确遵黄戒，虔心唪经，勿得任性妄为，旁习外道，以期仰副圣主保卫全藏、护持黄教之深思也。如或执迷不悟，妄知痛改，立即严参，从重惩办，勿贻后悔，惟希自裁。该班禅额尔德尼闻听之下，俯首无言。奴才遂令具结存案，再由奴才随时密察。如其痛改前习，则阖藏人心自定，即可毋庸置议。抑或阳奉阴违，始终不悛，自当再行据实严参，请旨办理，并将随侍之札萨克喇嘛一并惩办。所有班禅额尔德尼惑习红教，致招物议，现令具结改悔情形，先行据实附片谨奏。军机大臣奉旨：知道了。著随时察看，妥慎办理。钦此。"

巴的儿子仁增、格隆索南达杰、哉务[1]嘎尔寺喇嘛隆日尼玛、艾旺曲科的两位堪布、多仁台吉、尼仓活佛、江孜瓦丹增平措、蒙古人桑结嘉措、洛桑扎西和益西、宗卡堪布洛桑楚臣、根桑、楚臣塔钦、哉务洛桑诺布、贡布、当雄嘉雪巴嘉本次丹、拉布仓土司[2]格桑达杰、哉务土司丹增曲扎、果洛贝却、邬坚扎西、德格曲迥、果洛伦波、贡真、帕苏巴格隆格桑等信众，先后前来向班禅献礼，按照他们的请求，班禅分别给他们传授了长寿佛等教法，满足了他们的心愿。

在本年中，比图巴洛桑丹增和洛桑顿珠、达那巴群培、章切巴洛桑塔克、诺噶瓦洛桑丹曲、昂仁曲科瓦洛桑南杰等学完了《堆扎》的全部教程，嘉钦孜巴强巴群培学完了《释量论》的注疏，昂仁曲科瓦尼玛格勒学完了《中观·贤劫颈饰》，曲科伦波瓦曲桑学完了《慈氏五论》，温贡巴洛桑达杰、洛桑丹曲、洛桑群培等学完了《胜乐本续》，题目呈交了试卷，班禅分别给他们赏赐，使他们满意。

火牛年（1877 年，23 岁），和往年一样举行了新年宴会和向神祈愿，班禅额尔德尼到祈愿法会上。此时，班禅遇到了身体违碍，得了比较严重的水肿病，举行了 9 天的诵经，仍未减轻，一晚上呕

① 哉务（རྫ་སྟོད།），为四日川甘孜藏族自治州北部从甘孜县的绒坝岔到道孚县一带的地区名称，当地有一地方首领霍尔家族，据称是蒙古人的后裔，有元世祖忽必烈儿子的后裔、元代蒙古大臣后裔、固始汗后裔等不同说法。至清康熙雍正时，霍尔家族成员已成为当地 7 个部落的首领。至 1728 年（清雍正六年）时，清政府划分西藏、四川、云南辖区界线后，对这 7 个部落首领均授予土职，其中授安抚司职 5 个，长官司职 2 个，即霍尔孔萨安抚司、霍尔麻书安抚司、霍尔朱倭安抚司、霍尔章谷安抚司、霍尔咱安抚司、霍尔白利长官司、霍尔东科长官司，总称为霍尔七土司，受四川总督管辖。1792 年（清乾隆五十七年），福康安帅兵反击廓尔喀对西藏的入侵时，霍尔七部落诸土司随征有功，再次受到诏封。

② 拉布族为青海玉树二十五族之一，分布在玉树县到称多县的通天河流域，境内的拉布寺是玉树地区的格鲁派大寺之一，为宗喀巴弟子代玛堪钦元登巴奉师于永乐十六年（1419 年）改建原有萨迦派小寺而创建。据传，宗喀巴曾赐赠自己的头发、衣饰等作为泥塑佛像的装藏物，并赐度母像一尊，明廷曾赐给护法像一尊和禅杖等法器。约在清道光年间该寺活佛吉热多杰入京觐见清朝皇帝，得到丰厚赐赠，被封拉布族百户，管理当地一切政教事务。清同治三年（1864 年）清朝敕赐小金匾一块。同治十二年（1875 年），通过西宁办；臣锡英又获赐“普济寺”匾额。拉布寺原设有赤瓦（总法台）一人。赤瓦从寺内活佛中选任，总揽全寺政教事务。赤瓦与其他活佛和本部落百户，副百户组成赤瓦会议，为全寺最高权力机构。

吐物约两个银盆,使得众人都惊恐悲伤,请求拉木护法、摄政仁布切、欧曲瓦大师等上师和护法神占卜吉凶,特别是班禅本人卜卦得到的答复是广做祈愿法事,因此四大札仓的堪布、格贵、措索巴等向班禅献礼并祈愿班禅健康长寿,班禅高兴地接受。如同月亮从月蚀中挣脱出来一样,班禅很快地恢复了健康。9 日,班禅作为全部佛法之主,在以前已经接受了班钦戒统的比丘戒,此时又想在遍主永增普布觉仁布切[①]的身前再次接受拉钦戒统的比丘戒,因此特派卓尼尔冲布巴前去拉萨迎请上师。普布觉强巴仁布切一行和卓尼尔一起在藏历 2 月 1 日从拉萨出发,在 12 日到达扎什伦布寺,班禅无比高兴地会见了他们,并致问候。普布觉活佛向班禅献了曼扎、三依止和黄金、白银 50 两等物品,祈愿班禅健康长寿。15 日是木曜星值日,是 2 月的吉日(木曜星值日为星期四,藏语为普布),在普明寝宫的潘德衮启(利乐普漩)寝殿,正如《三百颂》所说:"持守戒律并懂持戒仪轨,对病人以慈爱心医治,努力教法和利益他人,时刻教导的上师应赞颂",如同具有六功德的圣贤来到身边一样,由持白莲尊者达赖喇嘛的传戒上师名讳为杰尊洛桑楚臣强巴嘉措贝桑布担任堪布,在足数的具信比丘之中,班禅高兴地受了比丘戒,成为尊贵的持戒班禅。这样,班禅先受了班钦戒统的比丘戒,后面又受了拉钦戒统的比丘戒,从受比丘戒开始,他对《五堕罪》[②]中规定的253条戒规像爱护眼珠一样守护,对向堪布、阿阇

① 普布觉寺在拉萨色拉寺北面夺底沟里的一个山包上,1744 年由色拉寺杰札仓的僧人阿旺强巴在郡王颇罗鼐的资助下新建,因相传该寺所在地的山包是从印度飞来的一柄金刚杵而得名。阿旺强巴是当时著名的高僧,他的弟子益西坚赞曾任七世达赖喇嘛的经师,1757 年七世达赖喇嘛圆寂后三世章嘉活佛进藏办理认定七世达赖喇嘛转世的事务,曾想拜阿旺强巴为师,因阿旺强巴去世而未成。其后阿旺强巴的转世成为普布觉活佛,亦称普布觉强巴活佛。此处所说的普布觉仁布切为第三世普布觉活佛洛桑楚臣强巴嘉措(1825 – 1901 年),他曾任十二世达赖喇嘛的经师,是十二世达赖喇嘛传的作者,他后来又任十三世达赖喇嘛的经师,是清朝后期在西藏很有影响的格鲁派高僧。

② 律经中所说的比丘、比丘尼的五类犯戒的堕罪项目,区别为五篇,防止这些堕罪的规定即成为戒条。

梨、僧众做布萨（长净）等三事仪轨①的各个细节也清净遵行。总之，班禅对持守戒律的各个方面，根本不做离弃和敷衍的事情，而是完全按照佛陀的心意去做，成为浊世中持戒大师们的极为殊胜的顶饰。班禅受戒后，永增金刚持向堪布仁布切献了丰厚的酬谢物品。次日，拉萨（西藏地方）甘丹颇章、四位噶伦、大小僧俗执事官员、色拉寺、哲蚌寺、甘丹寺三大寺的翁则、经师等也依次向班禅献了礼品。此外，襄甘丹曲林僧众、帕索甘丹热杰僧团、帕索米村僧众、达丹彭措林僧众等也尽力向班禅献了金银等礼品。

藏历 3 月 1 日，班禅额尔德尼从永增堪布仁布切（普布觉活佛）听受了吾等导师释迦牟尼的《本生经》三十四品。3 日，班禅给日楚静修者摸顶，给许多新出家者剃度。8 日，因永增金刚持的请求，班禅传授了长寿灌顶并诵传了祈愿长寿的祈愿文。次日在举行了宴会之后，普布觉活佛主仆向班禅辞行。班禅前后按照依止善知识的例规对普布觉活佛无限尊崇和恭敬，普布觉活佛也对班禅信仰崇敬，师徒相互亲爱，心续相通。26 日，密宗札仓照例向班禅献八宝吉祥物祈寿。在将近 16 日时，因班禅要去伍佑桑察温泉沐浴治疗，拉萨摄政委派代本玉拉瓦为联络官，代本立即送来了信函。25 日，代本率少量随从出发。15 日，摄政特派扎其平热巴前来送有关认定达赖喇嘛转世灵童的信件，摄政、噶伦、总堪布分别送来盖印的信函和曼扎、三依止等礼品，班禅高兴地接受，做了使各方面顺利的占卜护持，并给各方的来信做了回复（译者注：此次拉萨派人来见八世班禅，主要与拉萨方面请求免于金瓶掣签认定朗顿出生的男童为十三世达赖喇嘛有关。藏历火牛年（1877 年），摄政济咙呼图克图为认定达赖转世灵童事致驻藏大臣松溎的呈文中说：" 钦命驻藏办事大臣尊前，执掌藏务主持黄教之摄政通善济咙呼图克图敬启者：西藏僧俗百姓一致期望尽早寻得怙主达赖喇嘛之转世灵童。并于光绪元年起，按拉萨算定之地区方向及其双亲之姓

① 三事仪轨，长净、夏安居、解制为三事，每月 15 日和 30 日各举行一次长净说戒仪式，每年 6 月 16 日到 7 月 29 日为夏安居仪式，7 月 30 日为解制仪式。

名、音容等广为寻访。请遍见班禅额尔德尼为首之高僧活佛及藏政府各护法神依次占卜、授记，并发放布施，大为经忏等诸事，业已圆满完成。另光绪二年3月，已饬令卫藏达布、工布、阿里、那曲及西康等各宗谿和昌都、察雅、里塘、德格、霍尔五地，嘉绒及汉营所属黄、白、黑三族等地域之各土司及管家等，就达赖喇嘛转世灵童之降生及有何奇异灵兆等，务必认真验核，并据实向上呈报。7月又发出一次饬令，据多数高僧活佛之占卜、授记，已明示灵童降生于东方或东南方向。尤其明示，倘寻得东面方向降生之灵童，则对佛教众生泽被匪浅。历辈达赖喇嘛之主要护法神乃穷曲结降神明示灵童降生之方向、地方、双亲之姓名、音容等，尤以曲科杰圣母湖中观显影明示一致之征相。据拉萨东南490里之曲科杰地方之聂堆禀称，该地区达布朗敦村有男名贡嘎仁青、女名罗桑卓玛夫妇，于光绪二年(藏历火鼠年)5月初5日旭日东升时生一男孩，灵兆异常。等语。为此，特派上密院卸任堪布洛桑达吉前往认真察验，后将该灵童之灵兆据实上报。嗣后本通善呼图克图及诸噶伦、基巧堪布等藏政府公职人员和所有僧俗民众就寻访达赖喇嘛转世灵童事，再次亲自请求乃穷护法神问卦占卜。据诸高僧活佛、尤其乃穷护法神之明示，达布拉朗村寻得之灵童，其降生方向、地方、双亲之姓名、音容，以及降生之吉日良辰等，均极相符，一致信赖此一灵童必为转世灵童。然此事须转奏皇上，恳请金瓶掣签。由于曾向上下南北各地发过饬令，嗣后还陆续收到呈文，其中灵兆较异常者有：拉萨东一千里之达宗宗堆禀称，该地边巴拉丈属地有男名拉旺达吉、女名平措白吉夫妇，于光绪元年(藏历木猪年)12月27日生一男孩；又据拉萨西2450里之两名营官和布让宗堆禀称，布让阔匡寺主男名仓巴江白旦增、女名次仁贡宗夫妇，于光绪二年(藏历火鼠年)8月初7日生一男孩。经高僧及护法神明示，上述两幼童不具备掣签认定之条件。除此两童外，仍可另行寻访灵童。要向东南方向抛献五色哈达，祈愿善神得胜，对与占卜基本相符之第一名灵童核查为宜。倘尔等虔诚祈祷，本护法神时时予以护佑，以资察访。等语。鉴于事关重大，再一次请求班禅为首之高僧活佛和诸护法神占卜、授记，一再明示，达布朗敦寻得之幼童，灵兆均相符。至于达宗与布让地方所生二幼童，与占卜灵兆不相符，不足为信，未必是达赖喇嘛之转世灵童。其余幼童，皆系其双亲幻梦之词，实无奇异征兆。而达布朗敦之灵童征兆异常，灵童之相貌不俗，举止与众不同，真乃众人所瞩望者。达赖喇嘛为藏、蒙等族广大众生笃信者，尤其为西部僧俗部众之怙主，又是释教特别是黄教之无与伦比之教主，历蒙皇上眷顾和褒奖。故本通善呼图克图与噶伦、基巧堪布等商议，召集以色拉、哲蚌、甘丹三大寺为首之各寺院之喇嘛、执事、西藏地方政府之上中下僧俗官员、百姓头目等将如何前后请高僧活佛占卜授记如何饬令上下南北各宗谿，如何接到各宗谿之禀报及如何寻得奇异征兆之灵童等情，当众宣读晓示。各官员部众，对其应有之真实征兆，毫不徇情，精心查核，僧俗部众一致认为，认定达赖喇嘛转世灵童，勿庸拖延。据乃穷曲结降神占卜授记、曲科杰寺圣母湖中观显影及其他高僧活佛之预言征兆等，对前后报来之各幼童之异兆核查结果，其中以达布朗敦降生之幼童为众望所归。故祈请转奏皇上恩准免于金瓶掣签，著由我处直接认定，即行坐床，则对西部所有释教众生是格外恩赐，众生定会诚心喜悦，共享暂远利乐。其余稍具灵异之幼童，若一并金瓶掣签，因卑等藏众福浅命薄而不能掣中众望所归之灵童，定会悔恨莫名，贻误大事，可以三宝为证。鉴于释教众生之怙主关系重大，为西部全体民众一致笃信之大事，能如愿以偿，汉藏双方应立即磋商，务必圆满解决。本通善呼图克图与噶伦、基巧堪布等郑重思量并商议，昔日高宗纯皇帝特赐一金瓶，凡寻认灵童时，须掣签决定，此乃恩佑黄教，寻认灵童之旨意，勿庸置疑。然如因卑等藏众福薄命浅，掣不到一致虔信之名签，所有众生必将悔恨莫名，贻误大事，此责实难承担。故此，汉藏双方务得深思熟虑。据查，昔日迎请历辈达赖喇嘛之灵童及班禅额尔德尼抵达拉萨后，由班禅额尔德尼、钦命驻藏大臣、政教首领、呼图克图等汉藏官员共同验核，理合掣签上奏等情在案。又，咸丰七年验核上辈达赖喇嘛之转世灵童时，因班禅年幼，未被迎请。再者，当时所选诸幼童降生地均在近处，故事先迎抵拉萨后，由钦命驻藏大臣、热振呼图克图等汉藏官员于罗布林卡格桑颇章内，共同验核认定灵童后，转奏皇上等情亦在案。近接呈文称，此次降生于达布朗敦之灵童，因距离较近，将迎至拉萨近郊日甲桑旦林寺，班禅额尔德尼不久将前往香林嘎温浴。等情。故为使沿途百姓少受扰害，拟将灵童和班禅额尔德尼同时迎至拉萨，选择吉日，由钦命驻藏大臣为首之汉藏僧俗官员共同验核。同时，从曲科杰寺之聂堆、村落部族、双亲及前往考察之上密院卸任堪布洛桑达吉等处索取加盖私章之呈文，以为验核依据。其余幼童，均无灵异，不日另行咨告。倘允准迎请降生于朗敦之灵童和班禅至拉萨，则须各衙署任命官员立即前往迎迓。敬请驻藏大臣扎饬晓示班禅额尔德尼及其随从要员速来拉萨。妥否，请不吝赐教。”）。

4 月 25 日，班禅额尔德尼由一些随从陪同从扎什伦布寺启程前去沐浴。在曲夏地方设灶送行时，英萨大强佐、扎什伦布寺四大札仓的堪布、大格贵、各殿堂措索巴等，以日喀则的大老爷和粮台二人为首的法官和南北驻防汉军兵丁等前来送行，他们各向班禅献哈达，曲夏的众尼姑（ཆུ་ཤར་རབ་བྱུང་མ་རྣམས།）也来拜见。此后前行至扎西雄住宿，色尔坚的僧众排列僧队迎接，色尔坚的僧众和民众上千人来拜见。从此处前行的路上，都有附近寺院排列僧队迎接，还有许多民众载歌载舞迎接引导。在各个住宿地班禅都会见了大量民众，并给有缘者摸顶。各个寺院向班禅献曼扎、三依止和茶包、米粮等物品。在拉普住宿时，班禅举行了 30 日的布萨。30 日，晌午时分，班禅到恰瓦地方，举行了宴会，中午过后班禅开始沐浴。

藏历 5 月 1 日，甘丹颇章所派的献礼使者孜仲洛桑南杰主仆前来拜见。此外，在此地住宿的期间，有无数信众前来拜见，川流不息。4 日,孜仲主仆向班禅辞行。班禅给伍佑地方的僧人和农牧民等传授了长寿教法。24 日,班禅动身返回扎什伦布寺。当天他朝礼了贵恩拉康,献供并给佛像做献浴开光等法事。此后陆续到达托卜加谿卡、班禅出生的甘丹热杰谿卡。班禅在甘丹热杰寺住了 4 天,给聚集的僧众传授了长寿灌顶,向班禅的故乡土地神李敬哈日做祈祷。此外,班禅在住宿出生的谿卡时,还每天和甘丹斯松南杰林寺的仪轨僧一起,给答应守护佛法的众多具誓护法神,做酬补和嘱托事业的法事。在托卜加谿卡和班禅额尔德尼出生的谿卡举行的宴会上,祖业庄园的人们向班禅献了哈达,班禅给母亲等人传授了长寿佛教法。其后班禅启程,渐次到达乃仓,在这里有扎什伦布寺的各个米村的干巴(老僧)和喇吉设灶郊迎,英萨诺门汗、四大札仓的堪布、大格贵、僧俗执事等也都骑马前来迎接,在马队和僧队的伴随下班禅在(藏历 6 月)11 日,到达大寝宫,在这里举行祈愿大法会的宴会,安排住夏的事务。在此时期,为了在甘丹斯松南杰林佛殿的僧众集会时做念诵的需要,班禅新编了给以本尊大威德金刚为首的各个护法神供献食子的仪轨的念诵文并刻印刊行。

藏历 7 月 25 日,班禅额尔德尼在措钦大经堂传授了珠嘉传规的长寿灌顶。30 日,班禅到附近巡视。

从藏历 8 月 1 日起,班禅照例进行沐浴。2 日,向大皇帝进贡的使者扎曼主仆以及驻藏大臣桂丰①到达,向班禅致礼。11 日,班禅给德钦活佛等写了祈愿长寿的文书。

从藏历 10 月 25 日起,班禅额尔德尼做三界喜悦天女怀柔佛母的念修闭关修行,解除闭关时照例献供品和哈达。

---

① 桂丰,满洲镶黄旗人,1876 年至 1878 年任驻藏帮办大臣。

藏历12月13日，班禅额尔德尼到大寝宫。14日，巡礼扎什伦布寺各个殿堂并发誓愿。16日，到贡觉林寝宫。17日，为了请班禅在不久以后到拉萨，为遍知一切达赖喇嘛转世灵童剃度授戒，以利益前藏的教法和众生，噶厦所派的联络官员金喀觉比瓦到达并向班禅致礼。班禅还接受了拉如德朗主仆的辞行。21日，在天亮以前露水还浓的时候，班禅在一些随从如众星拱月一般的簇拥下启程，扎什伦布寺在曲夏地方设灶送行。班禅到绛钦寺住宿3天，绛钦寺向班禅献曼扎、三依止，班禅巡礼绛钦寺并祈愿和念诵无数真言。其后到曲水之前在路途住宿4天，到曲水后在那里住宿3天。在途中住宿的时候，班禅都对各护法神做酬补法事以及法王昼夜修持法。

在本年中，先后有蒙古德丹贝措的8个人、惹噶夏卓尼尔索南顿珠和夫人央金、参朗官嘉布和松却、强巴仁布切的强佐洛桑金巴、达那浦善丹林的静修僧仲热丹群培、江隆卓尼尔阿旺曲扎洛门达勒、蒙古人索南丹培、郭莽札仓卸任吉瓦格隆阿旺加央、达摩瓦拉莫策培、兑桑林僧人洛桑顿珠、蒙古人洛桑格桑、柴达木人尊追、哉务活佛格桑克珠、哈尔东喇嘛洛桑格桑、格隆洛桑旦达、蒙古人洛桑热杰、鄂尔多斯蒙古群则班觉尼玛、洛桑达瓦、石格寺的喇嘛洛桑楚臣、德钦活佛索巴坚赞、哉务康玛尔拉章的强佐洛桑坚赞、吉隆巴贝丹坚赞、拉达克扎西曲科寺的60名僧人、巴那巴格隆俄色、安多洛桑扎西、豁雪色卡瓦等许多人向班禅献礼，按他们的请求，班禅给他们诵传了他们想要的教法。还有给僧众熬茶布施并请班禅到僧会上的，如为蒙古郡王的喇嘛白玛桑珠去世做超度的、以及安多喇嘛仲钦莫、鄂尔多斯喇嘛拔希噶钦夏科等，特别是为蒙古郡王的喇嘛白玛桑珠的超度，除了给班禅贡献大量的物品外，还给每名僧人布施11个章嘎（ངང་ཀ། 银钱），班禅为此做了很好的念诵和回向。对于请求班禅做护佑逝者的仪轨和做回向法事的人，班禅不论他们所献礼品的多寡，都是立即做回向和祈愿，念诵引导逝者往生净土的引导文。

在本年中，章切瓦洛桑多吉、哉务洛桑旺杰学完了《堆扎》的全部教程，嘉钦孜巴洛桑金巴学完了《释量论》四品，昂仁曲科瓦洛桑学完了《慈氏五论》，洛桑扎西学完了《量理庄严论》，温贡巴洛桑贝丹、洛桑多吉、洛桑金巴、洛桑丹曲等学完了《胜乐本续》，他们呈交了试卷，班禅额尔德尼对他们分别给予了奖励，使他们满意。

土虎年（1878 年，24 岁），正月初 1 日，班禅额尔德尼在曲水地方举行初一供施食的法事和向佛像祈愿。2 日，班禅启程依次前行，到江多住宿，次日到曲米岗住宿，这时总堪布、噶伦、公爵、扎萨克、噶仲等人和永增金刚持堪布普布觉活佛到此迎接。在用茶时班禅和他们互相问候，总堪布代表布达拉宫和雪勒空对班禅慰问。4 日，班禅到罗布林卡，在随即举行的宴会上，摄政呼图克图①、噶伦、公爵、堪布、扎萨克、代本、孜本等众官员向班禅献了哈达。宴会结束后，班禅即到寝殿，和摄政仁布切私下会晤。7 日，摄政向班禅献吉祥物和大量礼品，并请求班禅撰写一篇祈愿达赖喇嘛的转世灵童健康长寿的诗体的祈愿文，班禅立即写了一篇题为《祈愿健康长寿－满愿如意宝》的祈愿文，使众人十分惊异。19 日是一个

① 此摄政即功德林的第十世达擦济咙呼图克图阿旺班丹确吉坚赞（1850－1886 年），出生在山南乃东县扎西孜地方。经过大昭寺内的释迦牟尼像前金瓶掣签决定后，4 岁时被迎请至拉萨功德林寺坐床，经宗教传乘上的一系列潜修显密和多位大师的授教，22 岁时就在拉萨传昭大法会上考取拉让巴格西学位。十二世达赖喇嘛于 1875 年圆寂，不久，以噶厦为主的西藏僧俗官员大会公推达擦为摄政。他此时担任正式的摄政已经一年。光绪三年（1877 年）正月初 4，朝廷给驻藏大臣松溎的在达赖呼毕勒罕未转世前商上事务准阿旺班垫曲吉坚参掌办并赏给通善名号的上谕中说："光绪三年正月初 4 日奉旨：松溎奏济咙呼图克图代办商上事务一年，实堪胜任，恳请赏给敕书、名号一折。自前世达赖喇嘛圆寂以来，济咙呼图克图办理商上一切事务，均臻妥协。著照所请，达赖喇嘛之呼毕勒罕未出世以前，商上一切事务着济咙呼图克图谨慎掌办，并着加恩赏给通善名号。嗣寄前世达赖喇嘛圆寂布彦差使，即降敕书发往。钦此。"

吉祥的日子,班禅前往蔡贡塘①,在那里的大阳光殿设置了高大的法座,天神和众生的依祜、无比的大德达赖喇嘛和班禅在此会面。这正如《三宝民的本身经》中所说:“世间神界的救护主,降生为佛陀师徒,现在在邬坚相会,未来在雪域地方会见。”又说:“师徒如栴檀和它的香气,不可分离地利益众生。”总之,达赖喇嘛班禅师徒共同发心,作为师徒来做雪域众生的怙主,如栴檀和它的香气永不分离一般,互相轮流呈献护法的份子,特别是在这次师徒会面之时,由班禅遍见一切班禅额尔德尼给达赖喇嘛真实无误的转世剃发,同时给他起法名为阿旺洛桑土登嘉措久者旺秋却勒南巴甲瓦巴桑布,准备成为所有护法之主。在此时,天空中有无数喜爱佛法的天神聚集,赞叹三界众生的一对怙主在此出现世间,作为标志,在晴朗的天空中出现了五色彩虹,太阳分外明亮,光辉照耀,为当时在场的众人清楚看见②。在剃发完成后,噶厦在大殿举行了盛大宴会。

14 日,班禅额尔德尼从罗布林卡的格桑颇章前往大昭寺,登上了日光殿的宝座,在噶厦举行的宴会上,摄政通善济咙呼图克图为首的四位噶伦等勒参巴以上的官员,向班禅献哈达。次日,在大昭

---

①　蔡贡塘寺在拉萨市上世纪 50 年代修建的拉萨河旧大桥以东约 5 公里的蔡贡塘乡,1175 年和 1187 年,蔡巴噶举派的祖师尚·宇札巴在这里分别修建了蔡寺和贡塘寺,标志蔡巴噶举的建立。现在拉萨到林芝的公路横穿其间,公路北面的寺院为蔡寺,南面的经堂为贡塘寺,合称蔡贡塘寺。除此之外,北面还有两座卫林札仓,南面还有东寝宫、曲阔林等。此后,由于战争和一些人为原因遭到较大破坏。从第九位甘丹赤巴开始,该寺转为格鲁派寺院。随后第五世达赖喇嘛的经师苏曲英惹楚接管了该寺。后来,拉藏汗又将该寺及僧团全部赐给了第 50 任甘丹赤巴恰察根敦平措。其转世随一世嘉木样活佛去了安多,成为拉卜楞寺的贡塘仓活佛,是清代八大驻京呼图克图之一。第三世贡塘活佛丹贝准美是著名的学者。

②　关于八世班禅为十三世达赖喇嘛剃发起名,光绪四年(1878 年)2 月 15 日驻藏大臣松溎的奏折中说:“奴才松溎、奴才桂丰跪奏,为班禅额尔德尼敬与达赖喇嘛之呼毕勒罕披剃、定名,恭折奏闻,仰祈圣鉴事。窃前蒙恩旨,准其定为达赖喇嘛之呼毕勒罕,当经据情代奏,叩谢天恩。附片奏明,知会班禅额尔德尼,兹于正月初 5 日来至前藏,奴才等即於初 9 日前往看视,并送给食物。遂择吉于 12 日巳时同往贡汤极乐寺内看视,班禅额尔德尼谨按佛规,与呼毕勒罕披衣、剃发,敬定法名为阿旺罗布藏吐卜丹甲错吉寨江曲巧勒朗巴结瓦德。是日天气清朗,实属吉祥。班禅额尔德尼当即率阖藏僧俗望阙叩谢天恩,同感圣主鸿慈,皈依真佛。奴才等伏查向来达赖喇嘛之呼毕勒罕出世,均至 4 岁择吉坐床,请旨遵办。现在该呼毕勒罕将及三岁,俟于明年再由奴才等斟酌情形,将坐床一切事宜照例奏请办理。其班禅额尔德尼似应仍令暂回后藏,届期再行知会前来。所有奴才等看视班禅额尔德尼敬与呼毕勒罕披剃、定名缘由,除照例通行咨报外,恭折具奏,伏乞皇太后、皇上圣鉴。谨奏。”

寺旁的松曲热瓦，班禅为具有受法三功德的数千信众，讲授了《释迦牟尼三十四本生》，使得众贤哲为之折服。以后班禅又到格桑大回廊的祈愿大法会上做念诵和回向，其声音如灌入人们耳中的甘露。其间班禅还先后朝拜了拉萨的两尊觉卧像，奉献无数的供品，3次巡礼大昭寺和小昭寺。21日，班禅从大昭寺到布达拉宫，次日，他礼拜了以五世达赖喇嘛的灵塔世界一庄严为主的各个达赖喇嘛的灵塔殿，奉献了供品，并做祈愿，敬献敬神哈达。

藏历2月3日，班禅额尔德尼从怙主金刚持普布觉活佛那里接受了百次长寿灌顶。10日，班禅前往日甲寺①（རི་བརྒྱ་དགོན།），给神人导师达赖喇嘛的转世灵童传授了依止摧破金刚的献浴、除秽和护持法，以及结合长寿佛和马头明王的灌顶，此时天空中突然下起了绵绵细雨，出现了很多奇特的征相。13日，班禅从罗布林卡的格桑颇章到哲蚌寺的贡噶热瓦园林，哲蚌寺吉索迎请他到哲蚌寺大经堂，在宴会上向他献曼扎、三依止等大量礼品，此外哲蚌寺的阿巴札仓、郭莽札仓、德阳札仓、洛赛林札仓和藏巴康村等分别迎请他前往，宴请并献三依止等礼品。班禅还给僧人们诵传了长寿佛等他们希求的教法。17日，班禅巡礼了哲蚌寺的甘丹颇章，并献供品，给哲蚌寺的喇吉和各个札仓回赠合适的礼品。次日，班禅从哲蚌寺到乃穷扎央林②（གནས་ཆུང་སྒྲ་དབྱངས་གླིང་།），在那里举行宴会，此时乃穷护法降附人体，向班禅奉献被称为四大洲须弥山的曼扎、三依

① 日甲寺亦称日甲善丹林寺，在拉萨以东约4公里的拉萨河北岸，十三世达赖喇嘛在剃度后从蔡贡塘移居此处，住了一年多才到布达拉宫坐床。

② 乃穷寺全称为旺扎若白噶采乃琼多吉扎央林，在从哲蚌寺下山的山路的左侧。关于该寺的历史和名称的来历有多种说法。据说哲蚌寺的创建者嘉央曲杰扎西班丹有一晚在其住宿地柳吾地方梦见有必要在丹巴地方（即乃穷寺所在地）修建一座寺庙，此时一个自称为南台嘎保的护法神说道："你在此建寺，我会为你献上一千个僧人"。由此可见哲蚌寺建寺之初该护法神实际上是哲蚌寺的护法神，乃穷寺哲蚌寺的护法神殿。该护法神也是甘丹颇章政权黑红两大护法神之一的红护法神，黑护法神为吉祥天女。乃琼护法神的降神师需要由出家人担任，西藏地方政府凡遇重大事由包括诸如寻访达赖喇嘛灵童等时，都要以该护法神降神时的神谕为重要根据。因此该降神师不仅是乃琼寺级别最高的僧人，也是在西藏地方政府和哲蚌寺的高级别僧人。

止和法器等，并吟诵了以前莲花生大师所做的赞颂吉祥的偈颂，护法神在班禅用茶后请求班禅给予加持，表现得非常恭敬，表示对班禅的吩咐都要努力完成。班禅给护法神也回赠了礼品和敬神哈达等。在此用餐之后班禅即前往色拉寺。

在色拉寺举行的宴会上，色拉寺吉索向班禅额尔德尼献了礼品，杰巴札仓、麦巴札仓、乌格尔札仓、阿巴札仓也分别迎请班禅，向班禅献了大量礼品，班禅给色拉寺的僧人们诵传了他们希求的教法。25 日，是五世达赖喇嘛的期供日①，班禅额尔德尼到布达拉宫，随即向五世达赖喇嘛灵塔世界一庄严等达赖喇嘛的各个灵塔殿奉献供品朝礼。28 日，班禅到大昭寺，向以觉卧释迦牟尼像为首的三尊佛像②等各个佛像贡献盛大供养。

藏历 3 月 3 日，两名钦差驻藏大臣、扎萨克、达喇嘛等给班禅额尔德尼呈交了天命大皇帝赐给班禅的诏书和 30 两白银制作的银瓶一个、银茶桶一个、银灯一个、绸缎 12 匹等，班禅恭敬领受（译者注：关于此次八世班禅在拉萨领受诏旨和赏赐，在光绪四年（1878 年）5 月驻藏大臣桂丰为同治帝逝世派赴西藏布施官员喇嘛等抵藏宣旨颁赏情形的奏折说：“奴才桂丰跪奏，为恭折具陈，仰祈圣鉴事。窃前准理藩院咨开：穆宗毅皇帝大故，照例请派札萨克喇嘛、达喇嘛、侍卫、主事等，恭赍恩诏并御赐物件、银两等项赴藏，在各寺布施、熬茶、念经。等因。准此，当经译咨商上遵照在案。兹于光绪三年 12 月 26 日，该侍卫官通、瑞光，主事德喜、文俊，札萨克喇嘛等，均陆续抵前藏。当经奴才松溎、奴才桂丰会同该侍卫等，即赴〈布〉达拉山宣读诏旨，颁赏御赐物件、银两等项。掌办商上事务通善济咙呼图克图率领噶布伦等，望阙叩谢天恩，敬谨代达赖喇嘛祇领讫。遂于光绪四年 2 月初 2 日起，每逢 2、7 日，分往四大寺布施作善，熬茶念经。奴才松溎、奴才桂丰届期赴各寺敬谨照料，事竣后，自应往后藏，布施作善，熬茶念经。现据班禅额尔德尼呈称：因遵例与达赖喇嘛之呼毕勒罕披剃、定名来藏，在各寺燃灯作善，回转后藏，尚需时日，又兼后藏连年歉收，沿途差务纷繁，番民困苦，恳请就近在前藏敬谨祇领诏旨并御赐物件、银两等项。惟当仰体圣恩，举行善事，其熬茶、念经、布施事宜，自应飞饬后藏商上管事喇嘛，认真举行，敬谨妥

① 五世达赖喇嘛圆寂于水龙年（1682 年）2 月 25 日，后来每年 2 月下旬举行的拉萨传小召即是纪念五世达赖喇嘛的法会。

② 这里是指大昭寺中央佛殿中的觉卧佛像和文殊菩萨像、燃灯佛像。

办。等情前来。该侍卫等查其委系实在情形，遂如所请，即于3月初5日在大招宣读诏旨，颁赏御赐物件、银两等项。班禅额尔德尼望阙叩谢天恩，敬谨祇领讫。旋据班禅额尔德尼及通善济咙呼图克图等叩谢天恩，恭进奏书、哈达、贡物等项，呈送前来，即交候补主事德善、文俊等恭赍到京，由该院转进。除咨明理藩院查照外，该侍卫等均拟于4月底陆续由藏起程，理合恭折具奏。再，奴才松溎现因患病，请假调理，未便列衔，合并声明，伏乞皇太后、皇上圣鉴。谨奏。光绪四年6月初6日军机大臣奉旨：知道了。钦此。"）。布达拉宫和雪勒空派堪布和卓尼尔各一名前来向班禅问候和献哈达，同时噶伦、代本、颇本等官员和拉章侍从等也向班禅献哈达祝贺。9日，班禅从拉萨出发去噶当教法的发源地热振寺。13日，在热振寺大殿举行的宴会上，热振活佛①高兴地向班禅献曼扎、三依止。班禅到热振活佛的拉章②，给热振活佛及其侍从传授了长寿灌顶。次日，班禅给热振寺全体僧人诵传了《长寿经文》和《兜率上师瑜伽》等。随后班禅巡礼了热振寺的上下佛殿和全部的殿堂。在热振寺周围著名的柏树林中，以前（七世）班禅旦白尼玛对一株干枯的柏树念诵经文后说："现在你还不到干枯的时候。"随即念诵了真言，

① 此热振活佛是前面担任摄政的第三世热振活佛的转世阿旺洛桑益西丹贝坚赞，经金瓶掣签认定为第四世热振活佛。光绪三年（1877年）7月12日驻藏大臣松溎等奏遵旨掣定热振呼图克图呼毕勒罕的奏折说："奴才松溎、奴才桂丰跪奏，为遵旨掣定呼征呼图克图转世之呼毕勒罕，僧俗人等同欢感戴缘由，恭折奏闻，仰祈圣鉴事。窃奴才等接理薄院咨开：光绪三年2月16日内阁奉上谕，前据满庆等奏参，呼征呼图克图阿旺伊喜楚称坚参因散放布施失察起衅，带印逃走，当经奉旨将该呼图克图名号、敕印一并注销，不准再令转世。该呼图克图赴京呈诉，旋即病故。兹据松溎奏，现在众喇嘛等禀诉，已故呼征呼图克图从前劳绩被屈情形，据情代奏。等语。著照所请，准其查访已故呼征呼图克图转世之幼子，仍掌该寺事务，并将名号赏还。该衙门知道。钦此。钦遵。等因前来。当即恭录谕旨，译行商上，饬查办理去后。兹据报称：西宁所属噶巴地方番民顿柱、番妇白玛磋母二人，于同治九年5月初5日得生一子，名工桑伊喜洛布；又番民格勒、番妇磋母二人，于同治九年9月初3日得生一子，名献潘达凹。查此二子俱有灵异，且行动作为与前世呼图克图相似，必系真正呼毕勒罕，恳请照例掣定，据情代奏。等因前来。奴才等复查属实，即令虔心讽经。于6月19日亲赴布达拉山，恭谒高宗纯皇帝圣容前虔诚默祷，会同通善济咙呼图克图眼同大众，缮妥清字、唐古忒字名签二只，封置奔巴金瓶之前，焚香礼毕，该呼图克图率众讽经一次，奴才桂丰敬谨将名签放入金瓶，以盖掩口，又令讽经一次，奴才松溎跪启瓶盖，拨转数次，虔掣一签，开封视之，上书番民顿柱之子工桑伊喜洛布，遂即宣示大众，又将未经掣出之签，取出开封，亦令众视，以免猜疑。该寺僧众人等，无不同声欢感。通善济咙呼图克图谨按佛规，与该呼毕勒罕拟定法名为阿旺罗布藏伊喜丹贝嘉勒参。当即率领大众，望阙叩谢天恩，敬备吉祥哈达一方、古佛一尊，呈请代进。所有奴才等亲赴布达拉山，掣定呼毕勒罕，僧俗人等同欢感戴缘由，理合恭折奏闻，伏乞皇太后、皇上圣鉴。谨奏。军机大臣奉旨：知道了。钦此。"

② 热振拉章，位于主殿西侧，共三层，第一层主要为库房，第二层是扎萨强佐（司库）的居所，第三层是热振活佛的寝宫、经堂。

这株柏树果然长出了新枝叶。这天，班禅对那株柏树北面的一株也干枯了的柏树进行祈愿诵咒，柏树也长出来新枝叶。这前后两世班禅的发心而出现的大小枝叶，现在人们还可以看到，是非常奇特的事迹。16日上午，热振活佛和僧人们在波绒塘举行会供轮法事，班禅到集会上，巡礼了孜官殿堂，宴请了喇嘛、执事和所有侍从，然后在返回时又巡礼了央官殿堂，其后到热振拉章，在那里给热振活佛传授了依止摧破金刚的献浴、除秽法。

此后班禅额尔德尼在17日动身离开热振寺，途中巡礼了达隆寺①（སྟག་ལུང་དགོན།）。21日，到了拉木绛曲觉，次日和23日，班禅依次到了次色寺（ཚེར་གསེབ།）②、尊莫蔡寺（བཙུན་མོ་ཚལ།）③，在拉木寺（ལ་མོ་དགོན།）④，有三座寺院举行宴会款待班禅。当时拉木仓巴螺髻大护法降附于降神师身上，向班禅献敬神哈达、经幢、金轮等，班禅向护法神请问他和达赖喇嘛师徒有无身体违碍，护法神向班禅恭敬行礼，给予了回答。班禅给护法神献了物品和哈达等。班禅到拉木的那一天天气很好，有很多彩虹和云彩，在太阳的左右两边，又有太阳形状的圆形彩虹出现，为众人所显见，有无数奇特的景象。24日，在拉木地方官员举行的宴会上，举行迎请大护法举行为班禅祈

---

①　达隆寺在拉萨市林周县旁多镇以西，离热振寺不远，由达隆塘巴扎西华于1180年（南宋淳熙七年）创建，弘传噶举教法。他的教授虽出自帕竹噶举系，而又有独特之处，因之从此寺传出的法门遂称“达隆噶举派”。据《卫藏道场胜迹志》记载：“吉祥达隆塘寺内的佛教的圣迹遗物多至不可胜计。其中最主要的是在达隆塘巴大师的茅篷内有曾经开口显过圣的神像。大殿上层有仲敦巴在师像。大殿上层有仲敦巴大师像，像上的头发还在生长。如是等等非常神奇之物难以细数。”

②　次色寺全称为次色达杰寺，在达孜县境内。《黄琉璃》记载该寺是由鲁梅尊者创建，后来由格西博朵瓦管理。原先50多名僧众修行格鲁派教义。同尊莫蔡寺、拉木寺一道同属扎什伦布寺的分寺。

③　尊莫蔡寺全称为绕丹平措林寺，在达孜县境内。原是吐蕃王朝时期王妃的游乐园林，因此该寺得名尊莫蔡。15世纪时由宗喀巴大师的弟子堆增扎巴坚赞接管该后，将其改建成了格鲁派尼姑庵，从属于扎什伦布寺。

④　拉木寺全称为米久强久伦吉竹贝觉林寺，离尊莫蔡寺约4－5公里。该寺最初是由鲁梅尊者创建的。和尊莫蔡寺一样同属扎什伦布寺的分寺。该寺主供拉木仓巴护法神，原供奉于次色寺，后为了降妖除魔而来到该寺。每年藏历10月25、26日，该寺要庆祝“五供节”，届时全寺僧人汇聚在一起，有从梵天法舞开始跳羌姆的风俗。27日，举行的法事活动与日喀则扎什伦布寺同步进行。届时扎什伦布寺囊玛康要派官员来该寺观摩。

寿的盛大法事，班禅给大护法降神师和各个寺院回赠了礼品。25日，班禅额尔德尼前往文殊本续等许多经典授记的大寺院甘丹南巴嘉瓦林（甘丹寺）。在甘丹寺吉索举行的宴会上，吉索向班禅献曼扎、三依止等物品，随后又迎请班禅到大经堂，登上三界众生的怙主宗喀巴大师的法座，此时由两位善知识讲经师就般若经文进行对辩，在喜庆集会上向班禅献三依止等物品。班禅巡礼以宗喀巴大师灵塔殿为首的各个佛殿，并奉献供品，在法王大护法像前献神饮和敬神哈达等。夏孜札仓和绛孜札仓分别迎请班禅前往，并宴请班禅。其后班禅动身去蔡德钦曲德寺，德钦寺僧众献曼扎、三依止等。28日，噶厦设灶郊迎，班禅到达拉丹拉章，此时李敬哈日护法和桑耶寺孜玛尔护法降神，对未来做出授记，班禅做清净供养后接受。

藏历4月8日，班禅额尔德尼到达布达拉宫。次日，甘丹颇章（དགའ་ལྡན་ཕོ་བྲང་།）的各个堪布、扎萨克、四位仲译钦莫、强佐、卓尼尔等全体孜仲向班禅献礼祈寿，班禅巡礼布达拉宫以各个灵塔为主的全部身语意依止物（指经像塔）。10日，在布达拉宫由摄政、噶伦、扎萨克等政府官员举行宴会，向班禅献礼。从班禅到达拉萨到他动身返回后藏的期间，僧俗贵贱信众等人出于信仰向班禅奉献了大量物品，向班禅请求长寿教法和佛法教诫的有：果洛格察喇嘛热丹、蒙古土尔扈特洛桑扎西、哲蚌寺洛赛林札仓僧人格隆洛桑顿珠、郭莽札仓洛桑喜饶、索南顿珠、平热格隆洛桑、色拉寺杰札仓藏巴康村僧众、南杰札仓僧众及其全体时轮师、官萨寺僧众、曲德嘉瓦、哲蚌寺藏巴康村、噶玛夏曲杰、科由占堆、赤门、噶伦帕拉瓦、孜恰尼木玛朗巴、都日静修者、通事丹增嘉措、木如寺僧众、色拉寺阿巴札仓僧众、夏扎瓦、格培日楚僧人、色拉寺大经堂、阿巴札仓格隆格桑达杰、布达拉宫堪仲洛桑楚臣、喀扎寺僧众、哲蚌寺邦拉瓦洛桑尼玛、蚌康康村、哉务康村、工布康村等康村的吉索、上下密院、喜德寺僧众、噶伦热夏瓦主仆、止·策却林寺僧众、噶伦宇妥、然巴、色拉寺麦札仓堪布和僧众、3个尼姑寺、甘丹寺夏孜和绛孜札仓、色拉寺哈尔东康村、西藏地方政府香灯师、觉卧佛像净水师、诵经师、孜仲巴塘群则、普布觉永增堪布活佛、达尔波林的僧俗80人、噶厦强佐和囊生等、襄噶的尼众、察恰囊生、第穆呼图克图、摄政济咙呼图克图以及他们的寺院的僧众、公爵彭康巴、雅谿拉鲁瓦、木如寺达喇嘛、公爵江洛坚、噶仲香喀瓦等,他们各自向班禅献茶包米粮和三依止等各种物品。此外每天献茶包、米粮或者曼扎、三依止等物品的人都在10人以上。不仅如此,班禅还会见民族不同、服饰各异的民众数万人,给具缘信众摸顶赐福,使他们得到敬信的福德。

如同出海寻得如意宝的商主舵手欢喜返回家乡。本月15日,班禅额尔德尼和随从等从拉萨返回后藏。地方政府和哲蚌寺喇吉设灶送行,摄政活佛、四位噶伦等骑马送行到设灶处。班禅一路上在各个用餐住宿的地方都把无数僧俗众生引导到成熟解脱的道路上。路上还受到班禅母亲的慰劳。扎什伦布寺四大札仓的堪布和各殿堂的措索巴等到扎库地方迎接,其后经过江孜地方时,白居寺的僧众和喇吉以及各个札仓僧人等,迎请班禅到寺院奉献厚礼,班禅诵传了他们希求的一些经文,还朝礼了大菩提释迦牟尼像为首的各个佛像,并做祈愿。此后依次前行,在参卓僧众的迎请下到达朗阿地方,在那里受到以英萨诺门汗为首的拉章的侍从和扎什伦布寺的执事和活佛的迎接,他们向班禅献了曼扎、三依止和哈达等。在威武的马队伴随下到了寺院设灶郊迎的桑阿林地方,这时下起了小雨,班禅高兴地说:“这是很好的缘起,我的身体好了,就如田地得到雨水一样。”此后班禅前往贡觉林寝宫的普明寝殿,在那里举行了盛大宴会，各拉德、米德向班禅献礼，祈愿班禅健康长寿，英萨诺门汗和班禅的母亲、弟弟达喇嘛、四大札仓堪布格贵、大小活佛、各级侍从等祝贺班禅归来，噶厦所派的迎送班禅的联络官金喀觉比瓦等人向班禅辞行。

对以上这些，有诗赞道：

得到即有无边功德的别解脱戒，
说有八种作为教法根本分先后，
若受前传戒律虽可以不染堕罪，
从在家居士到完戒的过程很长。
在现今雪域此地，
近圆比丘的戒律，
有班钦（པཎ་ཆེན།）拉钦（སྨ་ཆེ།）二者，
所传的不同戒统。
萨班宗喀巴大师，
五世遍知尊者等，
上部传承持戒师，
所传承的比丘戒，
源自喀且班钦尊。
传承班钦此戒统，
如今世间谁有名，
你用慧眼细观察，
精通慈氏诸典籍，
智慧导师即光彩，
吉祥所说佛正法，
如上弦月正增盛，

见他具有此戒统，
迎请他来任堪布，
学识功德做美饰，
授戒堪布阿闍梨，
足数具信比丘中，
完整无缺仪式里，
近圆比丘的戒规，
作为珍宝全接受，
守持戒律五门道，
各种灾难远抛弃。
又见新旧噶当派，
持戒黄金宝鬘中，
尤其达赖和班禅，
以前多世所接受，
清净戒统拉钦传，
因此有意来继承，
前藏教法源流处，
迎请名叫强巴尊。
树立宗喀巴大师教法经幢的无比的上师，
守持戒律如身上有栴檀须臾不离的芳香，
是十地自在和世间应化众生的弥勒怙主，
他即是雪域达赖喇嘛的永增普布觉活佛。
堪布迈开莲足应邀前来，
你按佛法内库戒律经典，
将律事各个戒条全接受，
摧毁魔军敲响胜利法鼓。

用思和识的严整的河堤，
将犯戒的堕罪恶水阻挡，
谨守上师所传一切戒条，
你让天下僧人发出赞叹。
并非这一世才为师徒，
许多世如师徒连环套，
今者从永增强巴那里，
接受佛法教诫的甘露。
怙主师徒的法相喜宴，
互相交换教法的情形，
佛和佛子亲近的智慧，
被具缘信众看得清楚。
如同佛陀在雪域再现，
神人唱起了欢乐的歌，
接受天命的政教主宰，
也送来褒扬赏赐物品。

成为世间美饰的功德佛像，
新建成后赐给显密各札仓，
善业汇聚的这些福德功绩，
赛过了著名的法王无忧王。
患了肝病的一些病人，
会把白海螺看成黄色，
对持邪见积累罪业者，
你看到后在心中流泪。
并非为洗去不洁尘垢，

你到故乡家中并沐浴，
是因为家乡天然温泉，
不用涂药就有益健康。

布达拉之主赤列嘉措，
在法界中选择转生地，
你以慈悲心做大祈愿，
测算出将在达布降生。
果然从首府拉萨大城，
传来遍知莲花手转生，
为传三种更换的教诫，
特请莲花部主你前往。

在三十三天的三生园，
与雪域怙主的大园林，
差异是各在天界人间，
各种美景令神人赞叹！
罗布林卡中格桑颇章，
你登上其中珍贵宝座，
大地上的各方护法神，
都温顺地听从你调遣。
你为世间怙主的转世，
祈祷他在世健康长寿，
你的真言传到金刚界，
世上的莲花喜悦开放。

诸佛悲心融化水晶地，
美丽幼童游戏的场所，
贡塘寺即如南普陀山，
你欢欣地赶往那里去。
雪域的一双怙主师徒，
在此相会互识金颜面，
犹如失散母子重相聚，
兴奋心情溢满大地上。
你用青莲花颜色宝剑，
剪去普陀之主的顶发，
并为灵童赐给美法名，
称阿旺洛桑土登嘉措。
此时世间各方齐沸腾，
吹号击鼓响起器乐声，
大地似乎因此而震动，
彩绸飘舞衬映出喜乐。
此时蔚蓝天空真晴朗，
雨云飘过消失到天边，
两团彩虹依傍着太阳，
如三阳齐出众人惊叹。

如将兜率天宫搬地上，
世间怙主智慧大神幻，
幻现的大昭寺的佛像，
遍见一切聚成奇景象。
佛陀在天界亲自开光，

由汉地尼泊尔迎请来，
与佛无别两尊觉卧像，
你以广大的供云供养。
追求学识解脱的僧众，
有近万人在法苑汇聚，
以无畏勇气高声宣讲，
传授佛陀三十四本生，
僧众啧啧连声齐赞叹，
向怙主你恭敬地礼拜，
他们不绝的颂扬之声，
使天下四方充满吉祥。

引导世间众生的导师，
教化的事业延续不断，
犹如大海波涛无停息，
又如天空广大无边际，
见到你会生起信仰心，
听到你能除世间苦难，
礼供你身语意的信众，
不辞辛劳从各方前来。

吉祥米聚的哲蚌大寺，
刺靡环绕的色拉古刹，
各大寺院的法座之上，
你讲经说法降下法雨。
第二普陀山布达拉宫，

你多次迈开莲足登临，
在世界一庄严为首的，
灵塔佛像前献供祈愿。
奉天承运的皇帝陛下，
颁给你诏书和赏赐品，
雪域王臣和高僧大德，
也都恭敬地向你顶礼。
美丽的莲池距离虽远，
大雁也会飞过去栖息，
热振寺在幽静的山间，
你和随从也高兴前往。
噶当祖师的寺院佛像，
是噶当教法指路明灯，
你向他们供养并礼敬，
祈愿噶当教法永宏传。
大寺边上神奇柏树林，
一株柏树早已枝叶枯，
你念诵真言长出新枝，
碧绿新叶令世人称奇。
又去达隆次色拉木寺，
以及尊莫蔡圣地巡礼，
再到祖师法座甘丹寺，
远途前来你欢喜不尽。

佛陀授记的第二佛陀的大寺甘丹寺，
你第二佛陀的代理登上他的金法座，

向尊贵的僧众降下说法讲经甘露雨，
又向文殊化身的宗喀巴灵塔献供云。
其后又到拉萨大地，
打开四德①宽大门扇，
又向后藏喜乐之地，
如群星追月般前行。
年堆地方的白居寺，
以及参卓寺庙村镇，
满足僧俗大众愿望，
回到贡觉林大寝宫。
年楚河下游的迦拉波城②，
你如同具种王坚白扎巴，
承担戏乐世间的大事业，
如恒河之水奔流不停歇。

藏历5月2日，密宗札仓僧众向班禅额尔德尼献八宝吉祥物，祈愿班禅健康长寿。3日，班禅给他们传授了时轮金刚大灌顶。13日，班禅从贡觉林寝宫（ཕོ་བྲང་ཀུན་སྐྱོབ་གླིང།）到吉乃（སྐྱིད་ན།），从次日开始照例举行向强巴佛祈愿的大法会。18日，班禅到坚赞团布大寝宫，此时在祖业庄园新造的班禅母亲的像和大藏经甘珠尔完成，班禅和护法殿的僧众一起为此做了盛大的开光法事。

藏历6月15日，班禅额尔德尼指示做住夏的准备，并做布萨（གསོ་སྦྱོང།）。次日，班禅开始座夏。29日，大执事、四大札仓的上师、

① 四德亦称四缘、四分圆满。即法、财、欲、果等世出世间皆称圆满的四种条件，即佛法盛行、资财具足、享受色声香味触五妙欲、修习佛法能得解脱涅槃佛果。

② 佛教所说的香巴拉圣地的一座城市。

措钦大殿的格贵、措索巴、僧俗执事等一起向班禅敬献黄金、银章嘎等，祈愿班禅身体健康事业广大。

藏历7月25日，班禅额尔德尼在措钦大殿传授珠嘉派传规的长寿灌顶。30日，班禅出巡附近地方，并照例在吉康札仓做祈愿。

藏历9月11日，班禅额尔德尼到贡觉林寝宫，照例观看期供食子和跳神法舞。28日，此时的值日星是木曜和金曜，班禅带少数随从，到谢的绛普温泉（བཞད་བྱང་སྤུག་ཆུ་ཚན།）去沐浴。到闰9月（ཟླ་བ་དགུ་པ་ཕྱིས།）初1日，班禅到了绛曲颇章（བྱང་ཆུབ་ཕོ་བྲང་།）。在来回的路上有僧队和载歌载舞的民众迎送献礼，在温泉沐浴的期间，谢地方的扎西格培、顶嘎、欧日等各个寺院、甘丹彭措林寺僧众、博学的欧曲活佛央金珠贝多吉贝桑布、各村庄和一些牧民等，向班禅敬献了茶包、米粮和曼扎、三依止等大量物品，班禅给他们传授了他们想要的教法或者给他们摸顶，满足了他们的心愿。沐浴开始、中间和结束时还举行了宴会。13日，班禅到官普地方，在大药叉护法神像前献了敬神哈达，给修行僧众熬茶布施。18日，谢地方首领为班禅举行宴会。此外，还有此方的无数信众前来拜见班禅，班禅给他们摸顶等，引导他们到成熟解脱的道路上。30日，班禅动身到达尔顶辛仓地方，当地的舅父设宴款待班禅，班禅在那里向舅父神祈祷，在色果查莫举行盛大宴会，给很多信众传授了长寿灌顶。此后依次前行，在达那河谷口的伦珠林寺住宿，该寺3个札仓举行宴会款待。此后又一次前行到班禅出生的庄园。途中因噶热寺僧众的请求，传授了独勇大威德金刚和愤怒秽迹金刚的随许法，并给僧众熬茶布施。班禅出生的庄园举行盛大宴会，并向班禅献礼。班禅在那里居住到10月15日，然后启程，渐次到达贡觉林寝宫。

藏历10月21日，因为来年达赖喇嘛的转世灵童要在布达拉宫登上高大的金色宝座(即坐床),为消除其间班禅额尔德尼的身体的违碍,班禅从此日起做狮口施食修法。29 日,又做了放咒的法事。在这段时期,身体违碍的征相很大,而且在扎什伦布寺也出现了较大的内争和动乱的事情,在这前后一些人因为不净的偏见,误判佛陀的行事,出现了添油加醋的流言蜚语。这种情况在其他的佛陀的时期也出现过,特别是在五世达赖喇嘛的时期也出现这种情况,正如《噶当书》中所预言的:"雪域藏地的应化众生,如无心的儿子指责父亲,对现今安乐的源泉,生分别心而做诋毁斥责。"又说:"在天空飞翔的大鹏,反遭鸡窝里母鸡嘲笑"。不仅如此,班禅所遇到的情况,如下面的预言所说:"第二佛陀的持教者,拉萨的吉祥瑜伽师,虽有他们在雪域地方,却仍有无明愚昧的众人,在有佛法之地却积恶业,最后坠入无间地狱中。"《猛力伏魔法行》中也说:"苯教辛氏(བོན་གཤེན་གདུང་)所出伦布的堪布,因顶盔护法祈愿而出二人,头生角者出现时藏地福气尽。"这样清楚的预言在现实出现了。这正如尊胜萨迦班智达所说:"大人物虽然也有敌人,更多的却被属下所害,除了狮子身上的虫子,其他动物怎能吃狮子。"又说:"对品性差的人加恩,他认为是自己伟大,龙王努力降下雨水,农夫算作他的福气。"又说:"人们崇敬的神有各种各样,佛陀也难受他们一致信仰。"这些内争和动乱的结果,完全如《百业经》所说:"造下何种业,即得何种果。"由于班禅发心的盔甲无比坚固,执掌佛法的誓愿的法力全部成就,卸任永增英萨曼日瓦洛桑南杰贝桑布善于协调并依靠各个护法神的法力,使上述的乱事如冰块在水中消融一般就地破碎,扎什伦布寺的讲辩著三业又恢复到以前的状况(译者注:关于八世班禅时期扎什伦布寺内部发生矛盾冲突的事件,钱德拉·达斯在《拉萨及西藏中部旅行记》一书中记录了他在扎什伦布寺听到的一个传说故事:"前不久铁桑林学院的僧人和聂仓钦颇发生纠纷时,已故扎什喇嘛没有与驻藏大臣商量,也没邀请他的士兵去镇压那 1500 名心怀不满、无法无天的僧侣,而是秘密地将他的意图告知他住在临近村落的属民，在指定的那天，10000 名带武器的人应招前来集合，他们手执长矛、盾牌、火绳枪和投石器，把叛乱的僧侣打得心惊胆寒。从这天起，他对他的臣民的忠诚以及对驻藏大臣的部队之无能无用都深信不疑。班禅仁布切的这一计谋使他得到臣民极大的爱戴，令驻藏大臣妒火中烧。人们还很高兴地注意到年轻的班禅某些独立自主的迹象，他现在是西藏的最高君主，因为达赖喇嘛现在还是个小孩。在驻藏大臣暴政下受苦受难的老百姓都说，总有一天，现在的班禅将会证明他不但在信仰上，而且在精神的力量上，不愧是伟大的丹白尼玛的后继者。”）。

在此年中，除了班禅额尔德尼去前藏地区和温泉沐浴的时间外，一些向班禅献曼扎、三依止和礼品的信众依次有：年楚河上游贝康切措巴、豁雪石匠、库伦瓦达瓦次仁、20 名蒙古人、乌珠穆沁王的托因坚白嘉措、康区达吉寺（大金寺）[1]恰多扎西等 40 人、索南官布、哉务阿旺、玛谷冲群培、商主索南、青海群觉囊索、牧民次旺、蚌本、班萨活佛、恰桂仓等 99 人、为青海亲王做超度的四十人、德多雍仲、蒙古人坚赞等，班禅给他们传授了他们想要的教法和长寿灌顶，满足他们的愿望。还有很多请求班禅做追荐超度仪轨的，班禅为他们做了超度仪轨，并念诵和做回向。总之，班禅努力挤出时间来利益在世和去世的信众。

本年中帕索瓦贝丹群培、拔希瓦旺堆、南杰扎西、昂仁巴吉仲群培嘉措、根敦伦珠等人学完《堆扎》的全部教程，参夏巴噶钦洛桑扎西学完了《大威德金刚的生起与圆满次第及四品注疏》，昂仁曲德巴格勒尼玛、洛桑仁钦、洛桑群觉等人学完了菩提道次第简论，噶钦洛桑金巴学完了《注疏解脱道明论》第二品和《辩了不了义论总说破斥邪论珍宝鬘》，洛桑群培、洛桑次仁二人学完了《慈氏五论》，温贡巴洛桑旦达、益西贝丹、洛桑嘉措等学完了《胜乐本续》，

---

① 甘孜县大金寺，位于甘孜县卡攻乡，清康熙元年（1662 年）由五世达赖喇嘛的弟子昂翁彭措创建，为霍尔地区格鲁十三大寺之一。大金寺在清朝时僧人 3000 余人，并以僧兵和财富众多出名，有专门的僧人在藏区各大地方如康定、甘孜、昌都以及拉萨等地经商，以支持寺庙其他僧人的生活。

重孜曲德瓦洛桑旺堆学完了《时轮仪轨》，他们呈交了试卷，班禅给予了奖励，使他们满意。

土兔年（1879年，25岁）新年蒙古月正月初一，照例举行了新年初一食子供。20日，班禅额尔德尼给各日追的静修僧摸顶，密宗札仓向班禅献八宝吉祥物。28日开始的几天中，班禅和各护法殿的僧人一起给全寺的护法神像做念诵酬补法事。

藏历2月6日，班禅额尔德尼到大寝宫。14日，班禅向各个神殿献供，巡礼并猛力祈祷。17日，班禅委任德钦巴噶钦尼玛尤年为昂仁曲德寺的新任堪布，在他辞行时，班禅就执掌、护持、增益寺院三者需做之事做了叮嘱。此后，班禅到德钦格桑颇章。

藏历3月24日，班禅额尔德尼在僧众集会上照例给僧众传授《时轮教法》并摸顶。在僧会上日喀则民众请求班禅护佑降雨，班禅立即做了求雨法事，随即有春雨降下，使得众人都宽心舒适。

藏历5月2日，班禅额尔德尼到普明大寝宫（ཀུན་གཟིགས་པོ་བྲང་ཆེན་པོ།），次日，阿钦大咒师的密宗札仓举行结束讲习四家合注的法会，迎请班禅到法会上奉献厚礼。班禅整天在法会上，在密宗札仓的护法殿向本尊大威德金刚和全部护法神像前奉献供品并发誓愿，并各献敬神哈达一条。然后班禅到多吉颇章举行盛大宴会。4日，班禅到贡觉林寝宫。这一时期，班禅就月底是从年楚河还是从雅鲁藏布江引水之事，对其本（管理马匹驮牛和班禅出行的侍从官员）顿珠坚赞做了指示，让他和木匠领班等前去考察地形，在放线丈量时发现因为地势高低颠倒的原因，无法把水引过来，把这一情况向班禅汇报后，班禅回答说："不论从年楚河还是雅鲁藏布江引水，不引来水是不行的，因此就这样去做吧。"金口发出的命令无法违背，因此决定从雅鲁藏布江引水并开挖水渠，班禅运用自己的神通使有高坡的地方也全部有水流到，使得在场的人们对班禅生起他是真实佛陀的坚固信仰。班禅还指示，在水所到的一个地方明天要建成两座龙王庙，按照这一指示第二天建成了龙王庙，班禅会见了工头和乌拉差民，并给予赏赐，使他们满意。此后一天，班禅亲自去查看龙王庙，对 3 个看园子的人说："拿面旗子到房顶上来！"又说："下面那个龙王庙的附近很可能有泉水，去挖开。"看园子的人在那里挖下去一尺深，果然有清澈的泉水，旁边有形状奇特的白色、紫色、绿色的石头，不久江水也从那里引出来了。看园子的人把这个情况告诉了其本，其本也到园子边去查看泉水，看到有白色、紫色、绿色青蛙从泉水里游出来，他非常惊奇，对班禅不由得生起信仰。这一情形，是以前说引水将由八条龙遵命完成的殊胜景象的清楚显现。

这时期英萨诺门汗辞职，将替任人选的名单提请班禅额尔德尼考察，班禅做了考察，并写了相关文书给驻藏大臣。这时班禅还派孜恰南杰顿珠和粮务官等人去给达赖喇嘛献祝愿健康长寿的礼品（译者注：班禅此次派人去拉萨可能还与当时西藏大众向驻藏大臣呈递立誓不准外国人入藏的公禀有关。光绪五年(1879 年)7 月 11 日，驻藏大臣松溎翻译后向朝廷呈报的由摄政济咙活佛、达赖喇嘛和班禅额尔德尼等盖印的公禀说："掌办商上事务通善济咙呼图克图，恭奉达赖喇嘛、班禅额尔德尼，率领阖藏众呼图克图、三大寺堪布、新旧佛公、台吉、僧俗番官、军民人等，公具切实甘结，恳请钦差驻藏办事大臣松，代为奏咨事。伏查洋人入藏游历一案，屡接驻藏大臣译文内称：立定条约准其入藏，奏明之件万无更改，各国到时，汉番一体照护，勿滋事端。等因。并面奉屡次剀切晓谕。遂将藏中向无洋人来过，并习教不同，恐于佛地有碍，阖藏僧俗大众公立誓辞，断不准其入藏，情甘具结实在情形，大众苦衷，恳求驻藏大臣代为咨报矣。而两藏世世仰蒙大皇帝天恩，振兴黄教，保护佛地，何能仰报高厚鸿慈于万一，岂敢执意抗违不遵。惟查洋人之性，实非善良之辈，侮灭佛教，欺哄愚人，实为冰炭，断难相处。兹据阖藏僧俗，共立誓辞，不准放入，出具切结，从此世世不顾生死，永远不准入境。如有来者，各路派兵阻挡，善言劝阻，相安无事。如或逞强，即以唐古忒之众拼命相敌，谅在上天神佛庇佑佛地，大皇帝恩护黄教，断不致被其欺压而遭不幸也。谨将阖藏僧俗官民大众公议苦衷伤心情形，出具切实甘结，特求驻藏大臣代为奏咨，切望皇恩无疆，以救阖藏众生之性命也。谨呈。

达赖喇嘛率领通善济咙呼图克图出具图记；班禅额尔德尼出具图记；噶布伦策旺洛

布出具图记；噶布伦仓珠策垫出具图记；噶布伦拉旺夺吉出具图记；噶布伦札喜达结出具图记；额外噶布伦罗布藏荣垫出具图记；总堪布青饶洛坠济克美出具图记；扎什伦布札萨克喇嘛罗布藏萨木丹出具图记；噶勒丹现任池巴出具图记；第穆呼图克图出具图记；呼征呼图克图出具图记；吹卜藏呼图克图出具图记；布赉绷寺掌教喇嘛及呼毕勒罕领袖众僧等公同出具图记；色拉寺掌教喇嘛及呼毕勒罕领袖众僧等公同出具图记；噶勒丹寺掌教喇嘛及呼毕勒罕领袖众僧等公同出具图记；扎什伦布寺院众僧俗人等公同出具图记；下温都逊寺掌教喇嘛及领袖众僧等公同出具图记；上温都逊寺掌教喇嘛及领袖众僧等公同出具图记；朗木结札仓寺领袖众僧等公同出具图记；箭头寺领袖众僧等公同出具图记；济咙永安寺札萨克喇嘛及领袖众僧等公同出具图记；第穆寺札萨克喇嘛及领袖众僧等公同出具图记；策却领寺领袖众僧等公同出具图记；昔达寺领袖洛琫众僧等公同出具图记；木隆寺领袖洛琫众僧等公同出具图记；达赖喇嘛之父公爵出具图记；拉鲁佛公出具图记彭康佛公出具图记；辅国公出具图记；霍尔康札萨克出具图记；督令台吉出具图记；三柱颇章台吉出具图记；商上供职四品僧官等公同出具图记；商上供职四品俗官等公同出具图记；五、六、七品内务僧官等公同出具图记；五、六、七品内务俗官等公同出具图记；僧人大小营官及闲散仔仲等公同出具图记；俗人大小营官及闲散东科尔等公同出具图记；凡食商上口粮仲〔众〕多番目等公同出具图记；前后藏各营官兵等公同出具图记；商上大招库使官役朗赛等公同出具图记；商上大招业仓巴官役朗赛等公同出具图记；管门看房官役等公同出具图记；硕第巴公所朗赛及经管钺斧官役朗赛等公同出具图记；管马官役等公同出具图记；商上安设当差磋巴等公同出具图记；各世家安设当差磋巴等公同出具图记，前后藏上下南北康藏各属寺僧百姓等公派往藏替身等公同出具图记公禀是实。”）。13日，班禅额尔德尼到吉乃寝宫，在三天的祈愿法会期间，按旧例举行了宴会。30日，出现了日食，为了教法和众生的平安，将许多羊只放生，班禅和8名僧人一起念诵度母经数十万遍。

藏历6月15日，班禅额尔德尼做坐夏的准备，从16日上午开始驻夏。25日，班禅每次和一名经师、100名僧人做遮止四方魔害的布萨。7月24日，因大格贵仲仁巴洛桑坚赞的请求，班禅在僧会上诵传《光明法行经》，次日在格桑大回廊殿传授长寿灌顶法。30日，班禅出巡附近地方，到德瓦坚颇章。

藏历8月1日，班禅额尔德尼照旧例举行宴会并沐浴。7日，班禅巡礼吉康札仓，到吉乃寝宫。11日，卸任英萨康萨钦莫瓦向班禅献曼扎、三依止等大量物品，请求班禅世代护佑。班禅接受了他的献礼,同时赐给他释迦牟尼在天界的佛像为主的大量物品,并叮嘱他努力积善。次日,班禅任命卸任运茶官南杰喜饶继任强佐。当天,丘桑呼图克图到达,拜见了班禅,在用茶时双方互致问候。丘桑呼图克图向班禅献曼扎、三依止等许多物品。15 日,班禅给丘桑呼图克图主仆一行传授了长寿灌顶,诵传了《香巴拉祈愿文》,并宴请了他们。庙祝诺尔布献两个红木大桶,装满酥油,在甘珠尔殿和长寿佛殿加供酥油灯。22 日,班禅到贡觉林寝宫,照例做护国药叉食子供,并观看跳神法舞。

藏历 9 月 18 日驻藏大臣色楞额①(ཟལ་ཨམ་བན་ཆེན་པོ།)和联络官、通事等人到达,拜会了班禅额尔德尼,随即辞行,班禅赠送了厚礼。21 日,夏鲁日普活佛和日浦卸任住持一起向班禅献曼扎、三依止等物品。在这时,包喇嘛和哈尔东米村的僧人们为之前的动乱之事忏悔,向班禅献了曼扎、三依止,请求班禅原谅。

藏历 10 月 11 日,班禅祖业庄园向班禅献一套《丹珠尔》和三依止、袈裟等,班禅额尔德尼给献礼者摸顶并赐吉祥结。25 日,燃灯节时向班禅献冬装和哈达,班禅任命校经师萨隆巴噶钦达瓦、卸任运茶官章切瓦、蒙古人嘉措为卓尼尔,谢巴吉仲洛桑洛桑丹增为运茶官,他们向班禅献了哈达。此外,还任命江果顿珠坚赞为大管事。28 日起,班禅努力念修《白色文殊修法》,和 8 名善知识昼夜轮流反复念诵《文殊名号经》,努力增益智慧。又因今后不能缺少分辨取舍的智慧,这些要对各方保守秘密,因此闭关。在解除闭关时,代理英萨诺门汗作为功德献了曼扎、三依止和 50 两白银,众人照例向班禅献了哈达,并做了酬补和火供等法事。

藏历 11 月 24 日,拉萨甘丹颇章因为今年是班禅额尔德尼 25

① 色楞额,满洲正白旗人,1879 年任驻藏帮办大臣,1879 – 1885 年任驻藏大臣。

岁本命年,为祈愿班禅健康长寿专门派堪囊前来献礼。此外前来为班禅祈寿而献礼的难以计数,其中一些将在后文述及。

藏历 12 月 6 日,代理英萨诺门汗南杰喜饶正式就任大强佐之职,英萨诺门汗向班禅额尔德尼献曼扎、三依止、八宝吉祥物,以及金银等,在宴会上,班禅给他回赐了内库哈达、赞巴拉财神赤玛铜像、念珠、坎肩等礼品,并指示他热心高举政教事业的大白伞盖做好强佐职务。当天,因为神人导师阿旺洛桑土登嘉措贝桑布(十三世达赖喇嘛)坐床完成,拉萨方面派人前来,迎请班禅到僧会上为达赖喇嘛祈寿并过目拉萨方面送来的礼品。班禅给堪囊、日喀则东西两位宗本及其随从等献礼者摸顶。25 日,班禅照例到密宗札仓的僧会上。29 日,因喀尔喀哲布尊丹巴明年到 13 岁的本命年,为除其身体违碍,班禅派卓尼尔嘉措等人前去献礼。

在本年中,迎请班禅额尔德尼到僧会上并给僧众布施的有:班禅的祖业庄园、仁卓活佛的人员、吉索章切瓦和原吉索冲布巴、安多喇嘛噶钦才旺诺布、噶钦益西赤列等人。在寝殿祈愿班禅长寿,或在祈愿长寿时献曼扎、三依止及数量不等的金银、绸缎、各种物品、马匹等牲畜献礼者有:噶热、温贡巴、纳塘、帕索米村、雅德索官巴、襄德热巴、塔尔巴勒曲巴、拉孜昂仁彭措林三寺的僧众等、德诺堪布曲杰噶顿、庙祝诺布顿珠、吉康札仓卸任堪布喇嘛仁布切洛桑金巴、森夏彭康巴、政府商务官贝次仁、兑桑林札仓僧众、诺章卓尼尔次旺扎巴、多朗巴、协噶尔曲德巴、热振强佐等人。班禅给迎请他去僧会上或在寝殿祈寿献礼的人,都回赠了礼品或曼扎、三依止等,诵传他们想要的教法和撰写格言教语、指示取舍。至于向班禅求法者,简略来说有:邬宗仲格年、蒙古科尔沁巴、绒吉雄巴、扎什伦布寺几名格西、蒙古人洛桑丹增、德格喇嘛色拉寺山洛康村的一些僧人、几名印度人额康巴人、拉堆的 10 名僧人、蒙古人丹增嘉措、吉仲巴扎西、喀尔喀的50名僧人、当雄恰朵喇嘛、白绒夏仲、然巴公子、康区科玛活佛、笃夏噶尔本旺扎、代本阿沛巴、阿鲁科尔沁旗扎西林活佛的人员、代本詹东巴、安多拉卜楞寺额活佛阿旺格勒、安多隆务活佛的强佐、苏尼特王旗的噶究洛桑、江孜朗通瓦卓雪审判官德斯塔等,其他的难以计数。

在本年中,帕索瓦丹巴顿珠、绛巴洛桑尤年、达那巴阿旺多吉、豁尼巴吉仲格桑格勒、冲布巴阿旺丹巴和喜勒、嘉钦孜巴阿旺却丹、昂曲巴丹巴尼玛、洛桑善丹、丹巴群培、格勒丹增、洛桑伦珠等人学完了《堆扎》的全部教程,勒雪林巴贝吉多吉学完了《因明四品》,楚臣康巴顿珠学完了《慈氏五论》,昂曲巴格隆洛桑楚臣学完了《注释论显明密意》,洛桑贝丹学完了《大集经》上部,噶钦洛桑日卓和噶钦洛桑楚臣一起学完了《道次第论》,格隆洛桑绛曲学完了《般若四大论》,格隆洛桑朗则学完了《般若经注疏》,彭曲查拉仲楚臣旦增学完了《捷径直传》《入庄严论》,重孜曲德巴洛桑日卓学完了《时轮》的全部仪轨,温贡巴洛桑南杰、坚赞丹培、益西丹桑等学完了《胜乐本续》,他们呈交了试卷,班禅分别给予奖励,使他们满意。

铁龙年(1880年,26岁)正月,班禅额尔德尼照例举行新年宴会,并到祈愿法会上诵传经文和做回向等。这时班禅出现身体不适患眼病的症状,班禅自己做了占卜,并派人请欧曲喇嘛仁布切做占卜,还广做祈寿法事,因此病很快就过去了。班禅在却金德阳广场会见了前来拜见的信众,给许多新出家的僧人剃度。密宗札仓照例向班禅献了八宝吉祥物,祈愿班禅健康长寿。

藏历3月的时轮修供照例进行,班禅额尔德尼在僧会上给僧众做时轮摸顶赐福。当月18日,因班禅提出最近到襄地方的嘉措温泉沐浴,在当日以英萨诺门汗为首的留寺院的侍从、扎什伦布寺的四大札仓的堪布、格贵、日喀则的大老爷、粮务官等，前来献哈达送行，班禅给他们回赠了哈达并给他们摸顶。19 日，班禅额尔德尼和众随行人员出发去嘉措温泉沐浴休养，在他们来回途中，沿路许多寺院排列僧队、民众载歌载舞迎送，南木林等宗的各家贵族也骑马来热烈欢迎，班禅给他们摸顶并赐礼品。在途中，央庄园（གཡང་གཞིས）、德热寺的吉索（བདེ་རབ་སྤྱི་སོ）等举行宴会款待班禅并安排路上服侍人员。德热谿堆（管理谿卡的官员）、协秀的管家、德沃安木齐（医生）等当地的富裕人家向班禅献曼扎、三依止等物品。班禅应邀到德热寺，巡礼该寺的各个殿堂并献供品，在神殿献供品并供斋僧茶饭，在大经堂给僧众诵传《兜率上师瑜伽》《穆则玛》，在该寺聚集的信众达 5000 余人。另外，在班禅沐浴期间，先后会见了难以计数的信众，并为许多人摸顶赐福。24 日，班禅一行去将近一个月的温泉沐浴，并在开始、中间和结束时举行了 3 次宴会。在这期间的空闲时，嘉措德钦寺和乌苏寺的僧众、嘉措地方的人士、嘉岗巴、卓顿珠等信仰班禅的富裕的僧俗人士，向班禅献曼扎、三依止等物品，因他们的请求，班禅诵传了《香巴拉祈愿文》《三聚经》等许多经典。先后聚集的牧民向班禅献了很多物品，向班禅祈愿，班禅给 1000 多农牧民传授了长寿灌顶等教法。总之，班禅以见闻思触等门径使许多信众走上成熟解脱的道路。

藏历 4 月 24 日，班禅额尔德尼从沐浴地出发，依次到达班禅出生地，在途中达巴活佛、朗钦塘地方的民众、南木林民众、扎噶尔卸任代本、鲁东地方民众、赛墨巴、噶热寺管家等向班禅献曼扎、三依止等物品，班禅分别给他们摸顶并赐吉祥结。在南木林甲乃住宿地，甘丹曲科寺僧众向班禅奉献用品，因他们的请求，班禅给一万多民众传授了长寿灌顶。在噶热寺的大经堂，班禅传授了药师佛、事部三怙主、马头明王的随许法，寺院向班禅献了曼扎、三依止等大量物品。班禅给噶热寺的各个殿堂分配了 5 种千供,并巡礼殿堂,献敬神哈达,还给僧众布施斋僧茶饭,给神殿献了一对用上等绸缎缝制的柱面幡,祈愿佛法兴盛。

从藏历 5 月 1 日起,班禅额尔德尼在他出生地,和曼日寺的 7 名僧人一起做了 7 天的“冲拉”(འཁྲུངས་ལྷ།)(出生值日神和故乡土地神)祈愿修行。在开始、中间和结束时,祖业庄园为此举行了盛大宴会。当地的曼日寺僧众、祖业庄园的人士和波热瓦的夫人等向班禅献了曼扎、三依止等物品。8 日,班禅从出生地出发,在噶热鲁顶地方,噶热寺僧众向班禅献了礼品,因他们的请求,班禅给当地的和外地来的 1000 多信众,传授了长寿佛和马头明王相连的随许法。此后依次到扎西雄地方,从当雄来请安的人和温萨寺喇吉向班禅献曼扎、三依止等物品,班禅接受献礼。在(扎什伦布寺)设灶郊迎的地方,与骑马来迎的汉藏官员相会,一起前往与北方香巴拉的迦拉波城无有差别的贡觉林大寝宫,在那里的阳光寝殿,照例举行宴会。13 日,班禅额尔德尼前往吉乃,从次日开始的 3 天的弥勒佛祈愿法会上,班禅到僧会上按先例举行宴会。28 日,班禅到德瓦坚格桑颇章。

藏历 7 月 4 日,日喀则雪勒空的嘉措请求班禅额尔德尼护佑降雨和防霜,班禅接受请求。这一时期不仅雨水稀少,而且云彩都很罕见,因此发生降霜灾害的可能性很大,但是在班禅答应护佑后,直到庄稼收割完,没有出现霜雹的灾害,使众人都十分高兴。25 日,按大经堂格贵的请求,班禅到僧会上传授珠嘉传规的长寿灌顶法。26 日,班禅到吉康札仓对大护法做酬补和嘱托事业,并巡礼经堂,然后前往德瓦坚格桑颇章。

藏历 8 月 1 日,班禅额尔德尼出巡附近地方,举行宴会,并进行沐浴。5 日,定日的毛大老爷(དིང་རི་མྲོའ་ཏྭ་ལོ་ཡེ།)到达。14 日,驻藏大臣色楞额、联络官、通事、强佐等官员到达，在会见用茶时，班禅和他们互致问候，随后官员们向班禅辞行。17 日，阿巴札仓堪布森钦辞职，班禅亲自任命我（作者）洛巴活佛继任密宗札仓（即阿巴札仓）的法座，使我能觐颜于班禅法王的法座之下。班禅到密宗札仓做本年的护国药叉的施食供和观看跳神法舞①。此时，贡觉林新建寝宫已完成油漆等工作，因此班禅在藏历 9 月 1 日到贡觉林寝宫，16 日，举行开光仪式，由拉章举行了盛大宴会，各侍从执事向班禅各献一条哈达。当天，珠旺活佛学完堆扎的全部教程的考试在此举行，对他的考试问答，班禅给予奖励，并亲切指导。19 日，按照班禅额尔德尼先前盖印信函的指示，热振寺阳官喇嘛仁布切前来拜见，这位喇嘛仁布切在班禅那里听受了吉祥喜金刚灌顶、宝帐怙主的随许法，以及他们的施食仪轨等教法。25 日，因一位喀尔喀蒙古人的请求，班禅给 40 来名僧人传授了噶当十六明点的灌顶。

藏历 10 月 25 日，在燃灯节的灯火供仪式上，向班禅额尔德尼

① 钱德拉·达斯在《拉萨河西藏中部旅行记》一书中描述了扎什伦布寺阿巴札仓举行跳神宗教法舞（羌姆）时的情形："我们坐在阿康这座楼房的二层的阳台上观看舞蹈前的准备工作。先是将二十四面由金线绣成的龙和其他怪物图像的丝绸经幢，挂在细长的竿子顶端，这些经幢迎风招展，接着在楚拉康四周也挂上五颜六色的方形旗帜。约有十几个僧人身穿绸缎蟒袍戴着大多代表鹰头的面具一个跟一个地人场。跟在这些舞蹈者后面的是阿巴札仓的主持固索永增洛巴，他右手持金刚杵，左手持铃，头戴黄色的高顶僧帽，耳朵上挂的垂饰一直垂到胸前。他身材高大，样子很聪明，举止很高贵，他把这个角色扮演得极其完美。过了一会儿，举旗的人和戴面具的僧人列队浩浩荡荡地朝扎什伦布寺的楚拉康走去，这个仪仗队约有 300 码长、150 英尺宽。楚拉康的庭院四周是四层楼的楼房，它们都有漂亮的、有立柱的阳台。大喇嘛的座位在西边阳台上，东边和南边的阳台上坐的是后藏的贵族，北边的阳台坐的是蒙古香客和一些日喀则商人。四个札仓的主持就坐在阿巴的上方。约有 50 多个阿巴在其翁则和手持铙钹和铃鼓的多杰洛本的协助下，在固索永增洛巴的指导下举行一个简短的宗教仪式。在这个仪式过程中固索永增洛巴用他那持有金刚杵和铃铛的双手做出一些特殊的动作。在这之后，一个戴黑色面具，扮演达摩多罗和尚的角色上场了，观众向他扔哈达，他的两个黄脸妻子把哈达拾起来。这三个角色下场后，四大天王上场，打扮得极其俗丽。然后诸神的儿子们上场，大约有 60 人，他们穿着金光闪闪、珠光宝气的漂亮的丝绸长袍。在神子之后登场的是印度阿杂热（游方僧），他们的黑黝黝的长满朝子的脸和笨拙的衣服引起观众的阵阵大笑。在这之后出现的是四个护墓神，他们的骷髅外表使观众想起可怕的死亡。然后把鬼的模拟像放在一堆干芦苇上烧掉，羌姆舞到这里就结束了。在舞蹈进行的同时，寺庙后面的卓玛日山上以及附近的山顶上一直烧着香。"这里的固索永增洛巴即是《八世班禅传》的作者洛巴活佛洛桑丹增旺杰，他当时任阿巴札仓的堪布。

献冬装和哈达,升职的几位向班禅献哈达。

藏历11月25日,卸任总堪布洛桑善丹向班禅额尔德尼献曼扎、三依止,并向贡觉林寝宫大殿献一套完整的木刻版大藏经《甘珠尔》和三依止,班禅为他摸顶。这时,大卓尼尔诺章巴去世,班禅任命卓尼尔波热瓦继任大卓尼尔职务。

藏历12月10日,祖业庄园为新宫建成而举行宴会,向班禅额尔德尼献曼扎、三依止和袈裟等物品,班禅高兴地为他们摸顶。

此外在本年中和去年一样,在寝殿为班禅额尔德尼祈寿或在祈寿时献曼扎、三依止和金银、绸缎、马匹、骆驼等物品和牲畜,受到班禅接见、摸顶、传授他们希求的长寿佛等教法、授记未来的人依次有:江孜觉杰巴、艾玛岗巴、宁日喇嘛主仆、木匠工头拉宣、拉堆安木齐、丘桑呼图克图的人员、代本帕拉瓦、卓巴扎西、蒙古人格桑曼朗、喀尔喀大贝勒的人员、贝蔡如本、协噶尔曲德僧众、卸任英萨洛桑善丹、班域总管、吉隆巴白玛、蒙古人根敦达瓦、噶尔本旺扎、卸任密宗札仓堪布森钦活佛、热振阳官喇嘛仁布切、康区拉卡仓商务官、代本觉比瓦、和小管家、彭康卸任却本堪布、热振强佐、噶热寺僧众、管家嘉措等贵贱人众。此外,还有农牧区、康区、蒙古、安多、印度、绒巴等地的语言和服饰不相同的,定居的或者偶然前来的人。总之,犹如夏天的云彩接连不断,有难以计数的信众前来拜见班禅,班禅会见他们,毫无疲惫和厌烦的表情,不分贵贱,努力使大众满意,这说明他完全是为利益众生而来到此世间的。

铁蛇年(1881年,27岁)正月初1日,照例举行了施食供和新年喜宴。14日,班禅额尔德尼巡礼扎什伦布寺的各个殿堂,并献供和祈愿。

藏历2月3日,班禅额尔德尼给执事中的勒参巴以上的显贵传授长寿灌顶。这时，因为班禅最近要去达卜尔温泉洗浴，向各地发布指令说，为了减小对民众的纷扰，从各谿卡征用官马①和观赏的骆驼②。

藏历3月13日，班禅额尔德尼从贡觉林寝宫出发。在来往的路上，班禅会见了迎送的各个寺院的僧队和载歌载舞的民众，并赐给礼品，使他们满意。在帕村，谿卡管家江果瓦向班禅献了曼扎、三依止和乘骑的骡子等。西行的路上，班禅朝礼了达日觉卧像，献供祈愿。其后依次在达那河谷的几个地方住宿，各地的谿堆和富裕户向班禅献了三依止等物品和合适的物品，班禅给他们摸顶，并且接见了前来拜见的民众，给他们摸顶，满足了所有人的愿望。24日，班禅到了温泉并开始沐浴。在开始、中间和结束时，都举行了宴会。班禅在那里沐浴一个月，在沐浴的间歇，伦珠林的庄园管家卸任索本堪布洛桑金巴、仁钦孜的庄园管家诺章群则、夏孜札仓堪布、卸任管家伦珠林巴等人分别献茶叶、米粮和曼扎、三依止等物品，拉卡寺喇吉任施主，请求班禅给2000多农牧民僧俗信众传授长寿灌顶法。此外，班禅在当地的期间，给达那河谷上下游的无数具信的民众不断地摸顶赐福，使他们都得到欢乐。班禅还顺便巡礼了桂译师的修行地塔尔巴大颇章、伦珠孜曲德、拉卡曲德，为教法和众生的平安发愿祈祷，给达那河谷的各教派的寺院熬茶布施。在拉卡寺，因该寺的喇吉和雅卓楚玛牧民的请求，班禅诵传药师佛的经文。此时，从扎什伦布寺传来了英萨身体不好，请班禅护佑的信件，以及请求让拉曼巴东朗巴立即返回的盖印文书，拉曼巴即请求准许辞行，班禅说好像没有拉曼巴去的必要，如果要去，也最好后天动身。结果第二天就有人来报告英萨去世的情况，并请求尽快为他做超度回向。这是班禅乃让人不得不相信和产生信仰的明

① 以前西藏地方的一种由政府交给所属庄园由农奴饲养、定期清点政府的马匹。

② 西藏本来不养骆驼，此处可能是指由蒙古信徒献给班禅后，牧养在班禅所属庄园里的骆驼。

察三世的佛陀的例证，这样的例子多到无法计数。在班禅沐浴期间，达赖喇嘛派卓尼尔主仆前来问候和送礼品，班禅额尔德尼也问候达赖喇嘛身体健康。

藏历4月23日，班禅额尔德尼从沐浴的地方启程，依次前往他出生的地方。在色顶地方，喀尔喀曼朗呼图克图活佛特地赶来献礼，因他的请求，班禅给他诵传了珠嘉传规的《长寿灌顶法》《时轮祈愿文》《文殊菩萨名号经》，并亲切款待他。班禅到噶热寺，在大经堂传授了龙王佛、狮子吼佛的随许法，并巡礼寺院和发愿祈祷在班禅出生地，班禅和去年一样向"冲拉"（出生值日神和故乡土地神）祈愿。

此后，在藏历5月7日班禅额尔德尼动身返回扎什伦布寺。到达设灶郊迎的地方时，有汉藏官员骑马来迎，班禅和他们一起到贡觉林寝宫，举行宴会，众人照例向班禅献了哈达。13日，班禅到吉乃参加3天的弥勒祈愿法会，并照例举行宴会等。这时，因为大皇帝的母亲①升天，所以班禅在6月4日在扎什伦布寺各个殿堂献供巡礼，并广做回向祈愿的法事（译者注：关于八世班禅为慈安皇太后做超度法事，光绪七年（1881年）5月初6日光绪皇帝给八世班禅的因慈安太后逝世著在后藏熬茶诵经的敕谕说："奉天承运皇帝敕谕班禅额尔德尼：大行慈安端裕康庆昭和庄敬皇太后诚为天下母仪，崇穗昭彰，海内施仁，仁育联躬，数载以来，福祚延绵，讵料本年3月初10日仙驭升遐。朕惟大行慈安端裕康庆昭和庄敬皇太后抚育朕躬，七载教诲，恩比九重，内外众民，蒙恩綦重。正期益寿延年，永享安乐，突逢大事，实深悲痛。西藏乃振兴黄教弘扬佛法之根基，朕特为大行慈安端裕康庆昭和庄敬皇太后大事饬谕尔班禅额尔德尼，率尔众庙大小喇嘛熬茶念经，虔诚祝祷三宝，祈佛修善。兹随敕赏赐班禅额尔德尼三十两重银茶筒一个、银瓶一个、银盅一个、大小哈达各十方、绸缎十二匹，交付兵部由驿递往，至时祇领。特谕。"光绪七年（1881年）7月初8日驻藏大臣色楞额等代奏班禅为慈安皇太后逝世念经布施的奏折说："奴才色楞额、奴才维庆跪奏，为恭折代奏，仰祈圣鉴事。

① 此处所说大皇帝的母亲，并不是光绪皇帝的亲生母亲，而是指慈安皇太后钮祜禄氏（1837－1881年），满洲镶黄旗人，初入宫侍咸丰帝潜邸，咸丰二年（1852年）受封贞嫔，5月晋贞贵妃，10月奉旨立为皇后，时年16岁。1861年，咸丰帝崩逝后，与孝钦显皇后（慈禧太后）两宫并尊，称母后皇太后，又称东太后，上徽号曰慈安皇太后。同治帝登基后，与慈禧太后一同垂帘听政。光绪七年（1881年）3月初10，崩逝于钟粹宫，死因成谜，葬于定东陵。

窃准班禅额尔德尼咨来夷信译汉内称：接到驻藏大臣公文，惊悉大行慈安端裕康庆昭和庄敬皇太后于本年3月初10日仙驭升遐，实深悲痛，当即在各庙燃灯作善，递送许多哈达，并派掌教索昔四大喇嘛以及僧人百余名攒招念经，又于扎什伦布暨前后藏各寺院布施燃灯，恭行大善，通饬所属僧俗大众一体照办。惟念大皇帝当此大事，自必悲哀莫极，恳求代陈善保圣躬，以副中外汉番之望。今我班禅额尔德尼谨备奏书、哈达、佛尊，恭请圣安，烦为转进，所有奏书底稿另抄送阅，嗣后再行查照成案，专差堪布赴京呈进贡物，咨请先为代奏。等情前来。奴才等查班禅额尔德尼所咨与旧案尚属相符，复读译汉奏书底稿，情词出于至诚，谨将奏书、哈达、佛尊，用匣装固转进，并抄录译汉奏书底稿恭呈御览外，理合恭折代奏，伏乞皇太后、皇上圣鉴。谨奏。”）。

在此之前，日喀则宗的民众为汉官新建房屋，日喀则粮务官（粮台）向朝廷谎报是用汉军军饷修建，民众认为粮务官从中贪污民众的70锭白银，要求退回，形成聚讼，在快要铸成差错之时，班禅额尔德尼心中不忍，给民众赐白银，进行调解，民众心中感激，给班禅献了茶叶、米粮和曼扎、三依止等物，班禅给他们传授了嘛呢和度母等教法。

藏历7月4日，夏孜札仓堪布尼玛坚赞辞职，班禅额尔德尼想要任命举敦巴噶钦贝丹顿珠继任，同时因大强佐扎萨克喇嘛（即英萨）的候选继任人之事，班禅额尔德尼在6日行文给驻藏大臣[①]。

25日，班禅额尔德尼在格桑颇章给僧众和僧俗信众5000人传

---

① 关于八世班禅呈报大强佐扎萨克喇嘛继任人选之事，光绪八年（1882年）6月13日驻藏大臣色楞额奏报扎什伦布寺扎萨克喇嘛朗结协绕因病出缺请旨简放的奏折说：“奴才色楞额跪奏，为后藏扎什伦布寺院扎萨克喇嘛因病出缺，拟定正陪，请旨简放，恭折具奏，仰祈圣鉴事。窃奴才接准班禅额尔德尼来咨译汉内开：扎什伦布寺中管事扎萨克喇嘛朗结协饶因病身故，现在办事乏人，遗缺未便久旷。今援案拟定正陪人员，出具考语，并请将原领敕书、印信、扎萨克名号，仍一并赏给。咨请具奏。等因前来。奴才查班禅额尔德尼拟请各节，核与历办成案相符，谨将正陪各员履历另缮清单，恭呈御览，请旨简放，以重职守。所有后藏扎什伦布寺院扎萨克喇嘛因病出缺，拟定正陪，请旨简放缘由，理合恭折具奏，伏乞皇太后、皇上圣鉴训示。谨奏。光绪八年8月初2日军机大臣奉旨：另有旨。钦此。

附　拟定正陪人员年岁履历清单　谨将拟定正陪人员年岁履历，敬缮清单，恭呈御览。

计开：后藏扎什伦布管事扎萨克喇嘛遗缺，拟正四品大堪布罗布藏顿柱，年五十五岁。道光二十九年充当仔仲，咸丰二年补放六品之职，在书房当差，咸丰八年升补五品小堪布，同治三年升补四品大堪布。办事明干。拟陪四品大堪〔森〕琫楚称扎喜，年42岁。咸丰八年充当仔仲，同治元年补放七品，管理经卷，同治六年升补六品卓尼，同治八年升补五品小堪布，光绪元年派署森琫，光绪三年升补四品大森琫。办事明白。”

授珠嘉传规的长寿灌顶。27 日，班禅在吉康札仓给护法神像献供，做酬补法事并嘱托事业。

藏历 8 月 1 日，班禅额尔德尼出巡附近地方，照例举行宴会，几名升职的人员向班禅献哈达。这时驻藏大臣维庆①(སྟོན་ཆེན་ཞིའི་ཨམ་བན་ཆེན་པོ།)及其几名随从、定日总爷、新任日喀则大老爷等人到达，前来拜见和辞行，班禅照例赠送了礼品。和驻藏大臣一起到达的科尔沁王的托因在拜见班禅时献了曼扎、三依止，代科尔沁王献了请求护佑的礼物内库哈达、座钟、玛瑙鼻烟壶、库缎 3 匹、汉地马蹄银等，班禅高兴地接受，并在用茶时相互问候。土尔扈特王的一名达喇嘛、宰桑等人向班禅献曼扎、三依止和茶叶、粮米等。在他们辞行时，达喇嘛请求传授颇瓦法，班禅按照请求传授了依止无量光佛的颇瓦法，最后还诵传了长寿经。班禅对他们说："给你们远道来的客人单单传一个破瓦法，不是好的缘起，为了平息恶相，所以我特地给喇嘛念诵了长寿经经文。"总之，班禅对从康区、蒙古等地远道而来朝拜的人们，总是很高兴地接待，使他们全都满意。

藏历 9 月 3 日，班禅额尔德尼给阿拉善甘珠尔拔希喇嘛传授文殊语狮子的随许法等广大教法。

藏历 10 月 25 日，照例给班禅额尔德尼献冬装和哈达。哉务活佛在僧会上作为对本尊的供奉向经堂献了佛陀百行和 80 幅宗喀巴大师的唐卡，班禅给唐卡开光并撒花祝赞。27 日，班禅到贡觉林寝宫，驻藏大臣色楞额向班禅呈递了大皇帝赐给的别人很难得到的色彩鲜亮的哈达、珊瑚、椰子念珠、汉地的上等熏香等，班禅高兴地接受并叩拜谢恩。

藏历 12 月 21 日，班禅额尔德尼到普明寝宫，对大颇章的神像

① 维庆，满洲镶黄旗人，1879－1882 年任驻藏帮办大臣。

施食供养，又到密宗札仓的僧会上，照例给予护持。

在本年中，和前几年一样，有一些信众在僧会上熬茶布施，迎请班禅额尔德尼到僧会上，给班禅献礼供养。他们有：青海喇嘛噶钦吉仲贡布、卓尼尔洛桑群培去世的超荐办理者、夏孜札仓卸任堪布尼玛坚赞、哉务日甲活佛等。还有一些人在寝殿为班禅祈寿或献曼扎、三依止等物品祈寿，或者请班禅诵传长寿灌顶和希求的教法，或者有事祈愿、请求班禅赐给护持接受朝拜，简要汇集起来有：青海额尔克贝勒、吕寺院僧众、卸任英萨洛桑善丹、代本帕拉瓦、内大臣德泰的人员格隆格瓦贝、恰台吉、措那瓦根敦桑布、土尔扈特王的人员、代本玉拉瓦、蒙古人格桑曼朗、曲夏觉吉林巴、色拉寺杰札仓堪布活佛、哉务活佛、代沁巴当雄喇嘛、蒙古人扎西群培、噶伦拉鲁公爵、然巴瓦、政府的黄金官主仆、北方的牧民噶玛群培、森沃活佛、扎雅班智达的人员卓尼尔主仆、杜尔格大王旗的喇嘛额尔德尼达尔汗堪布去世送超荐礼品者、日卓活佛、柴达木喇嘛、善木岔活佛、霍尔比郧总管等人。此外还有很多，班禅都努力满足他们的愿望。

12 月 29 日，班禅额尔德尼到般若拉康，做定期的食子供，观看跳神法舞，以观察力鉴别凶恶的教法之敌，加以摧毁，使它们仅剩名字，使教法和众生的幸福如夏天的大海一样增溢。

水马年（1882 年，28 岁）正月初 1，班禅额尔德尼照例举行了新年宴会并参加了祈愿大法会。正月 8 日，班禅巡礼扎什伦布寺各个殿堂，奉献供品并依次祈愿护持。15 日，因贵族伦珠林巴的卸任管家的请求，班禅给 3000 多人传授了珠嘉传规的长寿灌顶法。

藏历 2 月 25 日起的 5 天中，班禅额尔德尼给德钦活佛等本年新出家的僧人剃度并授出家戒，所有执事人员向班禅各献一条哈达。

藏历3月1日,从温萨寺迎请了真实的阿底峡随身携带的释迦牟尼像色林玛为首的几尊具有大加持力的如来佛的身像,为这几尊班禅的本尊像,以及班禅的弟弟达喇嘛新造的用白银制成的喜金刚像举行盛大的开光仪轨。班禅还照例修供时轮金刚教法,并为信众做灌顶赐福。这时期班禅到达那的布如温泉去沐浴,在前往和返回的途中,有许多寺院排列僧队、男女信众载歌载舞迎送,在各个住宿的地方,该地区的谿卡管家和富裕人家等向班禅献曼扎、三依止等许多物品,班禅接见了他们并回赐礼品,使神人大众俱享欢乐。在温泉那里居住的20天当中,班禅照例沐浴。

藏历4月17日,班禅额尔德尼离开温泉,到他出生的地方去,途中因洞噶庄园的迎请到那里的鲁顶地方,在那里居住的4天当中,庄园的管理者彭康巴向班禅和管事的随从恭敬地奉献了大量物品,班禅高兴地接受了。随后班禅依次前行,在噶热寺僧会上传授吉祥摧破金刚随许法,并向经像塔献5份千供,巡礼各个殿堂,为利益教法和众生广发心愿。然后前行到班禅出生的托卜加地方的竹仓。在这期间先后向班禅献礼为班禅祈寿的人有:贵族贝蔡瓦、蒙古人坚赞群培、热萨瓦平措扎西、哈尔东巴噶尔玛、协噶尔曲德瓦、日卓活佛、德钦活佛、兑桑林札仓堪布、蒙古人贝丹群培、日喀则民众、哈热活佛和图钦达喇嘛、昌都江热活佛、涅·日嘎绛巴、雅卓达阿库等人,班禅分别传授他们希求的教法,并指示取舍,赐给他们自己所著的文章,总之给予了适合的教导,他们也都按照班禅指示去做,感到心满意足。此外,为僧众熬茶布施并迎请班禅到僧会上的有:日卓活佛贝丹坚赞、柴达木喇嘛噶钦丹巴群培、寺院措索巴洛桑丹增等,班禅分别给他们回赠了礼品。

这样各个阶层的信众按照自己的财力向班禅额尔德尼奉献了大量物品,如果按照记录将日期和数量详细列出,不仅篇幅巨大而且必要性也不那么大，故不详载，又担心不能满足施主们的心愿，因此我将每年的献礼情况综合起来讲述，对记录中有姓名记载的施主即照录其事，不过还有很多未记录其姓氏的施主，以及记录中仅仅说每天不断有献曼扎、三依止等物品的，详情不明，因此我也不能写出。

从铁龙年（1880 年）到水马年（1882 年），伦波孜巴强巴楚臣、绛巴桑噶瓦米玛顿珠、夏孜瓦洛桑坚赞、官查瓦阿旺洛桑、洛桑图多、当钦巴洛桑次仁、达摩瓦洛桑赤列、伦波孜巴顿珠扎西、洛桑曼朗、冲布巴喇嘛阿历活佛阿旺仁增曲扎嘉措、阿旺丹增、章切瓦阿旺赤列、益西嘉措、阳巴洛桑坚白、吞巴阿旺贝丹、哉务斯嘉活佛洛桑贝丹曲吉旺秋、比图巴洛桑次仁、谢巴群培达杰、拔希瓦阿旺群培、昂仁曲德巴格勒丹增、洛桑伦珠、洛桑次仁等，按照各札仓的“译恰”学完了《堆扎》的全部教程；章切瓦洛桑多吉学完了《四家合注》；伦珠孜巴吉钦珠旺活佛洛桑尊追嘉措学完了《现观庄严论》《入中论》《入行论》《怙主旦白尼玛的因明指引》；哉务活佛学完了《中观》《俱舍论》《般若》《因明本论》《戒律心要》；色康巴贝丹丹增学完了《注释论显明密意》；昂仁曲德巴活佛丹巴雅培学完了章嘉仁布切著《宗派广论》；洛桑善丹学完了《现观庄严论》《入中论》《入行论》《七十事论》；格隆洛桑尼玛学完了《德勒尼玛的戒律论注疏》上部；次仁桑珠学完了《量理庄严论》；格隆洛桑群培、洛桑日卓、吉仲群培嘉措等学完了《现观庄严论》《入中论》《道次第简论》《捷径教授》《菩提道明灯》；比图巴噶钦洛桑喜饶、曲科伦波瓦尼玛桑布等人学完了《慈氏五论》；温贡巴益西强巴、洛桑旦达、罗桑旦增、索南嘉措、索南达杰、益西索南等学完了《胜乐本续》；班禅按照他们所学教法的程度分别赐茶包、衣物、哈达、瓷盘、白银等物品作为奖励，使他们满意，鼓励在佛法的讲辩事业方面努力使之发扬光大。

这样，班禅额尔德尼由于先世长期以来熏习的伟大发心而成熟的法力，在尊善贤三方面做出了殊胜的业绩，在现今五浊如海水泛滥的末世，树立起佛陀和第二佛陀的教法的不灭的经幢，不用说他的三密的善业，就是他的呼吸起坐住行，都是为了利益教法和众生，把众多的贵贱人等引入到成熟解脱的善道上。

在此有诗赞道：

对于在轮回海中长期漂泊的悲苦众生，
你是让他们脱离鳄鱼威胁的巨船，
你是解开贪欲心魔束缚的明咒王，
你是治疗持偏见病人的圣手医生！

如同烧毁庸俗愚昧野藤的劫末火，
如驮起利益教法众生重任的银象[①]，
如将政教大地从浊海举起的金龟，
凶猛遍入天也在怙主你脚下安睡！

你是对众生满怀慈爱的吠陀主，
赶走寒冬引来明媚的春天，
水汽甘露密云中响起雷声，
使具缘众生得到及时之雨，
救了大众让旱魔自己去悔罪。

具有十三种吉相的妙龄女，

① 此处银象是指帝释天的乘骑。

在月光下高兴地翩翩起舞，
莲花生大师三次微笑之地，
在谢地方你尽享沐浴欢乐。

十明之学的美好面容，
智慧明镜中清楚显现，
贤哲为首的众多人群，
恭敬地向你献上供云。

你的慈悲遍布到各地，
又受誓愿之力的驱使，
在出生地方显现尊容，
使见者获得成熟解脱。

狂妄者如夜间萤火虫，
虽能发光也只亮自身，
太阳升起它消失无踪，
猕猴狮子怎能比菩萨。

浊世狂风虽然很猛烈，
你慈悲云中降下雨水，
滋润大地镇压住飞尘，
使政教幼苗顺利成长。

如从天下降的密法院，
你升上那里的金刚座，

因为你先后多次莅临，
金刚乘大门得以打开。

不恋一地外出巡游时，
你说法如春雷震大地，
每年都向护国药叉像，
祈愿酬补并嘱托事业。

虽在地上却是地上天宫，
向贡觉林园林引来江水，
生活在地下的龙王等神，
也因此现身真令人称奇。

叶如襄地方的无数生灵，
为护佑他们你到嘉措泉，
分洒成熟解脱的甘露雨，
使众人都得到美好善缘。

为供奉数量众多三依止，
新建殊胜的三宝大宫殿，
对以三宝为上师的信众，
你让三宝对他们加持护佑。

桂译师和持莲花尊者等，
你对他们全都亲近依止，
被称为达那的河谷上下，

你到那里的温泉里沐浴。

叶衣佛母现身的岩洞等，
各个圣地你都前去巡礼，
就如先贤再生重来此地，
赐给该地众生利乐吉祥。

对进入佛法莲池的新人，
你为他们剪去头上发辫，
授予戒律的清净的流水，
洗去在俗世沾染的灰尘。

先前的先前你已经获得殊胜的甘露，
为了让后来的后来的众生获得解脱，
你的三转法轮的伟大功业，
至今仍是教法众生的善缘。

尊胜上师罗桑班丹确吉扎巴旦白旺秋传——繁盛具信莲苑之阳光之第五章“受圆满比丘戒成为佛法之主在前后藏各地利益教法和众生”至此完结。

第六章 所载事迹辑要

这位薄伽梵如来阿罗汉正等觉佛陀、具正知的善逝如来、教化众生的舵手、神和人的无上导师、无量光佛穿鹅黄色袈裟戏乐人间的具德上师，从久远以来就为教化清凉药物之区的众生，如意示现各种身形，以猛烈发心的誓愿之力，此次又在兜率天宫以清净的眼光对降生的种姓、地方等做了完美的五照见，看到瞻婆拉（གནོད་སྦྱིན། 财神）的坐骑的口中吐出了悉达（ཤི་ཏ་ཀ།），汇聚成缓缓流动的大河雅鲁藏布江，江岸边，在卫藏四如中属于叶如北部下方的具有多种吉相的托卜加地方的竹仓家，是光明天神后裔的家族。于是，在藏历十四饶迥的被称为“森布”的木兔年（1855年），上师选择在该家族中诞生。

他出生后不久，由护法神和许多上师的授记，特别是按大皇帝的圣旨经过金瓶掣签，认定为上一世班禅额尔德尼的真实无误的转世，被迎请到扎什伦布寺的高大的法座上。

他从非常幼小的时候开始，就抛弃那些带来烦恼的放逸的行为，见到三宝佛像等就努力做出献供和礼拜的动作，完全表现出一个清净大德的行为举止，与生俱来的智慧日益显现。对于他此生中以前没有学过的经典，他也会毫无障碍地显示出长久以来许多辈受生为精通五明的班智达的征相，对于各种学识都自然地具有很高的理解力。在他 6 岁的时候，他就毫无困难地口诵出赞颂尊胜文殊菩萨的美妙的偈颂。

他本人在此生中本来不需经过闻思等，就能成为功德学识的珍贵宝库，但是为了让追随的应化众生理解“首先要广泛地听受，中间要学习所有经典，然后昼夜进行修持，将这些回向到兴盛佛教”的道理，指示说：“不经开初的听闻就去思考和修行，那是愚蠢的修行，只能是堕入畜生道的方便，而不会成为转世善道的因由，因此首先要广大的听闻。”

在戒律的方面，他在 6 岁的时候，就在梵行清净、受人敬仰、具有功德学识堪布和阿阇梨的身边，在足数的比丘中，正确地接受了佛法的基本沙弥学处的戒律。从那以后，他严守清净戒律，拜百部论主永增金刚持诺门汗洛桑丹巴坚赞、成就自在上师益西群培贝桑布、转法轮依祜普布觉永增金刚持强巴活佛等具法相学识的众多大德为师，依止善知识，成为了博学之士，打开学识之门，听习堆扎教程、释量论、中观、般若、戒律、俱舍论等二胜六庄严的各种论著，闻思学习各种学处，还接受灌顶、诀窍、教诫等，很快成为精通显密的贤哲。

在讲辩著三门方面，以讲经说法为例，他最初登上法座做念诵和回向时，声音宏亮、悦耳动听，具有60种妙音的特点，使贵贱众人都心悦诚服。总之他善于从容念诵讲说经典，有缘听受他讲说佛法的弟子有：持莲花尊胜化身仁布切达赖喇嘛·阿旺洛桑土登嘉措贝桑布、东方智者的顶饰章嘉仁布切、朵康教法的明灯昌都活佛帕巴拉、历辈贤哲相继出世的嘉木样谢巴活佛、谢通门欧曲喇嘛仁布切央金珠贝多吉等人，以及扎什伦布寺本寺的密宗札仓的大德金刚持洛桑楚臣、讲说教理的洛桑丹增、显密教法之主吉康札仓卸任堪布洛桑金巴等许多讲经师和在任卸任堪布。还有扎什伦布寺和色拉寺、哲蚌寺、甘丹寺三大寺为主的各个地区的上师、阿阇梨、引导众生的活佛、显明教法的格西、静修僧等，数量难以计算。还有权势无比的国王、小邦之主、大臣、贵族等。

在辩论的功德方面，正如前文所述，班禅额尔德尼在年幼的时候就对教理精通，对能立因与所立法立宗辩论等心向往之，常常发出模仿开辩的“迪”①的声音，后来他又和经师永增、四大札仓的堪布、参夏巴等讲经师以及许多聪慧的学经僧，就五部大论的各个难点按照规则进行辩论，当他在辩论时发出高声大笑，使许多自认是智者的对手也感到胆怯，那些错误的言论就被破斥得体无完肤。

① 辩经时首先高声长念文殊菩萨的种子字“迪”，表示辩经开始。

他就像印度的说法大师陈那和法称那样，又如赞颂克珠杰所说的那样："说法的雷声响遍十方，推理的霹雳带来破立的闪电，将邪说的山崖砸得粉碎，向你殊胜各方者祈祷。"反观现今一些自诩的论师，正如尊胜阿旺强巴所说："对自他的邪分别做出在口头破斥的样子，破斥别人建立自宗的结果，却分辨不了自他的戏论，一开始即以欺瞒的语言，词不达意的论式错安立，争辩时心虚发颤者，犹如小偷偷财宝一般，在善辩者面前只能败逃。愚人汇集的地方吵声高，发问的'吽'声震耳朵，这样的论师是猫头鹰的兄弟。"真正的论师不会是这样的。

从著作的功德方面来说，不用说他后来学习经典的情形，在没有学习识字之前，他从会说话的时候开始，就脱口而出地诵出对上师和本尊的赞颂、祈愿的著作，而且这样的偈颂著作经许多学者苦苦搜索也没有挑出毛病来，这一点已经在前文述及。此外，他还这样脱口诵出过依止大佛母的著作。这位班禅额尔德尼的著作虽有很多篇目，但是至今还未刻板，因此在此无法完全列出。这些著作的诠释准确无误，所用的词语文意圆满、多为诗体，文章优美华丽。总之正如法王格微旺波和五世班禅等印度、西藏的许多诗人的故事那样，这从班禅的前后的著作中可以理解。班禅这样撰写著作的情形，正如上师阿旺强巴仁布切所说："理解所有经论的语义，善于文字的组合使用，智慧像苍天一样广大，这样的写作者是莲花亲（太阳）。"

从知识广博、具有渡过教法大海的证悟功德方面来说，班禅对别解脱三部戒律汇集的戒律学处方面，如同对自己的眼珠一样珍视守护。他的身体、僧服和日常用品等都发出一种戒香，各个地方的民众，不论贤愚贵贱，在见到班禅的面容的时候就会不由自主地生起信仰，像仆人一样对他恭敬。那些权势大小不等的王者也在他的脚下恭敬顶礼。总之，班禅成为"洗去犯戒尘垢的水，去除烦恼酷热的月光，在众人中像须弥山威严，不用威力恐吓却使众生驯服。”

班禅额尔德尼这样清净守持戒律，在共通的士夫的三道、不共的甚深金刚乘的二道，以及具相和无相的瑜伽等禅定修习方面，随时随地专心努力，从金刚禅定中，他霎时间即能显示出查知他人心思和事物的未来的先知功能，并显示神通，这不用说是他以禅修之力而获得的无量的功德。由于班禅将这种功能隐匿不彰，所以并没有将其全部显现出来，不过有时候也会表现出来一些。除了本书前面已经讲过的，还有以下的事例。

有一次，珠旺则巴喇嘛仁布切非常困乏，好像身体得了重病，当时班禅的姐姐正从珠旺则巴喇嘛那里听受很多教法，一次班禅突然派人带来他手写的信函，说珠旺则巴喇嘛现在身体有大的违碍，需要做祈寿的法事。班禅的姐姐立即照办，做了祈寿的法事，珠旺则巴喇嘛的身体也好起来了。后来班禅就此事回忆说：“当时我在梦中梦见则巴喇嘛骑着大鹏鸟到天上去，我正和永增在一起，我挥动披单，他又回来了。”他说的是梦境，实际上是大德之间的互相交往，当时是珠旺则巴喇嘛要去他界了，由于班禅的祈寿法事的法力，使他暂时还在此世间生活一段时间。

又有一次，吞巴米村（ཐོན་པ་མི་ཚན།）的东面的柴草堆在一个闲暇的日子里被煨桑炉掉下的火引燃了，大部分柴草被烧掉，管柴草的大卓尼尔向班禅报告了此事，班禅说：“卓尼尔你本身恐怕也会遇到火灾喔。”卓尼尔说：“我怎么会这样，请不要说这样的话。”当天卓尼尔心中还没有什么，但是第二天他心中感到不安，就到柴草堆那里去转，在那里找到了火药和一束导火索，他把这两种东西拿给班禅看，并向班禅献了一钱黄金，把发现这些东西的情况做了报告，说因为班禅的慈悲没有发生灾祸，请求班禅以后还要慈悲护佑。这使在场的人都感到十分惊奇，生起信仰。

此外,吉康札仓(དཀྱིལ་ཁང་གྲྭ་ཚང་།)北面的几尊神像破损严重,班禅每年在出巡附近地方后要向吉康札仓的大护法祈愿,这时吉康札仓的堪布要按班禅的祈愿向神像礼拜。那年吉康札仓的堪布是达摩瓦噶钦洛桑根敦,他对班禅说今年这几尊神像破损严重,打算进行修复,请求班禅保佑修复进行顺利。班禅回答说:"与北墙的这几尊神像相比,神像的寝殿更加危险,需要维修。"原来寝殿的木料破裂,有损坏的危险,可是众人没有看出,还用敬神哈达将其遮蔽,一点也看不出来班禅却用清净智慧察觉到。因此将寝殿和北墙的神像同时进行维修。如果不是当年进行了维修,寝殿肯定会倒塌,众人看到这一点,对班禅信服得五体投地,同声赞扬不绝。

另外,有一个叫羊曲喇嘛居美桑结的人,在藏北那仓的阿仓胜浦得了重病,经过班禅的母亲请求班禅加以护佑,班禅立即做了超度回向,而这时正是这位喇嘛去世之时。这使人相信班禅是明察三世的真实佛陀。他以这样的无碍的预知的神通来利益具缘的众生。而那一些并不具有这样的功德却自诩要利益众生的人,正像翅膀没有长全鸟儿,并没有飞上天能力。这正如阿底峡大师所说:"没有长全翅膀的鸟儿,飞不到天上去,没有预知未来的神力,不能利益众生。"

班禅额尔德尼以神通利益众生的事迹,有一些在前面已经讲过。那么称为神通的是怎么样的呢?贤哲世亲说:"神通出自禅定,化现并向众生显示,如意捷(ཡིད་མགྱོགས་འགྲོ་བ། 神足日神所骑的马)对其他众生来说,是由意想这样疾行而产生的。属于想望的神通,有外六处(由色、声、香、味、触法六种所缘分上生起六识之处)及具形等。"按照这一说法,神通有本身和二外境,而外境又有化现和趣行两种。化现又有想望的化现和有形的化现两种。趣行又有像鸟那样以身体疾行、把远途想望为短途的想望所生的疾行、随心愿即到任何地方的疾行即心中一想即可到所想的地方的佛陀的神通等三种，前面的两种，声闻乘、独觉乘、阿罗汉也可以具有，而三种全部具有的是正等觉诸佛。因此，由无量光佛化现的转世怙主班禅，在久远的前世已经具有了如来十力，对如虚空一样广大众多的有情众生，以其神通观察即知道他们各自的身体健康状况，用和人们的思想相适合的形式表现出来。他具有这样的神通的例子还有很多。

当班禅在伍佑的善蔡温泉沐浴时，有一次他用神通做了利益众生之事。在离温泉有一尖路程（即行走一天到打尖住宿地的路程）的叫做宁波朗（སྙིང་པོ་ནང་）的地方，该地有一个叫做“戴狐皮帽的八岁童子”的山崖，如直插云天的一根高高的柱子立在那里，那里住着许多凶暴的龙魔，危害人们的生命。有一次，知三世的大阿阇黎莲花生大师来到这里，收服了住在这个山崖的龙魔，把一个上百人也难以抬动的坚硬的白色巨石放到山崖顶上，好像是给山崖戴了一顶帽子，以镇压邪魔。有一次山崖顶上的白色巨石突然掉下来，附近的大地好像发生了地震一样地颤动，又像千个雷霆响起一样轰鸣不绝，使当地的人们胆战心惊。从那以后，当地的土地变得贫瘠，人们越来越穷苦不堪。据说这样的苦日子已经过了很长时间了。我们的怙主、具有智慧悲悯和法力的班禅对此无比同情。他如同《文殊菩萨名号赞颂》中所说：“具有大神通的法力，迅捷而有威力”，以神通和法力独自秘密地在刹那间去到宁波朗地方，运用神通法力把以前莲花生大师放到龙魔居住的山崖顶上、后来又掉落下来的白色巨石再次放到山崖顶上，还给巨石装饰成串的五色哈达的纹样。从此附近地方五谷丰登果木成行，众生得享幸福。班禅还做了制服龙魔，埋藏伏藏宝瓶等一般人难以想象的特别的法行，他单独做的这些和莲花生大师当年所做的完全一样，也即是他和当年的莲花生大师显示了同样的神通法力。

上述的这件事情并不仅仅是说他是莲花生大师的化现，在这位班禅的本生秘传中，对藏地佛法前弘期有大恩德的莲花生大师、对佛法再宏或者说是噶当教法的源头阿底峡大师及其殊胜的教理清净的弟子、以前的许多贤哲和成就者也都是同样的化现。

又有一次，扎什伦布寺的上空出现了形状可怕的乌云，翻滚的乌云中响起天崩地裂般的惊雷，此时班禅额尔德尼到大颇章的屋顶，手持金刚杵和宝剑，做防雷的法事，使得一道霹雳闪电在寺院的上空被挡了回去，散落到了后山的一个山崖上。这些既见于班禅的事迹中，在新旧译密法的各个传播时期，以息增伏怀的事业来利益教法和众生的大德的奇异事迹中也有很多记载，说起来也是这样的。

此外，在土虎年班禅去谢地方绛普温泉（བྱང་སྨུག་ཚབ།）的时候，博东扎西岗（བོ་དོང་བཀྲ་ཤིས་སྒང་།）地方的人们因接连几年当地雨水稀少，庄稼歉收，请求班禅护佑明年能获得丰收，班禅接受了请求做了护佑。第二年进入夏天的时候，当地冒出了多眼泉水，田地获得灌溉，因此当年是一个以前没有过的丰年。

另外，还有一些农民请求班禅护佑庄稼不受冰雹和霜冻的危害，班禅对各地的地方神各赐了金刚结和青稞穗，并做了吩咐，果然到时候完全没有冰雹和霜冻发生。

另外，有一年在夏季祈愿法会时，班禅到吉乃的院子里，问管理那里事务的管事格隆益西顿珠说："这里的果树都结果了吗？"他回答说："枣树在这里根本不结果，其他的果树结了果。"大其本也说了在怙主旦白尼玛（七世班禅）在世的时候这里的枣树没有结过果的情形。班禅的母亲说："你让这里的枣树以后结果吧。"第二年的夏季祈愿法会时班禅照例又到了那里，问管事格隆益西顿珠："枣树结果了吗？"回答说："不知道有没有。"班禅什么话都没有说只是笑了笑，当时并没有什么表示。过了几天以后，枣树顶上的树叶丛中好像有果子在晃动的样子，管事立即爬到树上去查看，看到结了9颗枣子。到当年秋天时有4颗枣子掉到地上，过了几天剩下的也都掉到了地上，管事将其献给了班禅。这事说明班禅是一个从禅定中获得掌控自然界能力的大师。

这样，这位大德班禅额尔德尼不仅在这一世，而且在以前的很多转世中就具有广大的教政功德，在共与不共的禅定中获得了自在，在陀罗尼和智慧、神通、预知未来、明见诸法不实的胜观智慧等，是具有无量功德获得极高成就的成就者，内部没有任何戏论之相，完全把利益教法和众生作为至高无上的事业，以毫无虚假的法行持守戒律，从来不做粗暴凶狠之事，行事清净，正像以前的噶当派大师的行事作风。他做善事的次第是，每天黎明时起床，定时在佛像前多次礼拜，然后干干净净地奉献净水和供灯，向大威德金刚等本尊做自生念诵和上师瑜伽念诵，白天做讲辩著和阅读经论，晚上对守护教法的护法做酬补和嘱托事业的法事。在接受金刚乘的灌顶以后，他按照二次第进行修行，或者按照如法守护法誓和戒律是真实成就的根本的教诫，作为不毁法事的方便，做六座瑜伽和三律仪的回向等。为养护法誓向护法做施食、火供、初十仪轨等。总之他在行事方面完全和前世班禅一样。在这些法事的间歇，他实践医学的知识为很多人挽救了生命。对居住在附近的或者临时前来汇聚的各个民族的贵贱人等，他都亲切会见，为他们讲经说法，使他们得到教法的甘露，还为他们摸顶赐福，其数多至数10万人。除了他在闭关修行或者身体有病的时间外，他都毫无倦怠地满足信众的愿望。

此外，班禅额尔德尼以转动三法轮的事迹广做利益教法和众生的情况，其中转读写和闻思之轮以及转禅定修行之轮的事迹已经在上述的有关部分做了归纳，转事部业之轮的情况是，新建或者维修佛堂和佛像佛经佛塔等,并在佛像等的前面新建无量的供品,并使以前的供品不至减少,并给难以计数的僧团熬茶布施,这些事迹难以尽述。总之,他继承了噶当三兄弟①(བཀའ་གདམས་སྐུ་མཆེད་གསུམ།)的事迹,这些事迹在前面已经做了记述,若详细再讲恐文字累赘,故按下不表。

这样,班禅额尔德尼以贤者讲辩著三德(མཁས་པའི་ཡོན་ཏན་འཆད་རྩོད་རྩོམ་གསུམ།)、尊者持守三戒(བཙུན་པའི་ཡོན་ཏན་སྡོམ་གསུམ།)不染坠罪的功德、善者转三轮(བཟང་པོའི་ཡོན་ཏན་འཁོར་ལོ་གསུམ།)的功德所做的利益教法和众生伟大的功业,说明这位大德在此浊世将佛陀教法特别是第二佛陀宗喀巴大师教法的经幢牢牢竖立,把引导众生走向成熟解脱的教法甘露洒向各方。他的这些殊胜的业绩,使我们这些受他关怀的众生,特别是直接受到他的恩德眷顾的弟子和属民,都应当追随学习,不断地把他作为我们祈愿的对象,效仿他的这些事迹。

对此有诗赞道:

具有如来十力和四无畏利器,
菩提七加行的伟业作为美饰,
因事业习气从容到信众之中,
导师象王②的功绩理应受赞颂!

---

① 噶当派由阿底峡创建教理,由仲敦巴嘉瓦迥乃建寺立规,由仲敦巴的3位主要弟子弘扬流传,其中,博多瓦所传为教典派,认为一切经论教典都是修行成佛的依据和方法,尤其重视《本生论》《集法句论》《菩萨地论》《大乘庄严经》《集菩萨学论》《入菩萨行论》等噶当派的六大教典。京俄瓦(一说是官巴瓦)所传为教授派,重视师长传授和实修验证,以阿底峡所著《菩提道灯论》的道次第为主旨,结合对佛典的诠释指导修习,故亦称"道次派"。由普究瓦所传为教诫派,主张以"恒住五随念"(念师长为皈依处,念自身为本尊,念语言为诵咒,念众生为父母,念心性为本空)为修行法门的十六明点教诫。博多瓦、京俄瓦和普究瓦3人被后人称为噶当三兄弟。

② 此指释迦牟尼入胎的故事,说释迦牟尼入胎时其母"摩耶夫人在睡梦中见到一头六牙白象,头部红色,象牙用黄金装饰,从空而下,进入自己右肋。夫人顿时感受到了前所未有的安乐,就像服下了甘露,于是就怀孕了。此时,一切世间光明普照,大地有六种震动,诸千山王一齐震动,四千大海和河池里的水一起逆流,一切草木滋润繁茂,乃至阿鼻地狱的众生,都感受到了极大的安乐"。

浊世末期所生的众生，
对邪行乱舞心生恐惧，
祈愿追随威严的佛子，
在安乐的大厦中休息。
为了利乐悲苦的众生，
把地狱火坑当做莲海，
怙主你赐给此土吉祥，
殊胜功业无人能比拟！
用水洗去众生的罪尘，
手持柳枝和宣示证悟，
并非领人转移到它处，
是用法真谛使人解脱。
指示佛陀喜爱的正道，
由善知识执掌舵和桨，
在思辨智慧的巨船上，
容纳所有的应化众生。
用你珍贵意愿和身语，
对经论大海深刻领悟，
辩经场上立宗的利箭，
射向无知邪说的颈项，
精通五明之学的智慧，
加以不倦禅修更殊胜。
智慧水晶球照出罗刹王的身形时，
你就是制服魔王的神猴哈奴曼达，
以超过百年修持梵行的镇压威力，
成为医治众生疾患的大菩萨神医。

你的手指做三外治汇聚经论真意，
写下穿连美词妙语的空前的著作，
符合教理因明等的讲说摄受有缘，
破立辩论你以火舌烧毁邪说谬论。
你以贤哲的三种事业，
成为一切智者的顶饰，
也是成就者的白伞盖，
至高无上执掌教法者。
对出家为僧弟子大众，
你为他们转动三法轮，
掌管教法众生大寺院，
除了法王你谁能承担。
文殊菩萨和观世音，
以及金刚手的功德，
宝生佛聚集于一身，
你就是导师宝生佛。
你的胸怀如此宽广无边，
使法界虚空也显得狭窄，
因而诸佛选派你们师徒，
来此世间利益有情众生。

尊胜上师罗桑班丹确吉扎巴旦白旺秋传——繁盛具信莲苑之阳光之第六章“所载事迹辑要”，至此结束。

第七章　完成教化事业后示现最后业绩

班禅额尔德尼直至28岁之间以伟大的洁净事业利益教法和众生。此时，正如《大方广佛华严经》①所说：“如来诸佛，为示现世间无常；为说佛陀事业无尽，示现事业之终极；为说教法源流不绝之真实，说诸有为法皆根本断绝；为诸有情示现厌离，使众生知寿命有终；为教示众生世间无可贪恋；为向众生示现佛陀依次降世令其欢喜，（故示现涅槃）”故此，为以如来的遗体舍利护持众生，为使世间的争斗、傲慢、癫狂之众有情入于戒律束缚，佛陀示现无余涅槃，此乃佛陀释迦牟尼的第九件功业。因此，具有四身五智（སྐུ་བཞི་ཡེ་ཤེས་ལྔ）的无量光佛为利益众生而着僧装化现的这位班禅额尔德尼从了义上讲根本没有生老病死等世间轮回的痛苦，但是从不了义上讲，为了引导我等应化众生中持常见者进入佛法，为了利益他界的众生，为了以遗体舍利来教化应教化的众生，他以法身逝往兜率天而入于涅槃。

在临近涅槃之时，他在达那的布如温泉沐浴（འབྲུ་རུ་ཚབ་བཞེས།）

---

① 大方广佛华严经是释迦牟尼成道后之第二个7日，于菩提树下为文殊、普贤等上位菩萨所宣说之自内证法门，内容记述佛陀之因行果德，开显出重重无尽、事事无碍之妙旨。《华严经》出于印度，法藏《华严经传记》卷一载，龙树菩萨于龙宫中见本经有上、中、下三本，其上本与中本之颂数品数浩大，非凡力所能受持，故隐而不传；至于所传之下本，即是十万偈四十八品（或谓三十八品）之华严经。其后，世亲菩萨作《十地经论》以释十地品，金刚军、坚慧等论师亦造有十地品之释论。此经传入中国后有专重此经教的华严宗成立，充分发扬其真谛奥义。《大方广佛华严经》的经名，系“法喻因果”并举，“理智人法”兼备之名称，一经之要旨，皆在此中。大，即包含之义；方，即轨范之义；广，即周遍之义。亦即总说一心法界之体用，广大而无边，称为大方广。佛，即证入大方广无尽法界者；华，即成就万德圆备之果体的因行譬喻；故开演因位之万行，以严饰佛果之深义，则称为佛华严。此经的汉译本有六十华严、八十华严、四十华严三种，其中八十华严之梵本，乃于阗僧实叉难陀应武则天之请，从于阗国携入长安，自证圣元年(695年)3月，于遍空寺内始译，武后亲临译场，挥毫首题品名，至圣历二年(699年)10月功毕。因其文辞流畅，义理更周，故流通较盛。华严宗之主经即此八十华严。此经之藏文译本，总成四十五品。其中，前四十四品相当于本经之前三十八品，第四十五品相当于本经第三十九入法界品。又藏文本之别译有第十一品、第三十二品等二品。

之后东行，从恰塔雄地方开始，他以前的涎液旧病复发，身体略有不适，加上鞍马劳顿，在噶热地方又为众人传授随许法等，身体疲惫，因此病势沉重。加上以前在铁蛇年（1881 年）8 月里出现彗星等凶兆，使得班禅身边的人心中非常不安。正如《大方广华严经·普贤菩萨行愿品》所说："诸佛若欲示涅槃，我悉合掌而劝请，唯愿久驻刹尘劫，利乐一切诸众生。"即是祈请对往生驻世获得自在的菩萨和佛陀化身等不入涅槃，并为此做祈寿法事等，因此班禅身边的随从执事诸人为班禅猛力做祈寿法事，并请班禅卜算怎样做法事好，班禅回答说病情不要紧，不过可以做这样一些经忏法事。他们做了大量的法事，同时也请求护法和其他上师做卜算，特别是派人骑马去欧曲喇嘛仁布切遍知一切央金珠贝多吉贝桑布那里，请求他卜算。欧曲喇嘛回答说："好像身体没有大的违碍，不过对嘉瓦师徒（指班禅额尔德尼和达赖喇嘛），像我这样的小喇嘛卜算可能不准，主要要看如意宝（班禅）自己的发心如何，因此要按他的心愿好好服侍进药和祈愿。"因此在扎什伦布寺和当地的各个寺院向三宝献供品，给僧众熬茶供饭，给穷人布施，接连做了一个月的祈寿法事。5 月 6 日开始，班禅的身体不见好转，胃口不好，因此只能进很少的茶饭。侍从们凑集资金向神像献告助礼品，悲哀地同声祈愿班禅病情好转继续广做利益教法和众生的事业。又向班禅请示还需要做哪些经忏法事，班禅回答说："我自己做过卜算，没有大的差错，而且欧曲喇嘛仁布切的测算也说没有大的危险，因此除了以前做的法事，不必专门增加什么法事。"尽管如此，身边的众人还是很担心，向扎什伦布寺的代理大执事报告了情况。10 日，措索巴想到班禅身边去和班禅一起做祈寿法事，但是因为他是俗人之身，恐生变故，因此他到班禅身边，只能将祈愿班禅健康的愿文和祈请班禅卜算如何做法事的文书和礼品,经过卓尼尔呈送给班禅,班禅很好地接受。班禅在噶热寺住的几天中,做了长寿仪轨和四业火供等为班禅祈寿的法事。众人认为,为上师做祈寿的法事总的来说是一种善缘,尤其是如果这次班禅能够因为这些祈寿法事很快从大病中痊愈,莲足永驻,那是最好的,即使因为伟人大德的无上心愿难以阻挡,班禅不会长期驻世,那么哪怕班禅仅仅多驻世一天,也是比其他任何事情都大的福德,因此众人仍然努力做各种祈寿的法事。此外,在这时,代理英萨(大执事)、卸任英萨、四大札仓堪布、班禅的母亲等人先后多次送来了祈愿班禅长寿的文书和物品,班禅总是安慰他们,回复说:“我在这里没有大的差错毛病,你们不必担心,我很快会来和你们会面。”本书前面已经说过,班禅对医学知识很了解,而且通过和拉曼巴东朗巴切磋,按照病情依次服用适合的药物,因此治疗方面并没有可懊悔的地方,但是班禅的病情还是那样,没有好转。从藏历 7 月 8 日起,班禅总是让弟弟达喇嘛念诵法王八思巴(འགྲོ་མགོན་ཆོས་རྒྱལ་འཕགས་པ།)和娘顿查仓巴等许多上师的传记中逝往他界情形的记载,并问拉曼巴:“什么时候到 15 日?”透露出班禅将要逝世。但是由于前面班禅答应还要长久驻世,所以班禅身边的人们一点也没有怀疑到班禅即将逝世。到当月 14 日,中午过后不久,有一道白色的虹光清楚地插射到颇章的屋顶上,而且当时天空中浓云低沉,时而分开,时而聚合,在颇章周围形成环绕的五色彩虹,这显然是有许多空行从天界下降来迎接班禅前往净土。次日中午时分,班禅突然气力不支,说话声音越来越小,眼睛也只能微微睁开,在 3 个小时的时间中,呼吸的气息微弱,似有似无。身边的众人好像掉了魂一样,悲伤难忍,举着曼扎、三依止,流着眼泪,悲情地对班禅请求说:“请救怙主仁布切不要改变以前答应的话,从疾病中很快解脱出来,不久就回到扎什伦布寺去。"这时班禅睁开了眼睛，好像恢复了意识一样，对服侍的人们吐词清楚地说："不要担心。"又对身边的南杰笑着说："我在我出生的地方差点死掉了啊！"南杰立即向班禅跪拜，请求说："虽然是这样，请您像以前答应的，尽快从疾病中痊愈，回到扎什伦布寺去。"班禅回答说："现在好了，你完全不用担心。"随从们立即通过大卓尼尔向班禅献礼并祈愿。班禅说："我现在除了气力不支，没有其他毛病，你们不要担心，我们很快就会见面的。"这实际上是预言说班禅的转世很快就会出生，那时大部分的随从都可以和灵童见面。但是在一般人的见相中，是班禅得了重病，在寝殿的门内每天不顾疲劳地不断地立誓还愿。

实际上，在班禅额尔德尼 28 岁的阳水马年的 7 月 15 日的黄昏时分，他如同导师释迦牟尼在拘尸那城示现涅槃那样，以睡狮的姿态进入誓愿之中，由现证三空渐次进入现证四空（སྟོང་པ་བཞི། 空、极空、大空、一切空），以光明入于无量光佛的胸中。

这时，为了显示这位金刚持上师现证菩提的光明，天空中没有一丝云彩、雾气、尘埃、微风，非常晴朗。从 17 日开始，晴朗得像蓝色琉璃的天空中，从托卜加河谷东西的山顶升起难以思议的伞盖、经幢、飞幡形状的祥云，时不时地还有彩虹在其中出现。特别的是由于喜爱佛法的众神因为三界众生的依怙逝去而悲伤，作为在外部的显现，人们说在班禅圆寂的晚上，月亮也暗淡无光，如同一面破碎的镜子难以看清，又说从那天起太阳也没有那么明亮和温暖。

这样，对神和众生恩德无比的依怙暂时逝往法界，人们像走在盗匪出没的荒野上的旅客、在大荒原上失去了引导的瞎子、从海岛寻宝回来的商主在快到家时丢失了财宝那样，在班禅身边的人们被悲痛的火舌炙烤，不断流泪痛哭，一时不知道怎样办才好。等苏醒过来，立即派使者飞马到扎什伦布寺去向代理英萨送信，报告情况，并请求立即派人前来。以代理英萨为首的在扎什伦布寺的众执事，以及各个札仓米村和僧俗信众等听到这个消息后，犹如失去驼羔的母骆驼一样悲痛难忍。代理英萨感念上师的恩德，立即承担起办理班禅圆寂和祈愿寻找其真实转世的重任，依次努力完成广大的善业。

在此有诗赞道：

当天空太阳的光辉，
被罗睺遮挡的时候，
用你神武将其驱除，
你是怙主无量寿佛。
你的五决定的报身，
无量光的无数化身，
现今恩德无量怙主，
超过难以计数诸佛。
五浊泛滥的恶世间，
你以弘扬佛法发心，
成为空前的大救主，
突然间又前往净土。
利乐的花朵正盛开，
盼望你降下及时雨，
你却瞬间逝往法界，
谁来满足农夫期待。
在轮回世间空旷荒野，
漂流众生的唯一希望，

你被男女空行引往他界，
我们期待谁来指引道路。

放射极乐光明的最后，
你没入极乐主的心间，
为善业你留下了舍利，
具有怙主你的加持力。
此时月亮也暗淡无光，
太阳也因伤心而落泪，
因此从云中降下大雨，
女神助力使其满大地。
二十多不到三十年里，
你广做利益众生事业，
为以最后的功业教化，
你的心意在此时显现，
广阔虚空中彩虹成串，
雨云变幻吉祥物形象，
连太阳的光芒也减弱，
从天空降下了花雨。

当怙主像太阳落山时，
邪说的鸱鸮凄厉嚎叫，
而具信仰众生从心底，
因剧烈悲痛虔诚祈祷！
具慧眼的善良人们，
请忍住你们的悲痛，

就像天上日落日出，
怙主会再次来世间。

尊胜上师罗桑班丹确吉扎巴旦白旺秋传——繁盛具信莲苑之阳光之第七章“完成教化事业后示现最后业绩”，至此结束。

第八章　追荐法事和兴建灵塔

如是，班禅额尔德尼在曲阳德瓦寝殿的法座上示现最后的事业（圆寂）后，暂时对他的遗体没有移动，仍照生前那样放置，对包括班禅遗体在内的寝殿门内的各个部分广做各种供养，并由护法殿的僧人和噶热寺的40名僧人做皈依发心及密行七支的前行献供仪轨，依次念诵经文。18日，按照代理英萨的安排，扎什伦布寺的高僧大德和札仓的在任卸任堪布、比龙巴活佛等密宗札仓的一些僧人来到噶热寺，随即由我等给班禅的遗体涂抹香料，按报身佛的形式给遗体穿上上衣下装和僧帽等，在遗体边和寝殿内外各处广献五供，我等昼夜不停地做密宗的密集、胜乐、大威德金刚等本尊的坛城念诵修供。当月29日，做了与上师和主尊无别的秘密的供养，请上师入坛城并从上师受灌顶等。并由代理英萨主持派人到拉萨向怙主达赖喇嘛和摄政呈送请求为班禅超荐并祈愿班禅的转世迅速降生广做利益教法和众生的事业的礼品，还请求驻藏大臣向大皇帝奏报班禅额尔德尼圆寂的情形（译者注：光绪八年（1882年）8月初1，驻藏大臣色楞额奏八世班禅圆寂情形的奏折说：“奴才色楞额跪奏，为据情恭折具奏，仰祈圣鉴事。窃奴才适据班禅额尔德尼之弟达喇嘛班垫楚称会同办事人等呈称：本年班禅额尔德尼染患病症，当经延医调治，不意病势增剧，于7月15日小的等面遵遗嘱云，班禅额尔德尼自幼以来，叠荷大皇帝逾格鸿慈，至优极渥，毫无报称，忽偶染微疾，医药罔效，势难再起，惟冀将来出世再行仰答大皇帝高厚仁恩。等语。言毕遂于16日寅刻圆寂。等情。请奏前来。奴才理合据情恭折具奏，伏乞皇太后、皇上圣鉴。谨奏。军机大臣奉旨:另有旨。钦此。”)。

26 日,让当地的许多僧俗信众瞻仰班禅额尔德尼的遗体。28 日,将班禅的遗体迎请到轿子里,前往扎什伦布寺。路上各个寺院排列僧队迎接,在住夜的各个地方各献了千供。8 月 1 日遗体移到了扎什伦布寺,安放在泽嘉拉康(མཛོད་བརྒྱ་ལྷ་ཁང་།)的宝座上,在那里,以代理英萨为首的执事们每人向遗体献一条哈达。驻日喀则的大老爷等朝廷的官员、克什米尔和尼泊尔人等不同民族的众人,按自己家乡的风俗向遗体献供养、敬神哈达并礼拜。此外,在此前后都不阻止前来瞻仰班禅遗体的人们,特别是在这一天,全寺的僧众和附近的无数信众前来瞻仰遗体,所有的人都因悲痛而流泪不止,敬献哈达,思念班禅的慈悲恩德而努力祈愿祷告。在这几天中,密宗札仓的全体僧人日夜做密集、胜乐大威德金刚的供祭仪轨。除了前面遗体在托卜加班禅出生地期间和迎来扎什伦布寺的路上因信仰前来献供的人,瞻仰遗体并献供的还有:班禅的弟弟达喇嘛、吕地方的僧众、孜东寺的管家、温贡寺的僧众、扎什伦布寺僧众、阿巴札仓卸任堪布森钦活佛①、各个札仓、夏孜札仓卸任堪布、班禅祖业庄园、苏康切瓦、热振活佛、比龙活佛、哉务活佛、卸任管家、喀强佐、班禅身边侍从等,因为没有详细名录,故不能细说。在拉萨的达赖喇嘛、摄政诺门汗、噶厦派来拉恰噶细台吉、堪布根敦旦达等向班禅遗体献祭。密宗札仓的 30 名僧人为班禅遗体献五供千次。在这些向班禅遗体献供的集体和个人中,代理英萨所献的供品最多。

① 此森钦活佛应是白朗县境内的重孜寺的第四世森钦活佛洛贝丹群培,森钦活佛是扎什伦布寺的主要活佛之一,相传四世森钦活佛因为在 1879 年接待了英印政府所派的间谍钱德拉·达斯,使他进入扎什伦布寺,还赠给他藏文经书,并介绍他认识贵族帕拉的夫人,使得钱德拉·达斯得以潜入拉萨,因此后来四世森钦活佛被噶厦召到拉萨讯问判罪,流放到工布江达,1887 年英国因藏军在隆吐山设防事,图谋发动武装侵藏,西藏反英情绪高涨,四世森钦活佛被噶厦下令投入尼洋河中处死。

藏历8月4日,班禅额尔德尼遗体由泽嘉拉康迎请到大寝宫的阳光寝殿,此时寺院的上空降下了零星的花雨。以前班禅旦白尼玛逝往法界时,众生经受了难忍的悲痛,当时有一个化现的人以善巧方便的言语把众人的悲痛全部驱散到虚空中。与当时的情形相同,这次在8月6日有拉木大护法附身于一个人身上,宣布从藏历8月8日起执事等全部人员都不要悲伤,很快就会有转世灵童出世,使大家都得到无比的安慰。此后正如《时轮本续》的忆念上师功德品所说:"留在世间的关系亲近者,如何为逝者做善事?应像异熟的牛犊对母牛,跟随在母牛所在地,因此具敬信的弟子,对上师去世的年月日,牢记心中做期供,完满做完追荐法事。"这位具恩的根本上师遍见班禅法王逝往他界后,由大执事负责,每个7日都做了忆念的供养法事,在七七49天(སྤྱི་ཚོགས་བདུན་པ།)时,先前建立的工场顺利地完成了用上等绸缎和颜料绘制以这位班禅额尔德尼的画像为主尊的缎制大唐卡,作为全寺僧众集会的寺院依止物做了加行供养,给全寺的僧众加供斋僧茶饭和布施。

此后,按照大多数的算法,有将去世的月份向前移一个月进行年供的做法,我们的这位导师是第十五饶迴水马年的藏历7月15日逝往法界的,从次年开始,每年的藏历6月15日举行供祭亦即超荐的法事,向终身的无上福田即班禅的灵塔——世界庄严的塔瓶中班禅的遗体举行盛大的供祭,给僧众增加供斋僧茶饭、食盐、布施、回向礼品等,成为例规。僧众也举行点年供的酥油灯、忆念上师恩德、发愿祈祷等法事。

另外,从班禅额尔德尼逝往法界那时开始,除了扎什伦布寺在每月7日举行盛大的超度法事外,在以色拉寺、哲蚌寺、甘丹寺三大寺为首的前后藏南北以及阿里三围的各个寺院和静修地总共977处也举行超度法事。不算阿里三围的前后藏南北的僧人数为

48342 人,给他们供斋僧茶饭外,给上等的每人布施一两的章嘎银,给下等的每人布施 3 钱,还给僧团布施银两和基金、物品等,总计用银 23288 两 6 钱 5 分。阿里三围的僧人按每名僧人布施茶饭用银 5 钱计算,加上每人一个章嘎以及基金、物品等,共计用银 2300 两。此外,在前后藏的各个特别的佛像前按例规献千供或者百供等,花费的银两难以计算。与这些熬茶布施(མང་ཇ་འགྱེད།)相连,在前面已经请求达赖喇嘛写了祈愿转世尽快降生的祈愿文,同时扎什伦布寺四大札仓的在任和卸任堪布等也撰写了祈愿转世尽快降生的祈愿文,在僧会上念诵,努力祈求尽快找到班禅的真实无误的转世。

11 月 1 日,递交转大力法轮的文殊大皇帝赐给的物品和诏书的驻藏大臣和噶伦多喀瓦等到达。4 日,将皇帝赐给的经书一函和大皇帝平常戴的蜜蜡手串和栴檀木手串献给班禅的遗体,并宣读诏书,诏书说:“奉天承运皇帝诏书:敕谕扎萨克喇嘛洛桑顿珠 光绪八年 9 月 14 日,据色楞额奏折奏称,班禅额尔德尼 7 月 15 日逝往他界。班禅额尔德尼为后藏地方呼图克图和僧众的总师傅喇嘛,以教法功德弘扬黄帽教法,正在广宏佛法之时,此番逝世,朕闻之十分悲悼,加恩特派驻藏大臣色楞额至班禅额尔德尼灵前祭奠,赐祭奠银五千两。”在宣布所赐物品后,色楞额在献供之后,即专召扎萨克喇嘛洛桑顿珠到跟前宣布:“现今班禅额尔德尼逝世,你应心记大皇帝恩情,按照前例,在班禅额尔德尼转世灵童未出之前,办理该处一切事务,你应谨慎办理,遵照圣旨行事。”(译者注:关于驻藏大臣色楞额到扎什伦布寺祭奠八世班禅之事,色楞额在光绪八年(1882 年)11 月 26 日和光绪八年(1882 年)12 月 19 日有两道奏折向朝廷报告。两道奏折为:“奴才色楞额跪奏,为遵旨驰赴后藏赐奠并带印起程日期,恭折具奏,仰祈圣鉴事。窃奴才前于光绪八年 8 月初 1 日具奏班禅额尔德尼圆寂一折,11 月 15 日奉到批回,军机大臣奉旨:另有旨。钦此。随折又奉清字廷寄一道内开,光绪八年 9 月 24 日奉旨:色楞额奏班禅额尔德尼于 7 月 16 日圆寂等因一折。班禅额尔德尼为后藏呼图克图僧众之总师傅喇嘛;且深通经典,广衍黄教,保护僧众,多年精求经典,善诱黄教。正望扶助佛规,兹闻圆寂,朕心甚为悯恻,加恩着派驻藏办事大臣色楞额于班禅额尔德尼灵前赐奠,并赏布施等项,共折银5000两,再赏给团龙妆缎大缎20匹、贡缎100匹、大哈达20方、小哈达300方。除将赏银5000两由藏库动支,交扎什伦布札萨克喇嘛罗布藏顿柱先在班禅额尔德尼灵前作善事外,其缎匹、哈达等项,交该衙门仿照从前拣派司员送赴西藏,并将朕亲手所带蜜蜡珠一串、沉香数珠一串、经一部,先随报匣送交色楞额,奉到时即在班禅额尔德尼灵前悬挂,以示朕轸念之至意。色楞额祭奠事毕,即传谕该札萨克喇嘛罗布藏顿柱,现在班禅额尔德尼圆寂,尔当感戴大皇帝恩典,仍仿照从前班禅额尔德尼之呼毕勒罕未出世以前,将藏中一切事务谨慎代办。钦此。钦遵。等因前来。奴才遵即恭录译札后藏札萨克喇嘛钦遵,并札饬西藏粮员在藏库提银五千两,随带员弁兵丁暨噶布伦等,定期于11月26日由前藏带印起程。除俟驰抵后藏,谨将赐奠一切事宜办理完竣,旋回前藏再行具奏外,所有奴才遵旨驰赴后藏赐奠并带印起程日期,理合恭折具奏,伏乞皇太后、皇上圣鉴。谨奏。""奴才色楞额跪奏,为差竣回藏日期,恭折具奏,仰祈圣鉴事。窃奴才前于11月26日,曾将遵旨驰赴后藏赐奠及带印起程日期具奏在案。奴才拜折后起程,因封印在迩,兼程行走,驰抵后藏,先赴扎什伦布山叩谒圣容毕,旋即恭赍御赐各物,前往班禅额尔德尼灵前赐奠。是日扎什伦布寺院拣派僧俗番官,率领众僧,排列执事,恭迎赐奠毕,奴才即遵旨将蜜蜡珠一串、沉香数珠一串在于班禅额尔德尼灵前悬挂,并将经一部敬谨位置,随传宣谕旨,僧俗人等无不感激涕零。复将赏银五千两交札萨克喇嘛罗布藏顿柱祇领,钦遵办理。该札萨克喇嘛当即望阙叩头,面据回称:小僧仰蒙大皇帝如此厚恩,惟有力图报效,所有例应叩谢天恩,容俟另行禀请代奏。等语。奴才事竣后,即行起程,于12月18日旋抵前藏。沿途往返各处,冬雪应时,番民乐业,安堵如常,堪以上纾宸廑。所有奴才差竣回藏日期,理合恭折具奏,伏乞皇太后、皇上圣鉴。谨奏。")大强佐(即代理英萨)即礼拜谢恩。按照这样的旨意,在为具恩怙主班禅额尔德尼举行追荐法事不久,代理英萨曼日瓦即就任大强佐的职位,在各个方面努力利益教法和众生①。

① 关于洛桑顿珠就任大强佐代理班禅职权一事,光绪九年(1883年)3月22日驻藏大臣色楞额和崇纲的奏折说:"奴才色楞额、奴才崇纲跪奏,为恭折据情代奏叩谢天恩,仰祈圣鉴事。窃奴才等适据扎什伦布札萨克喇嘛罗布藏顿柱禀称:班禅额尔德尼素蒙大皇帝高厚鸿恩有加无已,圆寂后复荷宠眷优隆,特派钦差大人前来赐奠,荷蒙恩旨并御赐密腊珠一串、沉香数珠一串、经一部、银五千两,跪领之余,当即恭代班禅额尔德尼望阙三跪九叩,敬谢天恩。谨将赏银五千两于各处寺院攒招燃灯诵经,布施作善,虔诚祝祷,以期班禅额尔德尼之呼毕勒罕早为出世。伏思小僧罗布藏顿柱渥荷圣恩逾格,实难图报,惟有恪遵谕旨,谨慎代办扎什伦布寺院一切事宜,仰答高厚鸿慈于万一。小僧例应代班禅额尔德尼叩谢天恩,恭备哈达一方、连衣佛一尊,恳祈先行代为奏进。尚有班禅额尔德尼应进之奏书、哈达、佛尊、经卷等物,俟熬茶司员到藏,再行恭交赍京,照例呈进。等情前来。奴才等伏查成案,班禅额尔德尼圆寂后,应由扎什伦布札萨克喇嘛代禀叩谢天恩。译阅该札萨克喇嘛所禀,情词恳切,出于至诚。除将现进哈达、佛尊敬谨包固妥协,代为呈进外,理合恭折据情代奏,伏乞皇太后、皇上圣鉴。谨奏。"

此外,按照经文所说:"薄伽梵(བཅོམ་ལྡན་འདས། 释迦牟尼)的各个佛塔,是他的遗体分为无数份,获得这些的人们,天界地上获掌国政,做有形无形的禅定,获得各地的成就,最后无有生老病死苦,获得成佛的果位。"遍知一切的尊者欧曲班智达也说:"利益众生的导师神中神,其遗体分为八份装匣中,印度各个国王分别建塔,称为善逝如来的八塔。如有人因信仰而仿照其形,建造即使只有訶子大小的塔,现今和最后的功德如须弥山大,这在佛陀道歌中反复说。"因为建灵塔有这样无边的功德,因此在不久以后,建造了将班禅的遗体完整保存并有四种佛舍利装藏的灵塔天降塔①。用金银诸宝建造了安置灵塔的叫做贡噶热瓦的大屋顶殿,以金铜为灵塔殿建了女墙和殿顶,映照阳光,金光闪闪,灵塔殿如帝释天的宫殿从天界搬到了地上一般。关于建造灵塔和灵塔殿,在此不能细说,如果读者想知道详情,请参看本人所写的八世班禅的灵塔的目录。

这样,英萨大执事新建了世间无比的大灵塔,寻访迎请班禅额尔德尼真实无误的转世灵童,护持班禅属下的僧属部众的百姓,其教导柔软的绸缎覆盖各方,因此这一片地方无违反教规国法之人,大众幸福安康。文殊大皇帝也因此封赏给他诺门汗的名号,正是名副其实(译者注:实际上洛桑顿珠是先后被光绪帝赐给总堪布和诺门汗的名号的,光绪九年(1883年)5月初1日驻藏大臣色楞额的奏折说:" 奴才色楞额、奴才崇纲跪奏,为恭折据情代奏,叩谢天恩,仰祈圣鉴事。窃奴才等于光绪九年3月初10日承准军机大臣字寄:光绪八年12月25日奉旨,前据色楞额奏请赏加札萨克喇嘛总堪布名号一折,当交该衙门议奏。兹据理藩院声明,历办成案,请旨遵行。札萨克喇嘛罗布藏顿柱著加恩赏给总堪布名号。余依议。钦此。钦遵。等因前来。奴才等当即恭录译饬钦遵去后。兹据总办扎什伦布事务总堪布札萨克喇嘛罗布藏顿柱禀称:接奉驻藏大臣译文,小

① 如来八塔是莲聚塔、四谛塔、息诤塔、菩提塔、神变塔、天降塔、胜利塔、涅槃塔,分别纪念释迦牟尼一生中的八大重要功业,所以又叫善逝八塔。天降塔是纪念释迦牟尼上升天界为母说法后重返世间利益众生的塔。

僧仰蒙大皇帝殊恩，赏加总堪布名号，当即望阙三跪九叩，恭谢天恩。伏念小僧庸愚外番，毫无知识，渥荷宠锡优隆，实难报称。惟有虔诚讽诵经典，恭祝大皇帝万福万寿，国泰民安，谨将扎什伦布一切事宜，妥慎办理，以冀仰答高厚鸿慈于万一。兹小僧罗布藏顿柱敬备叩谢天恩吉祥哈达一方、连衣佛一尊，恳祈代进。等情前来。奴才等译阅该总堪布札萨克喇嘛所禀，情词恳切，出于至诚。除将哈达、佛尊敬谨封固妥协，代为呈进外，理合恭折，据情代奏，伏乞皇太后、皇上圣鉴。谨奏。”光绪九年(1883 年)12 月 15 日驻藏大臣色楞额的奏折说：“ 奴才色楞额、奴才崇纲跪奏，为恭折据情代奏，叩谢天恩，仰祈圣鉴事。窃奴才等于光绪九年 8 月 11 日承准军机大臣字寄：光绪九年 6 月 20 日奉旨，札萨克喇嘛罗布藏顿柱，老诚慎重，深通经典，且为僧俗徒众人等素所心服。今班禅额尔德尼圆寂，其呼毕勒罕未出世以前，所有后藏僧俗徒众人等，均交该札萨克喇嘛管束。罗布藏顿柱著加恩赏加苏呼诺门汗名号，其应办印敕等件，著交该衙门查例议奏颁给。钦此。钦遵。等因前来。奴才等遵即恭录译饬钦遵去后。兹据总办扎什伦布事务苏呼诺门汗札萨克喇嘛罗布藏顿柱禀称：接奉驻藏大臣译文，小僧仰蒙大皇帝特恩赏加苏呼诺门汗名号，当即望阙三跪九叩恭谢天恩。伏念小僧庸愚外番，毫无知识，叠荷宠锡逾格，实难报称。惟有恪遵谕旨，严束僧俗徒众人等，谨将扎什伦布一切事宜，妥慎办理。每日率领僧众虔诚讽诵经典，恭祝大皇帝万福万寿，国泰民安，以冀仰答高厚鸿慈于万一。并期班禅额尔德尼之呼毕勒罕早为出世，上纾圣恩眷顾西陲之至意。兹小僧罗布藏顿柱，敬备叩谢天恩吉祥哈达一方、连衣佛一尊，恳祈代为转进。等情前来。奴才等译阅该苏呼诺门汗札萨克喇嘛所禀，情词恳切，出于至诚。除将哈达、佛尊敬谨封固妥协，代为呈进外，理合恭折据情代奏，伏乞皇太后、皇上圣鉴。谨奏。”)。

本书中的这些记载，前面部分是依据诸明学识之主大索本堪布贝丹喜饶和精通教理的谢巴大索本堪布噶钦顿月的大部分记录而写成，其后是本人参照班禅身边某些人的记录进行增减排序而编写，中间的赞颂、插入的偈颂、本生事迹等则为本人新编写。

正如五世达赖喇嘛所说：“懂得声律学的贤哲，把诗体看作如意宝，为了便于愚者理解，需用村语白话写作。”因此本书在讲述导师事迹的部分用散文写作，为让大多数人容易看懂，不用诗体、藻词，用通俗白话般的散文来写，但是为让贤者们喜欢，在偈颂的部分用诗体来加以美饰。

有诗赞颂道：

犹如栴檀和斧子，
众生中敌友非敌非友俱存，
你不分亲疏恩怨，
像一位聪明母亲爱护儿子，
经常都宽和祥善，
如扎紧了一条慈悲的腰带，
诸佛的真实化身，
尊胜上师是不坏的金刚身！
超越生死的人中尊，
与声闻独觉弟子众，
逝往真实法界之后，
我等的导师今又逝。
世间众生福泽之塔，
是智慧加持的宝藏，
将礼供安放经幢顶，
教法传承藏宝瓶中。
三密功德完成之月，
心中念及热泪涌出，
悲声不断祈愿礼拜，
信众祈愿怙主重生。
吉祥四面梵天守护，
日月星辰环绕装饰，
与须弥山比肩而立，
是坚赞团布的楼堂。
犹如打开龙王宝库，
在各地的佛像前面，

奉献普贤菩萨供云，
汇聚誓愿虔诚信众。
不被吝啬捆缚的手，
高高捧起礼供物品，
如林手臂洒布施雨，
是超荐上师的仪轨。
不仅是礼拜，即使闻到气息，
上师舍利就为你除去痛苦，
建在心中的身像和灵塔殿，
是润湿人们双眼的甘露泉。
古昔发心利益教法和众生，
如飓风吹不动的金山沉重，
用你的圣业将佛法高举起，
大皇帝也用诏敕将你褒扬。

以老者智慧完成善业，
任运成就政教诸愿望，
他人全都不能的重担，
你热心放到自己①肩上。
精心策划并做好安排，
并捐出所需资金器材，
与其他无数僧俗信众，
合力建造身像大唐卡，
还有无比灵塔灵塔殿，

①　指大强佐洛桑顿珠

成为庄严世界的奇迹①。
建造这些的清净功德，
如果有形世界难装下，
它们是世间利乐之源，
寓意助益教法和众生。
对于供祭大师的仪轨，
事无巨细都身体力行，
堆积的资财是座铁山，
也因清净回向成黄金。
用金汁使铜板变金色，
由此懂得取舍的贤哲，
用智慧之眼广泛观察，
会世代受到佛陀护佑！

尊胜上师罗桑班丹确吉扎巴旦白旺秋传——繁盛具信莲苑之阳光之第八章“追荐法事和兴建灵塔”，至此结束。

第九章　略说乘愿转世新月升起的情形

还在这位世间顶饰、恩德无比的尊胜上师逝往法界以后的第一个7日(བདུན་ཕྲག་དང་པོ།)做超荐法事之时，在扎什伦布寺转经道东

① 光绪十年(1884年)光绪皇帝给罗布藏顿柱的敕谕说:“奉天承运皇帝敕谕苏呼诺门汗罗布藏顿柱：朕统驭万民,抚临天下,薄海内外,众生安乐。前班禅额尔德尼与尔年班请安,遣使堪布敬献丹书克,并恭请皇太后圣安,朕甚嘉悦。旋班禅额尔德尼圆寂,朕降谕后藏诸事交付与尔办理。尔苏呼诺门汗须仰副朕推兴黄教、仁恤众生之至意,保佑导引后藏众堪布喇嘛等,谙习经典,弘扬佛法,祈祷众生平安;率后藏诸寺众喇嘛,勤诵经典,虔诚祝祷班禅额尔德尼之呼毕勒罕早日出世,勉之勿怠。兹尔使返归,随敕赐尔三十两重银茶筒一个、银瓶一个、银盅一个、各色大缎二十匹、大小哈达各十方;另加赐佛一尊、佛画一轴、玉如意一柄、玉盅一件、珊瑚念珠一串、铜器三件、瓷盘四件、雕花漆盒二件、瓷碗二件、玻璃碗二件、玻璃瓶二件、玻璃盘一件、玻璃烟壶二件、大荷包一对、小荷包十个、宁绸靠背坐褥一份、沉香一块,交付尔使堪布嘎青罗桑等赍往。赏赐扎萨克喇嘛罗卜藏萨木旦等什物,一并交付尔使赍往。至时各自祗领。其已圆寂班禅额尔德尼应得物件交付罗布藏顿柱转达,陈置于舍利处。特谕。

部的吞巴吉康(ཐོན་པ་སྐྱི་ཁང་།)的后面莲花生大师伏魔像的前面地上，自然出现了一个凸出地面的大约8岁孩童的右脚脚印和一个骡子的蹄印，成为引导僧俗贵贱信众的一个标志。其意思是对寻找上师的信众清楚授记，如果不能确定我的转生方向，由这个脚印指引。在莲花生大师伏魔像的前面出现脚印，是因为在班禅额尔德尼的秘密传记中多处记载，这位班禅是伏魔莲花生的化身，而这个脚印的脚底在东，脚尖朝向扎什伦布寺的方向，这是预示班禅额尔德尼的转世灵童不久将在东方的达布地方出世。符合这一预示，在水羊年(1883年)无量光佛以僧人形象戏乐人间的化身在达布的嘎撒(དྭགས་པོ་ཀ་ཤ།)地方出世，此即再来人间的班禅额尔德尼·罗桑赤列土丹确吉尼玛格列朗杰贝桑布(བློ་བཟང་འཕྲིན་ལས་ཐུབ་བསྟན་ཆོས་ཀྱི་ཉི་མ་དགེ་ལེགས་རྣམ་རྒྱལ་དཔལ་བཟང་པོ།)他现在正闻思显密佛法，不久就会成为执掌和弘扬佛法特别是三界法王宗喀巴大师的教法的持戒善知识(译者注：实际上九世班禅的寻访认定经过一个复杂过程，光绪十三年(1887年)9月19日驻藏大臣文硕奏报访获班禅转世灵童，请旨进行金瓶掣签的奏折说：“奴才文硕跪奏，为据报访获班禅额尔德尼出世之呼毕勒罕，共有灵异幼子三人，循例恭折奏闻事。奴才先据后藏总管扎什伦布事务札萨克喇嘛苏呼诺门汗罗布藏顿柱，以访获班禅额尔德尼出世之呼毕勒罕敏悟幼子三人缕述吉祥瑞兆灵异情形，呈请具奏。等因。译看原呈，大指谓，自光绪八年第八辈班禅额尔德尼圆寂后，遵照遗言所指方向留心寻访，务求灵异有征、端庄智慧者，方敢记取；其有稍不信心者，即不敢以滥竽充数。兹在后藏所属之托布甲热浪地方，访有番民顿柱宇结、番妇白玛竹马于光绪十年9月25日生得一子，取名顿宇缴尕；又在琼科尔结所属达布仲巴地方，访有腔子期美汪波之女阿杼于光绪九年正月12日生得一子，取名仑珠甲错；又在墨竹宫所属纳木地方，访有降护法番僧丹增汪堆宇结、番妇宜玛布池于光绪十一年正月20日生得一子，取名丹增坚参。此三幼子屡经试验，均能辨认前世班禅额尔德尼所奉佛尊及素用念珠等件，委实灵异有征，卜之达赖喇嘛及各寺院，亦皆佥同无异。用谨开具灵异事实，呈请循例核办。等因。奴才见其叙托布甲热浪地方顿宇缴尕事实内，稍涉附会之疑，复行代办商上事务第穆呼图克图阿旺洛桑称勒拉普结，并饬该苏呼诺门汗罗布藏顿柱确切复查据实申报去后。兹据该呼图克图诺门汗等先后申复，查得原报幼子内，顿宇缴尕一名，委实吉祥有兆，非敢附会其词，倘有捏饰，情甘重罪。等情。结报前来。奴才查班禅额尔德尼与达赖喇嘛同为黄教宗主，份应协力阐扬。故其圆寂后，一经访有出世呼毕勒罕，例得专折具奏，俟奉谕旨后，再将各幼童调集前藏,由驻藏大臣与达赖喇嘛公同面试,在布达拉供奉圣容前讽经掣瓶,此定制也。……今第八辈班禅额尔德尼圆寂后,现据前藏第穆呼图克图、后藏苏呼诺门汗呈报,访获出世灵异幼子三名,既据结称,委实吉祥有兆,试验足凭,理合循例奏闻。其应行面试、讽经、掣瓶等事,一俟钦奉谕旨后,由奴才督同代办商上事务第穆呼图克图遵例办理。为此奏闻。谨奏。"光绪十四年(1888年)正月12日文硕又为择期举行金瓶掣签上奏说:"奴才文硕跪奏,为诹吉掣瓶先行奏闻事。窃奴才前奏后藏苏呼诺门汗罗布藏顿柱呈报访得班禅额尔德尼转世之呼毕勒罕灵异幼童三人等因一折,光绪十三年12月28日奉到朱批:另有旨。钦此。同日又奉上谕:文硕奏访获班禅额尔德尼之呼毕勒罕聪慧幼子三名请旨入于金瓶签掣一折。班禅额尔德尼圆寂将及五载,今据文硕奏称访获聪慧异常灵异幼子三名,诚为吉祥好事,览奏朕心欣悦。著照所奏,循例将此三幼子名目入于金瓶,诵经敬谨签掣,定为呼毕勒罕。掣定后由驿奏闻。钦此。其时该诺门汗已照料三幼童亲来前藏,祇候谕旨,奴才当即恭录译行掌办商上事务第穆胡图克图阿旺洛桑称勒拉普结转饬钦遵,并诹吉于本年正月15日午刻遵例掣瓶。先期于初9日恭请金瓶至布达拉供奉圣容前,一面饬令喇嘛唪经,一面督同第穆胡图克图面试灵异。除俟掣得其人再行复奏外,谨将掣瓶吉期先行奏闻。为此谨奏。")。

有诗赞道:

妙观察智慧相好庄严佛身,
无量光佛在劫末雪域地方,
化现为人身自在游戏人间,
即是慈悲无比的根本上师。
因世间众生的善业所祈请,
又因前世坚固发心的法力,
从兜率天无量光佛的胸间,
再次降生到达布大地之上。
和前世的幻现的奇迹相同,
经过住胎诞生和幼年时期,
孩童之时即努力敬事佛法,
无数善业使得众人生惊喜。
在清净智慧观察者的眼中,

他是前世大师佛陀的化身，
但是为除愚昧者猜测疑惑，
经过占卜测算请护法授记，
认定他是真实的转世灵童，
达赖喇嘛和福田施主等人，
将导师灵童拥为佛法之主，
在预备接受梵行戒律之事，
为灵童剪去头上长软胎发，
赐法名罗桑土旦确吉尼玛①。
赐给各方幸福的灵童，
是如意宝一般的法王，
祈愿他在扎什伦布寺，
金刚法座上莲足永固！
此怙主三密事业太阳，

① 光绪十四年(1888 年)正月 28 日文硕奏报举行金瓶掣签的情形说："奴才文硕跪奏，为掣定班禅额尔德尼之呼毕勒罕遵旨驰陈事。窃奴才前奉上谕：文硕奏访获班禅额尔德尼之呼毕勒罕聪慧幼子 3 名请旨入于金瓶签掣一折，诚为吉祥好事，览奏朕心欣悦。著照所奏，循例将此三幼子名目入于金瓶，诵经敬谨签掣，定为呼毕勒罕。掣定后由驿奏闻。钦此。钦遵。诹吉于本年正月 15 日循例掣瓶，业经奏明在案。自正月初 9 日起，由达赖喇嘛董率众僧诵经 7 日；初 10 日，奴才率同第穆胡图克图阿旺洛桑称勒拉普结，验看得访获幼子三名，虽年皆童稚，而端庄凝重，迥异常人；15 日午刻，奴才率同随印司员理藩院员外郎裕钢，恭诣布达拉山高宗纯皇帝圣容前行礼，缮签入瓶，诵经祈祷，一切如仪。既而奴才跪向金瓶，掣得原报琼科尔结所属达布地方幼子仑珠甲错，母名阿杍，是为仲巴腔子期美汪波之甥孙。奴才当将掣出名签遍示达赖喇嘛、第穆胡图克图以及苏呼诺门汗并各执事番官喇嘛人等，仍将其余顿宇缴苠、丹增坚参二签拆封传看。其时，自达赖喇嘛以下僧俗诸人莫不欢欣鼓舞，感戴鸿慈，将该幼子仑珠甲错定为班禅额尔德尼呼毕勒罕。达赖喇嘛即于 16 日申刻，按依佛典，为该呼毕勒罕披剃，取法名曰罗布藏吐卜丹取吉宜玛格勒克纳木结。"光绪十四年(1888 年)正月 28 日驻藏大臣文硕代奏十三世达赖喇嘛等为掣定班禅呼毕勒罕事谢恩的奏折说："奴才文硕跪奏，为据情代奏叩谢天恩事。据掌办商上事务第穆胡图克图阿旺洛桑称勒拉普结呈称：窃维班禅额尔德尼与达赖喇嘛同承黄教正宗，协力阐扬，责任极重，比五六年来，卫藏番民莫不望如饥渴。今蒙文殊菩萨大皇帝恩准，于访获灵异幼童三人内掣得班禅额尔德尼真呼毕勒罕，不惟卫藏僧俗庆幸同深，想各蒙古闻之亦必欢欣崇奉。而正月 15 日掣瓶之际，16 日披剃之时，天气晴和，诸凡顺遂，此皆仰叨大皇帝洪福，因得吉事有祥。达赖喇嘛当偕班禅额尔德尼之呼毕勒罕率同小僧暨后藏苏呼诺门汗并各番官僧众望阙九叩，恭谢天恩讫。兹达赖喇嘛恭备叩谢天恩哈达一方、古佛一尊、珊瑚珠一串，暨小僧附进叩谢天恩哈达一方、古佛一尊，并请代进。又据后藏札萨克喇嘛苏呼诺门汗罗布藏顿柱申呈，以班禅额尔德尼之呼毕勒罕既经掣定，其年甚幼，谨循例恭代备进叩谢天恩哈达一方、古佛一尊、珊瑚珠一串；又该札萨克喇嘛率领后藏阖属僧众公进叩谢天恩哈达一方、古佛一尊，并请代进。各等因前来。除将送到哈达、佛尊、珊瑚珠串装匣呈进外，理合奏闻。为此谨奏。"

在晴朗无云的天空中，
如吉祥教法严饰一样，
放射出无上事业阳光！
无量寿佛和如意宝轮，
以及各种祈寿的供云，
祈愿本尊和各部护法，
护佑大师长寿事业兴盛！

尊胜上师罗桑班丹确吉扎巴旦白旺秋传——繁盛具信莲苑之阳光之第九章“略说乘愿转世新月升起的情形”，至此结束。

书后跋语

在佛陀佛子面前立下誓愿，
你对我等雪域的所有众生，
恩情和帮助胜过其他诸佛，
因此向上师无量光佛顶礼！
怙主你是四无畏[①]的上师，
昼夜六时都说殊胜教理，
增益吉祥并且护佑众生，
我依自己所见将你赞颂。
吉祥诸佛的慈悲汇聚，
成为你尊胜上师本尊，
你是众生救主应赞颂！
对了义已经真实精通，
成为成就王者仍谦逊，
殊胜功德映出千万身，
无疑是吾等的上师你。
无量光佛的历辈化身，
在五浊炽盛的浊流中，
放射出慈悲利乐光明，
思念怙主恩德生信仰。
善心坚固具有智悲能，

① 四无畏指正等觉无畏、漏永尽无畏、说障法无畏、说出离道无畏。

尊善贤枝叶荫蔽众生，
讲辩著结成佛法硕果，
你是执掌佛法的大德。
你的功德如虚空广大，
智慧大鹏也难测边际，
千眼大梵天见多识广，
百劫中也未将其测完。
因此自认为是大德者，
都难以评论贤哲三业，
何况愚者我眼如针孔，
怎容下佛陀功德大山。
不过若得佛陀的加持，
犹如无知短笛传法音，
从佛陀功德的大海中，
取一滴水讲说应胜任。
吝啬之人喜爱财宝，
风流之士喜爱美女，
孔雀喜闻夏天雷声，
上流智者喜闻善言。
给猪狗闻香和给盲者点灯，
给厌食者喂饭给愚顽说法，
对那些不信大德持偏见者，
对那些恶缘骗子不必考虑。
蜜蜂在莲池飞舞歌唱，
孔雀在林中开屏起舞，
照此我应对僧俗信众，

努力宣说大师的功德。
从识见密三者的蚌壳中，
生出故事珍珠穿连成串，
为贤哲喜悦童言也吸取，
我愿智者读本书而喜欢。
清净的教法如带雨的云，
经常的法事降下格言雨，
经论典籍如成熟的庄稼，
求法的农夫们该多高兴。
按照追随信仰和教法者的，
眼耳思辨所能接受的顺序，
写下浅明的散文和偈颂等，
跟随在妙音天女后面唱和。
即使如此恐怕仍有因不解，
以及误解而对本书疑惑者，
在具智慧的贤者大德面前，
我祈请包容我的粗疏欠缺。
祈愿因为写作此书的善业，
回向给诸佛所聚这位上师，
世世代代对我护佑和加持，
为利乐众生而获得遍知果。
以及相关各种善业的法力，
使得佛教各教派的教法，
尤其是宗喀巴大师教法，
在世间一切时处传遍各方！
愿一切执掌佛法的大德，

尤其是雪域的众生导师，
殊胜的达赖喇嘛班禅师，
百劫莲足永驻事业增盛！
愿四教派的源流全汇聚，
噶当政教大业的产生地，
四大寺为首的各个寺院，
僧众和睦戒律清静讲修兴盛！
祈愿天命文殊大皇帝，
具有百门的京城宫殿，
高高竖起政教胜利幢，
国政权势如夏天大海增溢！
愿雪山环绕药草之地，
藏区广阔大地各地方，
不生战乱疫病等灾害，
情器世间的福德无比广大！
愿用乳汁抚育子女的母亲，
永不坠入可怕的恶趣之中，
让众生依止的佛法甘露流，
冲刷掉阻挡的砾石和污垢。
在集聚善业的迦叶波城，
建造勇猛具种王的身像，
征服蛮族迎接圆劫喜宴，
祈愿我也受到此像护佑。
上师住于天界禅定，
上师事业延续不断，
上师加持存于心中，

祈愿受到上师灌顶！
不坠编造歪曲而如实记述班禅事迹，
行文中没有嫉妒自夸影射暗讽词语，
善说格言如泥水中放入澄水珠搅动，
见闻思触都能使泥潭浊水变得清洁。
在兜率天宫无量光佛的舞步不中断，
环绕须弥山下的大海海水永不干涸，
愿本书永不磨灭如海潮新月日益增盛！

无欺的怙主三宝的加持力，
无戏论法界真实因果业力，
月光和冈底斯山清净誓愿，
如祈愿的善果涌上我指尖。
具足福德无上正等觉佛陀，
吉祥圆满教政的佛陀教法，
具有持明解脱功德的僧伽，
恩德圆满的三宝赐给吉祥！

如是，此《天人众生的依怙、恩德无比、具有遍见智慧的班禅法王、有恩的根本上师大金刚持杰尊罗桑班丹确吉扎巴旦白旺秋贝桑布传记——繁盛具信莲苑之阳光》，乃是受文殊大皇帝封赏的因福德和威势而事业盖世的英萨大强佐诺门汗洛桑顿珠，赐给内库哈达、曼扎、三依止、银章嘎、犀牛角、呢绒绸缎等，并亲口吩咐我写作的，加以我本人受到对班禅信仰的感情驱动，还有曾经在顶礼班禅仁布切、受班禅敬信的永增金刚持洛桑丹巴坚赞贝桑布和永增金刚持普布觉活佛洛桑楚臣强巴嘉措贝桑布脚下先后受沙弥戒和比丘戒的讲经师噶钦仁布切纳亚嘛呢，和五明班智达尊胜欧曲瓦央金珠贝多吉贝桑布等许多具德上师，以教诫甘露对我慈爱护持的法力，因此我释迦比丘、担任永增职务的洛桑丹增旺杰，或因听受全部声明学而得名为央金阿格旺波者，生起不做任何增损真实讲说班禅生平的勇气，于时轮教法传入藏地的火兔年开始计算的第十五饶迥的土鼠年（1888 年）开始写作，中间因为给转世灵童敬献佛法等事务拖延①，短时间内未能完成，直到最近又努力写作，在印度梵语称为比若迪、金刚手注疏称为隔瓦、汉地历法称为己丑年，藏地历法称为阴土牛年（1889 年）的 11 月上弦月的第二个胜日（初 8 日），刚好与观音菩萨化现的遍知一切根敦珠巴的期供日相合的这一天，值日星曜为土曜（རེ་གཟའ་ཚངས་སྐྱེས།），星宿为危宿（ཆུ་སྐར་མོན་གྲུ།），会合神为萨朗（སྦྱོར་བ་ས་ནང་།），大会合神为贡噶（ཀུན་དགའ།），

① 本书作者洛桑丹增旺杰在书后跋语中说，他写作本书时担任永增（师傅、经师）职务，并说因为给转世灵童传授佛法影响了本书的进度，可见他是担任了九世班禅的永增。清廷的文书还证明他因担任九世班禅的师傅而获得诺门汗的封号。光绪二十年（1894 年）2 月初 1 日驻藏大臣奎焕等奏请赏给九世班禅之师傅罗卜藏丹增汪结诺门汗名号的奏折说：“奴才奎焕、奴才延茂跪奏，为班禅额尔德尼之荣增师傅循例请旨赏给诺门汗名号，恭折仰祈圣鉴事。窃据扎什伦布札萨克喇嘛汪曲楚称禀称：遵查班禅额尔德尼荣增师傅洛尔巴呼毕勒罕罗布藏丹增汪结，深通经典，道法精能，且于应行传授事宜，尤能勤加讲究。现值与班禅额尔德尼传授大藏经卷之际，因查七辈班禅额尔德尼师傅荣垫嘉勒参，于乾隆五十四年蒙恩赏加班第达诺门汗名号；又八（七）辈班禅额尔德尼师傅罗布藏顿柱，于嘉庆二年蒙恩赏加诺门汗名号；又咸丰十一年九（八）辈班禅额尔德尼师傅噶沁罗布藏丹巴坚参，蒙恩赏加诺门汗名号各在案。现辈荣增师傅洛尔巴呼毕勒罕罗布藏丹增汪结，仍恳天恩赏给诺门汗名号，俾得敬谨传习经典，认真将事，恳请据情代奏。等情前来。奴才等查该札萨克喇嘛汪曲楚称所请，核与成案相符，合无仰恳天恩，将班禅额尔德尼之师傅罗布藏丹增汪结赏加诺门汗名号之处，出自逾格鸿恩。是否有当，理合循例恭折具陈，伏乞皇上圣鉴训示。谨奏。朱批：著照所请。该衙门知道。”次年，十三世达赖喇嘛又经过驻藏大臣上奏，请求添派热振活佛和他一起担任九世班禅的师傅，并得到准许。光绪二十一年（1895 年）11 月 17 日驻藏大臣奎焕的奏折说：“奴才奎焕、奴才讷钦跪奏，为添派额外班禅额尔德尼荣增师傅传习经典，恭折据情代陈，仰祈圣鉴事。窃查历来班禅额尔德尼坐床后，在扎什伦布寺众僧内拣选深通经典格习喇嘛二人，由驻藏大臣代奏请旨，授为荣增师傅，以资教诲而专责成。今班禅额尔德尼之荣增师傅，前于光绪二十年奴才奎焕会同前任奴才延茂具奏，蒙恩允准赏给诺门汗名号。钦此。钦遵在案。兹据达赖喇嘛咨称：班禅额尔德尼年岁此刻正值演习经典之际，现在只有荣增师傅一人，但后藏讲演朗真经卷，并未讲习乌扒对足等经，故由此间特为期其得以精熟经典之举，是以拣派学问深熟、明通经咒之呼征呼图克图阿旺罗布藏伊喜丹贝坚参，恳请派为荣增师傅，俾得班禅额尔德尼深通经卷，以期仰副大皇帝圣意，且与黄教大局有益。复据班禅额尔德尼咨同前情，恳请代奏前来。奴才等复查达赖、班禅所称添派荣增师傅，系属振兴黄教起见，自应据情代奏，合无仰恳天恩，将呼征呼图克图可否添派额外班禅荣增师傅之处，出自鸿慈逾格。所有添派额外班禅荣增师傅缘由，理合恭折代陈，伏乞皇上圣鉴训示。谨奏。朱批：著照所请。该衙门知道。”

占音为邬（ དབྱངས་ཨུ། ），在卯时星曜会合的吉时破晓时分，在殊胜各方的扎什伦布吉祥大寺的无量光佛怙主以成作智建成的大神殿德瓦坚格桑颇章（ སྐལ་བཟང་ཕོ་བྲང་། ），编写完成了传记的各个部分。

祈愿吉祥！

八世班禅额尔德尼·罗桑班丹确吉扎巴旦白旺秋年谱

木兔年 咸丰五年,1855 年,1 岁

(《藏汉大辞典》的大事年表称八世班禅生于木虎年,即 1854 年;王森先生《西藏佛教发展史略》的班禅额尔德尼世系表也作 1854 年,牙含章《班禅额尔德尼传》作 1855 年)藏历 8 月初 8 日黎明时分,八世班禅旦白旺秋在托卜加(今为西藏自治区日喀则市南木林县土布加乡)地方的竹仓村的竹氏家族中出生,其父亲名丹增旺杰,母亲扎西拉姆出身于谢通门县的达尔顶(当在今日喀则市谢通门县)的苯教第一大世系喇嘛辛氏家族。该家族本来属于藏族古老姓氏穆氏,原在定结县哲仓地方,11 世纪初该家族的辛钦鲁噶从哲仓搬迁到达尔顶定居。辛钦鲁噶是苯教著名的掘藏师,发掘了大量的苯教经典而且向他人传授,使达尔顶成为苯教的一个中心,该家族也被称为辛氏家族。男孩诞生后家里给他起名为南杰旺堆坚赞。

西藏的苯教徒把竹氏奉为苯教第二大世系喇嘛,据说其祖先由天界下凡,一支先在竹夏(唐代文献中称为勃律)地方居住,后来迁移到阿里和后藏地区。在后藏托卜加地区竹氏家族中竹夏杰尊在 12 世纪末创建了叶如温萨卡寺,成为一个苯教活动中心。叶如温萨卡寺既是苯教寺庙,又是竹氏家族的主要府邸。17 世纪下半叶,五世达赖喇嘛主持认定竹氏家族出生的洛桑益西为五世班禅,格鲁派的影响强势进入,不久叶如温萨卡寺又被洪水冲毁,一位来自嘉绒的德高望重的苯教高僧喜饶坚赞在附近建了曼日寺,代替叶如温萨卡寺的地位,从此竹氏家族的影响逐渐衰落。后来曼日寺改为格鲁派寺院,当地的苯教中心转移到热拉雍仲林寺。

在旦白旺秋出生的前后,当地的僧人和他的父母即宣称出现了很多奇异的征兆,表示竹仓的这个婴儿是一位高僧大德的转世,有的人还直接认为他可能是七世班禅的转世灵童。而他出生时距七世班禅水牛年(1853年)1月14日圆寂已经过了两年半,扎什伦布寺寻访转世灵童正在加紧进行。在普遍查访的基础上,主持其事的扎什伦布寺大强佐英萨诺门汗南杰群培派孜恰堪布噶钦群则,从藏历8月3日出发,到前后藏南北各地重点查访。尽管这时旦白旺秋刚刚出生,但是他立即引起了寻访者的关注。藏历9月18日孜恰堪布回到扎什伦布寺复命,向英萨诺门汗汇报了考察情形。此后又派卓尼尔金巴啦到拉萨请求刚亲政不久的十一世达赖喇嘛进行占卜考察。当时得到的一些护法神的授记似乎也指向竹仓家的新生儿。当年藏历10月初三,英萨诺门汗一行又化装去托卜加考察了几个儿童,让幼儿辨认前世的物品,结果认为竹仓家的婴儿最有可能。在藏历12月13日又得到十一世达赖喇嘛的回复,称竹仓家的南杰旺堆坚赞、察古尔夏巴之子群培觉恰最有可能,此外还有托卜加地方日浦巴之子也有灵异,指出还需要进行金瓶掣签最后决定。而这时距十一世达赖喇嘛木兔年藏历12月24日圆寂只有11天。

火龙年　咸丰六年,1856年,2岁

在此年上半年,依据以上的寻访、授记和达赖喇嘛的答复,英萨诺门汗等扎什伦布寺执事,确定竹仓巴之子及察古尔夏巴之子有可能是七世班禅的转世,因此将二子之父母、出生时日、生时异兆等缮写成文,派孜恰堪布和大索本堪布贝丹喜饶一起前往拉萨,呈交驻藏大臣,请求向皇帝奏报,"如需入金瓶掣签认定,则是除上述两名有奇异征兆的幼儿以外,其他的幼儿没有明显的奇异征兆,故请以此两名幼儿的名签入于金瓶掣定。请大皇帝降旨准予掣签,"闰6月(ཟོད་ཟླ་དྲུག་པ་ཕྱི་མ)27日,驻藏大臣赫特贺、满庆等朝向京城以三跪九叩礼节拜发以上述呈文为基础而写成的奏折,藏历8月6日得到朝廷答复,说;"呼毕勒罕涅槃将及四载,今据赫特贺等奏称访得知觉异常灵妙二童,实属祥瑞,朕心快悦。著照所奏,即照定例将此二童之名入于金瓶内,唪经敬谨掣签,以定呼毕勒罕。俟掣定后由驿驰奏。"英萨诺门汗即写信请摄政和噶厦为两位灵童等(来拉萨)委派联络官员,发给名册和路引文书等,并且安排借用转世灵童在拉萨的住所和英萨诺门汗本人在拉萨时的住所,摄政热振活佛和噶厦即派贡塘巴强巴曲坚为竹仓家灵童的联络官,贝伦色为英萨诺门汗的联络官,孜本噶雪巴为在拉萨的总联络官,还任命一名堪穷为住宿地联络官。为迎请竹仓之子和英萨诺门汗到拉萨分别给予路引一份,运送所需器物的路引两份,动用公私驮畜总计200。到达拉萨后竹仓一家住在功德林的德吉林卡。

藏历9月14日,在摄政、两位驻藏大臣、英萨诺门汗、噶厦四位噶伦、总管堪布、地方政府大多数僧俗官员聚集时,把两位候选的灵童从他们的住所迎请到罗布林卡的格桑颇章,对他们进行看视考察。从18日开始的7天中,在布达拉宫释颂南捷殿皇帝牌位前,由经师甘丹赤巴和普布觉强巴活佛、夏孜曲杰、绛孜曲杰、三大寺在任的讲经师、扎什伦布寺的阿钦(密宗札仓的经师)、南杰札仓的两位金刚上师等人为首的南杰札仓的僧人,和在拉萨的8位扎什伦布寺的护法殿的僧人,为放入了名签的金瓶做诵经祈祷的法事。24日,在拉萨的大多数汉藏僧俗贵族官员集会上,赫特贺和满庆两位驻藏大臣在诵经的间歇时进行金瓶掣签，南杰旺堆坚赞的名签顺着赫特贺大臣的指尖从金瓶中抽出，当时在场的人们发出了雷鸣一般的“拉嘉洛（神胜利了）”的喊声。随即由扎什伦布寺的名叫斯塔次仁的大卓尼尔，穿着白色礼服骑着白马，到灵童那里去报喜并敬献哈达，此后，英萨诺门汗和地方政府的公·夏扎瓦、摄政等人相继来到灵童那里，英萨诺门汗敬献了曼扎和经像塔三依止、八吉祥物品、8 枚金币、汉地绫罗、洁白的内库哈达等，在色拉、哲蚌、甘丹三大寺和扎什伦布寺等许多寺院布施斋僧茶饭、献大供养，为灵童做了祈寿法事。26 日迎请灵童到罗布林卡，先献上茶饭，然后在寝殿中由摄政热振呼图克图给灵童穿上法衣，为灵童剃去胎发，同时给灵童起法名为罗桑班丹确吉扎巴旦白旺秋贝桑布。金瓶掣签的结果奏报朝廷后，咸丰帝敕谕：“藏历 11 月 23 日驻藏大臣等亲往布达拉山会同呼征阿齐图呼图克图，色呼本诺门汗率僧俗人等唪经，由金瓶内掣出番民丹择旺结之子拉木结旺堆嘉木参之名签，拟定为呼毕勒罕。……实为祥瑞之事，朕心实深喜悦。著赏给该呼毕勒罕大哈达一幅、珊瑚数珠一串、玉如意一柄。”

藏历 9 月 29 日上午，由马队开道，八世班禅及其随从等人从罗布林卡的格桑颇章动身返回后藏。摄政和四噶伦等在吉蔡鲁顶设灶送行。藏历 10 月初 7 日到达仁布宗的甘丹强巴林寺，受到热烈欢迎。因为当时八世班禅刚满周岁不久，摄政热振活佛选定强钦寺为灵童被认定后驻锡的第一座寺院，在该寺的弥勒殿大屋顶上建了镀金的 9 层高的经幢，还给大经堂吉祥天女像赐了长矛旗帜等。让八世班禅先在仁布宗宗堡下的强钦寺住一段时间，待稍稍长大，再选择吉日迎接到扎什伦布寺举行坐床典礼。12 日，英萨诺门汗及大部分随从人员动身前往扎什伦布寺。13 日，灵童一家和扎什伦布寺的阿钦及其随从到达强钦寺（该寺原属萨迦派，五世达赖喇嘛时改宗格鲁派。寺内供俸着由萨迦贡噶扎西建造的一尊高13米的铜底镀金的弥勒佛像,为后藏著名的三大弥勒像之一)居住。

摄政热振活佛打卦考察,卦象显示灵童的身体在年底会有一场很大的违碍,果然从11月18日起,八世班禅得了感冒,喉咙红肿,显得很危险。身边的人们写信请英萨诺门汗和拉曼巴东朗巴前来,英萨诺门汗因故不能前来,但是在扎什伦布寺安排了给灵童祈福的法事。强钦寺举行了全寺僧众或者每天晚上由8位、4位僧人在法座上和寝殿的下面举行除秽祈愿的法事。护法殿的僧人举行三分食子供、驱魔、酬忏等法事,祈愿班禅健康长寿。到28日时,班禅的身体才康复。藏历12月13日下午,班禅又出现身体不适,立即由阿钦大咒师给他做大威德金刚和愤怒马头明王的教诫法事,到14日班禅身体康复。这个时期班禅开始会说一些简单的单词,听得懂简单的问话。

藏历火蛇年　咸丰七年,1857年,3岁

1月,班禅额尔德尼能够自己走两个窗户之间的距离,说话的能力也增强了,能够念出"喔啊吽"和"阿若巴扎"等语词。13日,英萨诺门汗及其随从,驻藏大臣温大臣和两位法律官、军官等来到强钦寺会见灵童,举行排座宴会。14日,向强钦寺的大弥勒像奉献千份五供,灵童在强钦寺巡礼。在向大弥勒像礼拜时,灵童一再双手合十,口中清楚念诵:"弥勒,弥勒!"

正月15日上午,灵童等人动身前往日喀则年楚河边七世班禅额尔德尼兴建的住所贡觉林寝宫,途中受到僧俗信众的热烈迎送,班禅会见了噶热、扎恩、帕索、曼日、热拉雍仲林等寺院的僧俗信众。18日,扎什伦布寺在曲夏地方设灶郊迎,在数万人众的欢迎陪送中到达贡觉林寝宫。19日,四大札仓的堪布和扎什伦布寺吉索陈列众多面食、表演噶尔歌舞,向班禅呈献礼品。噶伦夏扎也奉献了大量礼品。以后数日扎什伦布寺各札仓和高僧堪布以及日喀则的官员贵族等陆续向班禅献礼祝贺。

藏历2月13日,当年轮值到后藏巡视的驻藏大臣满庆大臣和与他一起来的一位执法官,向灵童颁赐皇帝给班禅额尔德尼的礼品内库哈达、10条贴有4颗珍珠的珊瑚念珠、精美的羊脂玉如意一柄,给班禅的主要承事者的礼品为内库哈达和玉如意。扎什伦布寺按惯例,举旗吹号,排列僧队,远迎近接,班禅高兴地接受了赏赐,当时班禅面朝东方,行九叩首礼谢恩,向两位官员为首的汉官们赠送了礼品。

藏历4月22日,乃却管事带来皇帝赐给英萨诺门汗"日桑塔尔钦诺门汗"印章,受到马队设灶郊迎。当他来到寝殿向班禅致礼时,班禅从坐垫上起立欢迎。英萨诺门汗向班禅献了印章荐新的文书(即第一次使用印章的盖印文书)。拉达克的年贡使向灵童献一匹克什米尔的良种丁比加马。

藏历6月5日,班禅的姐姐贝丹丹增曲珍要回托卜加去过生日,在敬礼辞行时,班禅送给她吉祥结、哈达、银子15两、衣服、敬献给竹仓家的生命神的敬神哈达等。7月13日,班禅的姨妈要去巡视庄园,前来辞行,灵童赐给她吉祥结、哈达、银章嘎15两、茶包、衣物等。

藏历9月6日,班禅得了感冒,有些不适,故放生100多只羊,并做了祈福法事,不久以后身体痊愈。

藏历10月7日,班禅会见了当时后藏地区著名的学者欧曲瓦央金珠贝多吉贝桑布为首的几位弃世修行者,赠给他们吉祥结。

藏历12月14日,译师仁钦奉命返回汉地,辞行时向班禅献了一个很好的望远镜，灵童给他摸顶，赐给吉祥结，还赐给了上辈的擦擦佛像，袈裟、花押印、藏币等，使他很满意。

在当年中，噶厦和三大寺的代表，也在前藏找到了疑是十一世达赖喇嘛转世的三名幼童，向驻藏大臣满庆等人报告，请求转奏，得到咸丰帝敕谕："满庆奏请达赖喇嘛之呼毕勒罕灵异幼童三名一摺。自达赖喇嘛涅槃已及二年，兹据满庆奏称，其颖悟异常显著灵异幼童三名，实属祥瑞之事，朕心悦慕。著照所请，即遵成例将此三幼童之名入瓶，敬谨掣定呼毕勒罕，由驿奏闻"。

土马年　咸丰八年，1858 年，4 岁

正月 13 日，在布达拉宫皇帝牌位前，由驻藏大臣满庆主持，举行了"金瓶掣签"仪式，掣定十二世达赖喇嘛赤列嘉措。15 日，英萨诺门汗南杰群培在举行尊胜天女千供祈愿班禅健康长寿时，向班禅献曼扎、三依止、高两肘尺半的银质的有金铜背光的尊胜天女像、金丝缎袈裟以及八吉祥物、八吉祥徽、法螺、法轮、金银绸缎等大量物品，班禅高兴地为他摸顶并赐吉祥结。从这一天起，英萨诺门汗卸任扎什伦布寺摄政的职务。

藏历 2 月 7 日，接替英萨诺门汗职务的却本堪布曼日瓦洛桑南杰向班禅献哈达和怙主无量寿佛像，祈愿班禅健康长寿。13 日，曼日瓦给班禅献了夏装袈裟，并和执事人等向班禅献了哈达，班禅还会见了不丹第悉派来的献礼人员和拉达克、康区、牧区的许多信众。藏历 3 月 22 日举行时轮法会的中间庆典时，扎什伦布寺和附近有少量疹子传染，因此决定从藏历 4 月 2 日起建立隔离来往的区域。

藏历 5 月 14 日，摄政曼日瓦向灵童献了内库哈达、无量寿佛像，还有被称为"八仙"的汉地画的仙人的唐卡，次日，举行了却本堪布曼日瓦洛桑南杰被文殊大皇帝敕封扎萨克喇嘛的职位，以及担任班禅的强佐的庆典，曼日瓦向班禅呈献大皇帝通过敕书问候灵童安好的压函礼品内库哈达。

此时期拉萨政局发生动荡，摄政热振活佛和以夏扎汪曲结布为首的噶伦发生矛盾，免去夏扎汪曲结布的噶伦职务，命其回尼木的庄园居住。此时引起扎什伦布寺上层的不安。

土羊年 咸丰九年，1859年，5岁

藏历3月15日，大执事英萨曼日瓦因为修复拉堆绛昂仁大寺的受损严重的佛像和殿堂的工程完工，祈愿将此工程的全部善业，回向到班禅身体健康事业兴盛上。这一时期，班禅出现了身体泛红略感不适的状况，英萨曼日瓦亲自前来为灵童做祈愿健康、长寿的法事，很快灵童就恢复了健康。藏历5月12日，摄政热振活佛专派一名孜仲前来，带来一封摄政祝愿班禅身体健康事业兴盛的信件，并赠送金银、茶叶、绸缎、干果等，班禅高兴地接受。

藏历6月4日，是释迦牟尼转动四谛法轮的节日，由扎什伦布寺兑桑林札仓堪布南杰随巴代表寺院向班禅献了内库金色哈达、金铜制造的法轮、文殊菩萨像、金墨盒等。在灵童专注听取的情况下教授藏文字母，作为给师傅的酬报，班禅赐给他阿西哈达、一匹绸缎和粮食等。从6月4日开始7日，班禅开始学习念诵藏文字母，并努力记忆在心中，能够毫无障碍地准确念诵从第一个字母"嘎"到最后的字母"啊"，此后到25日时，无论写出什么字母给他看，班禅都能够很熟练地念出来，而且在诵读时也和大德们诵读经文一样，声音洪亮，吐词清楚。

藏历7月26日，平措林寺堪布噶钦斯塔多吉辞去职务，经筛选后有3人有资格继任，由班禅护持选定噶钦多仁继任。

本年中,太平天国经过天京事变的内讧后,石达开率部向江西湖南,洪秀全起用陈玉成、李秀成年轻将领,几次大败清军,战况胶着,胜负难定,另有英法联军在大沽口与清军激战,清朝统治遇到重大危险。这种形势的影响也波及到西藏。藏历12月23日,一位执事通过索本堪布向班禅敬献告助礼品和内库哈达,说现今由广西的10余名坏人为首的一些凶徒使得天命大皇帝的臣民们遇到生计无着的大危险,因此请求灵童给以消灭匪徒、兴隆国政的护佑,扎什伦布寺拉章也请问如何做退敌的仪轨法事。班禅回答说:“皇帝会逐渐地取得胜利,办法是做度母法仪轨,压伏敌人,投掷金刚杵。”藏历12月的17日,班禅在尼沃大寝殿面朝东方登上坐垫时,执事官头戴新官帽,向班禅传达说,大皇帝经军机大臣发布了谕旨,两位满洲驻藏大臣前往嘉塘向英萨呼图克图传达谕旨,谕旨中还有一句,另赐班禅额尔德尼灵童哈达一条,着钦差驻藏大臣即行送往。执事官说明以上情由的同时,还讲了那些反叛大皇帝的人的情况,请班禅护佑皇上。因此班禅将皇上所赐的哈达挂在颈项上,按照惯例行九叩首礼,当天由护法殿的僧人们做了赞颂战神的法事,给僧人发放了布施。

铁猴年 咸丰十年,1860年,6岁

藏历3月9日,萨迦的达钦仁布切(萨迦法王)在从拉萨返回的途中前来会见。首先萨迦达钦向班禅致礼并从头部开始赞颂吉祥,最后献了有37堆珠宝的曼扎,按照先前之例,达钦和班禅行了碰头礼,相互在颈部挂了哈达。班禅还会见了达钦的儿子、随从以及和他们一起的康区、蒙古和藏地的许多信众。当时,热河总理堪布冲布巴去世,从三位继任候选人中由班禅安排护持,命谢巴噶钦顿月继任。

10日，驻藏大臣满泰在巡视边地的途中前来会见致礼，班禅在尼沃大寝殿会见了他们，互献哈达，班禅问："驻藏大臣身体安好？"驻藏大臣十分高兴，敬献了呢绒、佛像等。陈列茶点、米饭等款待时，班禅对驻藏大臣说："请用！"驻藏大臣对班禅说："保重身体！您几岁了？"班禅毫无障碍地给予了回答，使大臣欢喜敬信，对随行的官员和灵童身边的索本堪布、森本堪布等人赞扬说："大怙主成长很快，身体洁净，语言清晰，动作举止各方面已如成人，令人惊奇。"同时对如何服侍班禅的事务做了指示。在驻藏大臣离开时，班禅亲手给大臣赠送了内库哈达、佛像、帽子等，并说："希望不久就相见。"藏历4月1日，驻藏大臣满泰从定日巡边回来，特意换上新衣，穿戴整齐到灵童身边会见，和灵童互换哈达，灵童像前次一样非常高兴地和他轻松谈话，在离别时也互赠礼品。

藏历5月6日，班禅会见了卸任森本堪布桑吉和防盗官美务宁甲等为摄政主仆来后藏做准备的僧俗人众。关于这位防盗官，按他人的说法，以前有包括他的两个兄弟在内的40个人死于刀箭之下。有可能是因为灵童会见他们中了邪气，总之，当天黄昏时分灵童对索本堪布脱口说道："这一两天内好像不对啊。"随即气血上涌，突然出现昏迷的状态。于是请扎什伦布寺的上师活佛们来查看，按他们的意思放生100只羊为灵童赎命，并念诵《甘珠尔》《丹珠尔》，举行广大修法法事，并按灵童自己的话语服了很多药。从10日开始的几天中，由兑桑林札仓卸任堪布定结活佛为灵童做了除秽洗礼，在宗喀巴大师、大威德金刚、马头明王像前做了多次禳解病魔的法事。英萨呼图克图也做了为灵童祈寿的法事。班禅的父亲和叔父、拉曼巴东朗等人随时为灵童诊治，及时进药，由于以上各种因素的力量的会聚，21日以后，班禅康复。

藏历6月13日，因为十二世达赖喇嘛将在7月初3日坐床，派却本堪布吉仲尼玛曲扎、卓尼尔南喀平措二人前往拉萨献礼，在他们向班禅辞行时，班禅额尔德尼吩咐他们代向达赖喇嘛、驻藏大臣、摄政金刚持问安。

藏历8月16日，班禅的父亲要去擦绒温泉洗浴，前来会见，并从各方面对班禅给予教诲。次日，却本堪布和卓尼尔等人从拉萨返回，班禅在用茶时对他们慰劳，他们转达了达赖喇嘛、摄政、驻藏大臣等人对班禅的问候，并呈递他们的礼品。班禅之前没有看到和听说是什么礼品，却脱口问道："这次你给我送的是一只钟表和一把小刀吧！"而这次却本堪布附带呈献的礼品果然是一只钟表和一把可以折叠的小刀。

藏历9月10日吉日，为班禅额尔德尼举行了剃发穿袈裟的仪式，寝宫屋顶上旗幡飞扬，法螺吹响，各个佛殿也举行了奉献五种千供的法事。21日，摄政热振活佛到达扎什伦布寺。26日，奉命照看班禅坐床的钦差驻藏大臣恩庆到达，前来看望和问候，班禅也对恩庆大臣致以问候。29日，恩庆大臣前来会见，和班禅互换哈达，互相问候。谈话中恩庆大臣说了"此次奉钦命照看怙主班禅坐床，实是一善缘"等许多话语，班禅都一一给予合适的回答，使在场的汉藏人士都感到惊奇，生起敬信。

藏历10月初1日在寝宫边的草地上搭建帐房，中间是蒙古包和会客的帐房，周围是精心布置的用黄布围成的围墙等，画有九宫八卦、四面护法、法王、防痘疹神等。由高僧、官员、扎萨克及有职司的侍从随行，前有唢呐、笛子等奏乐引导，班禅前往寝帐。当班禅的莲足踏上帐前地上画的吉祥图案时，摄政金刚持也前来，他们在会客的帐房中会见时，摄政向班禅献了哈达，随行的侍从向班禅和摄政师徒献了哈达。随后在此进餐时，驻藏大臣也前来，班禅向驻藏大臣致以问候。在驻藏大臣返回以后，当晚摄政和班禅就住在一起。

藏历10月2日当太阳在山顶升起之时，灵童和2000汉藏僧俗骑行者一起离开贡觉林寝宫，班禅乘坐大皇帝所赐的黄轿前行，按照旧规，班禅出行要有大皇帝恩准的40名举旗开道的骑士，他们和抬轿的轿夫都戴有孔雀翎的帽子。经过杰松曼达的边上和扎西噶蔡园林前往扎什伦布寺的大门时，道路两边有民族不同，装束各异的人群，载歌载舞，还有寺院的僧众，吹奏法螺笛子，敲锣打鼓，乐声喧天，举着伞盖、经幢、飞幡，排列成延绵不绝的僧队，在他们的后面是想要一睹灵童风采的民众，挤满了大地。在班禅的黄轿和伞盖之间是骑在马上的摄政热振活佛，轿子左右是英萨诺门汗、噶伦、卸任英萨诺门汗、热振扎萨克等，簇拥前行。在他们的外面是日喀则的汉军，兵士们手持武器排成两列步行，军官们骑马前行。如本以下的藏军军人在吉鲁的佛像的左右跪下，手捧熏香迎接。此外，拉德和米德的百姓也都举着旗帜、吹奏螺号，以各种吉祥的方式来迎请灵童。

班禅额尔德尼进入扎什伦布寺以后，乘轿从大佛堂贤劫威光殿的后面到普明殊胜宫，然后步行到坚赞团布寝宫，从右绕行一周后进入大门，到依噶群增寝殿，登上那里的高大法座。此时，以阿巴札仓的堪布阿钦金刚持德庆洛桑楚臣为首的护法殿的僧人们，口念偈颂，手持吉祥八宝和国政七宝献给灵童，赞颂吉祥。接着由摄政热振阿齐图呼图克图向班禅献哈达，然后由英萨诺门汗、阿钦金刚持、索本堪布、森本堪布、拉章、贵族等献了哈达。然后到以前历辈班禅长期加持过的甘丹颇章寝殿，班禅在那里五体投地礼拜3次，献敬神哈达。其后班禅经小门来到日光旋绕寝殿，灵童面向东方，在坐垫上下跪，由满文仲译、藏文仲译、拉章仲译朗声宣读大皇帝钦命驻藏大臣恩庆、色呼本诺门汗照看班禅坐床事务的诏书，颁赐白银一万两、羊脂玉器、呢绒等大量物品，班禅恭敬领受，行三叩九拜礼后，班禅升上法座。陈列油炸面点庆贺时，班禅向摄政金刚持和恩庆驻藏大臣问候，其后汉藏官员、高僧等向班禅献哈达和礼品。班禅坐床典礼至此完成。在当天傍晚，由摄政热振活佛在扎什伦布寺的内殿的主尊释迦牟尼佛像前，给班禅授了出家戒和沙弥戒，班禅向殿内的释迦牟尼像行五体投地的大礼，恭敬地奉献用125两黄金新建造的装满酥油的供灯和敬神哈达，此外还巡礼强巴殿、度母殿洛桑修行窟等处，奉献供品和敬神哈达，并在各处长时间默默祈愿。当天还特别允准萨迦达钦法王扎西仁钦来班禅身边致礼问候，班禅高兴地赠给他会见哈达，萨迦达钦法王奉献了大量的礼品。初3日，拉德米德百姓举行盛大的庆贺喜宴，迎请福田施主师徒参加，班禅就坐后，向恩庆驻藏大臣行礼，由阿钦堪布献曼扎祝愿，引导拉德米德百姓向班禅奉献大量礼品，班禅给献礼的汉藏众人摸顶祝福。8日，在格桑回廊殿的院子里，由班禅拉章举办盛大的喜宴，在宴会上永增金刚持做了广大的祈愿，并敬献不少的礼品。在那里班禅给许多汉藏人士摸顶祝福，尤其是和驻藏大臣恩庆广泛交谈，毫无羞怯，使得大臣十分敬信。11日，功德林、丹吉林、南杰札仓、温嘉色、扎西迥等处的人士和满文仲译等大小汉官，尤其是钦差驻藏大臣恩庆向班禅辞行。24日，热振活佛等动身回拉萨前，扎什伦布寺为向达赖喇嘛致以问候，献无量寿佛像和羊脂玉雕刻的骑鹿的寿星像一尊。为请达赖喇嘛护佑，班禅个人献内库哈达、无量寿佛像、前世所用的杂有黄金、蓝宝石、红宝石数珠的念珠、优质玛瑙鼻烟壶、带箱子的台钟等。

藏历10月25日，寺院按惯例向班禅额尔德尼献了冬装和哈达。按照旧例在燃灯节这天要向大护法神像献冬装、狐皮帽，班禅向大护法神祝祷并献敬神哈达，给年已80岁的扎什伦布寺的荒野静修僧噶钦泊波啦等严守戒律的高僧，赐给银两不等，会见许多僧俗信众,并赐吉祥结。

藏历11月10日,喀尔喀赛音诺颜部丹木曲亲王和王妃、王子等作为皈依的礼品,向班禅献了黑石雕刻的布达拉圣地、奇特的煨桑盆、羊脂玉雕刻的大象、狮子等、两个奇特的水晶瓶、栽绒毯等,请求为他占卜护佑,班禅给了他回答,令其满意。19日,为班禅额尔德尼坐床顺利完成而进京奏报的巴雅尔堪布前来辞行,请求给予上路后平安返回的缘起,在用茶时班禅对他问候。

藏历12月8日,按惯例应该由班禅额尔德尼向大格贵做有关"甲译"(寺院管理的制度章程)的指示,因为是第一次,所以由永增仁布切向大护法神献酒献供,并嘱托事业。午饭后当班禅到依噶群增寝殿升上宝座穿衣戴冠后,向大经堂的大格贵、阿巴札仓的教规师、措索巴,做了有关的广泛指示。当天又是扎什伦布寺创建者一世达赖喇嘛·根敦珠巴的期供日,扎什伦布寺要做酥油灯供,寺院吉萨(吉所,管理寺院庶务的公所)请求班禅做酥油灯供的护佑,班禅接受请求,在其护佑下酥油灯供进行顺利,出现了吉祥征兆。11日,巴雅尔堪布动身去北京,班禅接见了他,并赐吉祥结、哈达、装在匣子里的奏书和佛像。

本年8月,英法联军在天津再次挑起战争,攻陷大沽口、天津,9月攻占通州,清军在八里桥大败,9月22日咸丰帝逃往热河,10月13日攻入北京,烧毁圆明园等皇家园林,英法侵略者以焚毁皇宫作为威胁,迫使清政府签订了中英、中法、中俄《北京条约》,作为《天津条约》的补充,续增的条款包括:开天津为商埠;割九龙司地方给英国;将已充公的天主教教堂财产发还,法国传教士可以在各省任意租买田地,建造教堂;对英、法两国赔款各增至800万两白银。

铁鸡年 咸丰十一年,1861 年,7 岁

正月初 4 日,班禅额尔德尼参加扎什伦布寺更换各个大旗杆的仪式(指放倒旗杆,更换旗杆上包裹的牛皮和悬挂的经幡等,再将旗杆树立起来的活动)。10 日,选派扎什伦布寺去的一些善知识去曼日瓦洛桑南杰负责修复的昂仁寺,分别担任阿闍梨、传戒师、翁则等职务,新剃度 148 名幼僧,平时每日 3 次供茶、每月给每个僧人 3 剋粮食,对大强巴像为主的各个佛像建立供奉的资金来源。茶叶等由班禅拉章提供,其余的由 21 个庄园提供,这样保证寺院的基本所需不会断绝。

藏历 2 月 19 日,班禅额尔德尼会见了卸任噶伦夏扎派来为班禅坐床献礼的人员以及随后到达的许多僧俗人员,还有不丹来向班禅坐床献礼的使者和交送茶叶、大米的人员贝如巴格隆格达尔等人。

藏历 4 月,"在这个时期,有被称为天主教和英吉利国的两个'披愣'对天命大皇帝的国政产生大的危害",因此大皇帝经礼部衙门(ཀི་བུ་སྒྱུར་ཁང་།)颁发命驻藏大臣速送班禅额尔德尼的诏书以及内库洁白哈达一条。初 7 日,英萨诺门汗将此呈交,班禅恭敬接受,将此哈达献给威猛大护法神像,并做长时间祈愿。班禅对永增和大执事说:"皇帝身体困顿,看来事情不好。"他们说:"怎样做能够护佑皇帝健康长寿呢?"班禅说:"让所有僧人都念诵般若波罗密多心经和法王经,做怙主的大施食,将魔俑抛到施食的深洞中去。"于是立即由英萨大执事负责,在本寺修学显密的僧人集会时,做念修怙主的法会时,各方的大一些的山间修行地,在连续一个月中按照班禅吩咐去做。6 日,在八世班禅主持下认定江孜雄沃地方出生的米滂图多为洛巴活佛的转世。20 日,普布觉活佛洛桑楚臣强巴嘉措贝桑布到来,班禅向他问候。25 日,普布觉活佛在尼沃大寝殿向

班禅祈愿献礼,然后在依噶群增寝殿像家人一样举行宴会。

藏历5月5日开始的3天中,班禅额尔德尼从普布觉活佛那里听受了菩提道次第的简本的诵传,和书首礼赞、戒律部分、菩提心部分、正见部分的要点的讲解,菩提道灯论的简说。班禅出于对普布觉活佛的信仰和尊敬,特别在听法的一座法开始时行五体投地的大礼,并在开始和结束时向上师献曼扎、三依止等物品,在听法的期间给上师提供很好的饮食。廓尔喀国王特派康松旺堆等使者给班禅送来一匹白色的丁比加马(克什米尔出产的一种马),康松旺堆自己也献一匹青色的丁比加马,班禅高兴地查看了一遍。因为办理西藏地方以达赖喇嘛班禅为首的汉藏人等为大皇帝捐助军饷事务而受驻藏大臣派遣来的孜仲准巴色、姜洛建色,以及噶厦派来的运送祝贺班禅额尔德尼坐床礼品的布达拉宫的索本堪布和寝殿索本啦前后到达,向班禅敬礼问安。

藏历6月4日,班禅额尔德尼给洛巴活佛剪发并起名为洛桑丹增旺杰,此人后来成为八世班禅传的作者。22日,来办理贡献军饷的事务的汉藏官员等向班禅辞行。

因为1858年《天津条约》规定外国传教士可以到各省传教考察,一批法国传教士闯入到芒康一带,受到当地官员和拉萨当局的反对,扎什伦布寺的僧众也对此不安和反对。9月里,扎什伦布寺的嘎仁巴、格西一起迎请班禅额尔德尼,在用茶饭时格西们献曼扎等礼品,祈愿班禅身体健康、事业广大,特别是当今叫做英吉利国和天主教的,纠集军队进犯,危害大皇帝的国政,在藏地等处推行邪教,恶名昭著,因此祈愿将他们彻底消除,使佛法特别是格鲁派的善法兴盛长存,班禅接受了他们的祈愿,给他们摸顶并赐吉祥结。并在这时念诵穆则玛、阿罗汉名号经,祈愿格鲁教法兴盛。同时为了阻退敌军,在密宗札仓的僧众集会上做了抛掷伏魔铁堡食子(在修诵威猛法事时所造的形如阎罗铁堡的有9个角或者16个角的食子)的法事。25日,听到咸丰皇帝龙驭宾天的消息,班禅显得悲伤,向寝室里的姊妹护法献哈达并祝祷。28日,在扎什伦布寺各个佛堂陈列供品,班禅巡礼各殿堂,在各主要的佛像前祈祷并献敬神哈达,向洛逋天女供酒并嘱托事业,特别在后殿的释迦牟尼大佛像前多次礼拜,奉献供品并祝祷。

藏历12月8日,噶厦专派堪穷洛桑旺秋一行前来扎什伦布寺为咸丰皇帝做超荐法事,班禅会见了他们。16日,又收到驻藏大臣的文书称,皇帝盖印的诏书中说,呈递丹书克应派四品官衔的僧官,对索本堪布和摄政金刚持,未经奏请,皇帝就特别加封名号赐给呼图克图印章,按照旧规需派人献礼谢恩,因此特派卓尼尔曼日瓦前去拉萨。

水狗年　同治元年,1862年,8岁

此年年初,哲蚌寺的一些僧人因为熬茶布施的一些事情反对摄政热振活佛,接着甘丹寺和哲蚌寺的上层僧侣也同热振活佛发生争执。朝廷命令驻藏大臣庆文和满庆负责调查此事,并于6月4日决定没收热振活佛阿旺意希楚臣坚赞的摄政印信并将其撤职。摄政一派和哲蚌寺甘丹寺僧众发生小规模武装冲突,驻藏大臣起用卸任噶伦夏扎来平息这场争斗。7月热振呼图克图携印仓促从北路逃往安多地区,要去朝廷申诉。夏扎旺秋杰波被任命为摄政并被授予诺门汗的名号。

藏历5月11日,由索本堪布迎请皇帝赐给英萨诺门汗名号的诏书和扎萨克喇嘛的印鉴,额外赐给班禅额尔德尼的八宝龙眼念珠、菩提子念珠、荷包3个等,来到大经堂,各人恭敬领受赏赐,并礼拜谢大皇帝之恩。随后班禅升上法座,给汉藏人员赐礼品,给从拉萨来的索本堪布和卓尼尔主仆赏赐。

藏历6月20日，鄂尔多斯的迎接新任和送行卸任喇嘛的使者台吉南杰多吉主仆，以及不丹喇嘛扎玛堪布、杂悉佐巴等僧俗人众和到尼泊尔办事后返回的人员前来致礼，在用茶时班禅对他们问候。

藏历7月3日，这一时期由于雨水稀少，日喀则的官员高僧等一致请求班禅护佑降雨，班禅答应了他们的请求，立即向大护法神献浴并嘱托事业。到晚饭时分，响起了雷声，晚上就下了一场小雨，众人都纷纷合掌祈祷，并赞颂班禅的恩德。

藏历8月2日，班禅额尔德尼到贡觉林寝宫做沐浴节的沐浴。

藏历10月25日若尔盖喇嘛噶钦布穷、果洛阿什姜部落头人、被称为“噶钦喇干”的秀米等人前来拜见，在用茶时班禅对他们慰问。燃灯节的酥油灯灯火旺盛，出现了吉兆。拉达克来送年礼的使者主仆到达，请班禅观看他们带来的大象、岩羊、水牛等动物，班禅接受他们拜见，并在用茶时高兴地问候他们，他们奉献了大量物品，班禅给他们赐吉祥结。

藏历11月4日，扎什伦布寺请求班禅额尔德尼护佑寺院新铸佛像顺利成功，班禅向天女等护法做酬补和嘱托事业。10日，午饭时大执事将试铸的样品白度母像呈献，并献内库哈达、马匹，再次请班禅护佑，班禅即向密严刹土的瘟神、柱神、觉卧神做酬补和嘱托事业的祈愿。到当天黄昏时给僧众熬茶布施，浇铸神像顺利成功。21日，在依噶群增寝宫举行叫做“浇铸佛像满愿成功”的活动，管理其事的大小工头及属下工匠列座用茶、用盘进餐，给以满足心愿的奖励。他们请班禅赐给来年浇铸佛像圆满成功的吉祥，再次向班禅礼拜，班禅照旧规给工匠们赐物品。

藏历12月1日，若尔盖喇嘛赤巴辞行，班禅额尔德尼赠给他诺木齐墨尔根堪布的名号、文告印章、烈马、豹皮鞭等。25日,噶厦的森嘎益西嘉措前来致礼,班禅额尔德尼向他询问达赖喇嘛和第悉诺门汗(即夏扎旺秋杰波)安好。

水猪年 同治二年,1863年,9岁

正月初一,帕里下寺的活佛向班禅额尔德尼献茶米和三依止等,班禅给新出家的50多名僧人剃发,给活佛起名为贝丹僧格。从2月13日起,因为传闻有疫病流行,故阻止信众拜见班禅。3月5日,为在4月参加时轮法会,班禅按旧规学习时轮方面的教法。

藏历10月1日起的几天中,班禅在日光殿中依次进行了多次辩论。

藏历11月17日,班禅的父亲丹增旺杰经过多方救治无效而病逝,班禅立即做了回向念诵和仪轨,和僧众依次做了完整的超荐法事,并派人向达赖喇嘛和摄政等献了请做荐福法事的礼品。并供养佛像、聚众僧念修,做了无量的积福的法事。日喀则雪的民众也为佛父的超荐向班禅献了哈达、绸缎、黄金8锭,永增仁布切也献了哈达、黄缎、黄金4钱,念诵回向和祈愿,在各个逢七的日子,布施斋僧茶饭。

木鼠年 同治三年,1864年,10岁

正月初6日,森嘎等噶厦给班禅额尔德尼送新年礼品的使者们辞行,班禅给森嘎等回赠了礼品。初7日,强佐等人迎请班禅到僧会上,班禅在晚茶和祈愿茶会上念诵回向文,这是他在僧会上首次念诵,此时他虽然还是一个幼年童子,但是已经具有一个高僧大德的仪表风范,在念诵时没有一点结巴、重复的毛病,使得会聚的僧俗民众听到后都高兴信仰,喜悦不已。8日,班禅为比龙活佛剃度,起法名为洛桑丹增年扎。21日,班禅为本年新出家的40名僧人剃度。

藏历2月7日，班禅额尔德尼会见了从尼切修行地前来请求摸顶的300来名沙弥和比丘，以及150来名女尼。22日，因达赖喇嘛将在4月13日受沙弥戒，拉萨特派卓尼尔曲桑根敦前来献礼，请求班禅额尔德尼护佑达赖喇嘛不生身体违碍，班禅接受礼品并做了祈祷本尊护佑的法事。

藏历3月8日起，班禅额尔德尼在永增金刚持身边听受五部大论的根本宗喀巴大师的文集的诵传，此外在这时期还听受慈氏五论、中观理聚六论、注释明义的诵传。9日听受吉祥天女、四面怙主、金刚手、多闻子的随许法。从当天晚上起，班禅闭关做向宗喀巴大师祈愿的穆则玛念修，到本月28日解除闭关。达赖喇嘛受了沙弥戒，班禅会见了前来报喜送礼的卓尼尔曲桑根敦。

藏历5月5日，委任兑桑林札仓的噶钦洛桑丹增、谢巴噶钦洛桑尤年、吉康札仓的比图巴噶钦洛桑扎西、夏孜札仓的拉康巴噶钦索南罗布等四人为班禅的教理参夏巴(侍读，陪同学经和辩经的高僧)。8日，在依噶群增寝殿，班禅手持僧帽，发出一声“迪”，首先和参夏巴噶钦洛桑丹增辩经，然后依次和其他3位参夏巴辩经。12日，由4名参夏巴和班禅从堆扎教程开始就经文语义进行辩论，班禅以符合他的年岁的特点，依靠自力做出理由、相违、周延的答辩，他毫无畏惧和羞涩，非常兴奋地参与辩论，使身边的人都很佩服。27日，班禅的母亲从拉萨回来，转交了达赖喇嘛的盖印函件和摄政诺门汗、噶伦让琼巴的信函以及礼品等。

藏历6月16日，孜恰尼玛顿珠从拉萨前来，在日光寝殿拜见了班禅，呈交了达赖喇嘛所赠的印章、内库哈达、释迦牟尼像、黄缎长坎肩、全套金刚铃杵、羊脂玉的寿星像等，以及第悉诺门汗的问安的礼物内库哈达等，班禅高兴地接受了礼品。

藏历9月1日,传来摄政诺门汗去世的消息,班禅额尔德尼立即为他做了回向和祈福的法事。7日,为超度摄政诺门汗,夏扎家族单独给班禅赠超度礼,13日,噶厦所派的孜仲洛桑热杰到达,14日,为超荐去世的第悉诺门汗迎请班禅到僧会上,奉献大量礼品,请班禅做回向祈福,班禅和僧众一起做了广大的回向和祈祷。21日,派德热布丹去拉萨为摄政诺门汗做超荐法事。25日,因大皇帝的无上眷顾,经过驻藏大臣满庆和恩庆,派两位驻藏大臣的代表吴总爷和朱总爷二人送来御赐的写着“三摩正觉”的匾额。班禅在日光寝殿为感谢天子的恩典,恭敬地行三跪九叩大礼,并设宴款待两位总爷。

藏历11月12日,辛仓赤钦前来拜见,向班禅额尔德尼献了一部谢通门地方的欧日喇嘛仁布切专门写作的祈愿班禅健康长寿的著作。15日,为超荐去世的卸任英萨诺门汗格隆南杰群培,班禅被迎请到僧会上,向僧众广做布施。

木牛年 同治四年,1865年,11岁

藏历3月6日,将大皇帝赐给的“三摩正觉”匾安放到遍见寝宫的尼切寝室中,并举行了盛大宴会。15日,来报达赖喇嘛的父亲公平措才旦去世之丧的堪穷根敦曲桑到达,班禅即为荐福而念诵了回向文。23日,任命帕索瓦噶钦益西丹增为热河扎什伦布寺的新任堪布。在这个时期,班禅先后和参夏巴们一起努力辩论堆扎教程中的难题,他每天都显出对教理理解和发心增益的情态。

藏历7月30日班禅额尔德尼出巡沐浴,在贡德林寝殿做食子期供。为认定哉务康玛尔夏仲的转世,在聚会上班禅给转世起名为曲扎央吉嘉措,班禅写有名号赞颂祈愿长寿的七个偈颂,这时赐给偈颂并诵传一遍。

藏历9月11日，传来了危害康巴地区的瞻对工布朗杰及其随从被各路大军摧毁消灭的消息，扎什伦布寺扬旗欢庆。五世敏珠尔活佛噶桑土登赤列嘉措到扎什伦布寺，在宴会上，班禅赐给他礼品，诚恳叮嘱，望其在寺院中认真学法闻思，以后在京城对格鲁派教法做大利益。

从藏历10月1日起，班禅额尔德尼努力做觉派传规的二十一度母的念修。这期间每天黄昏经课结束后，脱去皮袍，稳坐不睡，由身边的人读班禅罗桑确吉坚赞、旦白益西等人的传记，有时候他还会对其中的一些大事询问。

火虎年　同治五年，1866年，12岁

藏历1月25日，扎什伦布寺密宗札仓的僧众依照长寿仪轨为班禅祈寿，并献八吉祥物。贝苏巴格隆楚臣桑波、格桑克珠二人提供资具新造一部藏文大藏经，请班禅写一篇回向善业的后记，班禅应请而作。

藏历2月4日，向天命大皇帝进丹书克的巴雅尔堪布噶究洛桑群培返回，带来皇帝的诏书和赏赐物品，班禅额尔德尼恭敬接受，按惯例叩头谢恩，并在茶座上慰问堪布一行。

藏历4月15日驻藏大臣景纹巡视地方前来会见，班禅对他慰劳，联络官夏扎台吉和为先皇咸丰皇帝做超度法事的钦差和噶伦帕拉瓦主仆等人也在茶座上和班禅相互问候。

藏历5月15日，为超度升天的咸丰皇帝，为大地梵天同治皇帝万寿无疆、国政兴隆，朝廷赐给白银1500两，在扎什伦布寺各个佛像前陈列供品，班禅到聚会的僧众中，念诵回向文，做了广大的法事事仪轨。

藏历7月30日，班禅回到寝宫时，廓尔喀来送佛像物品的使者嘎典主仆四十余人前来拜见,班禅对他们和联络官代本等人加以慰问。

藏历12月5日,因明年是班禅的本命年,为了班禅莲足永固,利益教法和众生的事业无障碍自然成就等,众人一致请求班禅写作一篇可以在僧众集会上念诵的祈寿文,班禅高兴地接受请求,答应要口诵出一篇有13个偈颂的祈寿文,英萨大执事请求班禅做一篇有11个偈颂的祈寿文,班禅说,因为我将到13岁,所以应该是13个偈颂,并给祈寿文起名为"所愿自成·灌顶之王"。到10日班禅写成祈寿文,随即刻版印刷,发送卫藏各个寺院和不分教派的僧团,在僧众集会时布施斋僧茶饭,供他们集体念诵。在此月中,班禅任命嘉钦孜巴仲仁巴洛桑金巴德诺、坚隆巴噶钦丹巴群培担任柴达木喇嘛。

十五饶迥开始的火兔年　同治六年,1867年,13岁

藏历1月6日在供殿中间阳台设置宝座,班禅额尔德尼升座会见从各方前来拜见的信众1000多人以及日喀则雪巴的僧俗男女3000来人,班禅为他们摸顶加持。8日,因本年是班禅13岁的本命年,为了班禅身体不生任何细小违碍、莲足如金刚永固、尊善贤善业兴旺发达,属下拉德、米德纷纷请求向班禅献礼祈寿。月底,在扎什伦布寺下面的地区有个别的麻疹病流行,因此有几天中班禅不给人摸顶,只在寝殿的窗口露面会见信众。为了尽快平息麻疹流行,做了多次吉祥天女的酬补法事和大规模的为班禅祈寿的法事。

藏历4月1日,班禅额尔德尼在甘丹寝殿举行宴会,由永增诺门汗洛桑丹巴坚赞贝桑布依据达那根敦洛桑的注解文书,开始给他讲授卓越的讲经师贝丹却吉扎巴(法称)所著的《释量论》,这是班禅学习因明推理的开始。

藏历6月13日，班禅额尔德尼还从永增仁布切那里听受班钦根敦珠巴文集中的戒律论的诵传。班禅还从教理要点开始向夏孜札仓堪布提问辩难，堪布也从因明开始向班禅提问辩难。从此每天晚上由其他的一些上师以及参夏巴等人和班禅依次进行提问辩难，在问答中度过时光。

藏历7月，班禅额尔德尼的母亲为了班禅的健康长寿，提议建造一尊和班禅身量相同的金铜长寿佛像，并献了5锭黄金。在此前后有许多蒙古的僧人请求班禅护佑他们最后往生到香巴拉乐土，班禅高兴地口中说："博罗、玛噶度博罗"等蒙古语，接受他们的请求。

藏历8月1日，班禅额尔德尼到贡觉林用餐并沐浴甘露水，按照惯例向护国药叉献期供食子，并观看跳神法舞。27日章嘉活佛的管家从拉萨前来拜见，向班禅献曼扎、三依止，转达章嘉活佛的问候。

闰9月（བོད་ཟླ་དགུ་པ་ཟླ་ཤོལ།）21日，在地方政府的汉文教习的达喇嘛丹巴达杰前来前来颁赐诏书，按照前例设灶郊迎并排列僧队迎接，班禅额尔德尼在尼沃寝殿设宴迎接，并行三叩九拜大礼接旨，然后升座向达喇嘛献哈达。

藏历10月1日，班禅额尔德尼给达喇嘛主仆等献礼者摸顶，并宴请达喇嘛，在宴会上询问了北京方面的许多情况。

藏历12月1日，是孜恰开始准备新年的日子，同时又是汉历的新年初一，因此班禅给日喀则的大老爷摸顶祝福，并在饮茶时问候，赐给氆氇等礼物。

土龙年　同治七年，1868年，14岁

藏历3月24日，五世章嘉活佛主仆一行为了会见班禅额尔德尼而专程前来,班禅特派卓尼尔曼吉前往江孜问候赠礼,章嘉仁布切也先后派仲译和扎萨克前来问候赠礼。27日章嘉仁布切到达时,扎什伦布寺设灶郊迎,他到尼沃寝殿会见班禅,向班禅献曼扎、三依止和黄金等物品,在用茶时相互问候并一同进餐。次日,章嘉仁布切向班禅献曼扎、三依止、白银10大锭、10个章嘎、彩缎10匹、羊脂玉碗等日常用品等,在用餐时又献章嘎二十五两。次日,章嘉活佛的随从献曼扎、三依止,扎萨克献马匹等。其后章嘉仁布切请求传授长寿灌顶,此前班禅没有传授过长寿灌顶,但是因为章嘉仁布切是文殊大皇帝的上师而且是黄帽教法的栋梁,所以班禅同意所请。4月10日,班禅诵记长寿灌顶的仪轨,作为缘起给英萨和永增等几个人试行长寿灌顶,这时班禅毫无障碍地显示出先世曾经多次传授过长寿灌顶的姿态。12日,班禅给他们一行回赠丰厚礼品并设宴款待时,章嘉仁布切又献银曼扎、黄金、五色哈达等,再次请求传授灌顶。隔了一天后,在尼沃寝殿有章嘉仁布切主仆、执事、永增、班禅母亲等显贵和侍从300来人聚集,班禅给他们传授了珠嘉传规的无量寿独传的长寿灌顶,传授灌顶的次第毫无欠缺错误,以清净的梵音很好完成。班禅赐给章嘉仁布切和扎萨克等人无量寿佛像和护身结,并进行了交谈。特别是说章嘉仁布切到都城后,现今黑道张扬,佛法信众遇到违碍,要认真修习本尊,广做法事,执掌和弘扬第二佛陀宗喀巴大师的教法。章嘉仁布切领受而去,向拉萨出发,班禅命扎什伦布寺设灶欢送,并派卓尼尔、仲科尔骑马护送,特派卓尼尔曼杰陪同。

藏历6月4日是释迦牟尼转动四谛法轮的特殊节日,班禅听完《堆扎》的全部教程。8日,在尼沃寝殿,班禅在永增和四个参夏巴中间进行提问,对参夏巴噶钦索南诺布就《释量论》的部分内容进行辨析。为了班禅尊善贤三者的事业增盛,特别是闻思因明经论顺利，英萨新造了大威德金刚、尊胜佛母、绿度母的唐卡各一幅，班禅高兴地接受，并供奉在自己的寝室中。在这个时期，有许多到尼泊尔去造佛塔的人和一些印度人、康巴人、农民等向班禅献了孔雀、鹰、迦陵频伽等鸟类，班禅高兴地接受并给他们摸顶赐福。

以前巴雅尔堪布洛桑丹增经过驻藏大臣批准去京城朝贡，大皇帝赐给班禅额尔德尼的褒赏的诏书和物品，以及额外赐给的绸缎制作的佛冠和袈裟、水晶和羊脂玉的日用品、内库绸缎 60 匹等，在 8 月 24 日送到，班禅行三跪九叩礼谢恩后，立即穿上朝廷赐给的袈裟升上宝座。

藏历 11 月 11 日，章嘉活佛的父亲和强佐等人前来拜见，班禅给他们赠礼并赐给吉祥结。12 月 26 日，九世帕巴拉克珠阿旺洛桑晋美丹贝坚赞前来拜见班禅，在用茶时相互问候，其后班禅在寝殿宴请他。

土蛇年　同治八年，1869 年，15 岁

藏历 1 月 15 日，因昌都帕巴拉活佛的请求，班禅额尔德尼到僧会上，接受其所献曼扎、三依止和大量物品。从 2 月 9 日起，班禅照例在寝殿多次设立法苑，做法事和学习教理。这个时期，因甲康巴洛桑平措和昌都帕巴拉活佛的请求，班禅分别给他们诵传《三事（忏罪、随喜、回向或者劝转法轮）经》和《道次第要义》，还亲切宴请帕巴拉活佛，赐给他们以前请求的班禅自己健康长寿的祈愿文和帕巴拉活佛名号赞颂及祈愿帕巴拉活佛健康长寿的祈愿文。

藏历 6 月 4 日，按照森钦活佛和兑桑林札仓的喇吉的请求，班禅额尔德尼给他们诵传了班禅所做的自己健康长寿的祈愿文和兑桑林札仓堪布的名号赞颂文，兑桑林堪布向班禅献了曼扎、三依止等物品。

藏历8月1日,班禅额尔德尼到贡觉林寝宫,在此沐浴并观看抛投食子和跳神法舞等,加以护持。此时,哉务扎噶活佛的强佐请求班禅对认定转世做占卜,班禅赐给了写有授记、名号赞颂和祈愿长寿的文书。21日,班禅到大寝宫,次日,班禅因那雪地方的达普活佛的请求,诵传了度母等教法。9月里,日喀则当地有热病流行,因此班禅暂时不接受信众拜见,不去僧众法会,并从15日开始做念修叶衣佛母的闭关修行。这个时期,班禅从每天黄昏的一座法以后,不睡眠,从头开始诵读《四家合注》。

藏历10月13日,驻藏大臣恩麟巡察边地途经日喀则,来拜见班禅额尔德尼,双方在日光寝殿进行了悠闲的交谈。27日,恩麟大臣要前往定日,向班禅辞行。11月30日,驻藏大臣巡边返回途中前来会见班禅,多仁台吉主仆也来辞行。这一时期,因青海塔尔寺的色多呼图克图洛桑楚臣嘉措写信前来劝请,班禅为他撰写了3个偈颂的护持和祈愿文。班禅还为认定哉务的那仓寺喇嘛的转世著作了名号赞颂和祈愿健康的文字。

铁马年　同治九年,1870年,16岁

3月里,班禅额尔德尼如前做法事和到学习教理的法会上,并照例举行了时轮修供法事等,给修供的僧人摸顶。由夏孜札仓的僧人瓦谢瓦噶钦南杰群培立宗,由许多聪慧的学经僧问难举行辩经,班禅给他们赐哈达作为奖励。

藏历5月8日,大皇帝封班禅额尔德尼的弟弟南杰楚臣为达喇嘛的圣旨送到,为谢恩班禅献了哈达。达喇嘛南杰楚臣和孜恰尼玛顿珠因为获得台吉的俸禄而向班禅献哈达、曼扎、三依止等。22日,班禅返回寝宫,此时拉章扎西其(拉卜楞寺)的在哲蚌寺学经的僧人群培扎巴为了建立缘起,请求在扎什伦布寺的3个显宗札仓立宗辩经,班禅高兴地同意了,并给他诵传了《香巴拉祈愿文》等。

藏历9月22日,驻藏大臣德泰为巡视边地前来,在大日光殿拜会了班禅额尔德尼。这位大臣研习佛法、智慧广大,询问了班禅很多问题,班禅做了很好的回答,使他满意。

闰9月1日,七世哲布尊丹巴阿旺却吉旺秋赤列嘉措贝桑布圆寂,带送他的追荐礼品的达喇嘛等人和带送扎雅班智达圆寂的追荐礼品的人到达,拜见班禅额尔德尼,班禅在用茶时用蒙古语和他们相互问候,使他们感动得流下热泪,说如同拜见前辈班禅一样。在10日和13日两天,哲布尊丹巴的达喇嘛和扎雅班智达的索本官却扎西分别迎请班禅到僧会上奉献大量物品。班禅高兴地接受,为这两位大德做了超荐法事,祈愿他们以殊胜的转世再做教法和众生的怙主,并给带送礼物的众人摸顶赐福。他们请求班禅占卜哲布尊丹巴和扎雅班智达的转世的情形,班禅给予了授记。从15日起,班禅每天以上午一座法和晚上一座法的时间修持和念诵尊胜空行母法,新建了向尊胜空行母按时供食子的制度。

1864年英国东印度公司在控制了锡金以后,武装侵略不丹,逼迫不丹割地,1869年不丹爆发内战,汤沙宗总管乌金旺曲在东印度公司支持下战胜对手,控制了不丹大权,对西藏形成威胁。从12月6日起,为了遮止边军犯境的危险,班禅在扎什伦布寺密严刹土殿的觉卧大佛像前,连续7天中每天晚上做酬补劝请的法事,与此相同,在奇异刹土殿在,连续7天做静猛梵天护法的酬补和劝请法事。

铁羊年　同治十年,1871年,17岁

元月,由英萨金刚持负责,为了班禅额尔德尼健康长寿,召集则东地方手艺精良的铜匠5名,建造一尊和常人等高的文殊菩萨金铜像,班禅对铜像的尺度等做了吩咐,还给铜匠们摸顶赐饭。

从藏历2月3日起，班禅额尔德尼做念修极密九尊的闭关修行，在将近三个月的时间里班禅专心修行和念诵。藏历5月7日，班禅解除闭关，班禅在永增的身边，结合请教传授，班禅开始诵记《释量论注疏解脱道明灯》。这一时期，拉萨发生达尔罕总堪布贝丹顿珠等杀害噶伦和官员，占据甘丹寺作乱的事件，班禅对此心中不忍，为了平息这些灾难，在密宗札仓举行各种祈愿法事。

水猴年　同治十一年，1872年，18岁

藏历4月5日起的21天中，按照奇特的安排，班禅额尔德尼和以弟弟达喇嘛为首的8名做仪轨的僧人一起，多次做天女和静猛梵天的酬补和嘱托事业的赞颂和劝请法事。其后在6月里又做骑骏马愤怒明王的密修法事、四业火供及救赎法事等。据称由于这些法事的法力，当时从江孜方向来的几名想要破坏西藏教法和众生的幸福的外国人，虽然他们化妆成不丹人前来，但是未经派兵布阵驱赶的混乱，就让他们返回去了。

藏历6月，班禅额尔德尼从拉曼巴东朗巴听受《诀窍续补遗》、达摩瓦秘籍的诵传，并体念医学的实践。7月14日，驻藏大臣德泰和联络官一起来拜见，互致问候。

藏历9月13日，班禅额尔德尼任命四世森钦活佛洛桑贝丹群培为阿巴札仓的新堪布，次日，森钦活佛以新堪布身份来拜见，班禅给予多方面的教导。

一世德珠活佛洛桑钦饶旺秋去世，噶厦派两名孜仲和一名卓尼尔来扎什伦布寺做超荐法事，藏历10月12日，因他们的请求，班禅额尔德尼到僧会上，他们向班禅献曼扎、三依止和大量的物品，并给僧众熬茶布施，班禅念诵了回向文。

藏历11月5日，果洛阿什姜部落头人的喇嘛去世后，其管家益西曼朗主仆一行为做超度前来拜见,9 日,因阿什姜头人请求派遣新的喇嘛,班禅任命达摩瓦噶钦丹巴雅培前往。

水鸡年 同治十二年,1873 年,19 岁

藏历 6 月,班禅额尔德尼依据扎什伦布寺讲说的四部戒律以及由此制定的"甲译"(寺规),规定了应抛弃的罪过特别是饮酒的罪过,他将这些规定特别选出,口诵编辑成被称为"威严金枷"的文书。班禅在四大札仓的上师、六组格贵、各殿堂措索巴、各法苑的戒律师、各个米村的干巴和喇吉等人全体聚会时宣读这一文书,并给各个勒空(办事机构)赐衣物哈达等,同时赐给"威严金枷"的抄写卷,并严肃教导今后不要违反。这引起一些人的反对,编造各种理由,请求班禅不要做这些规定。藏历 7 月 28 日,以前有让年轻的僧人夏天去田野割青草等作为圣草(吉祥草)供僧舍使用的做法,班禅认为僧人这时外出有违背夏安居的罪过,故吩咐以后再不准这样做。

藏历 8 月 25 日,驻藏大臣承继前来拜见,班禅赐给他礼品,大臣向班禅献了佛像、哈达等,对班禅表现得非常真诚信仰和恭敬。

藏历 10 月 8 日,萨迦达钦仁布切因为要去拉萨做法事,请求拜见班禅并辞行,班禅高兴地会见了他。

藏历 12 月 8 日,班禅额尔德尼的永增金刚持曼日瓦去世,在尼沃大寝宫举行了永增金刚持的超度法会。

木狗年 同治十三年,1874 年,20 岁

藏历 1 月 4 日,来西藏迎请喀尔喀八世哲布尊丹巴的达喇嘛,迎请班禅额尔德尼到僧会上,贡献大量礼品,班禅为他诵传经典并做回向。6 日,班禅因蒙古达喇嘛的请求给他传授了百法长寿灌顶。7 日,萨迦的杰尊玛(法王家族的主母)在去拉萨的路上请求拜见和辞行,班禅高兴地会见了她。

藏历2月9日,班禅额尔德尼接受了很多山间静修的僧人、女尼和库伦堪布寺院的官萨活佛的拜见,还高兴地会见了前来拜会的钦差大臣,该大臣迎请班禅到僧会上给僧众礼供布施斋僧茶饭,向班禅奉献大量物品,班禅为他做了念诵和回向。

藏历3月15日,喀尔喀七世哲布尊丹巴的永增(经师)诺门汗迎请班禅额尔德尼到僧会上,奉献礼品并布施斋僧茶饭,班禅为他做了念诵和回向,并传授长寿灌顶。

藏历6月4日,召唤四大札仓的堪布、大格贵、措索巴、新设的六组格贵、各札仓法苑的戒律师等到班禅额尔德尼的身边,班禅按地位高低分别赐物品和新写的制戒文书。班禅特别强调为使我等的扎什伦布寺的教法兴盛、作为康乐的根本的教法和戒律如一匹绸缎紧密连接。

藏历9月11日,班禅额尔德尼写作了阿巴札仓堪布森钦活佛名号赞颂,森钦活佛布施斋僧茶饭,迎请班禅到僧会上向班禅献礼,班禅做了念诵回向。

木猪年　光绪元年,1875年,21岁

藏历1月8日,班禅额尔德尼给吉钦珠旺活佛剃度,赐名为洛桑尊追嘉措。当天,因坚隆巴格隆金坚请求班禅新写一篇可以在僧众集会上念诵的可以将班禅列入长寿佛修行传承中的班禅的名号赞颂文,班禅写成并给他诵传。24日,敏珠林寺大法台向班禅额尔德尼献茶包、粮米等物品和曼扎、三依止等,祈愿班禅健康长寿的礼品。班禅从大法台那里听受了一些宁玛派的前译密法的教诫。

同治十二年(1874年)12月初5日,同治帝崩,享年19岁。3月1日,经过驻藏大臣传来了皇帝在位十三年时归天的消息,班禅显得心中很不安。16日,为超度追荐去世的皇帝,在扎什伦布寺各个殿堂举行供祭,并做广大祈愿。20日,拉萨方面特派骑马的信使前来,告知十二世达赖喇嘛·赤列嘉措已经逝往法界,请班禅做念诵回向并祈请达赖喇嘛尽快转生。班禅无比悲痛,立即撰写祈愿达赖喇嘛尽快转生的祈祷文,并让僧众在僧会上念诵,给每名僧人赐10甑茶叶,为达赖喇嘛逝往法界广做超度法事。

藏历3月15日,班禅额尔德尼想追随宗喀巴大师和五世达赖喇嘛发展班钦戒统的传播,因此请文殊怙主款氏教法的法主、持戒大师墨智茫嘎啦达玛瓦尔达贝桑布为堪布,在10名具信比丘之中,在吉祥之地依噶群增寝殿接受了圆满的比丘戒。班禅给传戒的堪布和参与的僧人很多酬谢,而堪布墨智、森沃活佛、艾旺曲科寺的堪布等人也向班禅献了茶包、米粮和曼扎、三依止等各种礼品。15日,受戒完成后,英萨诺门汗向班禅、堪布仁布切、参加传戒的僧人们献了茶包、米粮等物品和曼扎、三依止、班禅的身像等,班禅的母亲也献了班禅的身像和成捆丝绸等。次日,扎什伦布寺雪勒空举行盛大宴会,献曼扎、三依止,班禅的祖业庄园也举行宴会献礼,大吉索、四大札仓的堪布、措钦大殿的大格贵、朗玛侍从、执事等也按地位高低献了庆贺的哈达。23日,噶厦特派堪穷阿沛巴前来为同治皇帝驾崩和达赖喇嘛·赤列嘉措圆寂做追荐超度法事,他迎请班禅到僧会上,给班禅奉献大量物品,给僧众熬茶布施,做了超度的法事,班禅做了念诵回向。

藏历5月17日,噶厦派孜仲扎巴桑珠前来,为达赖喇嘛·赤列嘉措圆寂七七49天做献礼超度,向班禅额尔德尼致礼时献曼扎、三依止和1匹白马。20日举行追荐法事,向扎什伦布寺各个殿堂献供并熬茶斋僧发放布施。

藏历6月1日,堪布洛浦巴带来光绪大皇帝的诏书,在白天举行了盛大宴会。

藏历8月12日,举行了拉萨方面为班禅额尔德尼受比丘戒而献礼的仪式,在仪式上由德阳巴噶钦南杰和章切夏仲欧珠雅培二人就中观典籍的慈悲心进行辩经。

藏历11月4日,拉萨的曼仲送来天命大皇帝褒扬班禅额尔德尼的诏书和赏赐,在盛大的宴会上班禅接受了诏书和赏赐物品,诏书中说,赏给班禅额尔德尼30两重银,茶筒1个,银壶1把,银盅1个,大小哈达各10方,绸12匹。赏给布达拉和扎什伦布、色拉、哲蚌、甘丹等四大庙,每庙银各1000两、大哈达各100方、小哈达1000方、茶各100块。

藏历11月18日,拉卜楞寺三世嘉木样谢巴活佛图丹旺秋到达并拜见班禅额尔德尼,次日,嘉木样谢巴活佛迎请班禅到僧会上,向班禅献礼并祈愿班禅健康长寿。21日,班禅给嘉木样谢巴活佛传授长寿佛教法并设宴款待。

火鼠年 光绪二年,1876年,22岁

藏历4月14日在僧众集会的经堂里,班禅额尔德尼和弟弟达喇嘛、护法殿的10名僧人一起,为新建造的展佛的大唐卡撒花祝赞。次日按照安排观看展佛时,在用午茶时班禅到僧会上和僧人们一起为上述的新制大唐卡开光,奉献吉祥礼品,

藏历6月15日班禅额尔德尼升上大法座,举行布萨并为住夏做准备。在当天上午在四大札仓堪布和措钦大殿的大执事等会聚时,班禅考虑到佛法的根本是戒律,戒律中规定在住夏期间僧人办理私事超过7天的要事前告假,因此指示他们要按戒律的规定办理僧人告假的事务,对于班禅此前所赐的规章需要做一些增减,给以护持,以保障佛法的经幢牢固地树立,这是班禅完全为利益佛法

着想而做的规定。

藏历7月8日,班禅额尔德尼到午后的僧会上,赐了装在匣子里的规章,这和新修补的以前班钦根敦珠巴时建造的缎绣唐卡的开光同时举行,班禅给每名僧人赐开光的布施两个银币和一方白绸。在用晚茶时,大格贵宣布了寺规文书和新修订的规章。

藏历8月1日,驻藏大臣松淮、潘通事和一名小通事、联络官尼木玛朗巴、孜恰平措等众多汉藏官员前来,在会见时班禅致以问候。松淮在谈话中指责"班禅额尔德尼被人愚惑,兼习红教,遂致两藏物议沸腾,众心不服",要求八世班禅"嗣后仍宜确遵黄戒,虔心唪经,勿得任性妄为,旁习外道,以期仰副圣主保卫全藏、护持黄教之深恩也。"并说:"如或执迷不悟,妄知痛改,立即严参,从重惩办,勿贻后悔。"并要求八世班禅具结存案,再由驻藏大臣随时密察。

藏历9月16日,去北京的使者堪布带来大皇帝的诏书和礼品,在白天举行的宴会上班禅额尔德尼恭敬地接受。

藏历11月15日,西藏地方政府特别派来的骑马的信使到达,请求班禅额尔德尼就达赖喇嘛的转生在何处出生进行占卜,班禅回答说在达布地区。

火牛年　光绪三年,1877年,23岁

元月,班禅额尔德尼遇到了身体违碍,得了比较严重的水肿病,举行了9天的诵经仍未减轻,一晚上呕吐物约两个银盆,使得众人都惊恐悲伤,请求拉木护法、摄政仁布切、欧曲瓦大师等上师和护法神占卜吉凶,特别是班禅本人卜卦得到的答复是广做祈愿法事,因此四大札仓的堪布、格贵、措索巴等向班禅献礼,并祈愿班禅健康长寿,班禅高兴地接受。如同月亮从月蚀中挣脱出来一样,班禅很快地恢复了健康。班禅在已经接受了班钦戒统的比丘戒之上,又想从十二世达赖喇嘛的永增普布觉活佛那里接受拉钦戒统的比丘戒,因此在9日特派卓尼尔冲布巴前去拉萨迎请上师。

藏历2月12日,普布觉活佛一行到达扎什伦布寺,班禅额尔德尼无比高兴地会见了他们,并致问候。普布觉活佛向班禅献了曼扎、三依止和黄金、白银50两等物品,祈愿班禅健康长寿。15日在普明寝宫由普布觉活佛任堪布,班禅受了比丘戒,班禅受戒后,永增金刚持向堪布仁布切献了丰厚的酬谢物品。次日,拉萨甘丹颇章、四位噶伦、大小僧俗执事官员、色拉寺、哲蚌寺、甘丹寺三大寺的翁则、经师等也依次向班禅献了礼品。

藏历3月1日,班禅额尔德尼从普布觉活佛那里听受了《释迦牟尼的本生经》三十四品。15日,为了向皇帝请求免于金瓶掣签认定十三世达赖喇嘛,摄政济咙活佛特派扎其平热巴前来,送来有关认定达赖喇嘛转世灵童的信件,摄政、噶伦、总堪布也分别送来盖印的信函和曼扎、三依止等礼品,班禅高兴地接受,做了使各方面顺利的占卜护持,并给各方的来信做了回复。

藏历4月25日,班禅额尔德尼由一些随从陪同从扎什伦布寺启程前去沐浴。在曲夏地方设灶送行时,英萨大强佐、扎什伦布寺四大札仓的堪布、大格贵、各殿堂措索巴等,以日喀则的大老爷和粮台二人为首的官员和南北驻防汉军兵丁等前来送行,他们各向班禅献哈达。30日晌午时分,班禅到恰瓦地方,举行了宴会,中午过后,班禅开始入水沐浴。

藏历5月1日,甘丹颇章所派的献礼使者孜仲洛桑南杰主仆前来拜见,商议请班禅额尔德尼去拉萨的事宜。24日,班禅动身返回扎什伦布寺。6月11日,班禅回到扎什伦布寺。

藏历8月2日,驻藏大臣桂丰到达,向班禅致礼。

藏历12月17日,为了请班禅额尔德尼在不久以后到拉萨为达赖喇嘛转世灵童剃度授戒,噶厦所派的联络官员金喀觉比瓦到达并向班禅致礼。21日,班禅在一些随从的簇拥下启程,扎什伦布寺在曲夏地方设灶送行。

土虎年　光绪四年,1878年,24岁

元月3日,班禅额尔德尼到达曲米岗住宿,这时总堪布、噶伦、公爵、扎萨克、噶仲等人和普布觉活佛到此迎接。在用茶时班禅和他们互相问候,总堪布代表布达拉宫和雪勒空对班禅慰问。4日,班禅到罗布林卡,在随即举行的宴会上,摄政济咙呼图克图、噶伦、公爵、堪布、扎萨克、代本、孜本等众官员向班禅献了哈达。宴会结束后,班禅即到寝殿,和摄政私下会晤。7日,摄政向班禅额尔德尼献吉祥物和大量礼品,并请求班禅撰写一篇祈愿达赖喇嘛的转世灵童健康长寿的诗体祈愿文,班禅立即写了一篇题为《祈愿健康长寿——满愿如意宝》的祈愿文,使众人十分惊异。19日是一个吉祥的日子,班禅前往蔡贡塘,班禅额尔德尼、达赖喇嘛师徒会面之时,由班禅额尔德尼给达赖喇嘛真实无误的转世灵童剃发,同时给他起法名为阿旺洛桑土登嘉措久者旺秋却勒南巴甲瓦巴桑布。在剃发完成后,噶厦在蔡贡塘大殿举行了盛大宴会。

元月14日,在拉萨祈愿大法会期间,班禅额尔德尼从罗布林卡的格桑颇章前往大昭寺,登上那里的日光殿的宝座,在噶厦举行的宴会上,摄政通善济咙呼图克图为首的四位噶伦等勒参巴以上的官员向班禅额尔德尼献哈达。次日,在大昭寺旁的松曲热瓦,班禅额尔德尼为具有受法三功德的数千信众,讲授了《释迦牟尼三十四本生》,使得众贤哲为之折服。以后班禅又到大昭寺格桑大回廊的祈愿大法会上做念诵和回向。其间班禅还先后朝拜了拉萨的两尊觉卧像,奉献无数的供品,3次巡礼大昭寺和小昭寺。

21日,班禅额尔德尼从大昭寺到布达拉宫,次日,礼拜了以五世达赖喇嘛的灵塔世界一庄严为主的各个达赖喇嘛的灵塔殿,奉献了供品,并做祈愿,敬献敬神哈达。

藏历2月3日,班禅额尔德尼从普布觉活佛那里接受了百次长寿灌顶。10日,班禅前往日甲寺,给住在那里的达赖喇嘛转世灵童传授了依止摧破金刚的献浴、除秽和护持法,以及结合长寿佛和马头明王的灌顶。13日,班禅从罗布林卡的格桑颇章到哲蚌寺的贡噶热瓦园林,哲蚌寺吉索迎请他到哲蚌寺大经堂,在宴会上向他献曼扎、三依止等大量礼品,此外哲蚌寺的阿巴札仓、郭莽札仓、德阳札仓、洛赛林札仓和藏巴康村等分别迎请他前往,宴请并献三依止等礼品。17日,班禅巡礼了哲蚌寺的甘丹颇章,并献供品,给哲蚌寺的喇吉和各个札仓回赠合适的礼品。次日,班禅额尔德尼从哲蚌寺到山下的乃穷寺,乃穷护法降附人体,向班禅奉献被称为四大洲须弥山的曼扎、三依止和法器等,并吟诵了以前莲花生大师所做的赞颂吉祥的偈颂,护法神在班禅用茶后请求班禅给予加持,表现得非常恭敬,表示对班禅的吩咐都要努力完成。班禅给护法神也回赠了礼品和敬神哈达等。此后班禅即前往色拉寺。色拉寺吉索向班禅献了礼品,杰巴札仓、麦巴札仓、乌格尔札仓、阿巴札仓也分别迎请班禅,向班禅献了大量礼品。25日是五世达赖喇嘛的期供日,班禅额尔德尼到布达拉宫,随即向五世达赖喇嘛灵塔等各个达赖喇嘛灵塔殿奉献供品。28日,是传小召结束的日子,班禅额尔德尼到大昭寺,向以觉卧释迦牟尼像为首的三尊佛像等各个佛像贡献盛大供养。

由于班禅额尔德尼请求在拉萨接受皇帝赏赐的物品,3月3日,两名驻藏大臣、扎萨克、达喇嘛等给班禅呈交了大皇帝赐给班禅额尔德尼的诏书和30两白银制作的银瓶一个、银茶桶一个、银灯一个、绸缎12匹等,班禅恭敬领受。

藏历9日,班禅额尔德尼从拉萨出发去热振寺。13日,在热振寺大殿举行的宴会上,在半年前刚经过金瓶掣签认定的四世热振活佛阿旺洛桑益西丹贝坚赞高兴地向班禅献曼扎、三依止。班禅到热振活佛的拉章,给热振活佛及其侍从传授了长寿灌顶。次日,班禅给热振寺全体僧人诵传了《长寿经文》和《兜率上师瑜伽》等。随后班禅巡礼了热振寺的上下佛殿和全部的殿堂。在热振寺周围著名的柏树林中,以前(七世)班禅丹贝尼玛对一株干枯的柏树念诵经文后说:“现在你还不到干枯的时候。”随即念诵了真言,这株柏树果然长出了新枝叶。这天,班禅对那株柏树北面的一株也干枯了的柏树进行祈愿诵咒,柏树也长出新枝叶。17日,班禅动身离开热振寺,途中巡礼了达隆寺,然后经林周县到达孜县。21日至23日,依次到达拉木绛曲觉、次色寺、尊莫蔡寺,这3座扎什伦布寺管辖的寺院联合设宴款待班禅,拉木仓巴螺髻大护法降附于降神师身上,向班禅献敬神哈达、经幢、金轮等。24日,在拉木地方官员举行的宴会上,举行迎请大护法、为班禅祈寿的盛大法事,班禅给大护法降神师和各个寺院回赠了礼品。25日,班禅前往甘丹寺,在甘丹寺吉索举行的宴会上,吉索向班禅献曼扎、三依止等物品,随后又迎请班禅到大经堂,登上三界众生的怙主宗喀巴大师的法座,此时由两位善知识讲经师就般若经文进行对辩,在喜庆集会上向班禅献三依止等物品。班禅巡礼以宗喀巴大师灵塔殿为首的各个佛殿,并奉献供品。夏孜札仓和绛孜札仓分别迎请班禅前往,并宴请班禅。

藏历4月8日,班禅额尔德尼到达布达拉宫。10日,在布达拉宫由摄政、噶伦、扎萨克等政府官员举行宴会,向班禅献礼。15日,班禅和随从等从拉萨动身，经过江孜返回扎什伦布寺。此次班禅在拉萨及其附近地区活动了3个多月。

藏历5月2日，扎什伦布寺密宗札仓僧众向班禅额尔德尼献八吉祥物，祈愿班禅健康长寿。9月28日，班禅带少数随从，到谢通门的绛普温泉去沐浴数日，然后到谢通门各寺院巡礼，在闰9月30日，到达尔顶辛仓地方，在当地的舅父设宴款待班禅，班禅在那里向舅父神祈祷，在色果查莫举行盛大宴会，给很多信众传授了长寿灌顶。其后经达那河谷到托卜加地区，到10月15日，启程返回日喀则贡觉林寝宫。

因为来年达赖喇嘛的转世灵童要在布达拉宫坐床，而班禅额尔德尼身体不好，为消除班禅身体的违碍，10月21日起，班禅做了狮口施食修法，29日，又做了放咒的法事。这一时期扎什伦布寺也出现了较大的内争和动乱的事情，一些人因为不净的偏见，出现了对班禅的添油加醋的流言蜚语。由于班禅发心和法力成就，加上卸任永增英萨曼日瓦洛桑南杰贝桑布善于协调并依靠各个护法神的法力，使上述的乱事很快平息。还有创言称有上万武装农牧民到扎什伦布寺支持班禅，制服了那些反叛的僧侣。

当时西藏大众向驻藏大臣呈递立誓不准外国人入藏的公禀，班禅额尔德尼也出具图章，在公禀上与达赖喇嘛和摄政济咙活佛一起列名。

土兔年 光绪五年，1879年，25岁

藏历2月17日，班禅额尔德尼委任德钦巴噶钦尼玛尤年为昂仁曲德寺的新任堪布，在他辞行时，班禅就执掌、护持、增益寺院三者需做之事做了叮嘱。

藏历5月，英萨诺门汗辞职，将替任人选的名单提请班禅额尔德尼考察,班禅做了考察,并写了相关文书给驻藏大臣。这时班禅额尔德尼还派孜恰南杰顿珠和粮务官等人去给达赖喇嘛献祝愿健康长寿的礼品。藏历5月14日,十三世达赖喇嘛在布达拉宫坐床。30日,出现了日食,为了教法和众生的平安,将许多羊只放生,班禅和8名僧人一起念诵度母经数十万遍。

藏历8月12日,班禅额尔德尼任命卸任运茶官南杰喜饶继任强佐。当天,青海佑宁寺丘桑呼图克图到达,拜见了班禅,在用茶时双方互致问候。丘桑呼图克图向班禅献曼扎、三依止等许多物品,15日,班禅给丘桑呼图克图主仆一行传授了长寿灌顶,诵传了香巴拉祈愿文,并宴请了他们。

藏历9月18日,驻藏大臣色楞额和联络官、通事等人到达,拜会了班禅额尔德尼,随即辞行,班禅赠送了厚礼。

藏历11月24日,拉萨甘丹颇章因为今年是班禅二十五岁本命年,为祈愿班禅健康长寿专门派堪囊前来献礼。

藏历12月6日,代理英萨诺门汗南杰喜饶正式就任大强佐之职,英萨诺门汗向班禅献曼扎、三依止、八吉祥物、以及金银等,在宴会上,班禅给他回赐了内库哈达、赞巴拉财神赤玛铜像、念珠、坎肩等礼品。因十三世达赖喇嘛·阿旺洛桑土登嘉措贝桑布坐床完成,拉萨方面派的赠礼使者在当天到达,迎请班禅额尔德尼到僧会上为达赖喇嘛祈寿并过目拉萨方面送来的礼品。29日,因喀尔喀哲布尊丹巴明年到13岁的本命年,为除其身体违碍,班禅额尔德尼派卓尼尔嘉措等人前去献礼。

铁龙年 光绪六年,1880年,26岁

正月,班禅额尔德尼出现身体不适和患眼病的症状,班禅自己做了占卜,并派人请欧曲喇嘛仁布切做占卜,还广做祈寿法事,因此病很快就过去了。

藏历3月18日,因班禅要到襄地方的嘉措温泉沐浴,在当日以英萨诺门汗为首的留寺院的侍从、扎什伦布寺的四大札仓的堪布、格贵、日喀则的大老爷、粮务官等前来献哈达送行,班禅额尔德尼给他们回赠了哈达并给他们摸顶。19日,班禅额尔德尼和众随行人员出发去嘉措温泉沐浴休养。24日,班禅一行到温泉做了将近一个月的沐浴。

藏历4月24日,班禅从沐浴地出发,前往班禅出生地托卜加。途中在南木林的甲乃住宿地,甘丹曲科寺僧众向班禅奉献用品,因他们的请求,班禅给10000多民众传授了长寿灌顶。

藏历5月1日起,班禅额尔德尼在他出生地,和曼日寺的7名僧人一起做了7天的"冲拉"(出生值日神和故乡土地神)祈愿修行。8日,班禅从托卜加出发返回扎什伦布寺。

藏历8月5日,定日的毛大老爷到达。14日,驻藏大臣色楞额、联络官、通事、强佐等官员到达,在会见用茶时,班禅和他们互致问候。17日,阿巴札仓堪布森钦活佛辞职,班禅亲自任命洛巴活佛洛桑丹增旺杰继任密宗札仓堪布,并亲自到密宗札仓做本年的护国药叉的施食供和观看跳神法舞。

铁蛇年　光绪七年,1881年,27岁

藏历2月3日,因为班禅额尔德尼最近要去达卜尔温泉沐浴,向各地发布指令说,为了减小对民众的纷扰,从各豁卡征用官马和观赏的骆驼。

藏历3月13日,班禅额尔德尼从贡觉林寝宫出发前去沐浴。24日,班禅到了温泉并开始沐浴,班禅在那里沐浴一个月,在沐浴的间歇,给达那河谷上下游的无数具信仰的民众不断地摸顶赐福。

4月23日，班禅从沐浴的地方启程，依次前往他出生的地方。在色顶地方，喀尔喀曼朗呼图克图活佛特地赶来献礼，因他的请求，班禅给他诵传了珠嘉传规的长寿灌顶法、时轮祈愿文和文殊菩萨名号经，并亲切款待他。在班禅出生地，班禅和去年一样向“冲拉”(出生值日神和故乡土地神)祈愿。

藏历5月7日，动身返回扎什伦布寺。到达设灶郊迎的地方时，有汉藏官员骑马来迎，班禅和他们一起到贡觉林寝宫。日喀则宗的民众为汉官新建房屋，日喀则粮务官(粮台)向朝廷谎报是用汉军军饷修建，民众认为粮务官从中贪污民众的70锭白银，要求退回，形成聚讼，在快要铸成差错之时，班禅心中不忍，给民众赐白银，进行调处，民众心中感激，给班禅献了茶叶、米粮和曼扎、三依止等物，班禅给他们传授了嘛呢和度母等教法。

因为慈安皇太后在4月间去世，5月初6，光绪皇帝给八世班禅敕谕，嘱咐在后藏熬茶诵经。6月4日，班禅额尔德尼在扎什伦布寺各个殿堂献供巡礼，并广做回向祈愿的法事。

藏历7月4日，夏孜札仓堪布尼玛坚赞辞职，班禅额尔德尼想要任命举敦巴噶钦贝丹顿珠继任，同时因大强佐扎萨克喇嘛(即英萨)的候选继任之事，班禅在拟定名单后，在6日行文给驻藏大臣。25日，班禅在格桑颇章给僧众和僧俗信众5000人传授珠嘉传规的长寿灌顶。

藏历8月1日，驻藏大臣维庆及其几名随从、定日总爷、新任日喀则大老爷等人到达，前来拜见班禅额尔德尼。和驻藏大臣一起到达的科尔沁王的托因在拜见班禅时献了曼扎、三依止，代科尔沁王献了请求护佑的礼物内库哈达、座钟、玛瑙鼻烟壶、库缎3匹、汉地马蹄银等。土尔扈特王的一名达喇嘛、宰桑等人向班禅献曼扎、三依止和茶叶、粮米等。在他们辞行时，达喇嘛请求传授颇瓦法，班禅按照请求传授了依止无量光佛的颇瓦法，最后还诵传了长寿经。班禅对他们说："给你们远道来的客人单单传一个破瓦法，不是好的缘起，为了平息恶缘，所以我特地给喇嘛念诵了长寿经。"总之，班禅对从康区、蒙古等地远道而来朝拜的人们总是很高兴地接待，使他们全都满意。

藏历9月3日，班禅额尔德尼给阿拉善甘珠尔拔希喇嘛传授文殊语狮子的随许法等广大教法。

藏历10月25日，照例给班禅额尔德尼献冬装和哈达。哉务活佛在僧会上作为对本尊的供奉向经堂献了佛陀百行和80幅宗喀巴大师的唐卡，班禅给唐卡开光并撒花祝赞。27日，驻藏大臣色楞额向班禅呈递了大皇帝赐给的别人很难得到的哈达、珊瑚、椰子念珠、汉地的上等熏香等，班禅高兴地接受并叩拜谢恩。

水马年　光绪八年，1882年，28岁

藏历3月1日，从温萨寺迎请了真实的阿底峡随身携带的释迦牟尼像色林玛为首的几尊具有大加持力的如来佛的身像，作为班禅额尔德尼的本尊像，班禅为这几尊佛像以及班禅的弟弟达喇嘛新造的用白银制成的喜金刚像举行盛大的开光仪轨。随后班禅到达那的布如温泉去沐浴。

藏历4月17日，班禅额尔德尼离开温泉，到他出生的托卜加地方的竹仓去。此时班禅涎液旧病复发，身体略有不适。

从藏历5月6日，班禅额尔德尼的身体仍不见好转，胃口不好，因此只能进很少的茶饭。从藏历7月8日起，班禅总是让弟弟达喇嘛念诵法王八思巴和娘顿查仓巴等许多上师的传记中逝往他界情形的记载，并对拉曼巴问："什么时候到15日？"透露出班禅将要逝世。但是由于前面班禅答应还要长久驻世，所以班禅身边的人们一点也没有怀疑到班禅即将逝世。15日中午时分,班禅突然气力不支,说话声音越来越小,眼睛也只能微微睁开,在3个小时的时间中,呼吸的气息微弱,似有似无。到黄昏时分,班禅在故乡的噶热寺的曲阳德瓦寝殿的法座上逝往法界。

18日,按照代理英萨的安排,扎什伦布寺的高僧大德和札仓的在任卸任堪布等、比龙巴活佛等密宗札仓的一些僧人,来到噶热寺,随即给班禅额尔德尼的遗体涂抹香料,按报身佛的形式给遗体穿上上衣下装和僧帽等,在遗体边和寝殿内外各处广献五供,昼夜不停地做密宗的密集、胜乐、大威德金刚等本尊的坛城念诵修供。26日,让当地的许多僧俗信众瞻仰班禅的遗体。28日,将班禅的遗体迎请到轿子里,前往扎什伦布寺。路上各个寺院排列僧队迎接,在住夜的各个地方各献了千供。29日,在做了与上师和主尊无别的秘密的供养后,请上师入坛城并从上师受灌等。并由代理英萨主持派人到拉萨,向达赖喇嘛和摄政呈送请求为班禅额尔德尼超荐并祈愿班禅的转世迅速降生的信函,还请求驻藏大臣向大皇帝奏报班禅额尔德尼圆寂的情形。

藏历8月1日,班禅额尔德尼遗体运到了扎什伦布寺,安放在泽嘉拉康的宝座上,在那里,以代理英萨为首的执事们每人向遗体献一条哈达。驻日喀则的大老爷等朝廷的官员、克什米尔和尼泊尔人等不同民族的众人,按自己家乡的风俗向遗体献供养、敬神哈达并礼拜。藏历8月6日,由拉木大护法附身于一个人身上。藏历8月8日起,宣布执事等全部人员都不要悲伤,很快就会有转世灵童出世,由此结束了吊唁活动。在七七49天时,先前建立的工场顺利地完成了用上等绸缎和颜料绘制以这位班禅额尔德尼的画像为主尊的缎制大唐卡,作为全寺僧众集会的寺院依止物做了加行供养,给全寺的僧众加供斋僧茶饭和布施。同时在七七

49 天中,逢七的日子在以色拉寺、哲蚌寺、甘丹寺三大寺为首的前后藏南北以及阿里三围的各个寺院和静修地总共 977 处也举行超度法事。

藏历 11 月 1 日,递交文殊大皇帝赐给的物品和诏书的驻藏大臣色楞额和噶伦多喀瓦等到达,4 日,将皇帝赐给的经书一函和大皇帝平常戴的蜜蜡手串和栴檀木手串献给班禅额尔德尼的遗体,并宣读诏书,诏书说:"班禅额尔德尼为后藏呼图克图僧众之总师傅喇嘛;且深通经典,广衍黄教,保护僧众,多年精求经典,善诱黄教。正望扶助佛规,兹闻圆寂,朕心甚为悯恻,加恩着派驻藏办事大臣色楞额于班禅额尔德尼灵前赐奠,并赏布施等项,共折银 5000 两,再赏给团龙妆缎大缎 20 匹、贡缎 100 匹、大哈达 20 方、小哈达 300 方。除将赏银 5000 两由藏库动支,交扎什伦布札萨克喇嘛罗布藏顿柱先在班禅额尔德尼灵前作善事外,其缎匹、哈达等项,交该衙门仿照从前拣派司员送赴西藏,并将朕亲手所带蜜蜡珠一串、沉香数珠一串、经一部,先随报匣送交色楞额,奉到时即在班禅额尔德尼灵前悬挂,以示朕轸念之至意。色楞额祭奠事毕,即传谕该札萨克喇嘛罗布藏顿柱,现在班禅额尔德尼圆寂,尔当感戴大皇帝恩典,仍仿照从前班禅额尔德尼之呼毕勒罕未出世以前,将藏中一切事务谨慎代办。"

不久以后,扎什伦布寺建造了将班禅额尔德尼的遗体完整保存并有四种佛舍利装藏的天降塔形制的灵塔,还用金银诸宝建造了安置灵塔的叫做贡噶热瓦的大屋顶殿,以金铜为灵塔殿建了墙上装饰和殿顶,映照阳光,金光闪闪。

人名、地名汉藏词汇对照

A

阿努上师	སློབ་དཔོན་ཨ་ནུ།
阿旺洛桑土丹嘉措	ངག་དབང་བློ་བཟང་ཐུབ་བསྟན་རྒྱ་མཚོ།
阿旺益西楚臣坚赞贝桑布	ངག་དབང་ཡེ་ཤེས་ཚུལ་ཁྲིམས་རྒྱལ་མཚན་དཔལ་བཟང་པོ།
阿旺洛桑土登嘉措久者旺秋却	ངག་དབང་བློ་བཟང་ཐུབ་བསྟན་རྒྱ་མཚོ་འཇིགས་
勒南巴甲瓦巴桑布	བྲལ་དབང་ཕྱུག་ཕྱོགས་ལས་རྣམ་པར་རྒྱལ་བའི་དཔལ་བཟང་པོ།
阿里	མངའ་རིས།
阿里曲莫顶	མངའ་རིས་ཆུ་མོ་ཏིང་།
阿里列城桑喀喇嘛	མངའ་རིས་སེ་སང་མཁར་བླ་མ།
阿巴札仓的管理财物的甲巴䨼	སྔགས་པ་ནོར་གཉེར་པ་ལྷུགས་པ།
阿仁巴洛桑丹巴	སྔགས་རམས་པ་བློ་བཟང་བསྟན་པ།
《阿毗达磨毗婆沙论》	བྱེ་བྲག་ཏུ་བཤད་པ་ཆེན་པོ།
阿阇梨扎勒南杰	སློབ་དཔོན་དགྲ་ལས་རྣམ་རྒྱལ།
阿阇梨白玛桑博瓦	སློབ་དཔོན་པད་མ་སམ་བྷ་ཝ།
阿阇梨月称	སློབ་དཔོན་ཟླ་བ་གྲགས་པ།
阿努上师	སློབ་དཔོན་ཨ་ནུ།
阿嘉呼图克图	ཨ་གྱ་ཧོ་ཐོག་ཐུ།
阿嘉扎萨克	ཨ་གྱ་ཛ་སག
阿塔室利格图洛桑丹巴达尔吉	ཨ་ཐག་ཤྲི་དགེ་ཐུ་བློ་བཟང་བསྟན་པ་དར་རྒྱས།
阿都本仓家的商主白玛桑珠	ཨ་སྟུག་དཔོན་ཚང་གི་ཚོང་དཔོན་པད་མ་བསམ་གྲུབ།

阿巴噶旗托因洛桑楚臣	ཨ་པ་ཁག་གི་ཨོག་ཐོན་བློ་བཟང་ཚུལ་ཁྲིམས།
阿力克喇嘛	ཨ་རིག་བླ་མ།
阿力克喇嘛赛活佛	ཨ་རིག་བླ་མ་སྲས་སྤྲུལ་སྐུ།
阿力克阿博	ཨ་རིག་ཨ་པོ།
阿鲁科尔沁旗扎西林活佛	ཨ་རུ་ཧོར་ཆེན་ཨོག་དགོན་བཀྲ་ཤིས་གླིང་སྤྲུལ་སྐུ།
阿拉善甘珠尔拔希喇嘛	ཨ་ལ་ཤ་བཀའ་འགྱུར་པའི་བླ་མ།
阿瓦都底瓦	ཨ་ཕ་རྒྱུ་དྲ་བ།
艾旺曲科寺的堪布	ཨེ་ཝམ་ཆོས་འཁོར་གྱི་མཁན་པོ།
阿钦比隆巴	སྔགས་ཆེན་འབི་ལུང་པ།
阿钦仁布切	སྔགས་ཆེན་རིན་པོ་ཆེ།
安多地方	མདོ་ཁམས་སྨད།
安多的安木曲活佛	མདོ་སྨད་ཨམ་ཆོས་སྤྲུལ་སྐུ།
安多克藏活佛	ཨ་མདོ་ཁེ་གཙང་སྤྲུལ་སྐུ།
安多强美寺	ཨ་མདོ་བྱམས་མེས་དགོན།
昂仁	ངམ་རིང་།
昂仁曲德巴格勒尼玛	ངམ་རིང་ཆོས་སྡེ་པ་དགེ་ལེགས་ཉི་མ།
昂仁巴洛桑葛丹	ངམ་རིང་པ་བློ་བཟང་སྐལ་ལྡན།
昂仁甘丹雪珠培杰强巴林寺	ཆོས་སྡེ་ཆེན་པོ་ངམ་རིང་དགའ་ལྡན་བཤད་སྒྲུབ་འཕེལ་རྒྱས་བྱམས་པ་གླིང་།
熬茶布施	མང་ཇ་འགྱེད།

B

“八仙”	པཎ་ཤན།
班丹达瓦夏	དཔལ་ལྡན་ཟླ་བའི་ཞབས།
白蔡瓦	པད་ཚལ་བ།

巴噶夏	བ་ཀ་ཁྲ།
帕索噶丹热杰林	བ་སོ་དགའ་ལྡན་རབ་རྒྱས་གླིང་།
帕索瓦	བ་སོ་བ།
帕索瓦噶钦益西丹增	བ་སོ་བ་དཀའ་ཆེན་ཡེ་ཤེས་བསྟན་འཛིན།
帕索瓦学者噶钦夏仲洛桑京巴	བ་སོ་བ་མཁས་མཆོག་དཀའ་ཆེན་བློ་བཟང་སྦྱིན་པ།
帕索瓦贝丹群培	བ་སོ་བ་དཔལ་ལྡན་ཆོས་འཕེལ།
帕索米村	བ་སོ་མི་ཚན།
巴隆旗呼托克百户	འབའ་རོང་ཧོག་ཏོ་ཐོག་པས་ཏོ།
巴瓦跋陀罗	བྷ་བ་བྷ་དྲ།
巴雅尔堪布	སྦ་ཡར་མཁན་པོ།
巴雅尔吉仲洛桑尊追	སྦ་ཡར་རྗེ་དྲུང་བློ་བཟང་བརྩོན་འགྲུས།
白居寺	དཔལ་ཆོས་གྲྭ་(དགོན།)
白朗吉雄	པ་སྣམ་སྐྱིད་གཞོང་།
白林岗巴洛桑晋巴	པད་གླིང་སྒང་པ་བློ་བཟང་སྦྱིན་པ།
白玛噶波	པད་མ་དཀར་པོ།
白玛阿丹	པད་མ་ངད་ལྡན།
白玛旺钦	པད་མ་དབང་ཆེན།
白玛桑博瓦	པད་མ་སམ་བྷ་ཝ།
白玛昂楚	པད་མའི་ངང་ཚུལ།
白拉姆女神	དཔལ་ལྷ་མོ།
班钦拉吉仁钦	ནགས་ཀྱི་རིན་ཆེན།
班禅罗桑班丹益西	པཎ་ཆེན་བློ་བཟང་དཔལ་ལྡན་ཡེ་ཤེས།
《班禅罗桑益西传·月亮宝鬘》	པཎ་ཆེན་བློ་བཟང་ཡེ་ཤེས་ཀྱི་རྣམ་ཐར་འོད་དཀར་ཅན་གྱི་ཕྲེང་བ།
《班禅大师秘密本生传记》	པཎ་ཆེན་རིན་པོ་ཆེའི་གསང་བའི་འཁྲུངས་རབས་མཚན་བྱང་།

班智达钦波至尊欧曲瓦	པཎྜི་ཏ་ཆེན་པོ་རྗེ་བཙུན་དངུལ་ཆུ་བ།
《白色文殊礼赞》	འཇམ་དཀར་བསྟོད་པ།
白色宝帐祜主	ཇོ་བོ་ཕྱིང་དཀར་བ།
《本生经》	སྐྱེས་རབས།
苯教辛氏	བོན་གཤེན་གདུང་།
宝帐护法	ཆོས་བདག་ཕྱིང་དཀར་ཆེན་པོ།
贝丹扎巴	དཔལ་ལྡན་གྲགས་པ།
贝丹丹增曲珍	དཔལ་ལྡན་བསྟན་འཛིན་ཆོས་སྒྲོན།
班丹益西	དཔལ་ལྡན་ཡེ་ཤེས།
贝热房管员	དཔལ་རབ་ཁང་གཉེར།
贝拉垒色瓦	པད་ལྷ་ནེ་སེར་བ།
贝伦色	དཔལ་ལྷུན་སྲས།
贝桑	དཔལ་བསམ།
贝子恰那多吉	པེའི་སེ་ཕྱུག་རྡོར།
本仓钦波	དཔོན་ཚང་ཆེན་མོ།
被称为“威严金枷”的文书	རབ་བརྗིད་རྡོ་རྗེའི་གསེར་གྱི་གཉའ་ཤིང་ཞེས་བྱ་བ།
比丘却吉迥乃(法源)	དགེ་སློང་ཆོས་ཀྱི་འབྱུང་གནས།
比图巴噶钦洛桑扎西	དཔེ་ཐུབ་པ་དཀའ་ཆེན་བློ་བཟང་བཀྲ་ཤིས།
比图巴洛桑达杰	དཔེ་ཐུབ་པ་བློ་བཟང་དར་རྒྱས།
比图巴群则洛桑达杰	དཔེ་ཐུབ་པ་ཆོས་མཛད་བློ་བཟང་དར་རྒྱས།
比图巴洛桑坚赞	དཔེ་ཐུབ་པ་བློ་བཟང་རྒྱལ་མཚན།
贝如巴格隆格达尔	ཕས་རུག་པ་དགེ་སློང་སྐལ་དར།
比龙活佛	འབི་ལུང་སྤྲུལ་སྐུ།
苾嘎觉卧三位神	ལྷ་བེག་ཇོ་བོ་དསུམ།
遍主雍洛丹坚群培贝桑布	ཁྱབ་བདག་ཡོངས་ཛྫོ་བསྟན་རྒྱན་ཆོས་འཕེལ་དཔལ་བཟང་པོ།

博东扎西岗　བོ་དོང་བཀྲ་ཤིས་སྒང་།
博多瓦大师　པོ་ཏོ་བ་ཆེན་པོ།
波绒塘　སྤོ་རོང་ཐང་།
博尔多巴噶钦拉噶波　སྤོར་ཏོག་པ་དཀར་ཆེན་ལྷ་དཀར་པོ།
博扎　སྤྲོ་ཏ།
薄伽梵　བཅོམ་ལྡན་འདས།
《布谷鸟之歌》　དཔྱིད་ཀྱི་རྒྱལ་མོའི་གླུ་དབྱངས།
比热嘎玛拉希拉　བྲི་ཀ་མ་ལ་ཤྲི་ལ།
不丹第悉　འབྲུག་སྡེ་སྲིད།
不丹第悉的大臣索南吉旺　འབྲུག་སྡེ་སྲིད་ཀྱི་བློན་པོ་བསོད་ནམས་རྒྱས་དབང་།
不丹喇嘛扎玛堪布　འབྲུག་བླ་སྒྲ་མའི་མཁན་པོ།
《不共极密的秘密本生》　གསང་ བའི་ འབྲུངས་ རབས་ ཐུན་ མོང་ མ་ ཡིན་ པའི་ཤིན་ཏུ་ཟབ་པ།
布如温泉沐浴　འབུ་རུ་ཚབ་བཞེས།

C

参卓巴　མཚན་སྒྲོག་པ།
柴达木和德多两地的喇嘛　ཚལ་འདམ་དང་སྡེ་དོར་བླ་མ་གཉིས།
柴达木巴拉索瓦的章京加央　ཚལ་འདམ་པ་ན་སོ་ཐའི་ཛང་གི་འཇམ་དབྱངས།
柴达木喇嘛　ཚལ་འདམ་བླ་མ།
蔡德钦曲德寺　ཚལ་བདེ་ཆེན་ཆོས་སྡེ།
策墨林　ཚེ་སྨོན་གླིང་།
策色　ཚེར་གསེབ།
察沃强佐达瓦多吉　ཚ་བོ་ཕྱུག་མཛོད་བླ་བ་རྡོ་རྗེ།
察古尔夏巴　ཚག་གུར་ཞག་པ།

昌珠寺	ཁྲ་འབྲུག་དགོན།
昌都的衮多尔活佛	ཆབ་མདོ་ཀུན་རྡོར་སྤྲུལ་པའི་སྐུ།
昌都巴次仁顿珠	ཆབ་མདོ་པ་ཚེ་རིང་དོན་གྲུབ།
昌都帕巴拉活佛	ཆབ་མདོ་འཕགས་པ་ལྷ།
昌都瓦晋巴南色顿珠	ཆབ་མདོ་བ་སྤྲིན་པ་རྣམ་སྲས་དོན་གྲུབ།
昌都商务官丹增旺波	ཆབ་མདོ་ཚོང་སྤྱི།
常啼菩萨	བྱང་ཆུབ་སེམས་དཔའ་རྟག་ཏུ་ངུ།
车臣汗部	ཆེ་ཆེན་ཧང་ཞོག
赤钦	ཁྲི་ཆེན།
赤穷	ཁྲི་ཆུང་།
赤色堪布	ཁྲི་སེར་མཁན་པོ།
持白莲尊者根敦嘉措	པད་དཀར་འཆང་བ་དགེ་འདུན་རྒྱ་མཚོ།
重孜曲德巴洛桑坚赞	འབྲོང་རྩེ་ཆོས་སྡེ་པ་བློ་བཟང་རྒྱལ་མཚན།
重孜瓦噶钦洛桑善丹	འབྲོང་རྩེ་བ་དཀའ་ཆེན་བློ་བཟང་བསམ་གཏན།
重孜瓦洛桑贝丹	འབྲོང་རྩེ་བ་བློ་བཟང་དཔལ་ལྡན།
楚康巴格隆群培	ཚུལ་ཁང་པ་དགེ་སློང་ཆོས་འཕེལ།
楚臣康巴贝丹达杰	ཚུལ་ཁྲིམས་ཁང་པ་དཔལ་ལྡན་དར་རྒྱས།
冲布巴噶钦多吉顿珠	ཁྲོན་སྤུག་པ་དཀའ་ཆེན་རྡོ་རྗེ་དོན་གྲུབ།
冲布喇嘛阿力	ཁྲོན་སྤུག་བླ་མ་ཨ་ལི།
冲布喇嘛阿力南杰尼玛	ཁྲོན་སྤུག་བླ་མ་ཨ་ལི་རྣམ་རྒྱལ་ཉི་མ།
次仁贝宗	ཚེ་རིང་དཔལ་འཛོམས།
次色寺	ཚེར་གསེབ་དགོན།
措杰多吉	མཚོ་སྐྱེས་རྡོ་རྗེ།
措果岗坚巴	མཚོ་མགོ་སྒང་ཅན་པ།
措切宣努(医师童子)	འཚོ་བྱེད་གཞོན་ནུ།
酬补献酒仪轨	གསུང་བསྐང་གསེར་སྐྱེམས།

D

大法主	ཆོས་བདག་ཆེན་པོ།
大贤哲洛钦帕巴	མཁས་གྲུབ་ཆེན་པོ་ལོ་ཆེན་འཕགས་པ།
《道次第捷径》	ལམ་རིམ་བདེ་ལམ།
大神殿德瓦坚格桑颇章	གཙུྒོ་ལ་ཆེན་པོ་སྐལ་བཟང་པོ་བྲང་།
大皇帝	གོང་མ་ཆེན་པོ།
大皇帝的母亲	གོང་མ་ཆེན་པོའི་ཡུམ།
大成就者铃尊者	གྲུབ་ཆེན་དྲིལ་བུ་པ།
达赖喇嘛的卸任索本堪布贝丹扎西	རྒྱལ་ བའི་ དབང་ པོའི་ གསོལ་ ཟུར་ དཔལ་ ལྡན་ བཀྲ་ཤིས།
达喇嘛	ཏཱ་བླ་མ།
达赖喇嘛・坚白嘉措	རྒྱལ་དབང་འཇམ་དཔལ་རྒྱ་མཚོ།
达赖喇嘛・赤列嘉措	རྒྱལ་དབང་འཕྲིན་ལས་རྒྱ་མཚོ།
大译师玛尔巴	སྒྲ་སྒྱུར་ཆེན་པོ་མར་པ།
大勇护法神	ཆོས་བདག་དཔའ་བོ་ཆེན་པོ།
大供殿贤劫威光殿	མཆོད་ཁང་ཆེན་པོ་སྐལ་བཟང་གཟི་འབར།
大管事顿珠培杰	གཉེར་ཚང་ཆེན་མོ་དོན་གྲུབ་འཕེལ་རྒྱས།
《大悲白莲花经》	སྙིང་རྗེ་པད་དཀར།
度母殿仪轨师	སྒྲོལ་ཆོག་པ།
达喇嘛南杰楚臣	ཏཱ་བླ་མ་རྣམ་རྒྱལ་ཚུལ་ཁྲིམས།
达珀义仁郡王	ཏཱ་ཕོ་ཡེ་རིང་ཇུན་ཝང་།
达那河谷上下游	རྟ་ནག་ཕུ་མདའ་བར་གསུམ།
达那的布如温泉	རྟ་ནག་འབུ་རུའི་ལྷ་ཆབ།
达那巴尊追坚赞	རྟ་ནག་པ་བཙོན་འགྲུས་རྒྱལ་མཚན།
达卜尔温泉	རྟ་འབུར་ལྷ་ཆབ།

大竹卡	སྟག་གྲུ་ཁ།
达摩瓦噶钦班丹索巴	སྟག་མོ་དཀའ་ཆེན་དཔལ་ལྡན་བཟོད་པ།
达摩瓦赤列嘉措	སྟག་མོ་བ་འཕྲིན་ལས་རྒྱ་མཚོ།
达摩瓦洛桑雍仲	སྟག་མོ་བ་བློ་བཟང་གཡུང་དྲུང་།
达仓	སྟག་ཚང་།
达蔡园	སྟག་ཚལ།
达仓宗喀	སྟག་ཚང་རྫོང་སྐར།
达仓译师加央喜饶仁钦坚赞	སྟག་ཚང་ལོ་ཙཱ་བ་འཇམ་དབྱངས་ཤེས་རབ་རིན་ཆེན་རྒྱལ་མཚན།
达隆寺	སྟག་ལུང་དགོན་པ།
达隆活佛	སྟག་ལུང་སྤྲུལ་སྐུ།
达摩瓦洛桑平措	སྟག་མོ་བ་བློ་བཟང་ཕུན་ཚོགས།
达摩瓦洛桑善丹	སྟག་མོ་བ་བློ་བཟང་བསམ་གཏན།
达勒觉拉贝子旗的格隆洛桑苏巴	ད་ལེ་ཇོ་ན་པའི་སེའི་ཧོ་ཤོག་དགེ་སློང་བློ་བཟང་བཟོད་པ།
达尔顶辛仓	དར་ཕྱིངས་གཞིན་ཚང་།
达孜多(康定)经商的人们	དར་རྩེ་མདོ་ཚོང་འགྲོ་བ།
达尔汗贝丹顿珠	དར་ཧན་དཔལ་ལྡན་དོན་གྲུབ།
达布的嘎撒地方	དྭགས་པོ་ཀ་ཤ།
达波地方	དྭགས་པོ།
达波拉杰	དྭགས་པོ་ལྷ་རྗེ།
达拉岗波	དྭགས་ལྷ་སྒམ་པོ།
达日噶巴	དྭ་རི་ཀ་པ།
《大涅槃经》	མདོ་སྡེ་མྱང་འདས་ཆེན་པོ།
大阿罗汉饶觉	གནས་བརྟན་ཆེན་པོ་རབ་འབྱོར།
大阿罗汉锡喇热西达	གནས་བརྟན་ཆེན་པོ་ཤཱི་ལ་རཀྵིཏ།

大威德金刚	དཔལ་རྡོ་རྗེ་འཇིགས་བྱེད།
《大教诫现观庄严论》	མན་ངག་གི་བསྟན་བཅོས་ཆེན་པོ་མངོན་པར་རྟོགས་པའི་རྒྱན།
达沃宣努	ཟླ་འོད་གཞོན་ནུ།
大日贝库友	རིགས་པའི་ཁུ་བྱུག་ཆེ་བ།
大译师嘉却贝桑	ལོ་ཆེན་སྐྱབས་མཆོག་དཔལ་བཟང་།
大译师达玛巴拉跋陀罗	ལོ་ཆེན་དྷ་རྨ་པཱ་ལ་བྷ་དྲ།
大译师曲炯桑布	ལོ་ཆེན་ཆོས་སྐྱོང་བཟང་པོ།
大地梵天同治皇帝	སའི་ཚངས་པ་དུང་ཁྲི་ཆེན་པོ།
大日如来	སངས་རྒྱས་སྣང་བ་མཐའ་ཡས།
大阿阇梨白玛噶拉	སློབ་དཔོན་ཆེན་པོ་པད་མ་ཀཱ་ར།
代本詹东巴	མདའ་དཔོན་བཀྲས་མཐོང་པ།
代本阿沛巴	མདའ་དཔོན་ང་ཕོད་པ།
代本觉比瓦	མདའ་དཔོན་ལྕོག་སྤེ་བ།
代本多吉嘉波	མདའ་དཔོན་རྡོ་རྗེ་རྒྱལ་པོ།
代本多吉杰布	མདའ་དཔོན་རྡོར་རྒྱལ།
代本白蔡瓦	མདའ་དཔོན་པད་ཚལ་བ།
代孜	མདའ་རྩིས།
代本帕拉瓦	མདའ་དཔོན་ཕ་ལ་བ།
代本觉扎巴	མདའ་དཔོན་འཁོར་བཀྲས་པ།
代本扎噶尔瓦	མདའ་དཔོན་བྲག་དཀར་བ།
代本玉拉瓦	མདའ་དཔོན་ཡུལ་ལྷ་བ།
代本仁布巴	མདའ་དཔོན་རིན་སྤུངས་པ།
代沁巴当雄喇嘛	ལྡེ་འཚང་པ་འདམ་བླ་མ།
丹吉林	བསྟན་རྒྱས་གླིང་།
丹贝尼玛	བསྟན་པའི་ཉི་མ།

旦白旺秋	བསྟན་པའི་དབང་ཕྱུག
丹增旺嘉	བསྟན་འཛིན་དབང་རྒྱལ།
丹曲巴洛桑仁卓	དམ་ཆོས་པ་བློ་བཟང་རིག་གྲོལ།
丹曲坚赞	དམ་ཆོས་རྒྱལ་མཚན།
丹曲演培	དམ་ཆོས་ཡར་འཕེལ།
担任永增职务的洛桑丹增旺杰	ཡོངས་ འཛིན་ གདན་ ཁྲི་ འཛིན་ པ་ བློ་ བཟང་ བསྟན་འཛིན་དབང་རྒྱལ།
《道次第安乐道》	ལམ་རིམ་བདེ་ལམ།
当坚巴格隆洛桑群培	མདངས་ཅན་པ་དགེ་སློང་བློ་བཟང་ཆོས་འཕེལ།
当雄噶尔本	འདམ་སྣར་དཔོན།
当雄嘉雪巴嘉本次丹	འདམ་རྒྱ་ཤོག་པ་རྒྱ་དཔོན་ཚེ་བརྟན།
当雄恰多喇嘛洛桑群培	འདམ་རྒྱ་དོལ་བླ་མ་བློ་བཟང་ཚེ་འཕེལ།
道孚巴善丹嘉措	ཏའུ་པ་བསམ་གཏན་རྒྱ་མཚོ།
德洛巴	ཏཻ་ལོ་པ།
德木齐	དེམ་ཆི།
德吉林寺	བདེ་སྐྱིད་གླིང་།
德钦巴群则尼玛优年	བདེ་ཆེན་པ་ཆོས་མཛད་ཉི་མ་དབྱིག་གཉེན།
德庆洛桑楚臣	བདེ་ཆེན་བློ་བཟང་ཚུལ་ཁྲིམས།
德钦日超	བདེ་ཆེན་རི་ཁྲོད།
德热寺的吉索	བདེ་རབ་སྤྱི་སོ།
德瓦坚	བདེ་བ་ཅན།
德瓦坚活佛	བདེ་བ་ཅན་སྤྲུལ་པའི་སྐུ།
德觉瓦夏仲洛桑尊追	བདེ་འབྱོར་པ་ཞབས་དྲུང་བློ་བཟང་བརྩོན་འགྲུས།
德钦活佛索巴坚赞	བདེ་ཆེན་སྤྲུལ་སྐུ་བཟོད་པ་རྒྱལ་མཚན།
德觉喇嘛的措索巴益西雅培	བདེ་འབྱོར་བླ་མ་ཚོགས་གསོག་པ་ཡེ་ཤེས་ཡར་འཕེལ།
德阳札仓	བདེ་ཡངས་གྲྭ་ཚང་།

德阳巴噶钦南杰	བདེ་ཡངས་པ་དཀའ་ཆེན་རྣམ་རྒྱལ།
德格林仓商主	སྡེ་དགེ་གླིང་ཚོང་དཔོན།
德格巴本穷才让	སྡེ་དགེ་བ་འབུམ་ཆུང་ཚེ་རིང་།
德多达尔噶	སྡེ་རྗོར་ཏར་ཁ།
德朵地方	སྡེ་རྗོར་བ་གསོལ་དཔོན།
德朵地方的喇嘛	སྡེ་རྗོར་བླ་མ།
德多旗的益西宰桑	སྡེ་རྗོར་ཤོག་ཡེ་ཤེས་ཛས་སང་།
丁比加马	ཏི་པི་ལྷག
定结扎西群培寺	གཏིང་སྐྱེས་བཀྲ་ཤིས་ཆོས་འཕེལ།
定期朵玛供	དུས་གཏོར།
定期斋僧的日子	དུས་འགྲེད།
定日的大老爷	དིང་རི་ཏའ་ལོ་ཡེ།
定日的毛大老爷	དིང་རི་སྨའོ་ཏཱ་ལོ་ཡེ།
第穆呼图克图	དེ་མོ་ཧུ་ཐོག་ཐུ།
定结活佛金刚持丹巴坚赞	གཏིང་སྐྱེས་སྤྲུལ་པའི་སྐུ་རྡོ་རྗེ་འཆང་བསྟན་པ་རྒྱལ་མཚན།
顶玛曲德	སྡིངས་མ་ཆོས་སྡེ།
定日	སྡིངས་རི།
定日法官	དིང་རི་ཁྲིམས་དཔོན།
第巴贝丹顿珠	སྡེ་པ་དཔལ་ལྡན་དོན་གྲུབ།
第巴尼昌	སྡེ་པ་ཉི་ཚོང་།
第悉诺门汗	སྡེ་སྲིད་ནོ་མིན་ཧན།
都波科巴殿	སྟག་པོ་བཀོད་པ།
杜尔伯特旗蒙古人次仁南杰	དུར་བོད་ཤོག་སོག་པོ་ཚེ་རིང་རྣམ་རྒྱལ།
笃布牧民坚玛多吉	དོལ་འབྲོག་རྒྱན་མའི་རྡོ་རྗེ།
笃夏噶尔本旺扎	དོལ་ཤར་སྒར་དཔོན་དབང་དྲག

堆龙的曲米岗　　སྟོད་ལུང་ཆུ་མིག་སྒང་།

堆雄　　བསྡུས་གཞུང་།

兑桑诺布林札仓　　ཐོས་བསམ་ནོར་བུ་གླིང་།

堆扎　　བསྡུས་གྲྭ།

敦科尔拉章　　སྟོན་འཁོར་བླ་བྲང་།

敦泽　　དོན་ཚིང་།

多罗贝勒噶尔丹丹迥次仁　　ཐོ་རིང་པའི་ལི་དགའ་ལྡན་བསྟན་སྐྱོང་ཚེ་རིང་།

朵堆　　མདོ་སྟོད།

朵甘思地佛法明灯　　མདོ་ཁམས་བསྟན་པའི་གསལ་བྱེད།

朵麦　　མདོ་སྨད།

多麦喇嘛洛桑楚臣嘉措　　མདོ་སྨད་བླ་མ་བློ་བཟང་ཚུལ་ཁྲིམས་རྒྱ་མཚོ།

多吉丹　　རྡོ་རྗེ་གདན།

多吉丹巴洛桑顿珠　　རྡོ་རྗེ་གདན་པ་བློ་བཟང་དོན་གྲུབ།

多吉帕姆　　རྡོ་རྗེ་ཕག་མོ།

多吉智浦巴　　རྡོ་རྗེ་དྲིལ་བུ་པ།

多吉洛本　　རྡོ་རྗེ་སློབ་དཔོན།

多仁台吉　　རྡོ་རིང་ཐའི་ཇི།

多闻子　　རྣམ་ཐོས་སྲས།

《兜率上师瑜伽》　　དགའ་ལྡན་ལྷ་བརྒྱ་མ།

E

鄂尔木多塘　　ངུར་སྨྲིག་རྡོ་ཐང་།

俄尔钦官却伦珠　　ངོར་ཆེན་དཀོན་མཆོག་ལྷུན་གྲུབ།

俄尔巴喇嘛邬坚丹增　　ངོར་པ་བླ་མ་ཨོ་རྒྱན་བསྟན་འཛིན།

鄂尔多斯俄里克贝勒旗的拉然巴洛桑　　ཨུར་ཏུ་ཨོ་རིག་པའི་ལེའི་ཤོག་བླ་རམས་པ་བློ་བཟང་།

鄂尔多斯蒙古群则班觉尼玛　ཨོར་ཐུ་སུའི་སོག་པོ་ཆོས་མཛད་དཔལ་འབྱོར་ཉི་མ།

鄂尔多斯　ཨུར་ཏུ་སུ།

鄂米多塘　ངུར་སྨིག་རྡོ་ཐང་།

恩兰嘉瓦却央　ངན་ལམ་རྒྱལ་བ་མཆོག་དབྱངས།

“二九朵玛”　དགུ་གཏོར།

F

法王　ཆོས་རྒྱལ།

法王八思巴　འགྲོ་མགོན་ཆོས་རྒྱལ་འཕགས་པ།

法王父母　ཆོས་རྒྱལ་ཡབ་ཡུམ།

法王格瓦旺波　ཆོས་རྒྱལ་དགེ་བའི་དབང་པོ།

法王官却邦　ཆོས་རྒྱལ་དཀོན་མཆོག་འབངས།

法王松赞干布　ཆོས་རྒྱལ་སྲོང་བཙན་སྒམ་པོ།

《法行光明经》　ཆོས་སྤྱོད་རབ་གསལ།

法主白帐天神　ཆོས་ཕྱིང་དཀར་བ།

翻译马总爷　ཡིག་སྒྱུར་ཧྣ་ཙོང་ཡེ།

梵天护法　ཁྲ་འབྲུག་ཚངས་པ་ཆེན་པོ།

梵天大神李敬哈热　ལྷ་ཆེན་ཚངས་པ་ལི་བྱིན་ཧ་ར།

防盗官美务宁甲　ཇག་དཔོན་དམེ་པོའི་སྙིང་རྒྱལ།

防痘疹神　ལྷ་བེག་རྗེ་བོ་རྣམ་གསུམ།

奉天承运皇帝诏书　ཚེ་ རིང་ གནམ་ གྱི་ ཤེ་ མོང་ བཙན་ པོས་ ས་ སྟེང་ ཡོངས་ལ་མངའ་དབང་བསྒྱུར་བ་ཧྭང་ཏིའི་བཀའ།

愤怒马头明王　ཁྲོ་རྒྱལ་རྟ་མགྲིན།

佛陀薄伽梵　སངས་རྒྱས་བཅོམ་ལྡན་འདས།

G

嘎沙查巴拉施食	ཀླི་ཏྲ་པྟ་ལའི་གཏོར་བསྔོག
《噶当书》	བཀའ་གདམས་གླེགས་བམ།
噶当三兄弟	བཀའ་གདམས་སྐུ་མཆེད་གསུམ།
噶伦多喀瓦	བཀའ་བློན་མདོ་མཁར་བ།
噶伦贝伦	བཀའ་བློན་དཔལ་ལྷུན།
噶伦帕拉瓦	བཀའ་བློན་ཕོ་ལྷ་བ།
噶伦热夏瓦	བཀའ་བློན་ར་ཤག་བ།
噶伦让迥巴	བཀའ་བློན་རང་བྱོན་པ།
噶究	དཀའ་བཅུ།
噶钦	དཀའ་ཆེན།
噶钦达周	དཀའ་ཆེན་སྟག་ཕྲུག
噶钦多仁	དཀའ་ཆེན་རྡོ་རིང་།
噶钦泊波	དཀའ་ཆེན་བལ་པོ།
噶钦洛桑群培赤列嘉措	དཀའ་ཆེན་བློ་བཟང་ཆོས་འཕེལ་འཕྲིན་ལས་རྒྱ་མཚོ།
噶钦洛桑旦增	དཀའ་ཆེན་བློ་བཟང་བསྟན་འཛིན།
噶钦洛桑顿珠	དཀའ་ཆེན་བློ་བཟང་དོན་གྲུབ།
噶钦群则	དཀའ་ཆེན་ཆོས་མཛད།
噶玛夏曲杰	སྐར་མ་ཤག་ཆོས་རྗེ།
噶尔本	གར་དཔོན།
噶东萨尔康寺	དགའ་གདོང་སར་ཁང་དགོན།
《噶当教法史——珍宝串珠》	དགའ་ལྡན་ཆོས་འབྱུང་ནོར་བུའི་ཕྲེང་བ།
噶丹强巴林寺	དགའ་ལྡན་བྱམས་ཆེན་གླིང་།
噶丹彭措林寺	དགའ་ལྡན་ཕུན་ཚོགས་གླིང་།

噶丹斯松南杰林佛殿	དགའ་ལྡན་སྲིད་གསུམ་རྣམ་རྒྱལ་གླིང་།
噶热	དགའ་རབ།
噶尔	གར།
噶热喇嘛拉康	དགའ་རབ་བླ་མ་ལྷ་ཁང་།
噶尔本嘉阳旺杰	གཞུང་སྒར་དཔོན་འཇམ་དབྱངས་དབང་རྒྱལ།
噶伦多喀瓦	གཞུང་ཞབས་མདོ་མཁར་བ།
噶群增寝殿	གཟིམ་ཆུང་ཡིད་དགའ་ཆོས་འཛིན།
噶伦拉鲁公爵	ས་དབང་ལྷ་ཀླུའི་གུང་།
甘丹赤巴	དགའ་ལྡན་ཁྲི་རིན་པོ་ཆེ།
甘丹南巴嘉瓦林	དགའ་ལྡན་རྣམ་པར་རྒྱལ་བའི་གླིང་།
甘丹热杰寺	དགའ་ལྡན་རབ་རྒྱས།
岗坚曲培寺	གངས་ཅན་ཆོས་འཕེལ།
岗日喇嘛索南仁钦	གངས་རི་བླ་མ་བསོད་ནམས་རིན་ཆེན།
格桑嘉措	སྐལ་བཟང་རྒྱ་མཚོ།
格桑赤列	སྐལ་བཟང་འཕྲིན་ལས།
格桑斯拔	སྐལ་བཟང་གཟི་འབར།
格巴钦波镇巴	སྐར་མ་ཆེན་པོ་འཛིན་པ།
格仓喇嘛仁布切	སྐེ་ཚང་བླ་མ་རིན་པོ་ཆེ།
格拉地方	གད་ལྷ།
格贵绒措瓦	དགེ་སྐོས་རོང་མཚོ་བ།
格培曲科岗寺	དགེ་འཕེལ་ཆོས་འཁོར་སྒང་།
格宁颇章	དགེ་བའི་ཉིང་ཕོ་བྲང་།
格西	དགེ་བཤེས།
格西吕如巴	དགེ་བཤེས་སླུག་ཏུམ་པ།
格西夏惹瓦	དགེ་བཤེས་ཤ་ར་བ།
根钦绒敦巴	ཀུན་མཁྱེན་རོང་སྟོན་པ།

根敦珠巴贝桑布	དགེ་འདུན་གྲུབ་པ་དཔལ་བཟང་པོ།
根本经论	རྩ་གཞུང་།
更敦群培	དགེ་འདུན་ཆོས་འཕེལ།
功德林的德吉林卡	ཀུན་གླིང་བདེ་སྐྱིད་གླིང་ཁ།
功德林	ཀུན་བདེ་གླིང་།
工布却孜活佛	ཀོང་པོ་མཆོད་རྩེ་སྤྲུལ་སྐུ།
贡觉林寺	ཀུན་སྐྱབ་གླིང་།
功德林扎萨	ཀུན་གླིང་ཛ་སག
贡曼杰莫	གུང་སྨན་རྒྱལ་མོ།
贡塘巴强巴曲坚	གུང་ཐང་པ་བྱམས་པ་ཆོས་རྒྱན།
贡塘加央官却丹贝准美	གུང་ཐང་འཇམ་དབྱངས་དཀོན་མཆོག་བསྟན་པའི་སྒྲོན་མེ།
贡萨	དགུང་གསར།
公共历	འདུལ་ཚེས།
公平措才旺	གུང་ཕུན་ཚོགས་ཚེ་དབང་།
贡曼杰莫	གུང་སྨན་རྒྱལ་མོ།
公·夏扎瓦	གུང་བཤད་སྒྲ་བ།
供茶师嘉康巴	ཇ་རྒྱབ་པ་རྒྱ་ཁང་པ།
古甲堪布吉仲尼玛曲培	སྐུ་བཅར་རྗེ་དྲུང་ཉི་མ་ཆོས་འཕེལ།
古尚格隆格旺	སྐུ་ཞང་དགེ་སློང་དགེ་དབང་།
古尚噶伦让迥巴	སྐུ་ཞང་ས་དབང་རང་བྱུང་པ།
管草的	རྩྭ་གཉེར།
官却吉美旺波	དཀོན་མཆོག་འཇིག་མེད་དབང་པོ།
官却迥尼	དཀོན་མཆོག་འབྱུང་གནས།
官查瓦洛桑尊追	དཔོན་ཁྲ་བ་བློ་བཟང་བརྩོན་འགྲུས།
官贡活佛洛桑群培	དཔོན་གོང་སྐུ་སྐྱེ་བློ་བཟང་ཆོས་འཕེལ།

官沃活佛贝丹僧格　　དགོན་འོག་སྤྲུལ་སྐུ་དཔལ་ལྡན་སེང་གེ།

观赏的骆驼　　སྤྱན་གཟིགས་རྔ་མོང་།

官马　　ཇིས་རྟ།

光绪八年　　ཀྭང་ཞུའི་ཁྲི་བཞུགས་བརྒྱད་པ།

广西的十余名坏人　　ཀོང་ཤིའི་མི་ངན་བཅུ་སྐོར།

广严城的阿摩喇迥玛　　ཡངས་པ་ཅན་གྱི་ཨ་མྲ་སྐྱོང་མ།

贵恩拉康　　གོས་སྟོན་ལྷ་ཁང་།

国政七宝　　རྒྱལ་སྲིད་སྣ་བདུན།

果隆巴桑杰贝　　ཀོ་ལུང་པ་སངས་རྒྱས་དཔལ།

果洛达栾　　མགོ་ལོག་སྟག་སྒྲོན།

果洛头人拉沁　　མགོ་ལོག་དཔོན་ལ་ཚན།

果洛伦波古如次旺　　མགོ་ལོག་བློན་པོ་གུ་རུ་ཚེ་དབང་།

果洛阿什姜部落头人　　མགོ་ལོག་ཨར་ཁྱུང་དཔོན།

果洛阿什姜部落头人次仁南杰　　མགོ་ལོག་ཨ་ཁྱུང་དཔོན་ཚེ་རིང་རྣམ་རྒྱལ།

衮塞(普明)寝殿　　གཟིམ་ཆུང་ཀུན་གསལ།

H

哈鲁曼达　　ཧ་ནུ་མན་ཏ།

哈尔东米村　　ཧར་གདོང་མི་ཚན།

海生莲花　　མཚོའི་པད་མ།

汉文仲译郑展丹　　རྒྱ་དྲུང་ཆེན་པོ་དྲིང་ཀྲང་ཏན།

汉地　　རྒྱ་ནག

汉藏钦差官员　　རྒྱ་བོད་ཆེན་ཁྲག་གཏོས་ཆེ།

汉藏演戏而发生纷争　　རྒྱ་བོད་ཟློས་སྐོར་གྱི་ཡོ་ལང་།

河东的觉吉扎西林寺　　ཆུ་ཤར་འབྱོར་རྒྱས་བཀྲ་ཤིས་གླིང་།

呵气替身物	དྲི་གླུད།
黑帐三部	སྦྲ་ནག་ཁག་གསུམ།
嘿如嘎	ཧེ་རུ་ཀ།
恒河沙数	གངྒའི་ཀླུང་གི་བྱེ་མ།
护法	མགོན་ཞལ།
护国药叉	ཀ་ཤ་ཏྲ་པཱ་ལ།
护法神多吉勒巴	དམ་ཅན་རྡོར་ལེགས།

J

吉康札仓	དཀྱིལ་ཁང་གྲྭ་ཚང་།
吉康瓦	དཀྱིལ་ཁང་བ།
吉康勒雪卓贝噶蔡寺	དཀྱིལ་ཁང་ལེགས་བཤད་སྒྲོགས་པའི་དགའ་ཚལ།
吉鲁地方	སྐྱིད་ཀླུ།
吉隆巴贝丹坚赞	སྐྱིད་གྲོང་པ་དཔལ་ལྡན་རྒྱལ་མཚན།
吉乃泉水的龙王庙	སྐྱིད་ནའི་ཆུ་མིག་ཀླུ་ཁང་།
《集经》	མདོ་སྡུད་པ།
吉祥燃灯智	དཔལ་ལྡན་མར་མེ་མཛད།
吉祥燃灯智	དཔལ་མར་མེ་མཛད་ཡེ་ཤེས།
吉祥退敌天女	དཔལ་ལྡན་དམག་ཟོར་མ།
吉祥天女	དཔལ་ལྡན་ལྷ་མོ།
寂天	ཞི་བ་ལྷ།
甲康巴洛桑晋巴	རྒྱ་ཁམས་པ་བློ་བཟང་སྦྱིན་པ།
甲格瓦多吉平措	རྒྱ་གར་བ་རྡོ་རྗེ་ཕུན་ཚོགས།
甲米村	རྒྱ་མི་ཚན།
甲译	བཅའ་ཡིག

甲·云达	རྒྱ་ཡོན་བདག
嘉钦孜巴仲仁巴洛桑晋巴德多	རྒྱལ་ཆེན་རྗེ་པ་དྲུང་རམས་པ་བློ་བཟང་སྦྱིན་པ་བདེ་རྫོར།
嘉钦孜巴强巴才培	རྒྱལ་ཆེན་རྗེ་པ་བྱམས་པ་ཚེ་འཕེལ།
嘉林巴	རྒྱ་གླིང་པ།
嘉格	རྒྱལ་དཀར།
嘉康巴	རྒྱ་ཁམ་པ།
嘉瓦迥尼	རྒྱལ་བ་འབྱུང་གནས།
贾瓦拉热都桑布	རྒྱལ་བའི་ལྷ་རབ་ཏུ་བཟང་པོ།
嘉绒土司	རྒྱལ་རོང་རྒྱལ་པོ།
嘉绒觉则巴擦钦	རྒྱལ་རོང་ལྕོག་རྗེ་བ་ཁྲ་ཆེན།
嘉绒洛桑班觉	རྒྱལ་རོང་བློ་བཟང་དཔལ་འབྱོར།
甲巴贝丹克尊	ལྕགས་པ་དཔལ་ལྡན་མཁས་བཙུན།
甲拉王	ལྕགས་ལ་རྒྱལ་པོ།
甲堪布	ལྕགས་མཁན། ལྕགས་ཟམ་མཁན་པོ།
坚赞德钦宁波	རྒྱལ་མཚན་བདེ་ཆེན་སྙིང་པོ།
贤赞吞波	རྒྱལ་མཚན་མཐོན་པོ།
坚隆巴噶钦丹巴群培	གཅེན་ལུང་པ་དཀའ་ཆེན་བསྟན་པ་ཆོས་འཕེལ།
坚垅巴法主	གཅེན་ལུང་པ་ཆོས་རྗེ།
坚隆巴吉仲格桑诺布	གཅེན་ལུང་པ་རྗེ་དྲུང་སྐལ་བཟང་ནོར་བུ།
绛曲林寺	དགོན་བྱང་ཆུབ་གླིང་།
降神	སྐུ་གསོལ།
嘉木样谢巴活佛	འཇམ་དབྱངས་བཞད་པའི་སྤྲུལ་སྐུ།
江嘎尔藏戏	རྒྱ་མཁར་བའི་ལྷ་མོ།
章嘉仁布切	ལྕང་སྐྱ་རིན་པོ་ཆེ།

嘉钦孜巴噶钦洛桑桑丹	རྒྱལ་ཆེན་རྩེ་པ་དཀའ་ཆེན་བློ་བཟང་བསམ་གཏན།
嘉钦孜巴洛桑南杰	རྒྱལ་ཆེན་རྩེ་པ་བློ་བཟང་རྣམ་རྒྱལ།
嘉钦孜巴洛桑桑丹	རྒྱལ་ཆེན་རྩེ་པ་བློ་བཟང་བསམ་གཏན།
江孜努玛曲隆巴格隆洛桑	རྒྱལ་རྩེ་ནུ་མ་ཆོས་ལུང་པ་དགེ་སློང་བློ་བཟང་།
江孜雄沃地方	རྒྱལ་རྩེ་ཤོང་འོག
江果顿珠坚赞	ལྕང་སྐོར་དོན་གྲུབ་རྒྱལ་མཚན།
江隆呼图克图班智达	ལྕང་ལུང་ཧུ་ཐོག་ཐུ་པཎྜི་ཏ།
江隆阿扎雅班智达洛桑丹巴楚臣	ལྕང་ལུན་ཨཱརྱ་པཎྜི་ཏ་བློ་བཟང་བསྟན་པ་ཚུལ་ཁྲིམས།
江洛金色	ལྕང་ལོ་ཅན་སྲས།
江麦地方	ལྗང་སྨད།
讲辩著	འཆད་རྩོད་རྩོམ།
绛巴桑珠噶丹巴强巴衮桑	བྱང་པ་བསམ་འགྲུབ་དགའ་ལྡན་པ་བྱམས་པ་ཀུན་བཟང་།
绛普温泉	བྱང་སྤུག་ཆབ།
绛孜曲杰	བྱང་རྩེ་ཆོས་རྗེ།
校经师萨隆巴噶钦达瓦	ཞུས་དག་པ་ས་ལུང་པ་དཀའ་ཆེན་ཟླ་བ།
教理参夏巴	རིགས་ལུང་མཚན་ཞབས་པ།
杰梅朵塘寺	རྒྱལ་མེ་ཏོག་ཐང་།
介·尊巴钦波	ལྗེ་བཙུན་པ་ཆེན་པོ།
杰尊扎巴坚赞	རྗེ་བཙུན་གྲགས་པ་རྒྱལ་མཚན།
杰尊洛桑楚臣强巴嘉措贝桑布	རྗེ་བཙུན་བློ་བཟང་ཚུལ་ཁྲིམས་བྱམས་པ་རྒྱ་མཚོ་དཔལ་བཟང་པོ།
界石	བཅད་རྒྱ།
迥绒地方	གཙོང་རོང་།

迥尼多吉	འབྱུང་གནས་རྡོ་རྗེ།
介·观那波	ལྕེ་སྒོམ་ནག་པོ།
《金刚空行续》	རྡོ་རྗེ་མཁའ་འགྲོའི་རྒྱུད།
金瓶掣签	གསེར་བུམ་དཀྲུགས་འདོན།
金科顶	དཀྱིལ་འཁོར་སྡིངས།
《金光明经》	གསེར་འོད་དམ་པའི་མདོ།
金星住夏沐浴	རི་ཁྲིའི་ཆབ་ཞུགས།
京俄洛追坚赞	སྐྱིན་སྔོ་གློ་གྲོས་རྒྱལ་མཚན།
净饭王子	ཟས་གཙང་སྲས།
净水师	ཨརྒྷེ་པ།
金星	རི་ཁྲི།
拘尸那城	གྲོང་ཁྱེར་རྩྭ་མཆོག་ཅན།
具力王	རྒྱལ་པོ་སྟོབས་ལྡན།
具种王	རིགས་ལྡན།
居巴札仓	རྒྱུད་པ་གྲྭ་ཚང་།
《俱舍论》	མངོན་པ་མཛོད།
具善黑色	ལེགས་ལྡན་ནག་པོ།
觉朗贝子的姐姐白玛拉噶	ཇོ་ནང་པའི་སའི་ཨ་ཆེ་པད་མ་ནྡ་ག
觉宅巴	འགྱུར་བཀྲས་པ།
觉卧尼色瓦	ཇོ་བོ་ནེ་སེར་བ།
觉卧阿底峡	ཇོ་བོ་རྗེ་དཔལ་ལྡན་ཨ་ཏི་ཤ།
觉夏	ཇོ་ཤཱཀ
《究竟一乘宝性论》	རྒྱུད་བླ་མ།
军官	ཅུང་གུང་།
军机大臣	ཅུན་ཅི་བློན་ཆེན།
九宫八卦	སྲིད་པ་སྤོའི་སྤུག་རྒྱ།

K

喀那译师	མཁར་ནག་ལོ་ཙཱ་བ།
喀尔朗	མཁར་ནང་།
喀恰	ཁལ་ཕྱུག
卡英吉利郭	ཀ་ཡིན་ཆི་ལི་རྐོགས།
堪穷	མཁན་ཆུང་།
堪乃管事	མཁན་གནས་མཚོད་གཉེར་པ།
喀尔隆的第巴	མཁར་ལུང་གི་སྡེ་པ།
堪穷洛桑旺秋	མཁན་ཆུང་བློ་བཟང་དབང་ཕྱུག
克什米尔的堪布释迦室利	ཁ་ཆེའི་མཁན་པོ་ཤཱཀྱ་ཤྲཱི།
凯拉	གད་ལྷ།
《克珠杰传记》	མཁས་གྲུབ་རྗེའི་རྣམ་ཐར།
《克珠杰传——贤者意乐》	མཁས་གྲུབ་རྗེའི་རྣམ་ཐར་མཁས་པའི་ཡིད་འཕྲོག
科尔沁曼朗活佛益西丹巴坚赞	ཧར་ཆེན་ སྨོན་ ལམ་ སྤྲུལ་ སྐུ་ ཡེ་ ཤེས་ བསྟན་ པའི་ རྒྱལ་མཚན།
科尔沁王旗呼图克图丹巴达杰	ཧར་ཆེན་ཝང་གི་ཧོག་ཐོ་ཐོག་ཐུ་བསྟན་པ་དར་རྒྱས།
空行母	མཁའ་སྤྱོད་མ།
空行母桑瓦益西	མཁའ་འགྲོ་མ་གསང་བ་ཡེ་ཤེས།
库伦瓦达瓦次仁	ཁུ་ནུ་བ་ཟླ་བ་ཚེ་རིང་།
库伦堪布官萨活佛	ཁུ་རལ་མཁན་པོ་དགོན་གསར་སྤྲུལ་སྐུ།
库地区的色隆地方	གཞན་ཁུད་ཀྱི་བྱེ་བྲག་སེར་ལུང་།
廓尔喀国王	གོར་ཁཱ་རྒྱལ་པོ།

L

拉洛的童心王	ལྷ་སློའི་རྒྱལ་པོ་བྱིས་པའི་བློ།

拉钦戒统	ལྷ་ཆེན་རྒྱུད་ཀྱི་སྡོམ་རྒྱུན།
拉恰噶细台吉	ལྷ་ཕྱུག་དགའ་བཞི་ཐའི་ཇི།
拉恰浑巴的儿子	ལྷ་ཕྱུག་ཧྲུམ་པའི་སྲས།
拉章扎西其	ལྷ་བྲང་བཀྲ་ཤིས་འཁྱིལ།
拉章仲译	ལྷ་བྲང་དྲུང་ཡིག
拉曼巴东朗巴	ལྷ་སྨན་པ་གདུང་ནང་པ།
拉加善丹	ར་རྒྱ་བསམ་གཏན།
拉卡瓦洛桑尤年	ལ་ཁ་བ་བློ་བཟང་དབྱིག་གཉེན།
拉卡瓦洛桑云丹	ལ་ཁ་བ་བློ་བཟང་ཡོན་ཏན།
拉卡瓦洛桑勒巴	ལ་ཁ་བ་བློ་བཟང་ལེགས་པ།
拉嘉洛	ལྷ་རྒྱལ་ལོ།
拉嘉头人嘉措丹培	ལ་རྒྱབ་འོག་པ་རྒྱ་མཚོ་བསྟན་འཕེལ།
拉堆绛昂仁大寺	ལ་སྟོད་བྱང་ངམ་རིང་ཆོས་སྡེ།
拉达克	ལ་དྭགས།
拉达克扎西曲科寺	ལ་དྭགས་བཀྲ་ཤིས་ཆོས་འཁོར།
拉达克的诺诺多丹	ལ་དྭགས་པ་ནོ་ནོ་སྟོབས་ལྡན།
拉达克的送年供使者	ལ་དྭགས་ལོ་མཇལ་བ།
拉堆巴强巴喜饶	ལ་སྟོད་པ་བྱམས་པ་ཤེས་རབ།
拉布仓商务官格桑达杰	ལ་བུ་ཚོང་དཔོན་སྐལ་བཟང་དར་རྒྱས།
拉布仓商主索南才旦	ལ་བུ་ཚོང་དཔོན་བསོད་ནམས་ཚེ་བརྟན།
拉木护法的降神师	ལ་མོ་སྐུ་གསོལ།
拉木寺	ལ་མོ་དགོན།
拉木护法	ལ་མོ་ཆོས་སྐྱོང་།
拉木绛曲觉	ལ་མོ་བྱང་ཆུབ་ལྗོག
拉木菩提楼	ལ་མོ་བྱང་ཆུབ་ལྗོག
拉鲁家的卓尼尔才旦平措	ལྷ་ཀླུའི་མགྲོན་གཉེར་ཚེ་བརྟན་ཕུན་ཚོགས།

拉萨白热管房官诺布鼐	ལྷ་ལྡན་དཔལ་རབ་ཁང་གཉེར་ནོར་བུ་ནས།
拉扎活佛	ལྷ་བྲག་སྤྲུལ་སྐུ།
拉喇嘛绛曲沃	ལྷ་བླ་མ་བྱང་ཆུབ་འོད།
拉莫古尔贡	ལྷ་མོ་ཀུར་དགོན།
拉莫达地方	ལྷ་མོ་མདའ།
拉孜迥朗巴	ལྷ་རྩེ་གཙུག་ནང་པ།
拉章仲译	བླ་བྲང་དྲུང་ཡིག
蓝毗尼园	རིགས་ལྡན་ལུམ་བིའི་སྐྱེད་ཚལ།
朗玛勒参	ནང་མ་ལས་ཚན།
朗卓地方	ལང་འགྲོ།
勒林巴额尔德尼诺门汗噶钦格	ལེགས་གླིང་པ་ཨེར་ཏེ་ནི་མིན་ཏན་དཀའ་ཆེན་
桑却朗	སྐལ་བཟང་ཕྱོགས་གླང་།
勒珠巴贝丹楚臣	ལེགས་གྲུབ་པ་དཔལ་ལྡན་ཚུལ་ཁྲིམས།
礼部衙门	བི་ཕུ་སྐྱོར་ཁང་།
李域	ལི་ཡུལ།
李敬哈罗	ལི་བྱིན་ཧ་ར།
《六座瑜伽》	ཐུན་དྲུག་རྣལ་འབྱོར།
六十妙音	གསུང་དབྱངས་ཡན་ལག་དྲུག་ཅུ།
联络官噶迥	སྣེ་ཤན་ཀ་བཙུང་།
联络官尼木玛朗巴	སྣེ་ཤན་སྙེ་མོ་དམག་ལམ་པ།
联络官多仁孜本	སྣེ་ཤན་རྡོ་རིང་རྩིས་དཔོན།
联络官夏扎台吉	སྣེ་ཤན་བཤད་སྒྲའི་ཐའི་ཇི།
林仓活佛	གླིང་ཚང་སྤྲུལ་པའི་སྐུ།
灵童出生地的赤钦	འཁྲུངས་གཞིས་ཁྲི་ཆེན།
鲁顶地方	ཀླུ་སྡིངས།
吕·扎涅那鸠摩罗	གཉགས་ཛྙཱ་ན་ཀུ་མ་ལ།

论据	ཐལ་འཕྲེང་།
轮辋王	འཁོར་ལོས་སྒྱུར་བའི་རྒྱལ་པོ་རྩིབས་ཀྱི་མུ་ཁྱུད།
倫珠孜巴贝丹顿珠	ལྷུན་གྲུབ་རྩེ་པ་དཔལ་ལྡན་འོད་ཟེར།
伦波孜巴贝丹俄色	ལྷུན་པོ་རྩེ་པ་དཔལ་ལྡན་འོད་ཟེར།
伦波则巴洛桑顿珠	ལྷུན་པོ་རྩེ་པ་བློ་བཟང་དོན་གྲུབ།
罗都巴噶钦洛桑晋巴	ཀློ་སྟུག་པ་དཀའ་ཆེན་བློ་བཟང་སྦྱིན་པ།
洛浦巴洛桑晋巴	ཀློ་ཕྲུག་པ་བློ་བཟང་སྦྱིན་པ།
罗阁比的饲马官	ཚིབས་དཔོན་ར་ཙ་ཧྲི།
洛悉达的大河	ཆུ་ཀླུང་ཆེན་པོ་ལོ་ཧི་ཏ།
罗布林卡的格桑颇章	ནོར་གླིང་སྐལ་བཟང་ཕོ་བྲང་།
螺髻梵天神	དཔལ་ལྡན་ཚངས་པ་དུང་ཕོད་ཅན།
洛追宁波贝	བློ་གྲོས་སྙིང་པོའི་དཔལ།
洛逋天女	བློ་ཕྲུག་ལྷ་མོ།
洛桑扎巴	བློ་བཟང་གྲགས་པ།
洛桑嘉措	བློ་བཟང་རྒྱ་མཚོ།
洛桑群培	བློ་བཟང་ཆོས་འཕེལ།
洛桑丹达	བློ་བཟང་བསྟན་དར།
洛桑丹增旺杰	བློ་བཟང་བསྟན་འཛིན་དབང་རྒྱལ།
洛桑贝丹	བློ་བཟང་དཔལ་ལྡན།
洛桑赤列图丹却吉尼玛格勒南杰贝桑布	བློ་བཟང་འཕྲིན་ལས་ཐུབ་བསྟན་ཆོས་ཀྱི་ཉི་མ་དགེ་ལེགས་རྣམ་རྒྱལ་དཔལ་བཟང་པོ།
洛桑顿珠贝桑布	བློ་བཟང་དོན་གྲུབ་དཔལ་བཟང་པོ།
洛桑贝丹确吉扎巴旦白旺秋	བློ་བཟང་དཔལ་ལྡན་ཆོས་ཀྱི་གྲགས་པ་བསྟན་པའི་དབང་ཕྱུག
洛桑赤列	བློ་བཟང་འཕྲིན་ལས།

洛桑旦白旺秋坚白嘉措	བློ་བཟང་བསྟན་པའི་དབང་ཕྱུག་འཇམ་དཔལ་རྒྱ་མཚོ།
洛桑晋巴	བློ་བཟང་སྦྱིན་པ།
洛桑次旺	བློ་བཟང་ཚེ་དབང་།
洛桑楚臣强巴嘉措贝桑布	བློ་བཟང་ཚུལ་ཁྲིམས་བྱམས་པ་རྒྱ་མཚོ་དཔལ་བཟང་པོ།
洛桑修行窟	བློ་བཟང་སྒྲུག
洛桑楚臣	བློ་བཟང་ཚུལ་ཁྲིམས།
洛塞丹迥贝桑布	བློ་གསལ་བསྟན་སྐྱོང་དཔལ་བཟང་པོ།
洛赛林札仓	བློ་གསལ་གླིང་གྲྭ་ཚང་།
洛迦夏惹	ལོ་ཀེ་ཤྭ་ར།
洛巴上寺的活佛洛桑群培	ལྷོ་པ་དགོན་གོང་སྐུ་སྐྱེ་བློ་བཟང་ཆོས་འཕེལ།
洛巴官沃活佛贝丹僧格	ལྷོ་པ་དགོན་འོག་སྐུ་སྐྱེ་དཔལ་ལྡན་སེང་གེ།
洛巴米村	ལྷོ་པ་མི་ཚན།
洛巴夏仲洛桑丹巴	ལྷོ་པ་ཞབས་དྲུང་བློ་བཟང་བསྟན་པ།
《洛扎遗语》	ལྷོ་བྲག་གཏམ་ཤུལ།
鲁顶	ཀླུ་སྡིངས།
螺髻梵天神	དཔལ་ལྡན་ཚངས་པ་དུང་ཐོད་ཅན།
《律仪心要》	གང་བློ་མ།

M

马头明王像	རྟ་མགྲིན།
马差头堪布	རྫོང་རྟ་སྒྱི་མཁན་པོ།
玛杰扎	མ་སྐྱེས་དགྲ།
玛久勒准	མ་གཅིག་ལབ་ཀྱི་སྒྲོན་མ།
玛哈提婆	མ་ཧཱ་དེ་ཝ།

玛哈德瓦啦	མ་ཧཱ་དེ་ཝ།
玛尼嘎	མ་ཎི་ཀ།
马鸣大师	སློབ་དཔོན་དཔའ་བོ།
马头明王秘法	ཇོ་ལུགས་སྒྲོལ་མ་ཉེར་གཅིག་གི་ལྷུགས་བསྙེན།
牦牛舞	འབྲོང་རྩེད།
满文仲译	མཇ་དྲུང་།
曼日寺	སྨན་རི་དགོན།
芒康地方	སྨར་ཁམས།
芒康巴喇嘛益西群培	སྨར་ཁམས་པ་བླ་མ་ཡེ་ཤེས་ཆོས་འཕེལ།
梅敦村波	མེས་སྟོན་ཚོན་པོ།
梅敦村波索南坚赞	མེས་སྟོན་ཚོན་པོ་བསོད་ནམས་རྒྱལ་མཚན།
蒙古土谢图王额尔登觉	ཐུ་ཤེ་ཐུ་རྒྱལ་པོ་ཨེར་ཏིང་ཇོ།
蒙古尔津贝勒旗阿泰室利	མོང་གོལ་ཅིང་པའི་ལིའི་ཤོག་ཨ་ཐས་ཤྲཱི།
蒙古格隆贝丹桑波	སོག་པོ་དགེ་སློང་དཔལ་ལྡན་བཟང་པོ།
蒙古上师噶钦丹巴群培	སོག་བླ་དཀའ་ཆེན་བསྟན་པ་ཆོས་འཕེལ།
蒙古达果王的王妃玛苏尔	ཏར་སྟག་མགོ་རྒྱལ་པོའི་བཙུན་མོ་མ་ཟུར།
弥勒怙主	རྗེ་བཙུན་བྱམས་པ་མགོན་པོ།
弥勒殿大屋顶	བྱམས་ཁང་དབུ་རྩེ།
米饭面点	བཞེས་འབྲས་དཀར་སྒྲོ།
米滂图多	མི་ཕམ་མཐུ་སྟོབས།
米拉日巴	མི་ལ་རས་པ།
米村的干波	མི་ཚན་རྒན་པོ།
米玛卓玛	མིག་དམར་སྒྲོལ་མ།
米木尊	མིག་མི་འཛུམ།
米村	མི་ཚན།
《密集的生起和圆满次第》	གསང་བ་འདུས་པའི་བསྐྱེད་རྫོགས།

妙音笑金刚根敦嘉措 དབྱངས་ཅན་བཞད་པ་དགེ་འདུན་རྒྱ་མཚོ།

敏珠林寺大法台 སྨིན་གྲོལ་གླིང་ཁྲི་ཆེན།

曼日寺 སྨན་རི་དགོན།

美妙梵音 ཚངས་པའི་དབྱངས།

摩揭陀国王柔坚宁波 མ་ག་དྷའི་རྒྱལ་པོ་གཟུགས་ཅན་སྙིང་པོ།

魔铁堡食子 ལྕགས་མཁར་གྱི་གཏོར་སྐྱབ།

墨尔根寺 མེ་ཀན་དགོན།

墨智茫嘎啦达玛瓦尔达贝桑布 མི་ཏྲི་མཏྲ་ལ་ཏྲམ་ཕ་ཏྲ་དཔལ་བཟང་པོ།

穆泽玛 དམིགས་བརྩེ་མ།

木如寺僧众 རྨུ་རུ་ཚོགས་ཡོངས།

N

那雪地方的达普活佛 ནགས་ཤོད་སྟག་བུ་སྤྲུལ་སྐུ།

那若巴 ནཱ་རོ་པ།

那烂陀寺 ནཱ་ལེན་དྲ།

纳尔敦楚臣绛曲 སྣར་སྟོན་ཚུལ་ཁྲིམས་བྱང་ཆུབ།

纳塘译师 སྣར་ཐང་ལོ་ཙཱ་བ།

纳吉仁钦 ནགས་ཀྱི་རིན་ཆེན།

乃仓 ནེ་ཚང་།

乃穷扎阳林巴 གནས་ཆུང་སྒྲ་དབྱངས་གླིང་པ།

乃却管事 གནས་མཆོག་གཉེར་པ།

乃宁却康巴洛桑顿珠 གནས་རྙིང་མཆོད་ཁང་པ་བློ་བཟང་དོན་གྲུབ།

乃宁巴强巴年扎 གནས་རྙིང་པ་བྱམས་པ་སྙན་གྲགས།

乃宁巴强巴楚臣 གནས་རྙིང་པ་བྱམས་པ་ཚུལ་ཁྲིམས།

“乃悉赤典” གནས་གཞི་ཁྲི་རྟེན།

南杰札仓	རྣམ་རྒྱལ་གྲྭ་ཚང་།
南杰群培	རྣམ་རྒྱལ་ཆོས་འཕེལ།
南杰旺堆坚赞	རྣམ་རྒྱལ་དབང་འདུས་རྒྱལ་མཚན།
南杰随巴	རྣམ་རྒྱལ་བཟོད་པ།
南扎哲康(造币厂)卸任第巴尊追	རྣམ་གྲྭ་བཀྲས་ཁང་སྡེ་ཟུར་བརྩོན་འགྲུས།
尼莫地方	ཉ་མོ།
尼切修行地	ཉི་ཆེར་རི་ཁྲོད།
尼沃伍雅寝殿	ཉི་འོད་དབུ་གཡབ།
尼泊尔人	ནེ་པ་ལ།
尼泊尔	བལ་པོ།
尼沃寝殿	གཟིམ་ཆུང་ཉི་འོད།
尼沃伍雅	ཉི་འོད་དབུ་གཡབ།
涅巴洛桑南杰	གཉེར་པ་བློ་བཟང་རྣམ་རྒྱལ།
聂塘寺	མཉེས་ཐང་།
内大臣德泰	ནང་བློན་ཆེན་པོ་རྡོ་ཨམ་བན་ཆེན།
聂唐的热瓦堆寺	སྙེ་ཐང་ར་སྟོད།
娘顿查仓巴	མྱང་སྟོན་ཁྲ་ཚང་པ།
宁波朗地方	སྙིང་པོ་ནང་།
宁日洛桑贝丹坚赞	སྙིང་རི་བློ་བཟང་དཔལ་ལྡན་རྒྱལ་མཚན།
年楚河下游地方	མྱང་ཞབས།
女护法神多吉热丹玛	བསྟན་སྲུང་རྡོ་རྗེ་རབ་བརྟན་མ།
牛皮船	ཕེབས་ཀོ།
女神森杰玛	ལྷ་མོ་སྲིང་རྒྱལ་མ།
纽曲廓林寺	ཉུག་ཆོས་འཁོར་གླིང་།
诺诺次仁班觉	ནོ་ནོ་ཚེ་རིང་དཔལ་འབྱོར།

诺木齐曲杰	ནོམ་ཆི་ཆོས་རྗེ།
诺木齐墨尔根堪布	ནོམ་ཆི་མེར་གན་མཁན་པོ།
诺布噶丹巴洛桑群培	ནོར་བུ་དགའ་ལྡན་པ་བློ་བཟང་ཆོས་འཕེལ།
诺布噶丹巴洛桑顿月	ནོར་བུ་དགའ་ལྡན་པ་བློ་བཟང་དོན་ཡོད།
诺章巴	ནོར་བྲང་པ།
诺章仲切南杰喜饶	ནོར་བྲང་མགྲོན་ཆེ་རྣམ་རྒྱལ་ཤེས་རབ།
诺章卓尼尔群则南杰喜饶	ནོར་བྲང་མགྲོན་གཉེར་ཆོས་མཛད་རྣམ་རྒྱལ་ཤེས་རབ།
农历新年	རྒྱའི་ལུགས་ལོ་གསར།

O

欧曲	དངུལ་ཆུ།
欧曲嘉色仁布切	དངུལ་ཆུ་རྒྱལ་སྲས་རིན་པོ་ཆེ།
欧曲瓦央金珠贝多吉贝桑布	དངུལ་ཆུ་བ་དབྱངས་ཅན་གྲུབ་པའི་རྡོ་རྗེ།
欧丹达甫日寺	ཨོ་ཏནྟ་པུ་རི།

P

帕苏巴格隆格桑	པད་སྒྲུབ་པ་དགེ་སློང་སྐལ་བཟང་།
帕里下寺的活佛	ཕག་རི་དགོན་འོག་སྤྲུ་སྐྱུ།
帕苏喀达格隆格桑克珠	ཕས་སྒྲུབ་མཁར་རྟ་དགེ་སློང་སྐལ་བཟང་མཁས་གྲུབ།
盘康巴	ཕན་ཁང་པ།
潘德林	ཕན་བདེ་གླིང་།
潘德衮启(利乐普漩)寝殿	གཟིམ་ཆུང་ཕན་བདེ་ཀུན་འཁྱིལ།
披愣	ཕེ་རེང་།

毗卢遮那	བཻ་རོ་ཙ་ན།
毗那夜迦	ཚོགས་བདག་ཁང་།
平措普明佛堂	ཕུན་ཚོགས་ཀུན་གཟིགས།
平措林寝殿	གཟིམ་ཆུང་ཕུན་གླིང་།
颇章钦波坚赞吞波	ཕོ་བྲང་ཆེན་པོ་རྒྱལ་མཚན་མཐོན་པོ།
婆罗门嘉措度	བྲམ་སེ་རྒྱ་མཚོའི་རྟུལ།
浦绒啦	ཕུག་རོན་ལགས།
普布觉强巴活佛	ཕུར་ལྕོག་བྱམས་པ་རིན་པོ་ཆེ།
普明大寝宫	ཀུན་གཟིགས་ཕོ་བྲང་ཆེན་པོ།
菩萨梅朵达则	སེམས་དཔའ་མེ་ཏོག་ཟླ་མཛེས།

Q

其热地方	ཁྲི་རལ།
骑乘官敦勤	ཆིབས་ཆེན་དོན་ཚོང་།
骑乘官玉杰	ཆིབས་ཆེན་གཡུལ་རྒྱལ།
其美杰莫	འཆི་མེད་རྒྱལ་མོ།
弃世修行者	སྤང་བ་པ།
恰巴却吉僧格	ཆ་པ་ཆོས་ཀྱི་སེང་གེ།
琼波乃觉	ཁྱུང་པོ་རྣལ་འབྱོར།
切玛	བྱེ་མར།
曲水宗本	ཆུ་ཤུར་རྫོང་དཔོན།
恰夏	ཕྱག་ཤར།
欠本	འཆམ་དཔོན།
且玛拉泽	བྱེ་མ་ལ་རྩེས།
乾隆四十七年	གནམ་སྐྱོང་དགུང་ལོ(ཁྲི་ལོ) ཞེ་བདུན་པ།

强巴殿	བྱམས་ཁང་།
强钦堪布	བྱམས་ཆེན་མཁན་པོ།
强钦寺	བྱམས་ཆེན་དགོན།
钦差驻藏大臣	བཀའ་མངགས་བོད་བཞུགས་བློན་ཆེན་ཨམ་བན།
且玛拉泽	བྱེ་མ་ལ་རྫས།
切玛拉康	བྱེ་མ་ལྷ་ཁང་།
寝殿噶丹颇章	གཟིམ་ཆུང་བཀའ་གདམས་ཕོ་བྲང་།
青海塔尔寺的色多呼图克图洛	སྐུ་འབུམ་ གསེར་ ཏོག་ ཧུ་ ཐོག་ ཐུ་ བློ་ བཟང་ ཚུལ་
桑楚臣嘉措	ཁྲིམས།
青海库尔雷克贝勒	མཚོ་སྔོན་ཁུ་ལུག་པད་ལི།
青海亲王旗洛桑次仁	མཚོ་སྔོན་ཚིང་ཝང་གི་ཤོག་བློ་བཟང་ཚེ་རིང་།
青海群觉囊索	མཚོ་སྔོན་ཆོས་འབྱོར་ནང་སོ།
青铜像	ལི་མའི་སྐུ།
曲参卡	ཆུ་ཚན་ཁ།
曲米岗	ཆུ་མིག་སྒང་།
曲米颇本	ཆུ་མིག་ཕོགས་དཔོན།
曲水宗	ཆུ་ཤུལ་རྫོང་།
曲科岗	ཆོས་འཁོར་སྒང་།
曲科伦波瓦根敦达杰	ཆོས་འཁོར་ལྷུན་པོ་བ་དགེ་འདུན་དར་རྒྱས།
曲科尔倫布瓦强巴扎西	ཆོས་འཁོར་ལྷུན་པོ་བ་བྱམས་པ་བཀྲ་ཤིས།
曲科伦布瓦丹增群培	ཆོས་འཁོར་ལྷུན་པོ་བ་བསྟན་འཛིན་ཆོས་འཕེལ།
曲扎央吉嘉措	ཆོས་གྲགས་དབྱངས་ཀྱི་རྒྱ་མཚོ།
曲阳德瓦寝殿的法座	ཆོས་དབྱིངས་བདེ་བའི་གཟིམ་ཁྲི།
曲杰乃宁巴	ཆོས་རྗེ་གནས་རྙིང་པ།
曲夏	ཆུ་ཤར།
驱除四魔的食子	འབྱུང་བཞི་གཏོར་མ།

丘桑活佛	ཆུ་བཟང་ཧུ་ཐོག་ཐུ།
丘桑呼图克图	ཆུ་བཟང་ཧུ་ཐོག་ཐུ།
确吉坚赞	ཆོས་ཀྱི་རྒྱལ་མཚན།
却康巴洛桑顿珠	མཆོད་ཁང་པ་བློ་བཟང་དོན་གྲུབ།
却本堪布吉仲尼玛曲扎	མཆོད་ཁང་མཁན་པོ་རྗེ་དྲུང་ཉི་མ་ཆོས་གྲགས།
却本堪布曼日瓦洛桑南杰	མཆོད་དཔོན་མཁན་པོ་སྨན་རི་བ་བློ་བཟང་རྣམ་རྒྱལ།
却本堪布玉杰	མཆོད་དཔོན་མཁན་པོ་གཡུལ་རྒྱལ།
群培觉恰	ཆོས་འཕེལ་འགྱུར་ཆས།

R

饶迥	རབ་བྱུང་།
让迥巴	རང་བྱོན་པ།
热河总理堪布	ཞེ་ཧོ་ཙོང་ལི་མཁན་པོ།
热河扎什伦布寺	ཞེ་ཧོར་བཀྲ་ཤིས་ལྷུན་པོ།
热礼活佛	ར་ཉག་སྤྲུལ་སྐུ།
热拉雍仲林	ར་ལག་གཡུང་དྲུང་གླིང་།
惹噶夏卓尼尔索南顿珠	རག་ཤག་མགྲོན་གཉེར་བསོད་ནམས་དོན་གྲུབ།
热朗	རབ་སྣང་།
热振寺	ཪྭ་སྒྲེང་རྒྱལ་བའི་དབེན་གནས།
热振金刚持阿其图呼图克图	ཪྭ་སྒྲེང་རྡོ་རྗེ་འཆང་ཨ་ཆི་ཐུ་ཧོ་ཐོག་ཐུ།
热振寺	ཪྭ་སྒྲེང་དཔལ་གྱི་གཙུག་ལག་ཁང་།
热振阳官喇嘛仁布切	ཪྭ་སྒྲེང་ཡང་དགོན་བླ་མ་རིན་པོ་ཆེ།
热贡嘛呢巴善丹嘉措	རེབ་གོང་མ་ཎི་པ་བསམ་གཏན་རྒྱ་མཚོ།
仁布切扎巴坚赞	རིན་པོ་ཆེ་གྲགས་པ་རྒྱལ་མཚན།

仁钦孜的庄园管家诺章群则	རིན་རྩེ་གཞིས་འཛིན་ནོར་བྲང་ཆོས་མཛད།
仁达瓦大师	རེད་མདའ་བ་ཆེན་པོ།
仁格	རིང་ཀེ།།
日喀则颇本赵安老爷	གཞིས་རྩེ་ཕོགས་དཔོན་སྦྲའོ་ཇ་ལོ་ཡེ།
日喀则宗的马差头堪布曲桑根敦	གཞིས་རྫོང་རྟ་སྤྱི་མཁན་པོ་ཆོས་བཟང་དགེ་འདུན།
日喀则商务官	གཞིས་ཚོལ་ཚོང་སྤྱི།
日光旋绕寝殿	གཟིམ་ཆུང་ཉི་འོད་འཁྱིལ།
日喀瓦贝丹群培	རི་མཁར་བ་དཔལ་ལྡན་ཆོས་འཕེལ།
日甲寺	རི་བརྒྱ་དགོན།
日浦巴	རི་སྦུག་པ།
日桑塔尔钦诺门汗	རིག་སངས་མཐར་མཁྱེན་པ་ནོ་མིན་ཧན།
日土伦曲寺僧人格隆索南拉旺	རུ་ ཏོག་ ལྷུན་ ཆོས་ དགོན་ གྱི་ གྲྭ་ གྲགས་ དགེ་ སློང་ བསོད་ནམས་ལྷ་དབང་།
日追	རི་ཁྲོད།
绒巴喇嘛	རོང་པ་བླ་མ།
绒巴洛桑喜饶	རོང་པ་བློ་བཟང་ཤེས་རབ།
绒绛钦	རོང་བྱམས་ཆེན།
绒仁巴地方	རོང་རམས་པ།
绒措瓦	རོང་མཆོ་བ།
如拉的仲巴地方吉祥萨迦寺	དཔལ་ལྡན་ས་སྐྱ་དགོན་པ།
如来久典旺秋杰波	དེ་ བཞིན་ གཤེགས་ པ་ འཇིག་ རྟེན་ དབང་ ཕྱུག་ རྒྱལ་པོ།
如意捷	ཡིད་མགྱོགས་འགྲོ་བ།
若尔盖喇嘛噶钦普琼	མཛོ་གེ་བླ་མ་དཀའ་ཆེན་བུ་ཆུང་།
如本诺康	རུ་དཔོན་ནོར་ཁང་།

如拉	རུ་ལག།

S

萨迦的达钦仁布切	ས་སྐྱ་བདག་ཆེན་རིན་པོ་ཆེ།
萨迦达钦法王扎西仁钦	ས་སྐྱ་བདག་ཆེན་རིན་པོ་ཆེ་བཀྲ་ཤིས་རིན་ཆེན།
萨迦的杰尊玛	ས་སྐྱའི་རྗེ་བཙུན་མ།
萨噶宗本玉朗南喀丹巴	ས་ག་རྫོང་དཔོན་ཡུལ་ནང་ནམ་མཁའ་བསྟན་པ།
萨玛浦	ས་དམར་ཕྲུག།
萨热雅	སྭ་ཧཱ།
萨隆瓦噶钦吉仲洛桑楚臣	ས་ལུང་པ་དཀའ་ཆེན་རྗེ་དྲུང་བློ་བཟང་ཚུལ་ཁྲིམས།
萨瓦日萨瓦迪神	ལྷ་སྭ་ར་སྭཏི།
三个却喀	ཚོལ་ཁ་གསུམ།
《三摩地王经》	མདོ་ཏིང་ངེ་འཛིན་རྒྱལ་པོ།
三跪九叩礼节	ཕྱག་འཚལ་དགུ་ཕྱུགས་དང་འབྲེལ་བའི་གནམ་དགུ་བདུད་ཕྱིར་བ་དང་ལྷན་ཅིག
“三摩正觉”的匾额	ས་མ་ཏི་རང་བཞིན་ངེས་པར་གོ་ལོ་ཅན་ཞེས་པའི་པན།
桑杰仁钦宁波	སངས་རྒྱས་རིན་ཆེན་སྙིང་པོ།
桑钦(大密法师)	གསང་ཆེན་ཞབས་སྔ་ནས།
桑普瓦强森扎聂室利	གསང་ཕུ་བ་བྱང་སེམས་ཛྙཱ་ན་ཤྲཱི།
桑顶多吉帕姆	བསམ་སྡིངས་རྡོ་རྗེ་ཕག་མོ།
桑顶觉珠活佛	བསམ་སྡིངས་སྦྱོར་སྤྲུལ།
桑耶不变自成祖拉康	བསམ་ཡས་མི་འགྱུར་ལྷུན་གྱིས་གྲུབ་པའི་གཙུག་ལག་ཁང་།
色多呼图克图洛桑楚臣嘉措	ཧུ་ཐོག་ཐུ་བློ་བཟང་ཚུལ་ཁྲིམས་རྒྱ་མཚོ།

色呼本诺门汗	ཟེ་ལི་སྦྱིན་ནོ་མིན་ཧན།
森钦活佛洛桑贝丹群培	སེ་ཆེན་སྤྲུལ་སྐུ་བློ་བཟང་དཔལ་ལྡན་ཆོས་འཕེལ།
色拉寺杰尊巴的宗派论	སེ་ར་རྗེ་བཙུན་པའི་གྲུབ་མཐའ།
色拉寺的伍格札仓	སེ་ར་དབུ་སྨར་གྲྭ་ཚང་།
色须寺	སེ་ཤུལ་དགོན།
色拉寺	སེ་ར་ཐེག་ཆེན་གླིང་།
色拉寺杰札仓	སེ་ར་བྱེས་གཙང་པ་ཁང་ཚན།
色拉寺杰札仓堪布活佛	སེར་བྱེས་མཁན་སྤྲུལ།
色康巴丹贝次仁	གསེར་ཁང་པ་བསྟན་པ་ཚེ་རིང་།
色巴喇嘛	སྲིད་པ་བླ་མ།
色辛卡	གསེར་ཞིང་ཁ།
赛居巴的堪布	སྲིད་རྒྱུད་པའི་མཁན་པོ།
森噶	གཟིམ་འགག
森噶巴克珠	གཟིམ་འགག་པ་མཁས་གྲུབ།
森嘎益西嘉措	གཟིམ་འགག་ཡེ་ཤེས་རྒྱ་མཚོ།
森杰玛	ལྷ་མོ་སྲིད་རྒྱལ་མ།
森本	གཟིམ་དཔོན།
森浦活佛	གཟིམ་སྤུག་སྤྲུལ་སྐུ།
赛音诺颜部	སན་ནོ་ཡོན།
森钦格勒热杰	སེང་ཆེན་དགེ་ལེགས་རབ་རྒྱས།
森域地方	སྲིན་ཡུལ།
四身五智	སྐུ་བཞི་ཡེ་ཤེས་ལྔ།
四空	སྟོང་པ་བཞི།
山洛诺门汗	བསམ་ལྷོ་ནོ་མིན་ཧན།
赡部乐园米木尊	འཛམ་བུ་དགའ་ཚལ།
善巴钦波宣努嘉却	སེམས་དཔའ་ཆེན་པོ་གཞོན་ནུ་རྒྱལ་མཆོག

善者转三轮	བཟང་པོའི་ཡོན་ཏན་འཁོར་ལོ་གསུམ།
《上师供空乐无别》	བླ་མཆོད་བདེ་སྟོང་དབྱེར་མེད་མ།
上师贝丹旺波德	སློབ་དཔོན་དཔལ་ལྡན་དབང་པོའི་སྡེ།
摄政济咙呼图克图	རྒྱལ་ཚབ་ཇེ་དྲུང་ཧུ་ཐོག་ཐུ་ཆེན་པོ།
摄政通善济咙呼图克图	རྒྱལ་ཚབ་རིན་པོ་ཆེ་ཐུང་ཤན་ཇེ་དྲུང་ཧོ་ཐོག་ཐུ།
摄政嘉绒巴	རྒྱལ་ཚབ་རྒྱལ་རོང་པ།
《摄要月光》	གནད་ཀྱི་ཟླ་ཟེར།
舍浦和硕波地方	ཟབ་ཕུ་དང་སོག་པོ།
摄政金刚持	སྲིད་སྐྱོང་རྡོ་རྗེ་འཆང་།
身语意	སྐུ་གསུང་ཐུགས།
神变大法会	ཆོ་འཕྲུལ་དུས་ཆེན།
圣者龙树	འཕགས་པ་ཀླུ་སྒྲུབ།
圣者迦叶	འཕགས་པ་འོད་སྲུང་།
森钦活佛噶钦洛桑贝丹群培	སེང་ཆེན་སྤྲུལ་སྐུ་དཀའ་ཆེན་བློ་བཟང་དཔལ་ལྡན་ཆོས་འཕེལ།
森钦活佛	སེང་ཆེན་སྤྲུལ་སྐུ།
森钦活佛洛桑贝丹群培	སེང་ཆེན་སྤྲུལ་སྐུ་བློ་བཟང་དཔལ་ལྡན་ཆོས་འཕེལ།
寿星	མི་ཚེ་རིང་།
石板广场的法座	རྡོ་གཅལ་བཞུགས་ཁྲི་ཆེན་མོ།
石格寺的喇嘛洛桑楚臣	ཟེ་དཀར་དགོན་གྱི་བླ་མ་བློ་བཟང་ཚུལ་ཁྲིམས།
松曲热瓦	གསུང་ཆོས་ར་བ།
“说过话的鲁曲卓玛”	ཀླུ་ཆུ་སྒྲོལ་མ་གསུང་བྱོན་མ།
斯彻巴护法	བསེ་ཁྲབ་པ།
索本	གསོལ་དཔོན།
斯塔次仁	སྲི་ཐར་ཚེ་རིང་།
苏尔那乐曲	སུར་སྣན་དབང་།

苏尼特达王旗的噶究洛桑　　སོ་ཉིད་ཏྭ་ཝང་ཧོག་དཀའ་བཅུ་བློ་བཟང་།

索本堪布贝丹喜饶　　གསོལ་དཔོན་མཁན་པོ་དཔལ་ལྡན་ཤེས་རབ།

索本堪布济咙活佛　　གསོལ་དཔོན་མཁན་པོ་རྗེ་དྲུང་མགོན་པོ།

索本洛桑喜饶　　གསོལ་དཔོན་བློ་བཟང་ཤེས་རབ།

T

台吉　　ཐའི་ཇི།

台吉南杰多吉　　ཐའི་ཇི་རྣམ་རྒྱལ་རྡོ་རྗེ།

台钟　　དུས་ཚོད་འཁོར་ལོ་ཤུབས་སྒྲིགས།

唐徐帽　　ཐང་ཞྭ།

跳神　　འཆམ།

天主教　　ཐན་ཀྲུ་སྒྲུའོ།

天主教的本波　　ཐན་ཀྲུ་སྒྲུའོ་ཡི་དཔོན་པོ།

同治皇帝　　ཀོང་མ་ཐུང་ཁྲི་ཆེན་པོ།

童子顿珠　　གཞོན་ནུ་དོན་གྲུབ།

图撒拉克齐　　ཐུ་ས་ལག་ཚེ།

土尔扈特亲王次仁拉布丹　　ཐོར་རྒོད་ཆིང་ཝང་ཚེ་རིང་རབ་བརྟན།

土尔扈特部　　ཐོར་རྒོད།

土谢图王　　ཐུ་ཤེ་ཐུ་རྒྱལ་པོ།

吞巴噶钦丹巴群培　　ཐོན་པ་དཀའ་ཆེན་བསྟན་པ་ཆོས་འཕེལ།

吞巴米村　　ཐོན་པ་མི་ཚན།

吞巴吉康　　ཐོན་པ་སྐྱིད་ཁང་།

兑桑林　　ཐོས་བསམ་གླིང་།

驮队官尼玛顿珠　　ཁལ་དམག་ཉི་དོན།

托因　　ཐོན།

托卜加	ཐོབ་རྒྱལ།
托卜加赤钦	ཐོབ་རྒྱལ་ཁྲི་ཆེན།
托林寺堪布	མཐོ་ལྡིང་མཁན་པོ།
头人百姓	འགོ་དམངས་སྤྱི་བསྡུས།
退敌天女	ལྷ་མོ་དམག་ཟློར་མ།

W

外道	ཕྱི་རོལ་པ།
瓦秀部落头人格桑官却	ཕ་སྒྲུལ་དཔོན་སྐྱལ་བཟང་དཀོན་མཆོག
瓦尔格呼图克图的转世洛桑丹	ཕར་གི་ཧོ་ཐོག་ཐུའི་སྐུ་སྐྱེ་བློ་བཟང་དཔལ་ལྡན་
贝坚赞	རྒྱལ་མཚན།
王子顿月顿珠	གཅུང་དོན་ཡོད་དོན་གྲུབ།
《文殊名号讲说(经)》	འཇམ་དཔལ་མཚན་བརྗོད།
《文殊菩萨礼赞》	འཇམ་བསྟོད་གང་བློ་མ།
文殊大皇帝	འཇམ་དབྱངས་གོང་མ་ཆེན་པོ།
文殊化身萨迦班智达	འཇམ་དབྱངས་ས་པཎ།
翁则	དབུ་མཛད།
威震三界宫	ཕོ་བྲང་ཁམས་གསུམ་ཟིལ་གནོན།
文书管理官孜仲洛桑热杰	ཕྱག་དཔེ་དོ་དམ་པ་རྩེ་དྲུང་བློ་བཟང་རབ་རྒྱས།
温寺(温萨寺)	དབེན་དགོན།
温贡巴根敦达杰	དབེན་དགོན་པ་དགེ་འདུན་དར་རྒྱས།
温贡巴贝丹曲扎	དབེན་དགོན་པ་དཔལ་ལྡན་ཆོས་གྲགས།
温贡巴丹曲养培	དབེན་དགོན་པ་དམ་ཆོས་ཡར་འཕེལ།
温贡巴洛桑坚赞	དབེན་དགོན་པ་བློ་བཟང་རྒྱལ་མཚན།
温贡巴洛桑饶杰	དབེན་དགོན་པ་བློ་བཟང་རབ་རྒྱས།

温萨巴 དབེན་ས་པ།

温嘉色 འོན་རྒྱལ་སྲས།

卫巴秀波 དབུས་པ་ཞིག་པོ།

沃底衍那地方 དཔལ་ཨོ་ཊི་ཡ་ན།

沃卡 འོལ་ཁ།

沃底比夏地方 ཨོ་ཊི་བི་ཤ།

无著 ཐོགས་མེད།

无热池 ཚུ་ཆེན་མ་དྲོས་པ།

无垢 དྲི་མ་མེད་པ།

乌玛巴 དབུ་མ་བ།

乌珠穆沁亲王 ཨུ་ཇུ་མུ་ཆེན་ཆིང་ཝང་།

《五十上师颂》 བླ་མ་ལྔ་བཅུ་པ།

伍如 དབུ་རུ།

伍嘎札仓 དབུ་སྐར་གྲྭ་ཚང་།

伍雅 དབུལ་གཡབ།

无上正等觉佛陀无量光佛 བླ་ན་མེད་པ་ཡང་དག་པར་རྫོགས་པའི་སངས་རྒྱས་འོད་དཔག་ཏུ་མེད་པ།

《无量寿经》 ཚེ་མདོ།

无量光 འོད་དཔག་མེད།

伍佑桑察温泉 འོད་ཡུག་ཟམ་འཚེར་ལྷ་ཚབ།

五台山格隆洛桑扎西 རི་བོ་རྩེ་ལྔ་པ་དགེ་སློང་བློ་བཟང་བཀྲ་ཤིས།

邬金空行地方 ཨོ་རྒྱན་མཁའ་འགྲོའི་ཡུལ།

X

洗礼 ཁྲབས་ཁྲུས།

锡金的国王	འབྲས་ལྗོངས་རྒྱལ་པོ།
谿堆	གཞིས་སྟོད།
西宁商人	ཟིང་ཚོང་།
犀甲护法	བསེ་ཁྲབ་པ།
夏鲁寺	ཞ་ལུ་དགོན་པ།
夏鲁的坚贡佛殿	ཞ་ལུ་རྒྱན་གོང་གི་གཙུག་ལག་ཁང་།
夏鲁日浦活佛洛萨丹迥贝桑布	ཞ་ལུ་རི་སྦུག་སྤྲུལ་སྐུ་བློ་གསལ་བསྟན་སྐྱོང་དཔལ་བཟང་པོ།
夏鲁日浦金刚持洛塞丹迥贝桑布	ཞ་ལུ་རི་སྦུག་རྡོ་རྗེ་འཆང་བློ་གསལ་བསྟན་སྐྱོང་དཔལ་བཟང་པོ།
夏鲁瓦格隆仁钦贝丹群觉	ཞ་ལུ་བ་དགེ་སློང་རིན་ཆེན་དཔལ་ལྡན་ཆོས་འགྱུར།
夏麦	ཤར་སྨད།
夏孜曲杰	ཤར་རྩེ་ཆོས་རྗེ།
夏孜善丹(桑旦)林札仓	ཤར་རྩེ་བསམ་གཏན་གླིང་།
夏孜拉康巴噶钦索南罗布	ཤར་རྩེ་ལྷ་ཁང་པ་དཀའ་ཆེན་བསོད་ནམས་ནོར་བུ།
贤劫威光殿	མཆོད་ཁང་ཆེན་པོ་སྐལ་བཟང་གཟི་འབར།
贤劫第四佛陀释迦牟尼	བསྐལ་བཟང་སངས་རྒྱས་བཞི་པ་ཤཱཀྱ་ཐུབ་པ།
贤哲司徒班钦	མཁས་མཆོག་སི་ཏུ་པཎ་ཆེན།
咸丰皇帝	གོང་མ་ཞེན་ཧྥོང་ཆེན་པོ།
贤德善	མཁས་བཙུན་བཟང་གསུམ།
《贤劫经》的请问者喜王菩萨	མདོ་སྡེ་སྐལ་བཟང་ཞུ་བ་པོ་བྱང་ཆུབ་སེམས་དཔའ་མཆོག་ཏུ་དགའ་བའི་རྒྱལ་པོ།
贤者讲辩著三德	མཁས་པའི་ཡོན་ཏན་འཆད་རྩོད་རྩོམ་གསུམ།
《贤愚经》	མདོ་མཛངས་བླུན།
《现观庄严论》	རྒྱན་འདྲུག་གཉིས།

襄德钦热杰巴格楚群培	ཤངས་བདེ་ཆེན་རབ་རྒྱས་པ་དགེ་ཚུལ་ཆོས་འཕེལ།
襄地方的浦达	ཤངས་ཕུ་མདའ།
襄热巴	ཤངས་རས་པ།
香巴拉	ཤམ་བྷ་ལ།
《香巴拉祈愿文》	ཤམ་བྷ་ལའི་སྨོན་ཚིག
《相地书》	ས་འདྲུམ།
卸任噶伦贝伦巴格隆钦饶善丹	བཀའ་ཟུར་དཔལ་ལྷུན་པ་དགེ་སློང་མཁྱེན་རབ་
平措	བསམ་གཏན་ཕུན་ཚོགས།
卸任卓尼尔楚臣	མགྲོན་ཟུར་ཚུལ་ཁྲིམས།
卸任驮茶队头领贝丹顿珠	ཇ་རྒྱབ་པ་སྡེ་ཟུར་དཔལ་ལྡན་དོན་གྲུབ།
夏鲁瓦布顿大师	ཞ་ལུ་བ་བུ་སྟོན།
谢巴噶钦顿月	བཞད་པ་དཀའ་ཆེན་དོན་ཡོད།
谢巴噶钦洛桑尤年	བཞད་པ་དཀའ་ཆེན་བློ་བཟང་དབྱིག་གཉེན།
谢扎西格培地方的嘛呢拉康	བཞད་བཀྲ་ཤིས་དགེ་འཕེལ་མ་ཎི་ལྷ་ཁང་།
谢达尔顶	བཞད་དར་ལྡིང་།
谢绛普地方	བཞད་ཁྱུང་ཕུག
谢的绛普温泉	བཞད་ཁྱུང་ཕུག་ལྷ་ཆབ།
谢朗玛地方	བཞད་སྣང་མ།
谢巴积福师益西才旦	བཞད་པ་ཚོགས་གསོག་པ་ཡེ་ཤེས་ཚེ་བརྟན།
谢地方牧民头人阿囊	བཞད་འབྲོག་ཆེན་ཨ་རྣམ།
谢米村	བཞད་མི་ཚན།
卸任森本堪布桑吉	གཟིམ་ཟུར་མཁན་པོ་སངས་རྒྱས།
协本南杰	ཤེ་དཔོན་རྣམ་རྒྱལ།
协本南杰鼐	ཤེ་དཔོན་རྣམ་རྒྱལ་ནས།
协噶尔	ཤེལ་དཀར།
协噶尔曲德寺的且萨中观堪钦	ཤེལ་དཀར་ཆོས་སྡེའི་ཚེ་ས་དབུ་མ་མཁན་ཆེན།

协秀(喜)巴 ཤེལ་ཞིག་པ།

新出家的僧人 བཙུན་སེར།

新任日喀则颇本 ཚོགས་དོན་གསར་པ་སན་ལོ་ཡེ།

辛仓家族 གཤེན་ཚང་པ།

辛仓赤钦 གཤེན་ཚང་ཁྲི་ཆེན།

辛衮佛塔 ཤིང་ཀུན་གནས་འཛིན།

星宿汇聚的吉日 གཟའ་སྐར་འཁྲོད་ལེགས་པའི་ཉིན་མོ།

许聂 གཞུ་སྙེ།

许隆地方 ཞུ་ལུང་།

旭东部落的头人官布嘉 གཞུ་སྟོམ་དཔོན་མགོན་པོ་སྐྱབས།

修律 ཞུ་ལུད།

雪 ཤོད།

雪堪 ཞོལ་ཁན།

修供金刚杵的日子 རྒྱལ་ཕུར་འགྲུབ་སྦྱོར་འཛོམས་པའི་ཉིན།

巡回辩经 གྲྭ་སྐོར།

雪仲察日瓦 ཤོད་དྲུང་ཚ་རི་བ།

Y

亚东 གྲོ་མོ།

雅德 གཡག་སྡེ།

雅卓恰巴平措 གཡག་འབྲོག་ཚགས་པ་ཕུན་ཚོགས།

央金阿格旺波 དབྱངས་ཅན་ངག་གི་དབང་པོ།

央庄园 གཡང་གཞིས།

羊八井日楚巴格隆阿旺班丹 ཡངས་པ་ཅན་གྱི་རི་ཁྲོད་པ་དགེ་སློང་ངག་དབང་
དཔལ་ལྡན།

扬旗欢庆	གཏམ་སྙན་དར་ཕྱར།
叶如	གཡས་རུ།
《叶尔巴神山噶当教法史》	ཡེར་པ་ལྷ་རིས་བཀའ་གདམས་ཆོས་འབྱུང་།
叶衣佛母	ལོ་གྱོན་མ།
依噶群增寝殿	གཟིམ་ཆུང་ཡིད་དགའ་ཆོས་འཛིན།
意云诺布灵塔	སྐུ་གདུང་ཡིད་བཞིན་ནོར་བུ།
益西群培贝桑布	ཡེ་ཤེས་ཆོས་འཕེལ་དཔལ་བཟང་པོ།
译师益西贝	ལོ་ཙྪ་བ་ཡེ་ཤེས་དཔལ།
译师仁钦	ལོ་ཙྪ་བ་རིན་ཆེན།
印度	རྒྱ་གར།
英萨诺门汗南杰群培	དབྱིངས་ས་ནོ་མིན་ཧན་རྣམ་རྒྱལ་ཆོས་འཕེལ།
永增金刚持洛桑丹增贝桑布	ཡོངས་ འཛིན་ རྡོ་ རྗེ་ འཆང་ བློ་ བཟང་ བསྟན་འཛིན་དཔལ་བཟང་པོ།
永增金刚持丹巴坚赞贝桑布	ཡོངས་འཛིན་རྡོ་རྗེ་འཆང་བསྟན་པ་རྒྱལ་མཚན་དཔལ་བཟང་པོ།
勇武轮王	དྲག་པོ་འཁོར་ལོ།
有形勇士	གཟུགས་ཅན་དཔའ་བོ།
域拉瓦	ཡུལ་ལྷ་བ།
宇妥云丹贡布	གཡུ་ཐོག་ཡོན་ཏན་མགོན་པོ།
玉杰	གཡུལ་རྒྱལ།
约如	གཡོ་རུ།
原任基恰堪布嘉绒瓦	སྤྱི་ཁྱབ་མཁན་སྙིང་རྒྱལ་རོང་བ།
运茶者	ཇ་རྒྱབ་པ།

Z

杂悉佐巴	དྲག་ཤོས་མཛོད་པ།

宰桑	ཛའི་སང་།
哉务嘎尔寺喇嘛隆日尼玛	ཏྲེ་ཧོར་དཀར་དགོན་བླ་མ་ལུང་རིགས་ཉི་མ།
哉务康玛尔夏仲	ཏྲེ་ཧོར་ཁང་དམར་ཞབས་དྲུང་།
哉务康玛尔拉章的强佐洛桑坚赞	ཏྲེ་ ཧོར་ ཁང་ དམར་ བླ་ བྲང་ ཕྱག་ མཛོད་ པ་ བློ་བཟང་རྒྱལ་མཚན།
哉务的康巴格隆绛曲南喀	ཏྲེ་ཧོར་ཁམས་པ་དགེ་སློང་བྱང་ཆུབ་ནམ་མཁའ།
哉务土司丹增曲扎	ཏྲེ་ཧོར་དཔོན་བསྟན་འཛིན་ཆོས་གྲགས།
哉务宗萨活佛	ཏྲེ་ཧོར་གྲོང་གསར་སྤྲུལ་སྐུ།
哉务丹泽瓦贡布雅太	ཏྲེ་ཧོར་གདམས་རྩེ་བ་མགོན་པོ་ཡ་ཐར།
哉务的那仓寺喇嘛的转世	ཏྲེ་ཧོར་ནགས་ཚང་དགོན་གྱི་བླ་མའི་སྤྲུལ་སྐུ།
哉务麻书土司次仁旺杰	ཏྲེ་ཧོར་མ་ཟུར་དཔོན་ཚེ་རིང་དབང་རྒྱལ།
哉务色加寺	ཏྲེ་ཧོར་གཟིག་རྒྱབ་དགོན།
哉务霍尔扎曲杰活佛	ཏྲེ་ཧོར་ཛ་ཆོས་རྗེ་སྤྲུལ་སྐུ།
在地方政府任汉文教习的达喇嘛近侍丹巴达杰	གཞུང་གི་རྒྱ་ཡིག་སློབ་དགེ་ཀན་ཏཱ་བླ་མ་སྐུ་བཅར་བསྟན་པ་དར་རྒྱས།
赞布诺门汗	བཙན་པོ་ནོ་མིན་ཧན།
《赞颂云海》	འདུལ་བ་རྒྱ་མཚོའི་སྙིང་པོ།
藏地吐蕃	བོད་ལྗོངས།
藏文草体	དབུ་མེད།
藏文仲译	བོད་དྲུང་།
藏巴康村	གཙང་པ་ཁང་ཚན།
藏绒	གཙང་རོང་།
增扎	འཛིན་གྲྭ།
泽当活佛	རྩེད་ཐང་སྤྲུལ་སྐུ།
泽东米芒洛巴	རྩེད་གདོང་མིག་མང་ལྷོ་པ།
泽嘉拉康	མཛད་བརྒྱ་ལྷ་ཁང་།

尊莫蔡	བཙུན་མོ་ཚལ།
扎恩	བྲག་སྟོན།
扎西热卡	བཀྲ་ཤིས་ཀྱི་རི་ཁ།
扎西迥	བཀྲ་ཤིས་སྒོངས།
扎西拉姆	བཀྲ་ཤིས་ལྷ་མོ།
扎什伦布寺	བཀྲ་ཤིས་ལྷུན་པོ།
扎西雄地方	བཀྲས་གཞོངས།
扎其平热巴	གྲྭ་ཕྱི་ཕུན་རབ་པ།
扎其大老爷	གྲྭ་བ་ཧ་ལོ་ཡེ།
扎噶曲顶	བྲག་དཀར་ཆོས་སྡིངས།
扎达果	བྲག་མདའ་སྒོ།
扎那堪钦南喀坚赞	བྲག་ནག་མཁན་ཆེན་ནམ་མཁའ་རྒྱལ་མཚན།
扎那图丹热杰林寺院	བྲག་ནག་ཐུབ་བསྟན་རབ་རྒྱས་གླིང་།
扎萨	ཛ་སག
扎萨克图汗	ཛ་སག་ཐུ་རྒྱལ་པོ།
扎萨克图汗次仁嘉波	ཛ་སག་ཐུ་ཧང་ཚེ་རིང་རྒྱལ་པོ།
扎萨克喇嘛大班智达洛桑南杰	ཛ་སག་བླ་མ་པཎྜི་ཏ་ཆེན་པོ་བློ་བཟང་རྣམ་རྒྱལ།
扎官萨巴格隆丹增次仁	ཛྫ་དགོན་གསར་པ་དགེ་སློང་བསྟན་འཛིན་ཚེ་རིང་།
扎曲卡瓦格隆洛桑达杰	ཛྫ་ཆུ་ཁ་བ་དགེ་སློང་བློ་བཟང་དར་རྒྱས།
宅雄	བཀྲས་གཞོངས།
詹东鼐	བཀྲས་མཐོང་ནས།
瞻对工布朗杰	ཉག་སྙེད་མགོན་པོ་རྣམ་རྒྱལ།
瞻婆拉	གཙོད་སྒྲིན།
瞻波伽花	ཙམ་པ་ཀའི་མེ་ཏོག
章切夏仲	གྲངས་ཆེ་ཞབས་དྲུང་།
章切瓦夏仲欧珠雅培	གྲངས་ཆེ་བ་ཞབས་དྲུང་དངོས་གྲུབ་ཡར་འཕེལ།

章切瓦索巴群培	གྲངས་ཆེ་བ་བཟོད་པ་ཆོས་འཕེལ།
章梅切瓦顿珠坚赞	གྲངས་མེད་ཆེ་བ་དོན་གྲུབ་རྒྱལ་མཚན།
章梅切瓦雪珠群培	གྲངས་མེད་ཆེ་བ་བཤད་གྲུབ་ཆོས་འཕེལ།
章嘉仁布切	ལྕང་སྐྱ་རིན་པོ་ཆེ།
章嘉金刚持阿旺却丹	ལྕང་སྐྱ་རྡོ་རྗེ་འཆང་ངག་དབང་ཆོས་ལྡན།
赵安老爷	སྦྲའོ་ཇ་ལོ་ཡེར།
照看坐床的钦差驻藏大臣恩庆	ཁྲི་ཕེབས་ཆེན་ཁྲལ་ཇེན་ཨམ་བན།
哲布尊丹巴	རྗེ་བཙུན་དམ་པ།
哲布尊丹巴阿旺却吉旺秋赤列嘉措贝桑布	རྗེ་བཙུན་དམ་པ་ངག་དབང་ཆོས་ཀྱི་དབང་ཕྱུག་འཕྲིན་ལས་རྒྱ་མཚོ་དཔལ་བཟང་པོ།
哲蚌寺的贡噶热瓦园林	གདན་ས་ཆེན་པོ་འབྲས་སྤུངས་ཀྱི་ཀུན་དགའ་ར་བ།
哲蚌寺科尔沁曼朗活佛	འབྲས་སྤུངས་ཧར་ཆེན་སྨོན་ལམ་སྤྲུལ་སྐུ།
哲蚌寺郭莽札仓热绛巴洛桑年扎	འབྲས་སྤུངས་སྒོ་མང་གྲྭ་གྲས་རབ་འབྱམས་པ་བློ་བཟང་སྙན་གྲགས།
哲蚌寺阿里活佛	འབྲས་སྤུངས་མངའ་རིས་སྤྲུལ་སྐུ།
政府的黄金官	གཞུང་གསེར་དཔོན།
郑展丹	རྒྱ་དྲུང་ཆེན་པོ་དྲིང་ཀྲང་ཏན།
止·策却林寺	གྲིབ་ཚེ་མཆོག་གླིང་།
智美	དྲི་མེད།
《智慧到彼岸般若婆罗蜜多心经》	ཤེས་རབ་ཀྱིས་ཕ་རོལ་ཏུ་ཕྱིན་པ།
正理师	རིགས་སྨྲ་བ།
值水漏的日子	ཆུ་ཚོགས་ཀྱི་ཉིན་མོ།
仲译钦莫彭康群则洛桑楚臣	དྲུང་ཡིག་ཆེན་མོ་ཕུན་ཁང་ཆོས་མཛད་བློ་བཟང་ཚུལ་ཁྲིམས།

仲然巴格勒坚赞	དྲུང་རམས་པ་དགེ་ལེགས་རྒྱལ་མཚན།
仲敦巴	འབྲོམ་སྟོན་པ།
仲敦僧格坚赞	འབྲོམ་སྟོན་སེང་གེ་རྒྱལ་མཚན།
珠旺活佛噶钦贝丹群培	གྲུབ་དབང་སྤྲུལ་པའི་སྐུ་དཀའ་ཆེན་དཔལ་ལྡན་ཆོས་འཕེལ།
驻藏大臣德泰	ཏྲ་ཨམ་བན་ཆེན་པོ།
驻藏大臣恩庆	ཛན་ཨམ་བན་ཆེན་པོ།
驻藏大臣恩麟	སྣོན་ཆེན་ཛིན་ཨམ་བན།
驻藏大臣承继	འཕྲིན་ཨམ་བན་ཆེན་པོ།
驻藏大臣满泰	སྨན་ཨམ་བན།
驻藏大臣满庆和恩庆	བོད་བཞུགས་སྣོན་ཆེན་སྨན་ཛིན་ཨམ་བན།
驻藏大臣景纹	བོད་བཞུགས་སྣོན་ཆེན་ཅིན་ཨམ་བན།
驻藏大臣色楞额	བོད་བཞུགས་སྣོན་ཆེན་ཟལ་ཨམ་བན།
竹仓	བྲུལ་ཚང་།
竹巴噶举	འབྲུག་པ་བཀའ་བརྒྱུད།
主巴贡勒巴	འབྲུག་པ་ཀུན་ལེགས་པ།
驻藏大臣赫(特贺)满(庆)大人	སྣོན་ཆེན་ཧེ་སྨན་ཧྭ་རིན།
驻藏大臣维庆	སྣོན་ཆེན་ཝེའི་ཨམ་བན་ཆེན་པོ།
驻藏大臣满泰	སྨན་ཨམ་བན་ཆེན་པོ།
驻日喀则的大老爷	གཞིས་རྩེ་ཏ་ལོ་ཡེ།
驻藏大臣松淮	གསུང་ཨན་བན་ཆེན་པོ་ནས།
转大力法轮的文殊大皇帝	སྟོབས་ཀྱི་འཁོར་ལོས་སྒྱུར་བ་འཇམ་དབྱངས་གོང་མ་ཆེན་པོ།
《传记——教证美饰奇异宝串》	རྣམ་ཐར་ཐུབ་བསྟན་མཛེས་པའི་རྒྱན་གཅིག་ངོ་མཚར་ནོར་བུའི་ཕྲེང་བ།
绰浦译师	ཁྲོ་ཕུ་ལོ་ཙཱ་བ།

卓顶格隆坚赞热丹	གྲོ་སྙིང་དགེ་སློང་རྒྱལ་མཚན་རབ་བརྟན།
卓雪的协本日瓦善丹	གྲོ་ཤོད་ཤེ་དཔོན་རི་བ་བསམ་གཏན།
卓尼尔噶章	མགྲོན་གཉེར་དཀར་བྲང་།
卓尼尔南喀平措	མགྲོན་གཉེར་ནམ་མཁའ་ཕུན་ཚོགས།
卓尼尔诺章巴	མགྲོན་གཉེར་ནོར་བྲང་པ།
卓尼尔晋巴啦	མགྲོན་གཉེར་སྦྱིན་པ་ལགས།
卓尼尔罗丹啦	མགྲོན་གཉེར་བློ་བསྟན་ལགས།
卓尼尔曼日瓦	མགྲོན་གཉེར་སྨན་རི་བ།
卓定地方	འགྲོ་ལྡིང་།
卓玛拉康	སྒྲོལ་མ་ལྷ་ཁང་།
卓尼曲杰洛桑坚赞	ཅོ་ནེ་ཆོས་རྗེ་བློ་བཟང་རྒྱལ་མཚན།
卓卓土司	ཅོ་ཅོ་དཔོན།
卓力克图王	ཇོ་རིག་ཐུ་ཡང་།
准萨章切夏仲	མགྲོན་གསར་གྲངས་ཆེ་ཞབས་དྲུང་།
孜日曲桑喇嘛桑结丹巴达杰	རྗེབས་རི་ཆུ་བཟང་བླ་མ་སངས་རྒྱས་བསྟན་པ་དར་རྒྱས།
孜护法殿	རྗེ་མགོན་ཁང་།
孜恰	རྗེ་ཕྲུག
孜本噶雪巴	རྗེས་དཔོན་དགའ་བཞི་བ།
哲东米孟颇章巴	རྗེ་གདོང་མིག་མང་པོ་བྲང་པ།
孜恰堪布噶钦群则	རྗེ་ཕྲུག་མཁན་པོ་དཀའ་ཆེན་ཆོས་མཛད།
孜仲扎巴桑珠	རྗེ་དྲུང་གྲགས་པ་བསམ་གྲུབ།
孜仲准巴色	རྗེ་དྲུང་གྲུམ་པའི་སྲས།
孜仲切本塘巴	རྗེ་དྲུང་ཆེ་འབུམ་ཐང་པ།
孜仲加央图丹	རྗེ་དྲུང་འཇམ་དབྱངས་ཐུབ་བསྟན།
孜仲玛尔巴	བརྗེ་དྲུང་མར་པ།

宗喀巴	ཙོང་ཁ་པ།
则巴喇嘛仁布切	མཛེས་པ་བླ་མ་རིན་པོ་ཆེ།
祖衣	སྣམ་སྦྱར།
尊莫蔡	བཙུན་མོ་ཚལ།
尊追坚赞	བརྩོན་འགྲུས་རྒྱལ་མཚན།
宗卡瓦强巴扎西	རྫོང་ཁ་བ་བྱམས་པ་བཀྲ་ཤིས།
总义	སྤྱི་དོན།
尊者米拉日巴的道歌	རྗེ་བཙུན་མི་ལའི་རྣམ་མགུར།
尊者持守三戒	བཙུན་པའི་ཡོན་ཏན་སྡོམ་གསུམ།
《宗喀巴大师传——繁盛具缘莲园的阳光》	རྗེའི་རྣམ་ཐར་སྐལ་ལྡན་པད་ཚལ་རྒྱས་པའི་འོད་སྣང་།
宗豁	རྫོང་གཞིས།
奏书灵箱	རྟེན་སྐམ།
佐巴曲杰格隆益西坚赞	མཛོད་པ་ཆོས་རྗེ་དགེ་སློང་ཡེ་ཤེས་རྒྱལ་མཚན།

后 记

翻译藏文《八世班禅传》为汉文，是西藏自治区社会科学院和西藏古籍出版社组织出版历辈班禅额尔德尼的藏文传记和汉文译本的科研项目的一部分。当时受西藏自治区社会科学院仲布·次仁多杰副院长的邀约参加这一科研项目、接受《八世班禅传》的翻译任务时，我们对于八世班禅这一历史人物还只有粗浅的了解，对《八世班禅传》也没有接触，只是觉得《八世班禅传》是历辈班禅额尔德尼的传记中篇幅较小的一部，应该比较容易，所以贸然接受了翻译《八世班禅传》的任务。到真正开始进行翻译工作后，我们才逐步感到这项工作所具有的难度。由于我们以前对清代后期西藏的历史了解不多，与扎什伦布寺也接触不多，对《八世班禅传》的许多具体内容和细节也很陌生，我们只能一边阅读、学习，一边翻译，对相关的一些重要的事件还需要查找有关的档案资料才能做到准确理解，所以翻译进度比较缓慢。好在当时有西藏自治区社会科学院白玛朗杰院长、车明怀书记、保罗副院长等领导的关心和指导督促，还有西藏古籍出版社索朗次旦社长和普琼旺堆副社长的具体指导和帮助，经过两年多的潜心努力，我们终于完成了这一译注本的初稿。

2017 年 8 月，西藏自治区社会科学院和西藏藏文古籍出版社在拉萨召开了《历辈班禅额尔德尼传》藏译汉项目交流审稿会，会议上区内外的有关专家学者齐聚一堂，就已经完成的翻译初稿进行了审读，提出了不少修改和完善的意见，车明怀书记和保罗副院长还就翻译工作的指导思想和具体步骤谈了意见,会议形成了历辈班禅传记藏译汉的基本要求及翻译体例。在后期的译稿修订和加工工作中,本书的责任编辑、西藏自治区教材编译中心藏文编辑部副编审边巴顿珠博士作了大量艰苦细致的工作,为本书的顺利出版作出了重要贡献。

尽管如此,由于译者的水平所限,可能还会存留一些错漏之处,我们诚恳地希望广大读者批评指正,以便今后有机会时改正。

陈庆英　陈立华

2017 年 12 月